MORAL
POLITICS

**도덕, 정치를 말하다**

MORAL POLITICS: How Liberals and Conservatives Think, 2ⁿᵈ Edition
Licensed by The University of Chicago Press, Chicago, Illinois, U.S.A.
©1996, 2002 by The University of Chicago
All rights reserved.

Korean Translation Copyright©2010 by Gimm-Young Publishers, Inc.
Korean edition is published by arrangement with The University of Chicago Press
through Imprima Korea Agency.

# MORAL POLITICS

# 도덕, 정치를 말하다

**조지 레이코프** | 손대오 옮김

김영사

**도덕, 정치를 말하다**

저자_ 조지 레이코프
역자_ 손대오

1판 1쇄 발행_ 2010. 10. 12.
1판 4쇄 발행_ 2018. 8. 27.

발행처_ 김영사
발행인_ 고세규

등록번호_ 제406-2003-036호
등록일자_ 1979. 5. 17

경기도 파주시 문발로 197(문발동) 우편번호 10881
마케팅부 031)955-3100, 편집부 031)955-3200, 팩시밀리 031)955-3111

이 책의 한국어판 저작권은 Imprima Korea Agency를 통해
The University of Chicago와의 독점 계약으로 김영사에 있습니다.
저작권법에 의해 한국 내에서 보호를 받는 저작물이므로 무단 전재와 무단 복제를 금합니다.

값은 뒤표지에 있습니다.
ISBN 978-89-349-4165-1  03340

홈페이지_ http://www.gimmyoung.com  블로그_ blog.naver.com/gybook
페이스북_ facebook.com/gybooks     이메일_ bestbook@gimmyoung.com

좋은 독자가 좋은 책을 만듭니다.
김영사는 독자 여러분의 의견에 항상 귀 기울이고 있습니다.

## 머리말

이 책은 처음 출판된 1996년보다 오히려 지금 우리가 직면하고 있는 여러 가지 문제와 더욱 관련이 깊은 것으로 보인다. 클린턴의 탄핵소추와, 2000년 미국 대선 직후 플로리다 주에서의 득표수 계산에 따른 갈등은 미국의 분열을 보여주는 한 예이다. 모든 사안에 대한 이러한 분열은 정부의 모든 계층은 물론이고 대다수의 언론기관에서도 기진맥진할 정도로 갖가지 형태로 펼쳐지고 있는 것이다.

2000년 대통령 선거일 밤, 빨간 주와 파란 주로 표시된 미국의 지도는 태평양과 대서양 두 연안지역과, 오대호지역 대 내륙지방이라는 지정학적 분열, 그 이상을 보여주었다. 정당과 관심사에 따른 분열 그 이상을 보여주고, 세계를 이해하는 두 가지 방식 간의 분열을 보여준 것이다.

그 분열을 정치에서는 보수파conservative 대 진보파progressive or liberal의 분열이라고 부른다. 그러나 정치적 분열은 앞으로 설명하겠지만, 그보다 훨씬 포괄적인 의미를 가진다. 그것은 다름 아닌 도덕적 분열이기 때문이다. 즉 어떤 사람이 좋은 사람이고, 올바른 행동은 어떤 것인지를 판단하는 기준과 연관된다. 궁극적으로 한 가정이 분열되는 것보다 더 깊은 의미를 가지게 되는데, 가령 올바른 가정인지를 판단하는 기준, 당신의 부모는 과연 좋은 부모였는지를 판단하는 기준, 자신은 아이들에게 과연 좋은 부모일까의 여부를 판단하는 기준, 그리고 자신은 올바르게 양육되었는지를 판단하는 기준에 관련된다. 정치적 분열은 개인적인 분열이기 때문에, 그것은 당신이 어떤 종류의 사람인가와 관련이 깊다.

보수 대 진보의 분열은 궁극적으로 가정에서부터 도덕과 종교, 그리고 정치에 이르기까지 모든 수준에서의 이상理想이 되는 엄격함과 자애로움strictness and nurturance 사이의 분열이다. 그것은 우리의 민주주의와 공공 인생 중심에서의 분열이지만, 대중담론에서 그것에 관한 적절한 논의는 없다. 그 이유가 되는 상세한 사항들은 주로 무의식에—인지과학자들이 '인지 무의식'이라고 지칭하는, 우리가 직접 접근해야만 되는 정신의 깊은 단계에—속해있기 때문이다. 어쨌든 인지과학자들은 이 책에서 보여주듯이 '인지 무의식'을 추론하고, 그것을 세부적으로 연구할 수 있다.

대부분의 사람들이 전혀 접근하지 못했던 사항에 관해 대중적인 담론을 펼치는 것은 어려운 일이다. 그러나 미국인들이 정부의 역할, 사회복지 프로그램, 세금, 교육, 환경, 에너지, 총기 규제, 낙태, 사형제도 등의 개인적인 모든 문제를 초월하면서도, 그 배후에 놓여있는 심오한 근본적 분열을 이해하고 대처하기 위해서라면, 우리가 대중적 담론을 펼쳐보는 것은 필수불가결하다.

그러한 사항들은 궁극적으로 각기 다른 문제들이 아니다. 여기에서 한 가지 쟁점이 나타난다. 엄격함 대 자애로움이 그것이다. 그러나 이것은 명확한 문제가 아니기 때문에, 그것을 이해하기 위해서는 책 한 권 분량의 설명이 필요하다.

자신을 보수파 혹은 진보파라고 생각하는 사람들에게는 그런 사항에 대한 이해가 매우 중요하다. 지난 30년 그 이상의 기간에 걸쳐 보수파는 그들의 싱크 탱크think tank에 수십 억 달러를 쏟아 부었다. 많은 지원을 받은 보수파 지식인들은 자신들의 임무를 충실히 수행했다. 그들은 보수파들을 하나로 묶어주는 도덕 시스템과 가정의 가치family values를 명확히 하고, 그들의 비전을 위한 적절한 언어를 창조하여 미디어를 통해 그것을 전파하고, 그들의 가치에 맞는 일관성 있는 정치적 프로그램을 개발하였다.

그에 비해 진보파의 싱크 탱크는 뛰어난 활약을 보이지 못했다. 그 이유에 대해서는 이 책의 후기에서 밝힐 것이다. 앞으로 보게 되겠지만 보수파들이 즐겨온 성공은 비록 부차적인 것으로 보인다 할지라도, 매우 중요한 이유 하나가 있어서 가능했다. 다시 말해 보수파는 그들의 지식인들을 지원했고, 진보파는 그렇지 않았다는 점이다. 보수파는 하부 조직을 구축하고, 그들의 두뇌집단과 작가들의 활동에 투자했다. 그러나 진보파는 보수파와 같은 자금은 있었지만 그 활동자금을 효과적으로 사용하지 못했다. 앞으로 우리는 그 이유를 살펴보고, 진보파가 보수파를 따라잡기 위해 필요한 것이 무엇인지를 후기에서 결론지을 것이다.

이 책이 처음 출판된 후 많은 일들이 일어났다. 비록 몇몇 주요 인물이 바뀌었고(클린턴과 깅그리치는 더 이상 중앙무대에서 활동하지 않는다), 몇 가지 특정한 사안은 잠잠해졌지만(고아문제를 더 이상 거론하는 사람은 없다) 미국인들의 정치적 세계관의 기본 개요는 아무런 변화 없이 거의 그대로이다. 나는 이 책의 후기에 클린턴 탄핵 소추와 2000년 미국 대선, 조지 W. 부시 행정부의 초기 활동, 그리고 진보파를 위한 장래문제와 전망 등 최근 문제에 관해 간략히 언급해보고자 한다.

2001년 6월
조지 레이코프

**일러두기**

- 이 책에서 저자는 'Liberalism'과 'Progressivism'을 같은 의미로 사용하였기에, 두 단어 모두 '진보주의'로 번역하였음을 밝힌다.

- • 자주 등장하는 'empathy'는 '공감'이란 일반적 용어보다는 '감정이입'이라는 심리학적 용어로 옮겼고, 또 저자가 자주 사용하는 'frame'은 '프레임'보다는 '틀'이란 우리말로 옮겼음을 부기한다.

- • • 후기에서 다루고 있는 빌 클린턴 탄핵 사건과 부시와 앨 고어의 2000년 대선과 관련된 내용은 저자가 이 책에서 언급한 이론이 실제 미국 정치에서 어떻게 작용하고 있는지를 볼 수 있는 좋은 사례이다. 따라서 이 책의 내용을 되짚어 보며 후기를 읽는다면 이 책의 의미를 깊이 들여다볼 수 있을 것이다.

# 서 론

}

INTRODUCTION

# 1
# 정신과 정치
The Mind and Politics

현대의 미국 정치는 세계관과 관련되어 있다. 보수주의자와 진보주의자는 세계를 다르게 보며, 그들은 가끔 상대방의 세계관을 정확히 이해하는 데 어려움을 겪는다. 정신과 언어를 연구하는 학자인 나는 우리가 보수주의자와 진보주의자들이 형성한 세계관과 두 진영의 여러 가지 담론 형태에 대해서 보다 정확히 이해할 수 있다고 생각한다.

나는 사람들이 어떻게 세상을 개념화하는지를 연구하는 학문에 종사하고 있다. 그것은 심리를 연구하는 분야와 상호관련이 있는 분야로 인지과학이라고 불리는 학문이다. 인지과학은 비전과 기억, 일상생활의 논리에 대한 집중, 그리고 언어를 대상으로 하는 매우 포괄적인 학문이다. 세계관, 즉 일상적인 개념 논리, 그리고 언어와 가장 관계되는 종속 분야는 인지언어학이다. 이 학문이 처음 탄생할 때부터 연구해온 나의 전공은 우리가 일상생활을 어떻게 개념화하는지, 그리고 그것에 대해 어떻게 생각하고 이야기하는지를 연구하는 것이다. 비록 지금까지 정치적 개념과 정치적 담론에 관한 연구는 미미했지만 그것은 나의 전공분야를 설명하는 여러 가지 활동에 포함된다.

## 상식과 무의식적 생각

이 책의 서두에 내 전공에 관해서 간략하게 설명한 것은 독자에게 이해의 도움을 주기 위해서이다. 인지과학에서 가장 많이 연구하는 대상 중의 하나는 상식이다. 나는 상식을 정해진 것으로 당연하게 받아들이지 않는다. 물론 다른 인지학자들도 '그건 일반적인 상식이잖아!'라는 말을 들으면 귀를 쫑긋 세우게 된다. 그들은 거기에 상세하고 깊이 있게 연구하여 이해시켜야 할 그 뭔가가 있다는 점을 깨닫고 있기 때문이다. 그러므로 그들에게 '그저 상식'이라는 것은 존재하지 않는 것이다.

일반적으로 상식은 무의식적인 개념적 구조를 가진다. 그것은 바로 상식을 구성하는 요소이기도 하다. 우리로 하여금 연구하지 않을 수 없도록 만드는 것은 정치적 담론의 상식적 특성이다. 나는 이 책의 끝부분에 이르렀을 때, 모든 독자들이 도덕과 정치영역에서 상식이 얼마나 심오하고 정교하고 복잡 미묘한 것인지 이해할 수 있기를 바란다.

인지과학에서 가장 기초적인 결과들 중의 하나인 상식논리에 관한 연구결과 가운데 하나는, 우리의 생각이 대부분 무의식적이라는 점이다(프로이트 학파에서 말하는 억압된 무의식이 아니라, 단순히 깨닫지 못한다는 의미에서의 무의식). 우리는 생각하고 이야기하는 모든 것을 의식적으로 깨닫고 통제하기에는 지나치게 빠르고 깊은 수준에서 행하고 있다. 생각의 요소-개념은 더더욱 깨닫지 못하고 있는 것이다. 우리는 무언가를 생각할 때 여러 가지 정교한 개념으로 이루어진 시스템을 이용한다. 그러나 대부분 그 개념들이 어떤 것들이며, 어떻게 조화를 이루고, 어떤 체계 안에 포함되는지 깨닫지 못하고 있다.

여러 가지 개념들로 이루어진 우리의 무의식 시스템이 무엇인지를 정확히 밝혀내는 것이 내 연구의 목적이다. 최근 몇 년 동안 나의 연구는 개념체계의 두 가지 요소에 집중되었다. 개념적 비유와 카테고리, 특히 방사형으로 펼쳐지는 범주와 원형原型이 그것이다.

개념적 비유는 한 가지 경험의 영역을 다른 것에 비추어 개념화하는 전통적 방식이다. 예를 들면, 많은 사람들은 우리가 보편적으로 도덕을 재정적 거래와 회계에 비추어 개념화한다는 점을 깨닫지 못하고 있다. 만약 당신이 나에게 큰 호의를 베풀었다면, 나는 당신에게 빚을 지게 된 것이다. 나는 당신에게 그 호의에 보답하는 방법을 생각하게 된다. 우리는 빚을 갚아야 한다는 점에 비추어서 도덕을 이야기할 뿐만 아니라, 도덕에 관해 그런 식으로 생각하기도 한다. 보복·배상·복수, 그리고 정의 같은 개념은 전형적으로 재정적인 용어 내에서 이해된다. 앞으로 보게 되겠지만 이러한 사례는 빙산의 일각에 불과하다.

　다음 설명에서 명백해지는 여러 도덕 논리는 비유적 논리인데, 만약 이 사례로 이미 명확해지지 않았다면 앞으로는 틀림없이 명확해질 것이다. 비유적 생각은 시적이거나 미사여구여야 할 필요가 없는 자연스럽고 일상적인 생각이다. 모든 일반 개념이 비유적인 것은 아니지만 분명 이는 놀라울 정도로 많다.<sup>참고 A1</sup>


## 비유적 상식

우리가 보는 신문 사설들 중의 상당부분은 비유적 상식논리이다. 아주 간단한 사례를 들어 살펴보기로 하자. 아래는 1995년 2월 4일, 〈휴스턴 크로니클Houston Chronicle〉지의 섹션 A30면에 실린 〈워싱턴 포스트〉지의 칼럼니스트 윌리엄 래습베리William Raspberry의 글이다. 이 칼럼은 매우 직설적으로 시작된다.


　컬럼비아시 정부가 최소 722만 달러에 달하는 예산부족을 새롭게 파악한 뒤 비틀거리고 있으며, 의회의 시정市政인수 요구가 점점 힘을 얻고 있다.


　래습베리는 문제가 된 사례를 열거한 후에 계속해서 자기의 주장을 펼친다. 이 사례는 우리에게 신용카드를 가진 인정 많은 가난한 어머니를 생각하게 한다.

이런 식으로 이야기해보자. 시가 안고 있는 막대한 부채의 상당부분은 시 정부가 능력이 닿지 않는데도 좋은 일들을 하려 했던 결과로 발생했다. 그 다음 래습베리는 시 정부가 여유가 없으면서도 시행하려고 했던 좋은 일들의 사례를 열거하고 그 칼럼을 마쳤다.

여기에서 근본적인 문제는 다음과 같이 말하는 인정 많은 엄마의 태도이다. '아이에게 좋다면 전부 다 사 주어야지요. 그 값을 어떻게 지불해야 할지는 나중에 걱정하고요.'

그러나 그 어머니는 나중에 신용한도를 초과했을 뿐만 아니라, 지출을 억제하며 아낀다 해도 문제를 해결할 수 없는 난관에 봉착하게 된다. 이제 그녀는 정부의 긴급구조를 필요로 하게 된 것이다.

그러나 그 당시에 그녀는 먼저 거절하는 것을 배워야만 했다. 능력이 없다면 불필요한 스낵만이 아니라, 고기까지도 상당량 감축해야 하기 때문이다.

래습베리의 독자들 누구나 이 칼럼을 이해하는 데 어려움을 겪지 않을 것이다. 그는 마치 일반적인 상식을 이야기하듯이 그 칼럼을 썼기 때문이다. 그러나 알고 보면 이 칼럼은 정교한 개념적 비유였고, 그는 이 비유에 비추어 자신의 논리를 펼쳤다.

그 비유에 의하면, 시 정부는 지나칠 정도로 정이 많고 비현실적인 어머니이며, 시민은 그녀의 자녀들이다. 그녀는 없는 돈을 써가며 무책임하게 아이들의 응석을 받아주고 있다. 이것은 단순히 정치만이 아니라 도덕과도 관련이 있다. 어머니는 (아이의 요구를 거절하는) 자제력과, (고기를 상당량 감축하는) 자기 부인을 배워야 한다. 그것을 배워야만 그녀는 좋은 어머니가 될 수 있는 것이다.

누구나 이 칼럼을 이해했을 것이고, 많은 독자들 또한 그것을 상식처럼 받아들였을 것이라 짐작된다. 그렇다면 그 이유는 무얼까? 시 정부는 어머니이고, 시민은 아이들이라는 비유는 새롭게 꾸며진 것인가? 아니면 그것은 우리가 이미 알고 있는 친숙한 비유인가? 그리고 독자들이 정부에 대해 자발적으로 이런 식의 이의를 제기해야 되는 이유는 무엇인가? 그들이 그 비유를 엉뚱한 소리쯤으로 간주하고 거부해버리지 않는 이유는 무엇일까? 또한 독자들이 ─ 모든 독자들이 ─ 그 칼럼에 대한 반응으로, '정 많은 어머니라니, 무슨 쓸데없는 소리야? 현실적으로 경제와 정책에 관해 상세히 이야기해보자고.' 하고 이야기하지 않는 이유는 무엇인가? 그러나 독자들은 그러지 않는다. 그 칼럼은 '당연한 상식'이고, 나아가 그것은 '보수적인 상식'이기 때문이다.

그 칼럼의 논리적 구조는 사실이 아니라 비유에 의해 결정된다. 그리고 어떤 사람들은 똑같은 예산부족 문제라 하더라도 전혀 다른 방식으로 비판하기도 한다. 그리고 어떤 사람들은 워싱턴 D.C에는 비교적 부유한 공무원과 로비스트들, 교외에 살면서 시내에서 일하는 부유층으로 인해 시민 수에 비해 시 공무원이 너무도 많다는 점을 느낄 수 있다. 또 어떤 사람은 시가 권위를 지키며 살 수 있도록 시 정부가 적절히 유지되도록 감시하는 것은 의회의 책임이며, 그런 기준은 연방정부에도 적용되어야만 한다고 이야기할 수 있다. 어떤 사람은 정부의 비유에서 의회를 부모로, 즉 워싱턴 D.C의 시민인 아이들의 양육비 지불을 거절하는 빈둥거리는 아버지로 적용할 수도 있다. 어떤 사람은 빈둥거리는 아버지인 의회가 아무리 어렵다 할지라도 양육비를 지불해야만 되는 책임을 완수해야 된다는 도덕을 끌어낼 수도 있다. 이것은 당연한 상식이자 각기 다른 종류의 상식이기도 하다.

정확하게 보수적인 상식이란 무엇인가? 진보적인 상식과는 어떻게 다른가? 그리고 보수주의자와 진보주의자의 일반적인 상식의 논리에서 비유적 사고가 수행하는 역할은 정확히 무엇인가? 앞으로 보게 되겠지만, 보수주의가 정치적이고 철학적인 것과 마찬가지로, 정부를 부모의 역할로 생각해보는 이 칼럼 속 비유는 일반적인 보수적 상식으로 자리 잡으며 큰 역할을 수행한다.

## 방사형放射形 카테고리

방사형 카테고리는 인간의 개념 카테고리에서 가장 보편적이다. 그것은 그 카테고리의 모든 구성 요소들이 공유하는 특정 목록들에 의해 정의되지 않는다. 대신에 그것들은 중심모델의 변화에 의해 특징지어진다.

어머니라는 카테고리를 살펴보자. 그 중심 모델은 네 가지 종속 모델에 의해 특징지어진다.

1. **출생 모델** : 어머니는 당신을 낳아준 여성이다.

2. **유전 모델** : 어머니는 당신의 유전적 특징의 반을 준 여성이다.

3. **육성 모델** : 어머니는 당신을 기르고 키워준 여인이다.

4. **결혼 모델** : 어머니는 당신의 아버지의 아내이다.


　가장 기본적인 상황에서는 이 모든 조건이 유효하다. 그러나 복잡한 현대생활에서 각각의 카테고리는 네 가지 조건 중 단 몇 가지만을 충족하는 각각의 상황에 따라 확장된다. 그러므로 출생모·유전모·양육모·계모·입양모·대리모 등 특별한 용어가 파생되는 것이다.

　방사형 카테고리의 또 다른 예는 '피해'의 여러 형태이다. 중심적인 예는 육체적 피해이다. 그러나 그 카테고리는 육체적 피해에 비추어 비유적으로 이해되는데, 예를 들면, 경제적 피해·정신적 피해·사회적 피해, 그리고 심리적 피해도 포함한다. 법정에서는 이것들을 피해의 여러 형태로 인식하지만, 특히 육체적 피해의 중요성을 인식하기 때문에 가장 엄한 벌은 육체적 피해에 가해지고 있다.

　중심이 되는 예가 있고, 그것에서부터 변화되어 파생되는 방사형 카테고리는 정신적인 면에서 보자면 꽤 자연스런 구성이다. 그리고 앞으로 설명하겠지만, 보수주의자와 진보주의자의 카테고리 역시 방사형 카테고리이다. 이 점을 인식하는 것은 매우 중요한데, 즉 보수주의자와 진보주의자의 카테고리는 변화무쌍하고 매우 복잡하기 때문이다. 방사형 카테고리 이론은 우리에게 중심 경향과 그 변화 모두를 살펴볼 수 있도록 해주는 것이다. 방사형 카테고리에 관한 소개는 1987년 발표된 나의 이론과, 이 책 말미의 참고(A2)를 보기 바란다.

## 여러 타입의 원형

방사형 카테고리의 중심은 '원형'이라고 불리는 일반적 현상의 한 가지 종속 유형이다.[참고 A2] 원형에는 여러 유형이 있는데, 그것들은 이 책 전체를 통해 중요한 역할을 하기 때문에 초기에 이를 논의하는 것은 매우 중요하다. 하나의 원형은 어느 특정한 카테고리, 즉 일종의 논거로서 전체를 대변해온 그 카테고리의 한 가지 요소(종속 카테고리로서 혹은 개별 요소로서)이다. 모든 원형은 특정한 논리를 실행하는 인지 구조이지, 이 세상의 객관적인 형상은 아니다.

다음에서 소개하는 것들은 미국 정치에서 일정한 역할을 수행할 뿐만 아니라 이 책 전체를 통해 반복될 몇 가지 기본적인 원형의 종류들이다.

### 1. 방사형 카테고리의 중심 종속 카테고리

카테고리가 새로운 방향으로 확장하고 변화를 규정하는 데 기반이 되어준다. 정치적 사례는 진보주의자와 보수주의자의 중심유형을 포함할 것이다.

### 2. 전형적 사례의 원형

우리가 비 전형적인 예에 따라 활동하는 것을 분명히 하지 않을 때 전형적인 사례들을 특징짓거나, 혹은 카테고리 요소들에 관해 전체로써 결론을 도출하는 데 이용되어 왔다. 예를 들면, 우리가 생각하는 전형적인 새는 하늘을 날고 노래하며, 포식동물이 아닌 뱁새나 참새 크기 정도의 새이다. 만약 내가 '현관에 새가 한 마리 있다'라고 말하고 다른 말을 하지 않는다면, 당신은 전형적인 새의 원형일 것이라는 결론을 도출하게 될 것이다. 또 만약 '전형적인 미국인' 하면 많은 사람들이 머릿속에 문득 떠올리기를, 미국에서 태어나고 개신교도이며 영어를 유창하게 구사하는 등의 특징을 가진 백인의 성인남자를 떠올릴 것이다.

### 3. 이상적 사례의 원형

다른 종속 카테고리를 평가할 기준을 규정한다. 우리는 진보주의자와 보수주의자가 이상적 부모, 이상적 시민, 그리고 이상적 사람이라고 생각하는 것에 관해 논의하게 될 것이다.

### 4. 반反이상적 원형

최악의 종속 카테고리인 '악마' 카테고리의 예증이다. 이것은 부정적 기준을 규정한다. 진보주의자와 보수주의자는 매우 다른 종류의 악마들을 가지고 있다. 우리는 그 유형에 대해, 그리고 그것들이 어떻게 논리적 사고에 이용되는지를 논의하게 될 것이다.

## 5. 사회적 인습

한 문화권에 널리 퍼진 모델로서, 전체 카테고리에 관해 '인습은 전형적인 예'라는 제안 덕분에 깊이 생각하지 않고 즉각 판단을 내릴 수 있는 경우이다. 사회적 인습은 보편적으로 사려 깊지 못한, 혹은 편향적인 담론에서 이용된다. 가령 주정뱅이 아일랜드 사람(아일랜드 사람들은 전형적으로 지나치게 술을 많이 마신다는 암시에 이용된다)이나 근면한 일본인(일본인들은 전형적으로 근면하다는 암시에 이용된다) 등의 사례들이 이 모델에 해당하는 표현이다. 인종이나 성별에 따른 인습은 정치적 인습과 마찬가지로 끊임없이 정치적 담론에 끌려든다. 그리고 인습은 신화나 혹은 각각의 잘 알려진 사례에 근거하여 생겨날 수 있다.

## 6. 두드러진 사례

개연적으로 판단하거나, 전형적인 카테고리 요소에 관한 결론을 도출하는 데 이용되는 단 하나의 현저한 사례라고 볼 수 있다. 가령 특정한 어느 복지 사기꾼의 이야기를 예로 들면서, 더불어 복지혜택을 받는 모두가 사기꾼이라고 암시하는 행위가 이에 해당한다. 정치적 담론에서 두드러진 사례 중 하나일 뿐인데, 마치 그것이 전형적인 사례인 것처럼 이용하는 일이 보편적으로 행해지고 있다.

## 7. 필수적 원형

평범한 민중이론에 따른 여러 가지 특성의 가설적 집합이다. 어떤 것을 현재의 그것으로 만들어주는 것이 무엇인지, 혹은 어떤 사람을 현재의 그 사람으로 만들어준 것은 무엇인지 그 특성을 밝혀준다. 가령 새들의 필수적 특성은 여러 가지 중에서도 특히 깃털, 날개, 부리를 가졌다는 점, 그리고 알을 낳는다는 점이다. 합리적 사고는 인간의 필수적 특성으로 간주되고, 도덕적 담론에서 성격 이론은 필수적 원형에 의해 규정되는 것으로 간주된다. 당신의 성격은 현재의 당신이 될 수 있게끔 만들어준 것이며, 당신이 장래 어떻게 행동할지를 결정해준다.

이러한 것들 중에 이상하거나 낯선 것은 없다. 이 모든 것은 자연스러운 인간 정신의 산물이며, 또한 자연스러운 일상적인 담론으로 이용된다. 그러니 이러한 요소들을 정치에 이용한다고 해서 그리 놀라워할 필요는 없는 것이다.

그러나 우리는 그것이 어떻게 이용되는지를 인식해야 할 필요가 있다. 앞으로 보게 될 바와 같이, 두드러진 사례를 전형적인 사례와, 혹은 전형적인 사례(예를 들어 전형적인 정치인)를 이상적인 사례(이상적인 정치인)와 혼동하지 않는 것이 정말로 중요하기 때문이다.

## 이 책이 말하고자 하는 것

나는 지난날의 나의 저작에서 인지과학으로서의 철학과 언어학 분야를 위한 개념 분석의 세부적인 사항에 몰두했었다. 현재의 책은 이런 통상적인 연구에서 나왔다.

보수주의자가 승리를 거둔 1994년경, 나는 우연히 우리의 도덕 개념 시스템의 세부사항에 관해, 특히 도덕 비유 시스템에 대해 연구 중이었다. 선거 유세기간 동안, 내 눈에 보수주의자와 진보 주의자가 서로 판이한 도덕 시스템을 가졌고, 양 진영의 정치적 담론은 상당부분 그들의 도덕 시스템에서 비롯된 것이라는 점이 뚜렷하게 보였다. 나는 인지언어학의 분석기술을 이용하여 상세 하게 보수진영과 진보진영의 도덕 시스템을 설명할 수 있고, 그들 이 선호하는 도덕적 비유의 리스트를 작성할 수 있음을 깨달았 다. 특히 흥미로웠던 점을 이야기하자면 그들은 도덕을 위해 같 은 비유를 사용했지만 그 우선권은 달랐다는, 오히려 거의 반대였 다는 점이다. 이것은 진보주의자와 보수주의자가 같은 사안에 관 해 이야기하면서도 다른 결론에 도달하는 것과 같은 현상을 ㅡ그 리고 그들이 언제나 상대방을 거의 이해하지 못하고 무시하며 이 야기하는 현상을 ㅡ 설명해준다.

이쯤해서 나는 내 자신에게 답이 명확치 않은 질문 하나를 던 졌다. 각각의 도덕적 우선권의 리스트를 조화롭게 해주는 요소는 무엇인가? 보수주의자로 하여금 도덕에 관한 논리를 펼치기 위 해 여러 가지 우선권을 가지는 비유를 선택하도록 이끌어주는 요인이 있을까? 진보주의자들에게는 다른 요인이 있을까? 일단 이 질문이 대두되자 그 답은 빠르게 나타났다. 그 답은 보수주의자들이 쉴 새 없이 이야기하는 주제, 즉 가족이었다. 보수주의자와 진보주의자의 정책에는 각기 다른 가족 모델이 깊이 새겨져 있는 것이다. 앞으로 보게 될 바와 같이, 보수주의자는 엄한 아버지 모델에 그 기반을 둔다. 반면에 진보주의자는 자애로운 부모 모델 주변에 집중한다. 가정에 관한 이 두 가지 모델은 각기 다른 도덕 시스템을 떠오르게 하고, 각기 다른 담론의 형태, 즉 각기 다른 단어와 추론 양식을 선택하도록 이끌어준다.

일단 우리가 이 점을 주의하다보면 더욱 깊은 질문이 제기될 것이다. 진보주의와 보수주의의 정치적 입장의 여러 항목들을 무엇이 통일시켜주는지 우리는 설명할 수 있을까? 가정 모델과 가정을 기반으로 한 도덕체계는, 우리로 하여금 보수주의자들과 진보주의자들이 특정한 사안에 대하여 각기 다른 입장을 취하게 되는 이유를 설명할 수 있도록 해줄까? 이것은 매우 어려운 문제이다. 보수주의의 입장을 살펴보자. 보수주의자들을 낙태에 반대하도록 만드는 요소는 그들이 환경보호운동에 반대하는 태도와 어떤 관계가 있는 것일까? 그 두 가지 중 무언가가 차별 시정조치, 총기 규제, 혹은 최저임금제 등에 반대하도록 어떠한 영향이라도 준 것일까? 보수주의 모델은 이런 여러 질문에 대답할 수 있어야 한다. 진보주의 모델도 정치적으로 보수주의와는 반대 입장에서 위와 같은 이유를 설명해야 한다. 설명을 위한 질문은 매우 중요하다. 보수주의자와 진보주의자가 현재와 같은 여러 정책을 가진 이유를 어떻게 정확하게 설명할 수 있을까?

보수와 진보의 기본적인 담론까지도 설명을 필요로 한다. 보수주의자들은 사회 안전망이 자율과 책임을 무시하기 때문에 비도덕적이라고 주장한다. 진보주의자들은 부유층에 대한 세금감면에 대해, 도움이 필요치 않은 사람들을 도리어 도와주고, 정작 도움을 필요로 하는 사람들에겐 아무런 도움을 못 주기 때문에 비도덕적이라고 주장한다. 어떤 도덕 시스템이 그들 각각으로 하여금 그런 주장을 하고, 상대방의 주장을 부정하도록 이끌어준 것일까? 보수주의자들이 규율과 강인함을 즐겨 이야기하고, 반면에 진보주의자들은 필요와 도움에 관하여 자주 입에 올리는 까닭은 무엇인가? 진보주의자들이 사회적 원인에 대해 수없이 언급하는데 반해 보수주의자들은 왜 그렇게 하지 않는 것일까?

그 대답으로 나는 엄한 아버지와 자애로운 부모 형태라고 일컫는 가정 모델과, 가정을 기반으로 하는 도덕의 뚜렷한 차이로부터 나온다고 주장하고자 한다. 가정을 기반으로 하는 도덕과 정치 사이의 연계는 우리가 '무엇이 국가인가'를 개념화할 때 '국가는 곧 가정'이라고 개념화하게 되는 가장 보편적인 방식으로부터 비롯된다. 그것은 엄한 아버지 도덕으로부터 현대 보수주의가 나오고, 자애로운 부모 도덕으로부터 현대 진보주의가 나온다는 사실이다. 보편적이고 무의식적이며, 가정으로서의 국가Nation-as-Family라는 자동적인 비유이다.

이것은 일관성이 있거나 명확하지만은 않다. 그 이유는 두 가지 도덕 시스템이 부분적으로 명백하지 않기 때문이다. 그러나 우리가 일단 그 두 가지 도덕 시스템을 명확하게 인식하면 그 설명이 가능해진다. 그것은 보수주의와 진보주의가 왜 현재와 같은 정책을 가지게 되었는지, 그리고 현재 그들이 사용하는 논리와 언어 방식을 어떻게 가지게 되었는지를 설명해주는 유일한 방법이다.

## 변화

물론 도덕과 정치는 이 두 가지뿐만 아니라 훨씬 많은 형태를 가진다. 보수주의와 진보주의 내부에서도 마찬가지이다. 그러나 자연스러운 인간 정신 내면에서는 앞으로 개요를 설명할 두 가지 가정 시스템과 도덕 시스템이 발생한다. 상당수의 실질적, 도덕적, 정치적 입장이 생겨나 조직적인 방식으로 각각 두 시스템에 변화가 생기는 것이다. 인간의 카테고리 구조는 방사형이기 때문에 조직적으로 그러한 변화가 나타나는데, 그 자체의 구조에 의해 정해진 중심모델은 일정한 범위 안에서만 변화를 허용한다. 그러나 어떠한 변화든지 다 허용하는 것은 아니다. 변화의 매개 변수는 아래에서 보게 될 바와 같이 모델의 구조에 의해 결정된다. 그 결과 두 명의 보수주의자 로버트 돌Robert Dole과 필 그램Phil Gramm은 특정한 범주의 사항들에 관하여 매우 다른 태도를 가지게 되었다. 그럼에도 그들은 여전히 보수주의자이다.

 이 연구의 여러 목적 중 하나는 그런 변화의 매개변수 결정에 관한 이론을 제공하는 것이다. 그러므로 내가 '두 가지 모델'이라고 이야기할 때는 넓은 범위의 변화를 결정하는 구조를 가진 두 가지 모델을 언급한 것이다. 그러므로 진보주의의 '모델'은 자연스레 광범위한 진보주의의 변화를 일으키는 구조를 가진 중심모델이 된다. 이 모든 진보주의를 한 가지 카테고리로 묶이게 하는 것은 중심모델에 대하여 그들이 가지는 조직적 관계이다. 그런 복잡한 방사형 카테고리로 이어지는 변화의 매개변수에 관해서는 5~6장, 그리고 17장에서 상세히 논할 것이다.

## 일치

내가 '중심적' 보수주의와 진보주의라고 지칭하는 것은 일관성을 가지는 정치적 이데올로기이다. 나아가 보수주의와 진보주의의 변형이라 할지라도 그것은 일관성이 있는 이데올로기이다. 방사형 카테고리는 특정한 카테고리 내의 일관성을 가지는 이데올로기들이 서로에게 어떻게 잘 맞는지, 그리고 그들 사이의 관계는 무엇인지를 보여준다.

그러나 모든 시민들이 전부 일관성 있는 이데올로기를 갖고 있는 것은 아니다. 오히려 그런 태도와는 거리가 멀다. 실제로 개념 시스템에 관한 중요한 연구결과 중 하나는 그것이 내부적으로 일관성을 가지지 않는다는 점이다. 사람이 여러 영역에서 다양한 모델에 따라 활동하는 것은 오히려 자연스럽다. 그러므로 사람은 결혼생활을 어떻게 해야 되는지, 컴퓨터는 어떻게 작동해야 되는지에 관해 일관성이 없는 여러 가지 모델을 가질 수 있다. 그러나 가끔은 한 가지 모델이—정확한 한 가지 모델이—이용되는가 하면 가끔은 또 다른 정확한 모델이 이용되기도 한다. 만약 사람이 각각의 사례에 이용된 논리를 살펴보는 데 실패한다면, 그것은 사람들이 제멋대로 행동하여 모델이 전혀 없는 것처럼 보인다. 그러나 각각의 사례에 따라 이용된 논리의 형태를 살펴본다면, 대부분 다른 사례에 따라 각기 다른 모델을 이용했음이 밝혀진다.

인지과학자들이 하는 일들 중의 하나는 어느 때든 주어진 논리가 채택되었는지를 누구든지 알 수 있도록, 이용된 각각의 모델에 대해 가능한 한 정확하게 연구하는 것이다. 그것은 이 책의 여러 목적들 중 한 가지이기도 하다. 이제까지 나는 정치에 관한 논리를 위해 도덕적 정치적으로 두 가지 모델인 진보주의와 보수주의라는 카테고리가 있다고 이야기했다. 대부분의 유권자들은 각각의 모델의 어떤 변형을 가졌으며 보편적으로 각기 다른 상황, 다른 때에 따라 다른 모델을 적용한다. 여기에서 나타나는 질문은 과연 어떤 모델이 적용되었느냐는 것이다.

최근의 선거 역사를 이해하는 한 가지 설명이 있다. 대통령 선거의 경우 유권자들은 한 가지 모델을 적용하고, 국회의원 선거에서는 다른 모델을 적용하여 국가라는 가정 내에서 엄한 아버지와 자애로운 어머니를 재현했다는 점이다. 냉전기간 동안 우리는 엄한 아버지 대통령과 자애로운 어머니 의회를 가졌다. 냉전이 끝나고 국내 문제로 돌아오자, 나라는 먼저 자애로운 아버지 대통령을 선택했고, 그 이후에 엄한 아버지 의회에게로 돌아섰다. 이번에도 유권자들은 모델을 이용하는 데 있어서 일관성 있는 모습을 보이지 않았다.

엄격한 보수주의자와 엄격한 진보주의자는 각자 일관성 있는 비전을 가지고 있다. 그들은 모델이나 때에 따라, 그리고 사안에 따라 흔들리지 않는다. 여기에서 설명하는 모델은 엄밀한 보수주의자와 엄밀한 진보주의자이다. 간단히 이야기해서 그 두 모델은 일관성 있는 이데올로기를 정의한다. 보수진영과 진보진영의 정치적 지도자들과 이데올로기는 유권자들을 그들의 비전에 일치시키려고 하는 것이다. 다시 말해서 한쪽 깃발 아래로 모여, 모든 범위의 사안들에 걸쳐 완전한 진보주의자, 혹은 보수주의자가 되도록 만드는 것이다.

사람들은 인생의 모든 측면에서 같은 모델을 이용하는 것은 아니기 때문에 정치적인 보수주의자도 가정생활에서는 자애로운 부모 모델을 잘 이용할 수 있다. 그렇지만 정치적 인생에서는 절대로 그렇지 않다. 진보주의에 속하는 사람이 가정생활에서는 엄한 아버지 모델을, 정치에서는 자애로운 부모 모델을 이용하는 것과 같다. 가정에서 엄한 아버지도 정치적 진보주의자가 될 수 있고, 가정에서 자애로운 부모도 정치적으로는 보수주의자가 될 수 있다는 것이다.

현대의 보수주의 정치학은 그 모델을 가정에 적용하는 것과 정치에 적용하는 것을 좀 더 긴밀하게 연결시키려고 노력한다. 곧 보수주의자는 가정에서 엄한 아버지 가정 모델을 가졌음을 가리키고, 그들은 다른 사람들에게 정치적 보수주의자가 되어야 한다는 점을 확신시키려고 노력한다. 나는 그들이 엄한 아버지 가정 모델을 확신하는 유권자들을 보수주의자들에게 투표하도록 설득하는 것이 성공할 수 있을지 의심스럽다. 예를 들면, 예전에는 경제적인 이유로 자신들이 속한 조합에 협조하여 진보주의자에 투표했던 블루칼라 근로자들이, 이제는 경제적인 관점을 떠나 문화적인 이유로 보수주의에 동조하며 투표할 수도 있다. 실제로 가정생활의 기반으로 한 가지 모델을 사용하고, 정치적 기반으로 다른 모델을 사용하는 것 사이에 논리적 모순은 없다. 그러나 논리가 문제가 되는 것은 아니다. 만약 당신의 정치가 당신의 가족 안에서 행해지는 모델과 같은 모델에 의해 당신의 정치적 행동이 지배된다면, 그 결과 인지적 일관성은 강해지고 인지 모순은 적어질 것이다.

이 책은 진정한 진보주의자와 진정한 보수주의자가 된다는 것이 무엇을 의미하는지 이야기할 것이다. 세부사항을 연구하는 과정에서 우리는 각각의 특정 사안에 대해 진보주의적, 혹은 보수주의적인 비전을 가지는 것은 무엇을 의미하는지도 보게 될 것이다.

우리는 이런 식으로 때에 따라 그리고 사안별로 두 가지 모델 사이에서 오락가락하는 유권자가 이용하는 논리 형태를 파악할 수 있다. 그리고 그 결과 우리는 '정치적 사고'라는 복잡한 문제에 대한 통제권을 갖게 될 것이다.

**무엇을 설명하는가?**

처음에 묻지 않을 수 없는 예리한 질문이 있다. 만약 당신이 두 모델의 엄청난 변화와 두 모델의 이용에 따른 변화를 특징지으려 한다면 무엇을 설명할 것인가? 카테고리 내에서의 모든 변화와 카테고리의 이용에 있어서의 변화를 가정한다면, 당신은 그 무엇도 설명할 수 없는가?

이 질문 자체가 이 시도에 대한 오해이다. 중요한 것은 범주화하는 것이 아니다. 그 자체에 대한 분류는 비교적 따분하다. 모델은 다음과 같이 많은 것을 보여준다.

첫째, 논리의 양식을 분석한다.

둘째, 다른 사항에 대한 논리 방식이 어떻게 적합한지를 보여준다.

셋째, 각기 다른 보수주의자의 논리가 각자 어떻게 관련되고, 모든 것이 보수주의의 사례로 이해됨을 보여준다.

넷째, 그 두 모델은 정치 논리와 도덕 논리의 연계를 보여준다.

다섯째, 그 두 모델은 정치에서의 도덕 논리가 어떻게 가정 모델에 기반을 두는지 보여준다.

여섯째, 각각의 모델이 어떻게 서로 조화를 이루는지, 그리하여 우리가 단순히 무작위한 정치 논리를 가지는 것이 아님을 설명해 주어야만 한다. 이것은 엄청난 주문이다.

인지과학 그 자체는 정치와 무관하다. 우리들 중에 개념 시스템을 연구하는 학자들은 단순히 인간 정신의 활동에 관해 우리가 할 수 있는 것을 찾아내려는 것일 뿐이다. 그러나 우리가 과학적으로 연구하는 바로 그 정신이 날마다 생각하고 이용하는 도덕 시스템과 정치 시스템을 창조했다. 이런 이유로 개념 시스템의 연구에서 발견한 사항들은 도덕과 정치적 생활의 이해를 위해 더욱 더 중요한 문제가 되었다. 나는 이 책을 우리에게 사회적 정치적 생활을 더욱 잘 이해할 수 있도록 이끌어줄 인지사회과학의 발달에 맞추었다.

## 개인적 약속

자신의 직업적 도구를 이용하여 도덕과 정치에 관해 발견할 수 있는 선線과, 개인적인 도덕과 정치적 신념 사이의 선에 관해 가능한 한 명확히 하는 것이 필요하다. 그런 선을 긋는 것은 불가능하다고 믿는 사람들도 있고 실제로 그럴 수도 있다. 그렇다고 해도 나는 최선을 다하겠다. 이 책의 19개의 장에서처럼 나는 인지과학자로서의 역할을 충실히 수행할 것이다. 모든 정치적인 선입견에서 벗어나 내 능력을 다하여, 독자적인 현대 미국 보수주의와 진보주의의 도덕적 정치적 세계관의 인지 분석을 제공하고자 한다.

그러나 나 자신의 도덕적 정치적 의견을 숨기려고 노력하지도 않겠다. 이 책의 후반부 몇 장을 통해 나는 진보주의 이데올로기를 기반으로 해서가 아니라, 외부적 고찰을 기반으로 진보주의자가 된 이유를 설명하겠다.

나는 이 책을 여유로운 학구적 활동의 일환, 그 이상으로는 간주하지 않는다. 보수주의자들은 우리 정치의 도덕적 측면을 진보주의자들보다 잘 이해하기 때문에, 정치적 승리를 획득했을 뿐만 아니라 미국을 위해 훨씬 큰 도덕적 문화적 의제를 수행할 수 있었다. 그러나 나는 만약 그런 의제가 수행된다면, 20세기에 이루어진 도덕적 진보는 파괴될 것이라고 믿는다. 진보주의자들은 그것을 막기에는 역부족이었다. 나는 그 큰 이유로 그들이 보수주의자의 세계관과 이론적 이상주의, 그리고 그것에 포함되는 가정이란 개념을 이해하지 못했기 때문이라고 생각한다.

게다가 진보주의자들은 자신들의 정치에서의 도덕적 통일성과, 그 안에서 가정이 수행하는 역할을 충분히 이해하지 못했다. 진보주의자들은 강력한 진보적 도덕성을 일관되게 토대로 삼고 있는, 전체적이고 체계적인 진보주의적 정견이 있음을 이해할 필요가 있다. 만약 진보주의자들이 진지하고도 신속하게 자신들의 철학과 도덕과 가정에 대해 고려해보지 않는다면, 그들은 선거에서 계속 패배할 뿐만 아니라 미국 진보의 시계를 뒷걸음질 치게 하려는 보수주의자의 노력이 성공을 거둔 것에 대한 책임을 떠안게 될 것이다.

보수주의자들은 정치는 단지 정책과 관심을 가지는 그룹, 그리고 사안별 논쟁에만 관련된 것이 아님을 잘 알고 있다. 정치는 가정과 도덕에 관련된 것이며, 신화와 비유와 감정적 검증에 관련된 것임을 그들은 알고 있다. 그들은 지난 25년 동안에 걸쳐 유권자의 정신 안에서, 도덕과 대중정치 사이의 개념적 연결을 시도해보려 노력했다. 그들이 소중히 여기는 가치를 신중히 조절하는 것도 그런 노력의 일환이었다. 그들은 자신들의 신화를 이해하고, 강력한 슬로건을 환기할 수 있도록 그런 가치와 신화에 적합한 언어를 계획하고, 그 언어를 끝없이 반복했다. 언론종사자를 포함한 많은 미국인들에게 가정 – 도덕 – 정치의 연계가 자연스레 비춰질 수 있게 되기까지, 한 마디로 말해 가정 – 도덕 – 정치의 연계를 강화하기 위해서였다.

진보주의자들이 정치에서 도덕과 신화와 감정적인 측면을 무시하는 한, 그리고 정책과 관심을 가진 그룹과 사안별 논쟁에만 집착하는 한, 그들이 이 나라를 뒤덮은 정치적 변화의 본질을 이해하게 될 희망은 전무하다. 그들이 그런 태도를 변화시킬 것이라는 희망 또한 전혀 엿볼 수 없음도 당연하다.

## '진보주의적'이라는 용어

'진보주의'에는 많은 의미가 포함되어 있는데, 그중 몇몇은 '보수주의'의 의미와 겹치기도 한다. 명확하게 하기 위해서 나는 이 책의 주제이기도 한 '정치적 진보주의'와 정치철학 분야의 주제인 '이론적 진보주의'를 구분하고 있다. 오랜 역사를 가진 '고전 이론적 진보주의'는, '인간은 자유로운, 혹은 자유로워야만 하는 자율적이고 이성적인 행위자로서 그들 각각은 자신의 이익을 추구한다'고 정의한다. 이런 점에서 많은 보수주의자와 진보주의자는 '고전 이론적 진보주의자'들이다.

반면에 현대 이론적 진보주의는 철학자 존 롤스John Rawls의 연구로부터 비롯되었다.참고 C3 롤스는 고전적 진보주의가 가난 · 건강 · 교육 등의 사회적 문제를 포함하도록 변화를 추구해왔다. 그는 자율적이며 이성적인 행위자의 고전적 이론에, 다음에 소개하는 공명정대한 사회의 사회계약이론(여기에서는 지나치게 간략화해 소개한다)을 추가할 것을 제안했다.

- 무지의 장막, 즉 사회계약은 마치 사회의 어디에 적합할지를 누구도 모르는 것처럼 체결되어야 한다.

- 그 결과로 정의는 공정함으로 간주된다. 만약 당신이 사회의 어디에 적합한지를 모른다면, 당신은 사회가 공정하기를 원하게 된다. 만약 당신이 권력이 없는 위치에 처하게 된다면, 당신은 자신이 처한 위치가 나쁜 위치가 아니기를 바라게 될 것이다.
- 어떤 개인이 선의 목적과 가치, 개념을 선택하는 것은 선호도의 주관적 표현이다. 이것으로 인해 그것들은 문자 그대로의 의미를 가진, 우선순위 결정이 가능한, 그리고 선호도·실용성·의사결정 등에 관한 수학이론을 적용 가능하도록 해준다.
- 이런 정치적 입장을 받아들이는 것은 한 개인에게 어떤 특정한 도덕적 입장을 강요하는 것은 아니다.
- 이런 의견은 특정한 문화, 혹은 하위문화에도 보편적이고 독립적이다.

정교해진 롤스의 의견은 많은 분야, 특히 공동체 사회주의 분야로부터 비판을 받았다. 사람은 단순히 고립된 자율적 개인이 아니라 첫째, 공동체에서 나름의 책임을 가지고 살며, 둘째, 부분적으로는 그 공동체에 의해 정의되며, 셋째, 그들이 가진 목적과 도덕이 무엇인가에 대한 개념에 의해 정의되며, 넷째, 도덕은 사회적 현상으로서 그 의미는 사회적이지 개인적이 아니라는 등의 비판을 받았다.<sup>참고 C4</sup> 이런 모든 논쟁은 본질적으로는 이론적인 것일 뿐 경험적으로는 볼 수 없다. 이것은 현대의 정치적 진보주의가 무엇인지를 특징지으려 하는 것보다, 진보주의는 어떠해야 하는 가를 특징지으려는 시도이다.

반면에 내가 일컫는 '정치적 진보주의'는 우리의 일상적 담론에서 진보주의자들이라고 불리는 사람들로부터 환경 · 공공정책 교육 · 사회복지 프로그램 · 여성을 위한 동등권 · 동성애 · 소수인종정책 차별 시정조치 · 낙태 정당화촉구 등을 위한 지지를 받는 정치적 입장을 특징짓는다. 이 책에서 내가 '정치적 진보주의'라고 이야기할 때는 이론적인 진보주의가 아니라 정치적 진보주의를 일컫는 것이다.

그러나 이런 구별을 짓는 과정에서 나는 명확한 질문을 던져야 한다. 이론적 진보주의는 정치적 진보주의가 무엇인지를 어떤 형태로든 정확하게 제공했는가? 나는 그렇지 않다고 생각한다. 그리고 그 이유는 이 책의 마지막장에 이르면 명확하게 나타날 것이다. 정치적 진보주의는 독특한 종류의 창안이고, 그것의 특징이 되는 세계관은 이론적 진보주의에서 제안된 어떤 형태와도 다르다.

이 책은 여러 가지 사항에 대한 순수한 이론적 연구가 아니라 경험적 연구이기 때문에, 정치철학에서 발견하는 것과는 매우 다른 '진보주의 개념'을 거론하게 될지라도 놀랄 필요는 없다. 흥미로운 것은 롤스식의 특징과 공동체 사회주의의 비판이 많이 등장한다는 점이다. 롤스의 '무지의 장막' 이론은 '공정함으로서의 도덕'(6장)을 일으킨 감정이입으로서의 도덕 비유와 비슷한 기능을 가진다. 많은 공동체 사회주의자들은 진보주의를 자애로운 부모 도덕으로부터 나온다고 생각한다. 자애로운 부모 도덕은 사회의 목적과 개인의 목적을 함께 강조하는 사회적 책임에 역점을 두고, 도덕성이란 근본적으로 사회적인 것이며 정치란 근본적으로 도덕적인 것이라고 강조하는 것이다. 자애로운 부모 도덕의 또 다른 견해는 개인의 권리와 자유를 강조한다는 점이다.

나는 정치철학자가 아니기 때문에 내가 발견한 것에 대해 철학적 전제조건을 제시하며 시작하지는 않는다. 더불어 정치철학자들의 지적인 도구나 어떤 형태의 논리도 이용하지 않을 것이다. 이것은 인지과학의 도구를 이용하여 정치적 세계관을 경험적으로 연구해 나타난 결과이다. 경험적으로 발견한 사항은 이론적 관찰 결과와는 매우 다른 입장을 가진다. 그러므로 내가 우연히 존중하게 된 정치철학과 혼동해서는 아니 될 것이다.


## 이 책의 구성

2장에서는 보수주의자와 진보주의자의 이데올로기에 관한 해답이 필요한 질문을 제시하고자 한다. 그것은 보수주의자와 진보주의자가 어떻게 현재와 같은 의견을 갖게 되었으며, 어떤 논리가 그들의 정치적 담론의 형태를 결정지었는지를 묻는다. 그것은 보수주의자와 진보주의자가 서로에 대해 갖게 되는 집합적인 의문을 제기하고 있다. 3장에서는 도덕을 위한 모든 비유의 근거를 펼쳐놓을 것이다. 4장에서는 우리의 도덕을 위한 가장 기본적인 비유를 설명하고, 5~6장은 엄한 아버지 모델과 자애로운 부모 모델, 그리고 그들이 일으킨 가정과 가정 기반 도덕 시스템을 설명하고자 한다. 여기에서 도덕의 가정 기반 시스템을 정치에 적용하기 위한 기초가 펼쳐진다.

3부에서는 도덕적 분석과 정치적 분석 사이의 연계를 제공하고자 한다. 7장은 그런 분석이 필요한 이유와 그 이전의 분석이 실패한 이유를 설명할 것이고, 8장은 그 모델의 설명에 도움이 되는 본질을 특징지으며, 9장은 두 가지 가정 기반 도덕에 의해 야기된 도덕 카테고리를 설명하려 한다. 4부에서는 정치적 설명이 수행되는데, 10장~16장까지는 사회복지 프로그램과 범죄로부터 낙태에 이르기까지의 광범위한 문제들을 논의하고, 그 각각의 문제에 대한 보수주의와 진보주의의 입장과, 그들 두 진영의 기반이 궁극적으로는 가정 기반 도덕 시스템의 변화로부터 나온 것임을 보여줄 것이다.

5부에서는 설명을 요약하는 부분으로서, 17장은 보수주의와 진보주의의 각 진영 내에서의 변형들을 관찰하고 있다. 18장은 각 카테고리의 중심모델과 '병리적'인 관계를 가지는 보수주의와 진보주의의 변형들을 설명하고, 전형적인 문제들을 논의한다. 19장에서는 이전의 여러 장에서 설명한 가정 기반 도덕 시스템과 같은 것이 없다면 미국 정치는 존재할 수 없다는 주장을 펼칠 것이고, 이 부분까지는 보수주의와 진보주의의 개념 시스템에 대해 중립적인 입장에서 설명을 해나갈 것이다.

6부에서는 도덕과 정치 사이에서 하나의 이데올로기를 선택하는 데 기초가 되어주지 못한 이유가 있는지를 물어본다. 21~23장까지는 다른 많은 이유가 제시될 수 있지만 그중 특별히 세 가지 이유(저자가 진보주의자가 된 이유들)를 실제로 제시해볼 것이다. 나의 연구 분야와 아동 발달에 관한 연구, 정신의 본질, 도덕적 개념 시스템의 내부적 구조에 관한 연구 등 관련 분야에서 나타나는 세 가지 이유를 제시한다. 마지막으로 에필로그에서 나는 이 연구를 통해 나타난 대중담론과 미디어의 문제에 관해 논의하고자 한다.

이 책은 전체적으로 직선적인 구조이다. 첫째, 대답이 있어야만 하는 질문들. 둘째, 그 대답해야 할 여러 가지 질문 중 첫 번째가 되는 '가정 기반 도덕 시스템'. 셋째, 도덕 시스템과 정치 사이의 연계. 넷째, 정치와 그 질문에 대한 대답. 다섯째, 정치적 세계관 사이에의 선택을 위한 비이념적 논리. 여섯째, 대중담론을 위한 관계 등을 전반적으로 드러내보고자 한다.

# 2

# 미국 정치의 세계관 문제
## The Worldview Problem for American Politics

## 진보주의자들의 골칫거리

보수주의자들은 진보주의자들이 보수주의 측에서 주장하는 바를 잘 알아듣지 못하는 경향에 대해 이야기하는 것을 은근히 즐긴다. 보수주의자들의 그런 생각이 사실 옳기도 하다. 보수주의 이데올로기의 우세 현상은 최근 들어 특히, 1994년 의원선거에서 보수주의자들의 놀라운 승리 이후에 나타난 현상이다. 진보주의자들은 그 선거에서 패배한 후 여러 가지 문제에 대해 의문을 갖게 되었다. 여기에 그 몇 가지 사례를 소개한다.

보수진영의 주요 정치인이며 지적 지도자인 윌리엄 베네트 William Bennett는 자기 노력의 상당부분을 도덕교육에 쏟아 부었다. 그리고 80주 동안 계속해서 베스트셀러 1위를 차지했던, 무려 800페이지에 달하는 어린이를 위한 고전적 도덕적 이야기들의 모음인 《미덕의 책The Books of virtues》을 펴내기도 했다. 그렇다면 미덕과 도덕은 자신들의 정치적 의제와 일치해야 된다고 보수주의자들이 생각하는 이유는 무엇일까? 그리고 그들이 주장하는 도덕관은 무엇일까?

가정의 가치와 아버지다움은 최근 들어 보수주의 정치의 중심이 되었다. 그렇다면 가정의 가치는 무엇이며, 아버지다움이라는 개념은 무엇일까? 그리고 그 두 가지는 정치와 어떤 관련이 있을까?

하원 보수진영의 대변인은 가정의 가치를 옹호하면서, 복지혜택을 받는 여성의 아이를 유일한 가족인 엄마로부터 떼어내어 고아원으로 보내야한다고 제안했다. 이것은 진보주의자들의 시각에는 가정의 가치에 모순되는 태도로 보인다. 그러나 보수주의자들에게는 그렇지 않다. 그 이유는 무엇일까?

보수주의자들은 태어나지도 않은 태아의 생명을 구해야 한다며, 주로 낙태를 반대하는 입장이었다. 미국의 유아사망률은 매우 높은데, 그 주된 원인은 저소득층 여성들의 적절한 임신 관리가 결여되어 있다는 점이었다. 그럼에도 보수주의자들은 임신 관리를 제공하는 정부의 프로그램에 동조하지 않으면서, 영아 사망률을 낮추는 데 성공한 현존 프로그램을 폐지하는 일에 찬성했다. 진보주의자들은 그것을 비논리적이라고 판단했다. 그것은 진보주의자들에게는 낙태를 반대하는 보수주의자들이 마치 어머니가 (낙태수술을 통하여) 낳기를 원치 않는 태아의 죽음을 예방하는 것으로 보였기 때문이다. 또한 어머니가 (적절한 임신관리 프로그램을 통해) 낳아 기르기를 바라는 태아들의 죽음을 도리어 방치하는 것으로 보이기도 한다.

그러나 보수주의자들은 이를 전혀 모순이라고 보지 않는다. 그들은 진보주의자들이 낙태를 옹호하면서도 사형 제도를 반대하는 태도가 오히려 비논리적이라고 생각한다. 보수주의자들은 복지정책과 가난한 사람들을 위한 정부기금에 반대하면서도 홍수나 화재, 지진 등의 피해를 당해 도움을 절실히 필요로 하는 사람들을 위한 정부기금에는 또 찬성한다. 이것이 모순이 아닌 이유는 무엇일까?

1994년 캘리포니아 주 싱글 페이어 청원*single payer initiative을 지지하는 진보주의자는 보수진영의 여성을 대상으로 그들의 재정적 이익에 호소하겠다고 결정했다. 그리하여 그는 행정 비용을 절감하면, 그들을 위한 동등한 의료 혜택이 가능할 뿐만 아니라, 가난한 사람들에게도 의료 혜택을 제공해줄 수 있다는 점을 지적했다. 이에 대해 한 여성은 이런 반응을 보였다. '나에게는 옳지 않은 이야기로 들리는데요. 왜 내가 다른 누군가를 위해 돈을 내야 합니까?' 그 여성을 향한 그의 호소가 실패한 이유는 무엇일까? 보수주의자들은 보호를 제공해준다는 이유에서 국방예산과 교도 행정을 위한 예산 증액에는 기꺼이 나선다. 그러나 한편으론 공공, 특히 근로자와 소비자를 보호하는 임무를 맡고 있는 단속기관은 제거해버리기를 원한다. 보수주의자들은 단속을 보호의 한 형태로

---

* 1994년 캘리포니아 주의 의료보험제도를 개혁하기 위한 시민 발의안. 의료비의 지급을 주 정부가 설립하는 공적기관으로 단일화하고 모든 시민에게 의료보험 혜택을 제공하기 위한 발의안. 보수주의자들은 이 안이 입법화될 경우, 의료계에 대한 주 정부의 통제가 강화되고 민간의료보험 산업의 존재가 위협 받는다는 등의 이유로 반대했다. 주민투표 결과 부결되었다.

개념화하지 않고, 오직 방해의 한 형태로만 간주한다.

보수주의자들은 주州의 권리가 연방정부의 권리보다 우선돼야 한다고 주장한다. 그럼에도 그들이 제안한 교도 정책에 따르면, 예전에는 주 정부에 속해 있던 많은 권한들이 연방정부에 귀속되게 된다. 주 정부에서는 법규위반과 보안사기를 야기한 것에 대해 소송을 결정할 수 있는 권리를, 그리하여 안전 기준을 제정하고, 윤리적 재정적으로 실행할 수 있는 권리를 연방정부에 넘겨야만 한다. 이런 권력이동에 대해 보수주의자들은 어째서 주 정부의 권리를 옹호하는 태도에 모순되지 않는다고 간주하는 것일까?

이런 사례들이 진보주의자들에게는 비합리적이고 비정상적이며, 단순한 악 혹은 부패로 인식되는 것이 어찌 보면 당연할 수 있다. 그럼에도 이 모든 질문에 대한 답은 다음에서 살펴보게 될 바와 같이 보수주의자들의 세계관을 이해한다면 명확해질 것이다.

## 보수주의자들이 이해할 수 없는 것들

물론 대부분의 보수주의자들도 진보주의자들에 대해 별로 이해하지 못하고 있다. 보수주의자들에게 진보주의자들의 태도는 분노가 치밀어오를 정도로 비도덕적이고 어리석게 보인다. 다음에 보수주의자들이 분노하는 진보주의자들의 태도 몇 가지를 소개한다.

진보주의자들은 복지와 교육을 지지하기 때문에 가장 대표적으로 어린이를 도울 것을 제안한다. 그런데도 낙태를 지지하며 태아를 살해하는 입장에는 또 옹호하는 것이다. 이것은 모순이 아닌가? 진보주의자들은 어린이 살해범과 같은 범죄자들을 옹호하면서, 어떻게 어린이의 권익을 보호해야 된다고 주장할 수 있을까? 그들은 어떻게 범죄자의 권리를 보호하면서 피해자를 위한 감정이입을 주장할 수 있을까?

진보주의자들은 AIDS 연구와 치료를 위한 연방정부의 예산을 지지하면서도, 다른 한편으로 AIDS를 퍼뜨리는 자유스런 성행위를 허용하여 AIDS의 확산을 조장하는 것으로 보인다. 진보주의자들은 게이들의 권리를 보호하는 동성애를 허용한다. 그들은 학교에서의 콘돔 공급을 지지하며 10대들의 섹스도 허용한다. 그들은 마약 사용자들을 위한 주사바늘 교환 프로그램을 허용하여 마약남용을 조장하기도 한다. 이처럼 진보주의자들은 AIDS로 이끄는 관련 행위들을 찬동하는 모습 이면에, AIDS의 확산을 중지시키길 원한다고 말할 수 있을까?

진보주의자들은 개발을 제한하고 일자리를 없애는 환경보호조치를 지지하는 반면 자신들이 노동자를 지원한다고 주장하곤 한다. 더불어 기업가를 위축시키고, 세금을 많이 발생시키는 투자를 규제하는 정부조치를 지지하면서, 어떻게 경제의 성장을 지지한다고 주장할 수 있을까? 그리고 누진소득세를 통해 국가재정의 넉넉한 흑자를 견제하면서, 과연 시민들이 아메리칸드림을 이룰 수 있도록 돕는다고 주장할 수 있을까?

진보주의자들은 사람들을 정부에 의존하도록 만들어 그들의 창의력을 손상시키는 사회복지 프로그램을 지지하면서, 어떻게 가난한 사람들을 돕는다고 주장할 수 있을까? 그들이 차별철폐 조치를 지지함으로 인해 오히려 인종·민족·성별에 따른 편애를 조장하게 되는데, 그런데도 기회의 균등을 지지한다고 주장할 수 있을까?

보수주의자들에게 진보주의자들은 비도덕적이고, 한껏 비꼬인 데다 잘못된 교육을 받은, 그리고 비합리적인 그저 멍청한 사람들처럼 보인다. 그럼에도 불구하고 진보주의자들의 세계관에 따른 견지에서 본다면, 보수주의자들의 눈에는 모순되고 비도덕적이고 어리석게만 보이는 것들이, 진보주의자들에게는 자연스럽고 합리적이며 무엇보다도 도덕적으로 보인다는 것이다.


## 인지과학에서의 세계관 문제

이토록 다양한 문제들은 현대의 정치적 사고 구조에 관심 있는 사람 모두에게 어려움을 안겨준다. 인지과학자들에게 그것은 중요한 자료가 되는데, 이런 경우 인지과학자들은 주로 진보주의자들과 보수주의자들의 무의식적인 세계관을 명확히 특징지어서, 분석가들로 하여금 진보주의자들의 의문사항이 보수주의자들에게는 (또 이 반대의 경우에도) 전혀 그렇지 않은 이유가 무엇인지 이해할 수 있도록 해준다. 보수주의자와 진보주의자의 세계관을 설명하려는 인지과학자라면 누구든지 최소한 다음의 두 가지 관련조건에 의해 제한받게 된다.

첫째, 그 세계관은 여러 종류의 정치적 태도를 두 가지 자연스러운 범주의 양쪽에 정확하게 배치시킬 수 있어야 한다. 예를 들어, 진보주의자들의 세계관을 분석하려는 사람은 환경운동·여권운동·사회복지 프로그램과 누진세제도에 대한 지지 등이 진보주의자들에게 적합한 이유를 설명해야 한다. 반면 보수주의자에게는 그런 정책에 반대하는 것이 오히려 당연한 이유를 설명해야만 한다. 둘째, 진보주의자들에게는 의문사항이 되는 것이 보수주의자들에게는 (또 그 반대의 경우에도) 의문이 되지 않는 이유를 설명해주어야만 이 두 세계관에 타당한 설명이 된다. 앞으로 보게될 바와 같이 이것은 결코 쉬운 문제가 아니며, 내가 아는 바로는 지금까지 그런 해결책을 찾으려는 시도도 없었다.

그러나 진보주의자들과 보수주의자들의 세계관을 규명하려는 시도에서는 훨씬 더 중요한 세 번째 중요한 조건이 있다. 그런 세계관의 설명에는 추가로 진보주의자들과 보수주의자들의 주제선택, 단어선택, 그리고 담론 형태에 대한 설명도 추가되어야만 한다는 조건이다. 나아가 진보주의자들과 보수주의자들이 다른 주제를 선택해 논의하는 이유를, 그리고 논의할 때 왜 각기 다른 담론 형태를 이용하는지 그 이유 또한 설명이 필요하다. 나아가 진보주의자들과 보수주의자들이 같은 단어를 사용할 때 매우 다른 의미를 갖게 되는 이유도 설명해주어야 한다. 러시 림보Rush Limbaugh는 다음과 같이 즐겨 이야기했다. '단어는 여러 가지 의미를 가진다.' 그러나 진보주의자들과 보수주의자들에게 항상 같은 의미를 가지는 것은 아니다. 그리고 단어의 의미가 달라질 경우에 그들의 각기 다른 세계관에 비추어 생각해야 한다.

이쯤에서 꼭 필수적으로 설명해야만 하는 몇 가지 사례를 살펴보도록 하겠다.

## 보수주의자들의 언어

보수주의자들은 진보주의자들이 그들만의 언어를 갖지 못했다며 자주 놀리는 어조를 보내곤 한다. 여기에서도 보수주의자들의 의견이 타당한 면이 있다. 보수주의는 언어가 있기 때문이다. 그리고 그것은 단순한 단어가 아니다. 그 단어들은 익히 들어온 것들이지만 그 의미는 크게 다르다.

예를 들면 '큰 정부'는 정부의 규모가 크다거나 사용하는 예산이 많다는 점만을 가리키지 않는다. 진보주의자들이 국방예산과 교도예산의 증액을 지적하며 보수주의자들에게 '큰 정부'라고 이의를 제기하면 보수주의자들은 비웃고 만다. 누구든지 그 단어의 의미를 제대로 이해하지 못했다는 것을 느끼기 때문이다. 진보주의자들은 그 용어를 잘못 사용한 것이다. 언젠가 나는 보수주의자들이 '자유'를 이야기할 때, 진보주의자들이 여성의 낙태를 '반대'하는 것은 여성의 '선택의 자유'를 제한하는 것이라는 점을 지적하며 항변하는 것을 본 적이 있다. 여기에서도 진보주의자들은 보수주의자들의 사전에 들어있는 '자유'와는 다른 의미의 단어를 사용한 것이다.

단어는 고립되어 독자적인 의미를 가지는 것이 아니다. 단어는 개념 시스템에 연결하여 정의되어야만 한다. 만약 보수주의자들의 단어가 어떻게 사용되는지를 진보주의자들이 이해하려 한다면, 먼저 보수주의자들의 개념 시스템을 이해해야만 한다. 보수주의자가 '아동부양가구 보조AFDC, Aid to Families with Dependent Children' 법안의 삭제를 지지하는 발언을 하며, '가슴heart이 부드러운 것은 좋습니다. 그렇지만 척추backbone(의지)는 강해야 됩니다'라고 이야기했다면, 그 발언에 포함되는 의미가 정확하게 무엇인지, '아동부양가구 보조'의 지속을 반대하는 논쟁이 왜 그런 문장으로 구성되었는지, 그리고 정확하게 어떤 의미인지를 물어봐야 한다.

1992년 공화당 전당대회에서 댄 퀘일Dan Quayle은 수락연설 중에 누진소득세를 반박하며 수사적 의문문을 사용했다. '왜 좋은 사람들이 벌을 받아야 합니까?'라고 말이다. 이 연설을 이해하기 위해서는 부유한 사람들이 '좋은 사람들'인 이유와, 누진소득세를 지속하는 것을 '징벌'이라고 간주하는 이유를 알아야 한다. 다른 보수주의자들의 담론에서 누진세는 사람들의 돈을 빼앗아 가는 '강도'로 간주되었다. 보수주의자들은 누진세금을 '공정한 몫' 혹은 '시민의 의무', 나아가서는 '노블레스 오블리주'라고도 간주하지 않았다. 보수주의자들의 세금에 대한 태도에는 '탐욕' 외에 다른 단어로 설명해야 될 점들도 포함되어 있을까?

여기에 보수주의자들의 담론에서 되풀이되어 가며 이용되는 어휘들을 소개하겠다. 기질 · 미덕 · 규율 · 역경을 이겨냄 · 강인함 · 사랑의 매 · 개인적 책임 · 의지 · 기준 · 권위 · 전통 · 경쟁 · 소득 · 피나는 노력 · 기업 · 재산권 · 보상 · 자유 · 간섭 · 방해 ·

개입 · 징벌 · 인간의 본질 · 상식 · 의존 · 방종 · 엘리트 · 할당량 · 피신 · 타락 · 부패 · 변절자 · 라이프 스타일. …

보수주의자들이 정책을 논하며 이런 어휘와 문구의 배열을 이용하는 이유는 무엇인가? 그리고 그것들을 정확하게 어떻게 이용하는가? 그런 어휘와 문구들을 통일시켜 그 모든 것을 하나의 배열로 묶어주는 것은 정확하게 무엇인가? 세계관 문제에 대한 해결책은 이 모든 질문에 대한, 그리고 그 이상의 설명을 제공해야만 한다. 보수주의자들이 논의를 위해 그런 주제를 선택한 이유를, 그들이 사용하는 어휘를 선택한 이유를, 그들이 사용하는 어휘의 의미를 선택한 이유를, 그리고 그런 것들이 어떻게 그들에게 이해되는지를 설명해야 한다. 보수주의자들의 모든 연설과 저서와 기사는 보수주의 세계관을 기술하려는 사람들에게는 어려운 과업이다.

물론 진보주의자들의 세계관에도 같은 태도가 적용된다. 진보주의자들은 연설과 저서에서 보수주의자들과는 다른 화두, 다른 어휘, 다른 참고 모델을 선택한다. 진보주의자들은 사회적 공권력 · 사회적 책임 · 표현의 자유 · 인간의 권리 · 동등한 권리 · 배려 · 관심 · 도움 · 안전 · 영양 · 기본적인 인간의 존엄성 · 압박 · 다양성 · 박탈 · 불화 · 기업 복지 · 생태계 · 생명의 다양성 · 공해 등을 거론한다. 보수주의자들은 이와 같은 화두에 대해 깊이 생각하지 않거나, 그런 어휘들을 자연스러운 정치적 담론에서는 사용하지 않는 경향이 있다. 진보주의자들과 보수주의자들의 세계관을 묘사하기 위해서는 반드시 이런 이유도 설명되어야 한다.

이미 언급한 바와 같이, 보수주의와 진보주의는 이질적인 요소가 없는 단일체가 아니다. 모든 보수주의자나 진보주의자에게 적합한 단 하나의 보수주의 세계관, 혹은 진보주의 세계관은 없다. 보수주의와 진보주의는 방사형 카테고리이다. 이 두 가지에는 중심모델이 있고, 그 중심모델에 기반을 둔 수많은 변형이 있다고 생각된다. 이러한 중심모델에 대한 설명과 중심모델에 기반을 둔 변형모델들 중에서 특히나 중요한 변형모델에 대해 설명하는 것을 목표로 정해보았다.

## 목표

이 책의 기본적인 목표는 우리가 방금 살펴본 모든 관련조건을 충족시킬 수 있도록 진보주의자들과 보수주의자들의 세계관을 매우 상세하고 정확하게 설명하는 것이다. 나는 보수주의자들이 자신들의 세계관에 대해 지식이 꽤 깊다는 사실을 알게 되었다. 그것은 진보주의자들이 가진 세계관보다 더 깊은 지식이었다.

보수주의자들은 정치에서 도덕과 가정이 중심을 차지하는 것에 대해 끊임없이 이야기한다. 반면에 진보주의자들은 보수주의자들이 그런 논리를 펼치며 선거에서 이기기 시작할 때까지 이런 부분을 전혀 이야기하지 않는다. 내가 발견한 사항은, 가정과 도덕성이 두 세계관 모두의 중심에 놓여있다는 점이었다. 그런데 보수주의자들은 정치가 그들의 가정관과 도덕관에 어떻게 관련되어 있는지를 잘 깨닫고 있었지만, 진보주의자들은 자신들의 정치적 믿음을 체계화하는 이 절대적인 가정관과 도덕관에 대해 제대로 인식하지 못했다. 그 자신들의 정치적 세계관에 대한 의식적 깨달음의 결여는 진보주의자들의 대의를 파괴해왔던 것이다.

물론 이런 관점의 정치적 세계관에 대한 적절한 이론이라면, 한편으로는 가정관과 도덕관, 또 다른 한편으로 대중정치 사이의 관계를 가능한 한 최대한도로 정확하게 설명하는 것이라야 한다. 나는 처음에는 보수주의자들의 대중정치에 초점을 맞추고, 그 다음에는 진보주의자들의 대중정치에 초점을 맞추도록 하겠다. 그리고 가능하다면 도덕과 정치적 이데올로기 사이의 관계도 이해할 수 있기를 원한다. 예를 들어 보수주의자들이 사회적 권력이나 계급이라는 아이디어를 사용하지 않는 이유에 관해, 그리고 진보주의자들이 그렇게 하는 이유에 관한 것과 같은 질문에 대해, 나아가 보수주의자들이 교육보다는 본질을 선호하는 이유, 즉 《종형鍾形 곡선*The Bell Curve》 같은 책을 선호하는 반면에 진보주의자들은 본질보다는 교육을 선호하는 이유에 관한 질문에 그들의 설명을 토대로 대답하기 위해서이다.

여기에 더하여, 나는 도덕의 본질과 도덕의 정치와의 관계에 관한 우리의 정치적 담론은 서글프게도 매우 빈약함을 깨달았다. 우리는 선택할 수 있는 도덕 시스템에 관하여, 그리고 그것이 선택할 수 있는 정치형태를 어떻게 일으킬 수 있는지에 관해 이야

---

◆ '미국의 지식과 계급구조'란 부제를 붙인 책명. 미국에서 가장 위험한 보수의자란 이름을 떨친 찰스 뮤레이가 1994년에 리처드 헤르스타인과 함께 썼다.

기할 방법을 찾아야만 한다. 언론인들은 – 깊은 통찰력을 가진 매우 지적인 언론인들을 포함하여 – 난처한 입장에 처해 있었다. 그들은 현존하는 정치적 담론의 형태에 의존해야 했지만, 그런 형태들이 그들의 임무에는 적절치 않았기 때문에 가장 사려 깊고 정직한 언론인들까지도 도움을 필요로 하게 되었다.

대중담론이 풍요로워져야만 언론도 그 역할을 더 잘 수행할 수 있다. 나는 이 책을 도덕 정치와 가정생활과의 관계에 대한 대중 담론을 확장하기 위한 첫걸음으로 간주한다. 이런 나의 노력에서 가장 큰 부분은 대중담론을 정신 연구로부터 매우 중요한 아이디어로 연결하는 것이었다. 대중은 의식에 곧바로 접근하지는 않는 개념 시스템을 이용해서 생각하며, 개념적 비유는 우리의 일상적인 사고 과정의 한 부분임을 대중이 인식하는 것이 매우 중요하다.


## 기본 주장

지금까지 나는 보수주의 세계관과 진보주의 세계관에 대해 세 가지 관련조건 모두를 충족시키는 모델 단 한 쌍만을 발견했다. 첫째, 어떤 문제에 관한 입장이 왜 동반되는지(예를 들어, 총기류 규제를 지지하는 입장은 사회복지 프로그램의 증가를 지지하는 입장과 동반되고, 여성의 임신중절권의 법적 보장을 지지하는 입장과 동반되며, 환경보호를 지지하는 입장과 동반되는 등) 그 이유를 설명해야 한다.

둘째, 진보주의자들에게는 의문사항이 되는 것이 보수주의자들에게는 그렇지 않은 이유나, 그 반대 경우의 이유를 설명해야 한다. 셋째, 보수주의자들과 진보주의자들의 담론에서의 의제선택, 단어선택, 논리형태를 설명해준다. 그런 세계관은 가정에 대한 두 가지 반대모델에 집중한다.

보수주의 세계관의 중심은 엄격한 아버지 모델이다.

이 모델은 기본적으로 아버지가 가족을 부양하고 보호해야 되는 책임을 지는 한편, 아이들을 위한 엄한 규칙을 제정하고 그 규칙을 강화하여 권위를 갖는 전통적인 핵가족을 가정한다. 어머니는 집안 관리와 아이들 양육 등 일상적인 일들에 대한 책임을 지고, 나아가 아버지의 권위를 지지한다.

아이들은 부모를 존경해야 한다. 그렇게 함으로써 아이들은 자제력과 자립심 같은 특성을 발달시키게 된다. 사랑과 양육은 가정생활에서 매우 필수적인 부분이다. 하지만 그것은 그 자체로서 사랑과 양육, 즉 강인한 사랑의 표현인 부모의 권위를 넘어서지 못한다. 자제력과 자립과 정당한 권위에 대한 존중은 아이들이 배워야하는 것들의 중심을 차지한다.

일단 양육된 아이들은 홀로서서 후천적으로 습득한 자제력에 의지하며 살아가야 한다. 아이들의 자립심은 그들의 운명에 대한 권위를 안겨주며, 부모는 그들의 인생에 개입해서는 안 된다.

진보주의자들의 세계관은 매우 다른 가정생활의 이상인 인자

한 부모 모델에 중심을 두고 있다.

　사랑과 감정이입, 그리고 애정 어린 보살핌은 기본이다. 아이들은
존중받으며 보살핌을 받고, 가정과 공동체 내에서 다른 사람들을 배
려하며, 자라는 과정을 통해 책임과 자제력, 그리고 자립을 배우게
된다. 지원하고 보호하는 것은 보살핌의 한 부분이며, 그러기 위해
서는 부모의 입장에서 힘과 용기가 요구된다. 아이들의 순종은 징
벌에 대한 두려움 때문이 아니라 그들의 부모와 공동체에 대한 사
랑과 존경으로부터 나온다. 그러므로 원활한 의사소통은 매우 중요
하다.

　부모는 자신의 권위가 정당하기를 원한다면, 자신의 결정이 보호
와 육성이라는 대의에 합당한 것임을 밝히는 이유를 설명해주어야
한다.

　아이들이 질문을 던지는 것은 긍정적으로 보인다. 그들은 부모가
어떤 행동을 보이면, 그 행동을 하는 이유를 알아야 할 필요가 있기
때문이다. 그리고 아이들은 가끔 신중히 고려해봐야 될 좋은 아이
디어를 내놓기 때문이다. 물론 궁극적으로는 책임 있는 부모가 결
정하고, 그 결정은 명확해야 한다. 육성의 가장 기본적인 목적은 아
이들이 각기 인생을 충만하고 행복하게 살아갈 수 있도록 해주려는
것이다. 충만한 인생은 상당부분 남을 돌보는 인생, 가정과 사회에
대한 책임에 헌신하는 인생이다. 아이들이 배워야할 필요가 있는
것은 다른 사람들을 위한 감정이입, 돌봄을 위한 능력, 사회적 연결
의 유지이다. 그것들은 부모의 보살핌을 받음으로써 갖게 되는 힘

과 존경, 자제와 자립 없이는 행해질 수 없다.

아이가 인생을 충만히 살아갈 수 있도록 양육하는 것은 그 아이가 성취하고 즐기는 능력을 배양하도록 돕는 것이다. 그것은 아이 자신의 가치를 존중하고, 그 아이에게 이 세상이 허용하는 넓은 범위의 아이디어와 선택권을 탐구해보도록 허용해주는 태도를 갖게 한다. 아이들은 태어날 때부터 사랑으로 육성되고, 또 대화를 통해 점진적으로 그들 부모와 상호 간에 존중하고, 대화하고, 보살펴주는, 일생 동안 유지되는 관계에 들어서게 된다.

각각의 가정 모델은 일단의 도덕적 우선권으로 귀납된다. 다음에서 보게 될 바와 같이 이 두 가지 도덕 시스템은 같은 도덕적 원리를 이용하지만, 그 각각에게 반대되는 우선권을 부여한다. 그 결과 나타난 도덕 시스템은 같은 요소들로 구성되지만 순서가 달라지면 전혀 반대로 변하는 시스템이 된다.

엄한 아버지 도덕은 자기관리, 자제, 내부와 외부의 악에 맞서는 것 등의 도덕적 힘과 권위에 대한 존중과 순종에 엄한 가이드라인과 행동기준을 설정하고, 그것을 따르는 것에 높은 우선권을 준다. 도덕적 자기이익추구는 만약 모든 사람들이 각자의 이익을 자유롭게 추구할 수 있다면, 그들의 전체적인 이익은 극대화될 것이라고 한다. 보수주의자들에게 자신의 이익추구는 자제력을 이용하여 자립을 이룩하려는 방식으로 간주된다.

자애로운 부모 도덕에서는 우선권이 매우 달라진다. 도덕적 자애로움에서는 다른 사람을 위한 감정이입, 그리고 도움을 필요로 하는 사람들을 돕는 것이 요구된다. 다른 사람들을 돕기 위해서는 먼저 자기 자신을 보살펴야 하고, 사회적 연결을 발전시켜야만 한다. 그리고 자신에 대해 행복해하고 충만해야 한다. 그렇지 않으면 다른 사람을 위한 감정이입을 거의 가지지 못하기 때문이다. 도덕적 자기이익추구는 이런 우선권 안에서만 이해될 수 있다.

각각의 모델에서 나름대로 우선권을 가지고 나타나는 도덕적 원칙은 다른 모델에서도 나타난다. 그러나 우선권은 낮아진다. 이렇게 낮아진 우선권은 그 원칙의 영향을 철저히 바꾸어놓는다. 예를 들어 자애로운 부모 모델에서 나타나는 도덕적 힘은 그 자체를 위해서가 아니라 양육을 돕는 기능을 발휘한다. 자애로운 부모 모델에서의 도덕적 권위는 양육의 결과로써 기능을 발휘한다. 도덕적 규제의 범위는 감정이입과 자애로움에 의해 규정된다. 엄한 아버지 모델에서도 이와 비슷한 감정이입과 자애로움이 존재하고 중요성을 갖지만, 그것은 절대로 권위와 도덕적 힘을 압도하지 못한다. 실제로 그들은 권위와 힘을 양육의 표현으로 간주한다.

여기에서 우리가 얻게 되는 것은 두 가지 형태의 가정을 기반으로 하는 도덕 형태이다. 그 두 가지를 정치와 연결시켜주는 것은 정부를 부모로 상정하는 '가정으로서의 국가'라는 공통적 이해이다. 그러므로 진보주의자들에게 정부의 기능이라는 것은, 그것을 필요로 하는 사람들을 돕고 사회보장제도를 지지하는 것이 당연한 반면에, 보수주의자들에게 정부의 기능은 시민들에게 자제와 자립을 요구하고, 그들 스스로를 도울 수 있도록 돕는 것이라고 생각한다.

이것은 보수주의와 진보주의 세계관을 분석하기 위한 단순한 힌트에 불과하다. 가정 모델과 도덕 시스템의 세부사항은 훨씬 더 복잡 미묘하며, 그에 대응하는 정치적 분석의 세부사항도 마찬가지이다. 이 개관은 보수주의와 진보주의의 입장에 근거한 변화를 논의하기에는 너무도 간략하다. 충분하고도 만족할 만한 분석은 우리의 도덕적 개념 시스템에 대한 상세한 설명으로부터 시작하여 훨씬 더 많은 것을 설명해야 할 것이다.

## 숨겨진 것 VS 공개된 것

계속 진행하기 전에 두 가지의 보편적인 오해를 제거하는 것이 우선 되어야 할 것이다. 첫 번째 오해는 많은 사람들이 자신들의 세계관을 의식적으로 깨닫고 있으며, 한 개인의 세계관이 무엇인지 알기 위해서는 반드시 그 사람에게 물어봐야만 된다고 믿는다는 점이다. 그런 믿음이 진실이 아님을 밝혀낸 것은 인지과학의 가장 중요한 성과일 수도 있다. 사람들이 자신의 세계관을 피력할 때, 반드시 그 사람이 어떤 논리를 세우고 범주를 정하며, 어떻게 말하고 행동할 것인가를 정확히 반영하는 것은 아니다. 그러므로 정치적 세계관을 연구하는 사람이라면 우리가 그랬던 것처럼 분석을 위한 관련조건을 확립해야 한다.

앞으로 보게 되겠지만 보수주의자들과 진보주의자들의 정치적 세계관에 관한 이야기는 이런 관련조건을 충족시키지 못한다. 만약 당신이 진보주의자 한 사람에게 정치적 세계관을 묻는다면, 그 사람은 틀림없이 가정의 인자한 부모 모델에 관해서가 아닌, 자유와 평등권에 관한 이야기를 할 것이다. 그러나 앞으로 보게 될 바와 같이, 그런 직접적인 정치적 아이디어는 관련조건을 충족시키지 못한다. 그것은 진보주의자들의 여러 가지 주장이 어떻게 서로 조화를 이루는지 설명하지 못할 뿐만 아니라, 그들의 의제선택, 언어선택, 그리고 논리 형태에 관한 의문의 답도 되어주지 못한다. 일반적으로 인지과학자들은 (이 책을 써내려가는 내가 그러하듯이) 사람들이 실패한 곳에서부터 모델 세우는 일을 시작한다. 이 아이디어는 최대한 정확하게 그 여러 관련조건을 충족시켜줄 무의식적 정치적 세계관의 모델을 구축한다는 것이다.

두 번째의 보편적 오해는 설명과 처방을 혼동한다는 점이다. 우리가 논의하는 모델은 설명이지 처방이 아니다. 그것은 사람들의 실질적인 무의식적 세계관이 무엇인지를 설명하려는 시도이지, 어떤 것이어야만 한다고 이야기하는 것이 아니다. 진보주의와 보수주의 이론의 대부분은 설명하는 것이 아닌 처방에 관련된다. 예를 들어 존 롤스의 유명한 진보주의 이론은 경험적 설명적 연구가 아니라, 진보주의자들이 따라야 하는 정의의 이론에 대한 처방을 특징지으려는 시도였다. 여러 사안에 대한 실질적 진보주의의 정치적 주장에 관한 설명으로는 앞으로 확인하게 되겠지만, 그것은 실패한 이론이다. 여기에서 내가 할 일은 사람들이 그들의 정치는 어떠해야 되는지가 아니라, 정치 그대로를 이해할 수 있도록 설명하는 것이다.

내가 설명하려고 하는 도덕에 관해서도 같은 태도이다. 나는 도덕이 어떠해야 되는지에 대해서는 관심이 없다. 내가 관심을 갖는 것은 도덕에 관한 우리의 이론이 어떻게 무의식적 개념 시스템에 구축되어 있는가 하는 점이다.

2

# 도덕 개념 시스템

}

MORAL
CONCEPTUAL
SYSTEMS

# 3
# 경험적 도덕
## Experiential Morality

도덕적 세계관이 정치적 세계관에 영향을 미치는 방식을 이해하기 위해서는, 먼저 우리의 도덕 개념 시스템을 어느 정도 상세히 살펴볼 필요가 있다. 그간 나는 정치적 전망이 도덕 개념 시스템으로부터 추출된다고 주장했기 때문에, 그 개념이 전형적으로 어떻게 구성되며 현재와 같은 도덕 개념을 가지게 된 이유는 무엇인지 고려해봐야 한다.

인지과학의 중요한 연구결과들 중 하나는, 도덕적 사고는 상상이기 때문에 그것은 기본적으로 비유적 이해에 좌우된다는 점이다. 우리는 도덕 비유에 대해 계속 논의하기 전에 명확한 것을, 즉 도덕은 모두가 비유적인 것은 아니며, 도덕의 그 비非비유적인 측면은 도덕 비유 시스템의 기반이 되어준다는 점을 지적하고 넘어가야만 한다. 비비유적 도덕은 안녕安寧의 경험에 관계된다. 도덕의 가장 기본적인 형태는 다른 사람들의 안녕을 장려하고, 경험적으로 다른 사람들에게 해가 되거나 안녕을 파괴하는 것을 회피하거나 방지하는 것에 관련된다.

여기에 '안녕well-being'이라는 단어의 의미를 부분적으로 소개한다. 다른 조건이 동등하다면 당신에게는 병든 것보다는 건강한 것이 좋은 상태이다. 가난함보다는 부유함이, 약함보다는 강함이, 감옥에 갇혀있는 것보다는 자유로움이, 버려짐보다는 보살핌을 받음이, 슬픔보다는 행복함이, 결여된 것보다는 온전함이, 지저분함보다는 깨끗함이, 추함보다는 아름다움이, 어둠 속에서보다는 밝음에서 활동하는 편이…… 타락하지 않고 똑바로 서 있을 수 있다면, 적의에 둘러싸이거나 고립되어 사는 것보다는 친밀한 사회적 연대감을 안고 공동체 내에서 사는 것이 당신을 위해 훨씬 좋은 상태이다. 이런 것들이 우리의 안녕에 대한 경험적 형태들이다. 그 반대는 해로움의 여러 가지 형태로, 궁핍·질병·슬픔·약함·감옥에 갇힘 등 안녕의 결핍이 담겨있다. 비도덕적 행동은 해로움 혹은 안녕의 결핍이 원인이 되는 행동이다. 즉 다른 사람에게서 건강·부·행복·힘·자유·안전·아름다움 등을 박탈하는 행동이 되는 것이다.

당신 자녀의 경우를 살펴보면, 부모로서의 최선의 행동은 아이들의 안녕을 보장해주는 행동이다. 일반적으로 대부분의 어린아이들은 부모의 뜻을 거스르기보다 그들에게 순종하는 것이 올바른 태도임을 알고 있다. 부모들은 진심으로 아이들을 깊이 배려해주고 아이들이 피해를 당하지 않는 방법을 알고 있기 때문이다. 물론 여기에는 기준이 있고 '다른 조건은 같다'라는 제한이 있긴 하다. 다시 말해 위와 같은 여러 사항이 적용될 수 없는 사례를 생각할 수도 있다. 부유하긴 하지만 부모로부터 관심을 받고 있지 못하는 한 아이가 있을 수 있고, 아름다운 외모를 갖고 있지만 그 때문에 다른 이들의 질시의 표적이 되는 사람도 있을 수 있다. 잠을 자기 위해서는 우선 어둠 속에 처하는 것부터 필요하다. 과도한 자유는 가끔씩 해로울 때가 있다. 혹은 지나치게 긴밀한 사회적 연계는 개개인을 압박하는 요인이 될 수 있다. 부모가 가학적이거나 게으르거나 무지할 수도 있다. 그러나 전체적으로 이런 사항들은 안녕에서는 예외적인 것들로 간주된다.

도덕적 비유 시스템에서는 이런 조건들이 기초가 되어주는 형태이다. 가난함보다는 부유함이 좋기 때문에 도덕은 부유함의 형태로 개념화된다. 약함보다는 강함이 좋기 때문에 우리는 도덕이 강함으로 개념화되기를 기대한다. 병보다는 건강이 좋기 때문에 도덕이 건강이라는 견지에서 개념화되며, 깨끗함과 순수함을 동반하는 것을 놀라워할 필요는 없다. 버려짐보다는 보살핌을 받는 것이 좋기 때문에 도덕이 육성으로 개념화되는 것은 자연스러운 일이다. 자식이 부모에게 불순종하는 것보다는 순종하는 것이 바람직한 상황이기에, 우리는 도덕이 순종으로 개념화되기를 기대한다.

이것들로부터 배우는 것은 이러하다. 비유적 도덕은 비비유적 도덕, 즉 안녕에 근거를 두며, 전체로서의 도덕 비유 시스템은 독단적인 것과는 거리가 멀다는 점이다. 같은 형태의 안녕이 이 세상에 널리 퍼져있기 때문에 우리는 여러 문화권에서 도덕을 위한 같은 비유가 나타나기를 기대하고, 실제로도 그러하다. 정화의식을 볼 수 있는 곳에서 도덕이 순수함으로 표명되는 것을 발견할 수 있다. 어둠에 대한 두려움이 널리 퍼져있기 때문에 '악은 어둠이고 선은 밝음'이라는 개념이 널리 퍼져있음을 깨닫게 된다. 똑바로 서서 걷는 것이 쓰러짐보다 좋기 때문에 도덕이 똑바름이라는 비유로 널리 퍼져있음도 보게 된다.

간단히 말해서 안녕을 구성하는 것에 관한 우리의 개념이 널리 퍼져있기에 우리의 도덕에 관한 비유의 샘도 널리 퍼져있다. 그렇기 때문에 사회 내에서, 혹은 여러 사회에 걸쳐 공유되는 도덕적 비유와 함께 살아온 사람들은 중요한 의문을 제기한다. 도덕 시스템에서의 차이는 무엇이고, 그런 차이들의 원천은 무엇인가? 앞으로 보게 될 바와 같이, 최소한 미국 문화권에서는 가정에 대한 각기 다른 개념이 그러한 차이의 원천이다.

# 4
# 도덕 회계 장부
**Keeping the Moral Books**

　도덕에 관한 문제를 논의하는 과정에서 자주 쓰이는 비유는 매우 풍부하다. 우리는 그 비유들을 이용하여 도덕 문제의 틀을 정하고, 해석하고, 이해하고, 그 결과를 탐구한다. 그러다 문득 그런 비유가 좋은 행동과 나쁜 행동, 올바른 일과 그릇된 일 등을 판단할 때, 절대적인 중심 역할을 하고 있음을 보게 된다. 도덕을 위한 비유는 최소한 하나의 조組를 이루고 있다. 그러나 그 자체로는 어떤 행동이 도덕적인 행동인지, 혹은 비도덕적인 행동인지 이야기해주지 못한다. 그런 점에서 그것들을 변형도덕이라 부를 수 있다. 그것은 다른 비유와 연합하여 다양한 종류의 행동에 관한 도덕적 결론을 낳는다.

　변형도덕 개념들 중 가장 중요한 하나는 도덕 회계 결산방법에 관한 것이다. 우리는 그 비유를 통하여 정의 · 공정함 · 보상 · 상환 등의 개념을 이해할 수 있다.

## 도덕의 회계 비유

일반적으로 사람들은 안녕을 부富로 개념화한다. 안녕의 증가를 '수익'으로, 안녕의 감소를 '손해' 혹은 '손실'로 이해하는 것이다. 우리가 말하는 화재나 지진 등의 손실은 재정적인 의미의 손해만이 아니라, 사망 · 부상 · 고난 · 질병 등 인간적인 안녕에서의 손해도 포함된다. 어떤 경험에서 얻은 이익을 말할 때면, 그 경험으로부터 얻을 수 있는 지식 · 즐거움 · 세련됨, 혹은 자신감 등 여러 종류의 수익에 관해 이야기하는 것이다.

이처럼 부를 안녕으로 개념화하도록 해주는 비유는 약방의 감초처럼 어디에서나 흔히 볼 수 있다. 또 그것은 일반적인 개념 시스템에서 중요한 비유이다. 글자 그대로 돈에 관해 이야기하는 것이 아니라면 언제든지, 그리고 일련의 행동이 '그만한 가치가 있는 것'인지를 묻는 경우가 아니라면, 그 결과로 나타나는 안녕이나 해로움을 다루기 위해 그것을 마치 돈인 것처럼 가정하거나, 혹은 일련의 행동에 충분한 수익이 있는지를 확인하기 위해서 경제적인 비유를 이용한다. 안녕에 관해 생각하고 이야기하는 과정을 마치 돈에 대해 생각하고 이야기하는 것처럼 비유할 수 있는 것이 경제적인 비유이다. 더욱 중요한 점은 그것은 질적인 것(안녕)에 관한 생각을 양적인 것(돈)에 관해 생각하는 것처럼 우리의 생각을 이끈다는 점이다. 그리하여 그런 태도는 안녕과 같은 추상적인 것을 양적으로 광범위한 논리형태로 집중할 수 있도록 해준다.

'안녕을 부'로 간주하는 비유는 '소음 때문에 머리가 아파'와 같이 충격을 받은 대상에게 충격을 주는 것과 같은, 목적 전이轉移로 보이는 인과작용을 하는 것처럼, 가벼운 행동에 대한 매우 일반적인 비유로 합쳐진다. 또한 '안녕을 부'로 비유하는 개념은 우리에게 도움이 되는 어떤 효과를 '수익'으로, 해로움이 되는 효과를 '손실'로 볼 수 있도록 해준다. 자연스러운 상황에서는 도덕적 행동이 도움을 주려는 의도적인 행동으로 간주되고(수익 제공), 비도덕적 행동은 해로움을 끼칠 의도를 가진 행동으로 간주된다(손실 제공).

이런 개념 체제에 도덕적 영향이 있는 행동은, 도덕적 상호작용을 마치 회계장부의 대차평균을 맞추어야만 하는 재정적 거래에 비추어 개념화된다. 실제 회계 결산이 경제활동에 필수적인 것처럼 도덕의 회계장부도 사회 기능에 필수적이다. 그리고 재정 회계에서 대차평균이 중요하듯이, 도덕 장부에서도 대차평균을 맞추는 것은 매우 중요하다.

물론 비유의 원천적 영역인 재정적 거래 영역도 그 자체의 도덕성을 가진다. 당신이 빚을 갚는 것은 도덕이고, 갚지 않는 것은 비도덕이다. 도덕적 행동이 재정적 거래에 비추어 비유적으로 이해될 때, 재정적인 도덕은 일반적인 도덕으로 이월된다. 자신의 재정적인 빚을 갚는 것만이 아니라, 도덕적 빚을 갚는 것도 도덕적으로는 필수이다.

## 도덕 회계 도구

일반적인 도덕 회계의 비유는 응보 · 상환 · 보답, 그리고 다른 여러 가지의 조그만 기본적 도덕 도구로 인식된다. 답례 · 응보 · 상환 · 복수 · 이타주의 등이 그것인데, 그 각각의 도덕 도구는 도덕 회계의 비유로 이용되는 것으로 규정된다. 그러나 각각의 도구는 이 비유에서 어떻게 사용되느냐에 따라, 즉 그들의 고유한 논리에 따라 달라지는 것이다.

여기에 그 기본적인 도구들을 소개한다.

### 보답

당신이 나를 위해 어떤 좋은 일을 했다면, 나는 당신에게 뭔가를 갚아야 한다. 나는 당신에게 빚을 지고 있다. 만약 내가 당신에게 똑같이 좋은 뭔가를 해주었다면, 나는 당신에게 '보답'했으며 우리 사이는 정산된 것이다. 그것으로 장부는 대차평균을 이루었다.

인지과학의 관점에서 여기에는 설명되어야 할 것이 많다. 의무, 부채, 청산 같은 재정적 용어들이 도덕을 이야기하는 데 이용되는 이유는 무엇인가? 수익과 손해 논리가, 빚과 갚음의 논리가 도덕에 관한 생각에 이용되어 온 이유는 무엇인가? 여기에서 주어지는 대답은 이렇다. 도덕의 여러 측면에 관해 생각하는 데 개념적 비유를 이용하며, 도덕에 관해 생각하고 말하기 위해 이용하는 일반적인 비유에는 '안녕을 부'로, 그리고 '도덕적 행동을 재정적 거래'로 비유하는 것이 포함된다. 그러나 이런 개념적 비유의 발견은 또 다른 의문을 불러일으켰다. 안녕이 부로 개념화되어야 하는 이유가 무엇이냐는 의문이었다. 그 답은 앞장에서 거론되었다.

도덕을 위한 비유는 기본적이고 경험적인 우리의 안녕 논리에 기반을 두고 있다. 부는 도덕 비유를 위한 한 가지 기반의 형태이고, 앞으로 보게 될 바와 같이 건강, 힘, 그리고 다른 경험적 안녕의 형태는 도덕의 다른 비유로 인도된다. 여기에서 우리는 도덕의 기본도구인 보답(답례)으로 돌아가도록 하자. 당신이 나를 위해 행한 어떤 좋은 행동이 나에게 당신에 대한 빚을 안겨주며, 나는 당신에게 받은 것과 같은 좋은 행동을 당신에게 해주어야만 그 빚을 갚을 수 있다.

이 간단한 예에도 두 가지 도덕적 행동 원칙이 있다. 첫째는 '긍정적 행동 원칙'으로서, 도덕적 행동은 뭔가 긍정적 가치를 가진 것을 주는 것이고, 비도덕적인 행동은 부정적 가치를 지닌 것을 준다는 원칙이다. 둘째는 '부채 갚음 원칙'이다. 자신이 도덕적으로 지게 된 부채를 갚는 것은 도덕적으로 필수적인 일이다. 그러므로 당신이 나에게 좋은 뭔가를 해주었을 때, 당신은 도덕적으로 긍정적인 행동을 한 것이다. 내가 당신을 위해 좋은 일을 동등하게 해주었다면 나는 도덕적 행동의 두 가지 좋은 형태와 관련 맺게 된 것이다. 즉 나는 당신을 위해 뭔가 좋은 일을 했을 뿐 아니라 내 빚도 갚은 것이다. 여기에서 두 가지 원칙이 조화를 이루고 있다.

## 응보

누군가가 당신에게 해를 끼치자 당신은 '이자까지 쳐서 꼭 갚겠어!'라고 말했다고 가정하자. 당신이 한 일은 보복하겠다는 협박이다. 이자까지 쳐서 갚겠다는 내용의 선언이 보복하겠다는 협박이 되는 이유는 정확히 무엇일까? 그 이유를 알기 위해서는 부정적인 가치를 가진 도덕의 거래를 살펴봐야 한다. 부정적인 행동의 경우에서는 도덕의 거래가 복잡해진다. 복잡함이 발생하는 이유를 보자. 도덕의 회계는 차변借邊에서의 수익이 대변貸邊에서의 동등한 손실이 되고, 대변의 수익이 차변의 동등한 손실이 되는, 산술적 회계를 도덕에 적응하는 방식에 의해 지배되기 때문이다.

내가 당신에게 해를 끼치는 어떤 일을 했다고 가정하자. 그러면 '안녕으로서의 부'에 의해, 나는 당신에게 부정적인 가치를 가진 뭔가를 준 것과 같다. 당신은 나에게 같은 (부정적인) 가치를 지닌 빚을 지게 되었다. 도덕적 산수moral arithmetic에 의하면, 부정적인 뭔가를 주는 것은 긍정적인 뭔가를 빼앗는 것과 동등하다. 당신에게 해를 끼침으로써 나는 당신으로부터 가치 있는 뭔가를 취했다. 당신은 그런 나를 '그것을 가지고 그냥 갈 수 있도록' 허용해줄 것인가?

당신에게 해를 끼침으로써 나는 첫 번째와 두 번째 도덕 회계 원칙이라는 측면에서 당신을 잠재적인 도덕적 딜레마에 빠뜨렸다. 당신은 아래와 같은 두 가지 진퇴양난에 처하게 된다.

첫째, 만약 당신이 나에게 같은 정도의 해를 끼치는 뭔가를 한다면, 당신은 도덕적으로 두 가지로 해석할 수 있는 행동을 한 것이다. 긍정적인 행동원칙에 의하면, 당신은 나에게 해를 끼치는 뭔가를 했기 때문에 비도덕적으로 행동한 것이다('두 잘못이 합하여 하나의 옳음이 되지는 않는다'). 부채 갚음 원칙에 의하면, 당신은 도덕적 빚을 갚았기 때문에 도덕적으로 행동한 것이다. 둘째, 내가 당신에게 해를 끼쳤는데도 당신이 나를 응징하지 않는다면, 당신은 해를 끼치는 행동을 피했기 때문에 긍정적 행동원칙에 따라 도덕적으로 행동한 것이 된다. 그러나 두 번째 원칙에 따르면 당신은 비도덕적인 행동을 했다. '내가 그것을 가지고 그냥 갈 수 있도록' 허용해줌으로써 당신은 내가 한 일에 대해 '나에게 갚아야 하는' 도덕적 의무를 다하지 않았다는 비도덕적 행동을 한 것이다. 당신은 빚을 갚는다는 원칙을 따르지 않았다.

당신은 어떻게 하건 간에 두 가지 원칙 중에 한 가지를 위반하게 된다. 당신은 선택을 해야만 한다. 두 가지 원칙 중의 한 가지에 우선권을 주어야만 하는 것이다. 그런 선택은 도덕 회계의 각기 다른 두 가지 판을 내놓는다.

절대적 선의 도덕은 첫 번째 원칙을 최우위에 둔다. 예상되는 바와 같이 다른 사람들, 그리고 각기 다른 하위 문화는 이 딜레마에 대해 어떤 것은 응보를, 어떤 것은 절대적 선을 선호하는 각기 다른 해결책을 가진다. 사형제도에 관한 논쟁에서 진보주의자들은 절대적인 선을 응보 위에 두었다. 그리고 보수주의자들은 생명에는 생명이라는 응보를 선호했다.

이번에는 당신이 나에게 해를 끼치는, 비유적으로 나에게 부정적 가치를 주는 어떤 행동을 했다고 가정하자. 도덕적 산수는 또 다른 방식의 응보를 제공한다. 도덕적 산수에 의하여 당신은 나에게 해를 끼침으로써 긍정적인 뭔가를 빼앗아갔다. 만약 내가 동등한 가치를 지닌 긍정적인 것을 당신에게서 가져왔다면, 그것 역시 응보로써 도덕 장부를 마감 짓는 또 다른 방식이다.

여기까지 나는 '응보'라는 단어를 너무 느슨한 방식으로 사용했다. 실제로 응보는 도덕 회계에서의 대차평균이 어떤 정당한 권한에 의해 이월된 경우만으로 한정된다. '복수'는 같은 원칙이 정당한 권한 없이 이용되었을 때 발생한다. 그러므로 아버지가 아들의 나쁜 행동에 대해 매질을 한다면 그것은 응보이지 복수가 아니다. 법정에서 확인된 범인을 감옥에 보내는 판결을 내리는 것은 응보이지 복수는 아닌 것이다. 그러나 어떤 사람이 자신의 손으로 직접 법을 집행하여, 자기 동생을 죽인 사람을 총으로 쏘았다면 그것은 복수이다.

## 상환

만약 내가 당신에게 해로운 뭔가를 했다면, 나는 부정적인 가치를 가진 뭔가를 준 것이며, 도덕적 산수에 의하면 긍정적인 가치를 갖는 뭔가를 빼앗은 것이다. 또 나는 당신에게 동등한 긍정적 가치를 지닌 뭔가를 빚지게 된 것이다. 그러므로 나는 동등한 긍정적 가치를 가진 뭔가를 당신에게 갚는 행동을 통해 상환을 이룰 수 있다. 물론 많은 경우에 있어서 완전한 상환은 불가능하겠지만 부분적인 상환은 가능할 것이다.

상환에서 무척 흥미로울 정도로 유리한 점 한 가지는, 긍정적인 행동원칙과 부채청산 원칙에 비추어서도 당신을 도덕적 딜레마로 밀어 넣지 않는다는 것이다. 당신은 긍정적인 행동과 부채청산 행동 그 두 가지를 다 수행하게 되는 셈이다.

**이타주의**

만약 내가 당신에게 어떤 좋은 일을 했다면, 도덕 회계에 의해 나는 당신에게 긍정적인 가치를 가진 뭔가를 준 것이 된다. 그리고 당신은 나에게 빚을 지게 된다. 이타주의에서 나는 그 빚을 지워버릴 수 있다. 그럼에도 불구하고 나는 도덕적 대변을 쌓아올리게 된다.

도덕적 신용이라는 개념은 도덕 회계로부터 생겨났다. 도덕 시스템에서는 도덕 대차평균이 이루어져야 한다. 그러므로 만약 타인으로부터 빚이라는 형태로 당신의 회계에 대변credit이 발생했다면, 당신이 그 빚을 취소한다 해도 그 대변은 사라지지 않는다. 대신에 그것은 도덕적 신용이 된다. 좋은 사람이 되고자 한다면 그 사람은 많은 도덕적 신용을 가져야한다. 도덕은 당신이 축적한 도덕적 신용의 원리와 큰 관련을 가지기 때문이다.

**왼뺨을 돌려대라**

만약 내가 당신에게 해를 끼쳤다면, 나는 (부로서의 안녕에 의해) 당신에게 부정적인 가치를 지닌 뭔가를 준 것이고, 또 (도덕적 산수에 의해) 당신에게서 긍정적인 가치를 지닌 뭔가를 빼앗은 것이다. 그런데도 당신이 응보와 복수를 부정한다고 가정해보자. 그러니까 당신에게 내가 더 큰 해를 끼칠 수 있도록 허용하거나, 혹은 오히려 그런 내게 당신이 더 좋은 뭔가를 해주었다고 가정해보자.

도덕 회계에 의하면 당신에게 더 큰 해를 끼치거나, 당신으로부터 좋은 뭔가를 빼앗는 것은 더 큰 부채를 초래하기까지 한다. 반대쪽 뺨을 돌려댐으로써 당신은 나를 도덕적으로 더 큰 빚을 지게 한 것이다. 만약 내가 양심을 가졌다면, 나는 더 큰 죄책감을 느껴야 한다. 다른 뺨을 돌려댄 것은 응보나 복수를 거절하고 기본적 선함도 받아들이지 않는 것을 의미하는데, 그것은 도덕 회계의 이 메커니즘에 의하여 일어나는 것이다.

**업보 · 우주와 함께하는 도덕 회계**

업보라는 불교이론은 오늘날의 미국에서 그 짝을 찾았다. '뿌린 대로 거두리라'가 그것이다. 기본적으로 이것은 '사람은 자신의 행동으로 좋은 것과 나쁜 것의 균형에 영향을 끼칠 수 있으며, 그에 합당한 결과를 보상받게 될 것이다'라는 아이디어이다. 사람들에게 좋은 일을 많이 할수록 당신에게도 좋은 일이 더 많이 발생한다. 사람들에게 나쁜 짓을 많이 할수록 당신에게도 더 많은 나쁜 일들이 발생하게 되는 것이다.

우주와 함께 하는 도덕 회계의 또 다른 판은, 당신에게 발생한 좋은 일과 나쁜 일이 대차평균을 이룬다는 것이다. 그러므로 우리는 가끔 사람들이 이렇게 이야기하는 것을 듣는다. '오랫동안 안 좋았으니 이제부터는 좋아질 거야.' 혹은 '지금까지 나에게는 좋

은 일만 너무 많이 일어났어. 그래서 이제 두려워지기 시작했어.'

## 보상과 징벌

도덕 회계의 또 다른 비유는 보상과 징벌의 비유이다. 기본적인 보상 징벌 비유는 한 사람이 다른 사람에 대한 권한을 가지는 비유이다. 보상은 권한을 가진 사람에 의한 답례(보답)이고, 반면에 징벌은 권한을 가진 사람에 의한 응보이다. 보답과 응보에서와 마찬가지로 타인에게 혜택을 안겨주는 행동은 비유적으로 그 사람에게 긍정적인 뭔가를 주는 것이고, 타인에게 손해를 끼치는 행동은 부정적인 가치의 뭔가를 주는 것이다(혹은 긍정적인 가치를 지닌 뭔가를 빼앗는 것이다).

그러므로 아버지는 차고를 청소하는 데 도움을 준 아들에게 보상해줄 수 있다. 그러나 아들은 자기 방 청소를 도와주었다고 아버지에게 보상해줄 수는 없다. 비슷한 예로 아버지는 지나가는 차를 향해 사과를 던진 아들을 징벌할 수 있다. 그러나 아들이 늦잠을 방해했다는 이유로 아버지를 장난감으로 때린다면 그것은 징벌이 아니다(아버지가 자신의 권한을 양도하지만 않았다면).

보상과 징벌은 도덕적 행동이다. 누군가에게 적절한 보상과 징벌을 주는 것은 도덕 회계의 대차평균을 맞추는 행동이다. 권한을 가진 사람이 명령을 내렸을 때는 중요하고 특별한 상황이 발생한다. 그 명령은 순종해야만 되는 의무를 강요하는데, 이때의 의무는 비유적으로는 부채가 된다. 당신은 자신에 대한 권한을 가진 누군가에게 순종해야 하는 의무를 갖게 된다. 만약 당신이 순종한다면 당신은 부채를 청산한 것이 된다. 만약 순종하지 않는다면 당신은 부채청산을 거부한 것이 되고 그것은 도덕적으로 도둑질이나 범죄행위와 동등한 가치를 지닌 비도덕적 행동이 되는 것이다. 당신이 정당한 권리에 불순종할 때는 뭔가 부정적인 것을 받거나, 혹은 당신에게서 긍정적인 가치를 가진 뭔가를 빼앗는 것과 같이 당신이 징벌을 받는 것은 도덕적이다. 그러면 도덕 회계는 '징벌은 범죄에 적절해야만 된다'고 이야기한다.

　그러나 불순종은 실제로는 두 가지 범죄를 포함한다. 그 이유를 살펴보기 위해서는 두 가지 원칙에 의해 결정되는, 이전에도 설명한 바와 같이 두 가지 도덕적 행동이 있다는 점을 상기해야 한다. 도덕적 행동은 긍정적 가치를 가진 뭔가를 주는 것이고, 비도덕적 행위는 부정적 가치를 가진 뭔가를 주는 것이라는 '긍정적 행동 원칙'이 첫 번째이다. 그리고 둘째는 '부채청산 원칙'이다. 자신의 도덕적 부채를 갚는 데 실패하는 것은 비도덕적이다. 불순종은 그 두 가지 원칙을 위반하는 것으로, 그것은 긍정적인 행동에 관여하는 것을 거부하는 것이고, 자신의 부채청산을 거부하는 것이다. 첫 번째 위반은 구체적이다. 당신은 뭔가 구체적인 것에 순종할 의무가 있는데도 그렇게 하지 않았다. 그러나 두 번째 위반은 일반적이다. 그것은 순종하도록 규정된 도덕 시스템 전체에 대한 위반이다.

　권위가 극단적으로 중요한 의미를 갖는 시스템에서의 부채청산 원칙은 긍정적인 행동 원칙에서보다 훨씬 더 큰 무게를 갖는다. 다음의 사례를 깊이 생각해보라. 당신이 육군 상병인데, 하사관 한 명이 마루에 구두를 벗어 던지고 당신에게 그것을 집으라고 명령했다고 가정하자. 만약 당신이 그 명령을 거부했다면 당신은 구두를 집어 들어야 하는 의무와 명령에 순종해야만 되는 이 두 가지 의무를 위반한 것이다. 구두를 집어 들지 않는 행동, 그 자체는 그리 중요한 일이 아니지만 명령에 불순종한 것은 중요한 범죄행위일 수 있다. 군대라는 권한을 기반으로 하는 전체 시스템에 대한 불순종인 것이다. 반면 군대라는 체제 안에서 그 하사관에게는 전체 시스템의 기반에 도전한 상병을 엄하게 징벌하는 것이 도덕적이다. 실제로 어떤 하사관들은 그런 징벌을 도덕적 의무라고 간주하며 시스템 전체를 유지해주는 가장 기본적인 원칙을 지키기 위한 의무라고 생각하기도 한다.

구약성경의 보편적인 해석에 따르면, 하나님은 선과 악을 알게 해주는 나무의 과일을 먹은 죄로 아담과 이브를 징벌했다. 그 징벌은 에덴동산에서의 추방이었고, 그들과 그들의 후손을 위한 영생의 상실, 즉 그 징벌은 인류에 대한 영원한 죽음과 고난이었다. 그것은 과일을 한 입씩 먹은 것에 대한 징벌로는 극단적으로 보인다. 그러나 여기에서 중요한 점은 과일이 아니라 불순종이다. 전능하신 권위와 부채청산 원칙에 대한 위반이었던 것이다. 과일을 먹는다는 것은 단순히 먹는 것에 대한 문제가 아니었다. 그것은 순결함의 상실이고, 자신의 욕망을 만족시키려는 유혹, 즉 육체의 유혹에 대한 굴복이다. 그것은 모든 사람들이 하나님의 정당한 권한의 전체적인 원리에 도전하는 육체의 유혹에, 순결함의 상실에, 그리하여 불순종에 민감함을 보여준 것이다.

하나님은 어느 정도의 관대함을 베푸셔서 인류 전체에게가 아니라 한 사람씩을 기반으로 영생과 고난으로부터의 자유를 돌려주셨다. 하나님의 정당한 권한을 받아들이고, 이 세상에서의 나머지 생애 동안 육체의 유혹을 극복하고, 하나님의 계명을 지키기에 충분할 만큼의 자제력을 갖춘 사람에게 하늘에서의 영생과 고난으로부터의 구원을 제공하셨다. 그것은 순종에 대한 하나님의 보상이다. 그렇게 할 수 있는 사람은 그 보상을 획득할 수 있다. 간단히 이야기해서 유대 기독교 전통의 보편적 해석은 도덕 회계와, 보상과 징벌이라는 이론과, 그리고 긍정적 행동 원리와 부채청산 원리라는 두 가지 원칙에 그 기초를 둔다. 권한을 다른 모든 것의 위에 두는 해석은 긍정적 행동 원칙보다 부채청산 원칙에 훨씬 더 큰 무게를 두게 될 것이다. 물론 하나님의 권한보다 하나님의 은혜에 더 큰 중점을 두는, 즉 부채청산의 형태인 순종보다 긍정적인 행동에 더 큰 무게를 두는 해석도 있다.[14장 참조]

## 일

일을 위한 보편적인 비유 두 가지가 있는데, 그 각각은 도덕 회계에도 이용되는 비유이다. 우리는 그것을 '일 교환' 비유, 또는 '일 보상' 비유라고 부르기로 하자. 일 보상 비유에서 고용주는 고용인에 대한 권한을 가졌다고 개념화되며, 여기에서 봉급은 일에 대한 보상이 된다. 이 비유는 다음과 같이 선언될 수 있다.

• 고용주는 정당한 권한을 갖는다.

- 고용인은 그 권한의 지배를 받는다.
- 일은 고용주의 명령에 대한 순종이다.
- 봉급은 고용주에게 순종한 것에 대해 고용인이 받는 보상이다.

이 비유는 일을 도덕적 명령의 한 부분으로, 즉 합법적 권한의 제도적 연결로 돌려놓는다. 일의 개념은 다음과 같이 여러 의미를 내포한다.

- 고용주는 고용인들에게 명령할 권한이 있고, 그 명령에 순종하지 않을 때 이를 징벌할 권한을 가진다.
- 순종은 고용의 조건이다.
- 고용주와 고용인의 사회적 관계는 우월한 사람과 열등한 사람이다.
- 고용주는 가장 잘 알고 있다.
- 고용인이 고용주에게 순종하는 것은 도덕적이다.
- 고용주가 자신의 명령에 순종한 고용인에게 적절히 보상한다면, 그는 도덕적인 사람이다.

일 교환 비유에서 일은 가치의 객체로 간주된다. 노동자는 자진해서 그의 노동을 돈과 교환하게 되는데, 이는 다음과 같이 선언될 수 있다.

- 일은 가치의 객체이다.

- 노동자는 그의 일의 소유자이다.
- 고용주는 그의 돈의 소유주이다.
- 고용은 노동자의 일과 고용주의 돈과의 자발적인 교환이다.

노동조합과 계약의 측면에서 관련지어 보면, 일의 본질과 가치는 계약에 의해 상호 간에 동의된다. 봉급은 교환에 관한 동의의 문제이지 보상이 아니다. 마찬가지로 일은 거래의 문제이지 순종의 문제가 아니다. 권한의 본질과 제한은 계약서에 명시된다.

이러한 일의 개념화는 도덕 회계의 비유로 보자면, 첫 번째 경우는 적절한 보상 규정에, 두 번째 경우에서는 일의 가치 결정에 따른다. 모든 사람이 다른 것을 감수하고서 글자 그대로 동의한 것 같아 보일지라도 알고 보면 두 개념 모두 비유적이다. 이러한 비유는 일에 대한 개념이 절대적인 것이 아님을 보여준다. 그것은 이를 개념화하는 데 이용되는 비유에 따라 얼마든지 변할 수 있다. 또한 그것은 일이 도덕 회계를 포함한 도덕 개념 네트워크의 한 부분임을 보여준다.

## 기본적인 도덕 개념들

도덕 회계 비유는 우리가 기본적 도덕이론을 어떻게 개념화하는지 잘 보여준다. 도덕 회계에 관련하여 규정되는 여러 개념의 사례로, 우리는 명예·신용·정의·올바름·의무, 그리고 독선에 대해서 살펴볼 것이다.

## 신용과 신뢰 • 도덕적 자본

도덕 회계에 의하면 한 가지 도덕적 행동은 교환의 한 부분이다. 당신이 누군가를 위해 뭔가 좋은 일을 할 때면, 당신은 그 사람에게 긍정적인 가치를 가진 뭔가를 주는 것이고, 그에 교환하여 당신이 받는 것은 명예이다. 도덕적으로 행동한 것에 대한 명예는 누적될 수 있고, 그것 또한 도덕의 한 형태가 된다.

돈에 관해 누군가를 믿는다는 것은 어떤 의미인가? 그것은 당신이 필요로 할 때, 혹은 서로가 약속한 때 돌려받으리라는 자신감을 가지고 상대에게 돈을 준다는 의미이다. 누군가를 도덕적으로 신뢰하게 되었다는 것은 그 사람에게 미리 도덕적 신뢰를 주는 것이다. 아직 그가 얻지 못한 신뢰를, 그가 도덕적으로 행동하여 당신에게 갚으리라는 가정 하에 미리 주는 것이다.

만약 당신이 믿음을 주었던 어떤 사람이 비도덕적으로 행동한다면 당신은 그 사람에 대한 신뢰를 잃게 된다. 즉 당신은 도덕적으로 행동하며 보상해줄 것을 기대한 그 사람에게 미리 주었던 신뢰를 잃게 되는 것이다. 그 사람은 신용을 잃게 될 뿐만 아니라 '도덕적으로 파산' 상태가 된다. 신용은 장래의 도덕적 행동에 대한 도덕적 신뢰를 갚는 것이다. 그러나 일반적으로 사람들은 아무나 믿지 않는 경향이 있기 때문에 신용을 얻기 위해서는 먼저 신뢰부터 쌓아야 하는 것이다. 믿을 만하다는 경력을 쌓고, 도덕적 신뢰 급수를 높이는 것이 우선이다.

## 정의

도덕적 회계 비유에서 정의는 회계의 결산이고, 그것은 도덕장부의 대차평균을 맞추는 결과이다. 정의는 사람들이 자신이 받을 자격이 있다고 여겨지는 것을 얻게 될 때, 혹은 도덕적 부채와 신뢰가 서로 계약을 해제할 때 이루어진다.

## 권리와 의무

도덕 회계에서 권리의 비유적 개념은 마틴 루터 킹 주니어의 〈나에게는 꿈이 있습니다 I have a Dream〉라는 연설에서 명확하게 찾아볼 수 있다. 여기에서 밑줄 친 글자 부분은 권리와 관련된 재정적 표현을 가리킨다.

> 우리는 <u>수표를 현금으로 바꾸기 위해</u> 우리나라의 수도로 오게 되었다고 말할 수 있습니다. 우리 공화국 건국의 아버지들은 그 숭고한 헌법과 독립선언서를 작성할 때 모든 미국인들이 이를 <u>물려받을 것임을 어음</u>에 서명했습니다. 그 어음은 모든 사람의 – 백인만이 아니라 흑인에게도 – 생존권과 자유권, 그리고 행복추구권이라는 누구에게도 빼앗길 수 없는 권리를 보장해주는 어음이었습니다.
>
> 오늘날 미국은 유색인종에게는 그 <u>어음의 지불</u>을 거부하고 있는 것이 확실합니다. 미국은 그 고결한 의무를 이행하지 않고, 대신에 흑인들에게는 이 나라의 거대한 쓰레기통에 버려야할 '<u>지불불능</u>'이라는 스탬프가 찍힌 부도수표를 주었습니다. 그리하여 우리는 자유와 정의가 보장된 권리를 요구할 수 있도록 해줄 <u>그 수표를 현금으</u>

<u>로 바꾸기 위해</u> 여기에 온 것입니다.

　재정적인 영역에서의 권리는 자신의 재산에 대한 권리이다. 만약 은행이 당신의 돈을 보관하고 있다면 당신은 그 돈을 찾을 권리가 있다. 만약 누군가가 당신에게 돈을 빌려갔다면, 당신은 그 돈을 돌려받을 권리를 가진다. '안녕으로서의 부'라는 비유는 사람의 부에 대한 권리를 설명하는 이론으로, 더욱 넓은 의미에서의 권리를 산출한다. 생존권·자유권·행복추구권이라는 특별한 경우에 이르기까지의 권리가 그것인데, 간단히 말해서 일반적인 안녕권은 비유적으로 '안녕으로서의 부'로 이해된다. 이것이 킹 목사가 권리를 보장해주는 어음으로 헌법과 독립선언서를 언급한 이유이다. 만약 당신이 기회균등권을 가졌고, 기회를 요구하기 위해 워싱턴으로 행진했다면 수표를 현금으로 바꾸려한다고 생각할 수도 있다.

　권리에 대한 이러한 이해는 단순한 미사여구가 아니다. 그것은 일반적으로 우리가 권리를 이해하는 두 가지 방법 중 하나이다. 일반적인 권리가 재산에 대한 권리로 이해된다면 두 가지 특별한 경우가 존재한다. 만약 그 재산이 땅이라면 권리는 길에 대한 것, 즉 당신의 재산에 접근할 수 있는 권리이다. 만약 그 재산이 돈이라면 당신은 당신의 돈이 안겨주는 권리를 가질 수 있다.

　자신의 돈에 대한 권리로서의 권리라는 비유적 개념의 뒤를 따르는 것은 무엇인지 살펴보기로 하자. 의무는 다른 누군가에 대한 의무로서 뭔가를 갚아야하는 도덕적 부채이다. 본질적으로 의무는 긍정적인 것일 수도 있고 부정적인 것일 수도 있다. 반드시 해야 되는 일일 수도 있고, 하고 싶은 갈망, 혹은 그리 하고 싶은 다른 이유가 있을지라도 행동을 억제하는 것일 수도 있다. 행동을 통해서나 행동의 억제를 통해서 의무를 수행하는 것은 도덕적 부채를 지불하는 행동으로 간주된다. 의무수행의 실패는 빚을 갚는 데 실패하는 것과 유사하고, 도덕적 산수에 의하면 비유적으로 일종의 도둑질이다. 일반적인 권리는 재산권과 마찬가지로 획득할 수도 있고 물려받을 수도 있기 때문이다.

권리와 의무는 반드시 어울리기 때문에 누군가에게 권리가 있다면 다른 누군가에게는 의무가 있다. 물론 그 반대의 경우도 성립한다. 만약 당신이 교육받을 권리가 있다면 다른 누군가는 그것을 제공해야 될 의무가 있다. 만약 당신이 자유롭게 연설할 권리가 있다면 다른 누군가는 그 연설을 보호하거나 방해하는 것을 제어할 의무가 있다. 당신은 다른 사람들이 공기를 오염시키는 것을 자제하는 의무를 갖기 전이나, 혹은 호흡하기에 충분할 만큼의 맑은 공기가 있다는 보장이 있기 전에는 맑은 공기를 호흡할 권리를 가질 수 없다.

많은 경우에 있어서 권리를 가능케 해주는 의무를 수행하는 것은 정부의 몫이다. 권리를 보장해주는 의무가 정부에게 맡겨진 것이라면 그 권리는 세금을 통해 '구매'하게 된다. 낮은 세금은 적은 권리를 의미할 수 있는데, 가령 당신이 권리를 원한다면 누군가 그 권리를 위해 지불하거나 그 권리를 제공해주어야만 한다. 권리와 의무는 무無로부터 불쑥 튀어나와 존재하는 것이 아니다.

그것은 사회적, 문화적, 정치적 제도를 필요로 하고, 최소한 비유적 경제를, 그리고 가끔은 실제 경제를 필요로 한다. 권리와 의무는 도덕 회계를 통하여 상호 규정하기 때문에 사람들이 가지게 되는 더 많은 권리와 의무가 뒤따르게 된다. 가끔은 비유적인 부채일 뿐만 아니라 실제 부채이기도 한 의무는 그러한 권리를 구매하기 위한 세금으로 보면 된다.

그러나 어느 누군가가 더 많은 권리를 가지는 때와 더 많은 의무를 가지는 때가 항상 명확한 것은 아니다. 이것은 공동체 사회주의 자들의 비평이라고 알려진 논쟁으로 이어지는데, 그 비평 역시 도덕 회계에 기초한다. 그것은 (넓은 의미에서) 공동체가 당신에게 권리를 부여했다면 당신은 그에 따른 공동체에 대한 의무도 지니게 된다는 의미이다. 만약 권리가 도덕 대변의 글자라면 의무는 도덕 차변의 글자이고, 차변과 대변은 대차평균을 이루어야 한다.

## 독선

독선적인 사람은 자신의 도덕 원장元帳에 꼼꼼할 정도로 충실한 사람이다. 그 사람은 자신의 도덕 회계와 회계 시스템에 따라, 도덕적으로 지불능력이 있고 대변이 항상 차변을 압도하는 사람이다. 철저하게 독선적인 사람은 자신의 회계 방법에 따르면 도덕적인 부채가 없기 때문에 창피함도 감사함도 모른다. 어떤 사람을 옳은 사람이 아닌 독선적인 사람이 되도록 만드는 것에는 세가지 요인이 있다. 첫째, 자신의 도덕 이외에 유효한 다른 도덕은 전혀 인지하지 못한다. 둘째, 자신의 도덕만을 따르고 외부의 감사監査는 없다. 셋째, 자신의 도덕적 입장을 대화자들에게 통고하지 않으면 안 된다는 점이다.

독선적인 사람의 도덕적 대변은 그의 모든 대화에 넘치고도 남는 기초가 되고, 대화의 조건으로 자신의 도덕적 가치와 올바름을 늘 전제하려고 한다. 이것의 영향은 독선적인 사람과 이야기하려는 누구든지 그 사람의 도덕적 가치에 동의하고 똑같이 독선적으로 행동하거나, 혹은 담론 과정에서 도덕적으로 열등한 위치에 놓이는 상황을 직면할 수밖에 없다. 이것이 바로 독선적인 사람과의 대화를 어렵게 만드는 점이다.

## 공정함

아이들은 어렸을 때부터 무엇이 공정하고 불공정한지를 배운다. 공정함은 과자를 똑같이 나누거나, 혹은 모두가 놀 기회를 똑같이 가지는 것이다. 규칙에 따라 게임을 할 때 모두가 똑같이 이길 기회를 가져야 한다는 말이다. 모두가 자기 일을 하는 것이며, 자기가 획득한 것을 합의한 대로 받는 상황이라야 한다. 불공정함은 당신이 동생보다 과자를 많이 받는 것이다. 놀 기회를 갖지 못하거나 상대방을 속이는 일, 또는 당신이 이길 가능성을 높이기 위해 게임의 규칙을 바꾸거나, 맡은 일은 하지 않고 다른 사람으로 하여금 당신을 위해 그 일을 하도록 시키는 것이다. 반면 당신의 몫을 합의한 대로 받지 못하는 것 또한 불공정함의 또 다른 면이다.

간단히 말해서, 공정함이란 부정적이든 긍정적이든 간에 받아들일 수 있는 어떤 기준에 따라 공평하게 분배하는 것이다. 분배된 것은 (과자나 돈과 같은) 물질적인 것일 수도 있고, 참여할 기회, 해야 할 일, 징벌이나 칭찬, 혹은 자신의 상황을 명확히 이야기할 수 있는 능력과 같은 비유적 개체일 수도 있다.

공정함에는 여러 가지 모델이 있다.

- 공평한 분배(어린이 한 명에게 과자 한 개)
- 기회의 균등함(한 사람에게 복권 한 장)
- 절차에 따른 분배(규정에 따른 활동이 당신이 받게 될 것을 결정함)
- 올바름을 기반으로 한 공정함(당신은 자신에게 권리가 있는 것을 받음)
- 필요에 근거한 공정함(당신이 더욱 필요로 할수록 당신은 할 수 있는 많은 권리를 가짐)
- 수량에 따른 공정함(일을 많이 하면 많이 받음)
- 계약에 따른 분배(당신은 약속한 그대로 받음)
- 책임의 공동 분배(부담을 똑같이 나누어 가짐)
- 책임의 수량에 따른 분배(당신의 능력이 클수록 당신의 책임도 커진다)
- 권력의 동등한 분배(한 사람에게 하나의 투표권)

여기에서 공평함의 전제조건은 참여할 기회, 말할 기회, 자신의 사례를 진술할 수 있는 기회 등을 공평한 규칙에 근거해서 배분하는 것이다.

우리가 도덕적 행동으로 개념화한 여러 가지 도덕 개념들 중에서 가장 기본적인 도덕적 행동은 공정한 분배이고, 가장 비도덕적인 행동은 불공평한 분배이다. 그러나 한편으로 공정함을 구성하는 것이 다른 공정함의 도덕에서는 다른 결과로 나올 때가 있다. 분배의 균등함은 기회의 균등함과는 매우 달라, 규칙에 근거한 공정함은 그 규칙이 실제로는 어떻게 공평한지에 관한 논쟁을 불러일으킨다. 올바름을 근거로 한 공정함이란 무엇을 올바른 것으로 간주하느냐 하는 개인의 특정한 개념에 따라 달라진다.

'각자의 능력에 따라서가 아닌 각자의 필요에 따라서'라는 공산주의자들의 슬로건은 두 가지 의미로 구성되어 있다. 책임의 도식적 분배와 필요에 근거한 분배가 그것이다. 그러므로 그것은 두 가지 도전을 불러들인다. 필요에 근거한 분배는 도덕적인가? 책임의 도식적 분배는 도덕적인가? 간단히 말해서 도덕을 공정한 분배로 간주하는 것은 또 다른 일단의 날카로운 질문을 불러일으킨다.

공정함에서의 또 다른 문제는, 공정한 분배라고 결정할 때 분배의 사례로 간주되는 것은 무엇인가라는 점이다. 개인에 대한 분배인가, 혹은 인종·민족·성별에 따른 그룹에 대한 분배인가? 차별 시정조치가 공정한가(그러므로 도덕적인가)에 관한 논쟁은 그런 문제에 관한 것이다. 그 조치에 대한 찬반 양 진영은 '도덕적 행동은 공정한 분배'라는 개념으로 간주되지만 그런 문제에 대해서만은 달라진다. 일반적으로 보수진영이나 진보진영이나 '도덕적 행동은 공정한 분배'라는 말에 동의한다. 그러나 무엇이 공정한 분배로 간주되느냐는 점에 대해서는 우리가 다음에서 보게 될 이유들로 인하여 강력하게 의견 차이를 보인다.

공정함은 종류가 다른 도덕장부의 기록이지만, 필수적으로 도덕 계좌 형식을 포함한다. 분배된 것은 긍정적인 가치를 지닌 것으로 간주되는데, 그것은 실질적인 부일 수도 있고(세금의 경우), 당신의 안녕을 강화하는 것일 수도 있다. 그러므로 부는 '안녕으로서의 부'라는 비유에 의해 다루어진다. 공정함을 보장하기 위해서 그 누군가는 누가 무엇을 받았는지 추적해야만 한다.

'도덕적 행동으로서의 공정한 분배'에 수반되는 언어가 있다. '그건 불공정해!'라는 말은 비도덕적인 결정이 이루어진 것에 대한 고전적인 비난이다. '당신은 규정을 지키지 않았어. 이건 속임수야!'라는 말 역시 불공정하고 비도덕적인 행동에 대한 비난이다. '그녀는 자신의 권리를 거부당해 왔다'거나 '그는 그것을 받을 자격이 없는 사람이다'라는 말 역시 같은 맥락의 비난이다. 이런 비난들이 행해질 때면 도덕은 공정한 분배로 개념화되지만, 공정한 분배는 각각의 경우에 따라 달라진다.


## 요약

도덕성에 관한 많은 논의의 배후에는 기본적인 경제적 비유가 존재한다. 도덕 영역에서의 질적인 논리를 양적인 논리로 이끄는 것은 어디에서나 흔히 볼 수 있는 '안녕으로서의 부'의 개념이다.

그것은 너무도 기본적인 비유이기 때문에 오히려 비유로서 간주되지 않는 경우가 허다하다. 그 비유는 언어학적으로 도덕의 영역에서 의무·부채·지불 등의 경제적 용어의 사용을 명확히 해준다. 게다가 논리적으로 회계로부터 나온 도덕적 산수라는 논리형태로 도덕 영역에서 사용됨을 그 자체로써 보여준다.

'안녕으로서의 부'가 일반적으로 이용되는 뚜렷한 두 가지 방법이 있다. 전자는 상호작용의 결과와 관련된 비유이고, 후자는 분배의 결과와 관련된 비유이다. 전자는 보답·상환·응보·보상, 그리고 징벌과 같은 특별한 경우와 함께하는 '도덕 회계' 비유이고, 후자는 '도덕적 행동으로서의 공정한 분배'로, 여기에는 무엇이 공정한 분배로 간주되느냐는 것에 대한 많은 해석이 존재한다.

이러한 도덕적 비유는 일반적으로는 비유라고 생각되지 않는다. 일상생활에서 너무도 보편적이기 때문이다. 이러한 도덕구조 비유로서의 본질은 양적인 재정적 영역으로부터 질적인 도덕의 영역으로까지, 논리의 여러 형태와 단어의 이동 과정에서 나타난다. 비유적 생각과 언어의 형태는 전통적이고 자연스럽다. 도덕 영역에서의 비유적 생각과 언어 사용은 그 속에 포함된 도덕적 비유를 결코 문제 삼지 않는다. 그럼에도 그것은 우주 안에서 객관적인 구조로 쌓여가는 원칙이 아니라, 인간 정신의 보편적인 산물임을 상기시켜준다. 이 사례는 현대 인지언어학에서 이용되는 바와 같이 개념 비유라는 이론을 소개해주는 역할을 하는데, 이 개념 비유는 한 영역의 논리와 언어의 형태로써(이 경우는 경제 영역), 다른 영역에서(이 경우는 도덕 영역) 이용할 수 있도록 개념과 개념 영역 사이의 대응이다.

그런 비유가 우리의 개념 시스템에서 고정되는 것은 극단적으로 보편적이며, 수천에 이르는 그러한 비유는 우리의 일상적인 생각 모두에 공헌한다. 대부분의 경우 우리는 그런 비유를 특별히 의식하거나 깨달으며 살진 않는다. 그럼에도 그것은 우리의 세계관을 특징짓는 데 있어서 매우 중요한 역할을 한다.

다음 두 장에서 우리는 두 가지 가정 모델을 기반으로 하는 도덕 시스템인 엄한 아버지 도덕과 자애로운 부모 도덕을 살펴보게 된다. 그 두 장의 요점은 각각의 가정 모델에서 우선권이 다른 도덕적 비유 모음을 제공하는 것이다.

다음의 두 가지 증거를 통해서 그 비유들이 어떻게 독자적으로 나타났는가를 확인하게 되는데, 첫째로 비도덕 영역에서의 언어(경제적 영역의 언어)가 어떻게 도덕 영역에 관한 이야기에 이용되는지, 둘째로 비도덕 영역의 논리(건강과 힘)가 도덕 영역에 관한 논리에 어떻게 이용되는지를 살펴보는 것이다.

그 두 가정 모델은 우리 문화 내에서의 보편적인 인습으로 즉시 인식되어야 한다. 다음 장에서 서술되는 주장들이 바로 이러한 것으로서, 즉 도덕에 대해 인용된 비유들은 현대 미국의 개념 시스템 안에 존재하는 것들이고, 두 가정 모델은 적절한 가정생활을 보여주는 보편적인 모델로 소개된다. 또 각각의 가정 모델은 도덕을 위해 인용되는 다른 어떤 비유보다 가장 대표적인 비유가 되는 동기를 부여한다. 그 결과는 각기 다른 두 가정 기반 도덕 시스템이며, 각각의 시스템에서의 도덕 비유는 서로 다른 도덕 논리형태를 불러일으킨다는 것이다.

이 책에서는 가정을 기반으로 한 도덕 모델과 정치적 생활과의 관련성을 주장하는 부분은 전혀 없다. 나는 이 책의 뒷장에서 각각의 가정 모델과 도덕적 비유들을 짝지어 설명해 보겠지만, 실제로 보수주의자들과 진보주의자들의 개념적 세계관의 중심은 엄연히 가정이다. 이 점에 관해 논의할 때쯤이면 그런 주장들은 앞서 2장에서 언급한 적절한 조건을 충족시켜줄 것이다. 다만 현재로서는 두 가지 도덕적 우선권의 개요부터 살펴보도록 하겠다.

# 5

# 엄한 아버지 도덕
## Strict Father Morality

❋

이 장과 다음 장에서 가정생활의 이상인 두 모델이 각기 다른 도덕 시스템을 구성하는 일련의 비유적 우선권을 설정하도록 동기부여를 하고 있음을 확인할 수 있다. 미국인들이 친근하게 느낄 하나의 이상적인 가정 모델로부터 시작하기로 하자. 사람들은 나름대로 각기 다른 가정관을 가지고 있겠지만 그 모델의 큰 개요는 미국 신화의 중요한 부분을 이루고 있음이 틀림없다. 이 모델의 몇 가지 변형을 이 장의 마지막 부분에서 살펴볼 것이다.

## 엄한 아버지 가정

'엄한 아버지' 모델은, 세상은 기본적으로 위험한 곳인데다 인생살이 또한 어렵다는 철학을 그 배경으로 한다. 올리버 노스Oliver

North가 하원청문회에서 되풀이해서 말했듯이 '세상은 매우 험한 곳이다.' 살아가는 것이 가장 중요한 문제이고, 위험은 어디에나 특히 인간의 영혼 속에 잠복해있다. 여기에 그 모델을 소개한다.

전통적인 핵가족에서는 아버지가 가족을 부양하고 보호하는 기본적인 책임을 담당할 뿐만 아니라, 전체적인 가정의 정책을 결정할 권한도 가진다. 아버지는 아이들의 행동에 관한 규칙을 정해 올바름과 그릇됨을 가르치고, 징벌을 통해 그 가르침을 강화한다. 그 징벌은 전형적으로 부드럽고 온건하겠지만 충분한 고통을 수반한다. 그것은 보편적으로 벨트나 막대기를 이용하는 육체적인 징벌이다. 또한 아버지는 아이들이 규칙을 지키면 사랑과 소중함을 보여줌으로써 아이들의 협조를 이끌어내기도 한다. 그러나 절대로 아이들을 응석받이로 키우려고 하지는 않는다. 응석받이가 되도록 내버려둔다면 아이들은 항상 다른 사람에게 의존하게 되고, 적절한 도덕도 배우지 못한 망가진 아이가 될 뿐이다.

어머니는 가사를 담당하며 아이들을 키우고 아버지의 권위를 받들어준다. 아이들은 부모를 존경하고 순종해야 한다. 부분적으로 그것은 아이들 자신의 안전을 위해서이고, 그렇게 해야만 자제와 자립을 가능하게 하는 품성을 길러갈 수 있기 때문이다. 사랑과 양육은 가정생활에서 필수적인 부분이다. 그러나 그것이 절대로 부모의 권위를 누를 수는 없다. 부모의 권위 그 자체도 사랑과 양육의 한 부분이며 강한 사랑이기 때문이다. 자제와 자립과 정당한 권위에 대한 존경은 아이들이 배워야하는 매우 중요한 것들이다. 성숙한 사람은 자신의 관심사를 추구하는 데도 자제력을 적용해 자립을 이룬다. 아이들은 자제를 배워야만 자신의 인생에서 자립을 이룰 수 있다. 생존은 경쟁의 문제이고, 아이는 자기훈련(자제)을 통해서 성공적으로 경쟁하는 것을 배울 수 있는 것이다.

엄한 아버지의 성숙한 아이들은 그들 스스로 수영하고 잠수해야만 한다. 그들은 홀로 서 있으며, 그들 자신의 책임과 자립을 증명해야 된다. 그들은 자립을 통해 그들 자신에 대한 권위를 획득하며, 그렇기에 스스로 결정해야 되고 또 충분히 그럴 수 있어야만 한다. 그들은 자신과 가족을 보호해야만 한다. 그들은 멀리 있는 부모보다 그들 자신을 위해 무엇이 더 좋은지를 알아야 한다. 좋은 부모는 인생에 개입하거나 방해하지 않는다. 부모의 그 어떤 참견이나 간섭도 심히 불쾌할 뿐이다.

나는 주어진 모델을 표현하면서 '엄한 아버지'라는 용어를 사용했다. 하지만 '엄한 어머니'라고도 할 수 있는 다양한 모델이 있다는 점을 미리 밝혀두는 것이 좋겠다. 엄한 아버지와 같은 역할을 담당하는 여성들, 특히 강인한 미혼모들이 많이 있기 때문이다. 그러나 나는 이상理想으로서의 모델 그 이상의 의미를 부여하지는 않는다. 나는 그것이 인지학적으로도 이상적인 모델이라고 믿으며, 실제로도 많은 미국인들이 무의식중에 알고 자라온 모델이기도 하다. 그 모델에는 여러 변형이 있는데, 나는 그중 몇몇에 대해 다음에서 설명하겠다.

엄한 아버지 모델의 전제는 인간의 본질에 대한 민중이론, 내가

'민중행동주의folk behaviorism' 라고 부른 이론이다.

사람들은 자기를 멋대로 할 수 있도록 놔두면 단순히 그들 자신의 욕망을 만족시키는 경향이 있다. 그러나 사람들은 보상을 받기 위해서라면 원하지 않는 일도 기꺼이 하고, 징벌을 피하기 위해서는 하고 싶은 일도 억제하는 것이다.

이 이론은 엄격한 도덕기준을 위반한 것에 대한 징벌과, 그것을 잘 따르는 것에 대한 칭찬은 아이가 그 규칙에 순종하는 결과가 된다는 가정하에 엄한 아버지 모델에서 이용된다. 전체 엄한 아버지 모델은 권위를 실행하는 것, 즉 순종에는 보상해주고 불순종에는 징벌하는 것 그 자체가 도덕이라는 기반 위에 세워져 있다. 나는 이 가장 기본적인 가정假定을 '보상과 징벌의 도덕'으로 간주한다. 보상과 징벌은 오직 그들 자신을 위한 도덕일 뿐이지만 한편으로 더 크고 넓은 목적을 가진다. 그 모델은 인생을 생존을 위한 투쟁이라고 가정하며, 이 세상을 살아가는 것은 경쟁에서 성공하는 문제라고 본다. 그러기 위해서 아이들은 자제를 배우고 품성을 쌓아야 하는 것이다.

사람들은 자제력을 갖춘 존재가 되기 위해 훈련도 받고 벌도 받는다. 자제력을 갖추고 품성을 기르는 방법이 순종이다. 성인이 되었다는 것은 충분히 자제력이 있는 존재가 되었고, 그리하여 자신의 권위를 가질 수 있는 존재가 되었다는 의미이다. 그러므로 권위에 대한 순종은 사라지지 않는다. 자제력이 있는 존재가 되는 것은 당신 자신의 권위에 순종하는 존재가 되는 것이다. 즉 당신이 세운 계획을 실행하고, 그 모든 책임을 떠맡을 수 있는 존재가 되는 것이다. 당신은 그런 사람이 되어야하며, 가정의 '엄한 아버지' 모델은 아이가 그렇게 되는 것을 보장하기 위해 존재한다.

그런 사람들을 길러내는 것에 대한 실제적인 이론적 근거도 있다. 그것은 이 세상은 어렵고, 이 어려운 세상에서 살아가기 위해서는 자제력을 갖춘 존재가 되어야 한다는 이론이다. 그러므로 부모에 의한 보상과 징벌은 도덕이다. 그것은 아이가 혼자서 이 세상을 살아갈 수 있도록 보장된 도움을 주기 때문이다. 이 모델에 따라 만약 아이가 순종한다면 아이는 성공할 수 있는 자제력이 있는 존재가 된다. 성공은 그동안 순종해왔고 자제력이 있는 존재가 되었다는 표시에 다름 아니며, 이 도덕 시스템 내에서 활동한 것에 대한 보상이다. 마침내 '성공적 도덕'을 형성하게 되는 것이다.

경쟁은 그런 도덕 시스템 내에서의 필수적인 요소이다. 도덕적인 존재가 되는 것, 즉 적절한 자제력을 갖춰 성공할 자격이 있는 존재가 되는 것, 그리고 이 세상을 살아가기에 충분하고 다른 세계에서도 번성할 수 있는 존재가 되는 것은 경쟁을 통해서이다. 그러니 경쟁을 통하지 않고 어떤 보상을 주는 것은 비도덕적이며, 그것은 전체 시스템을 위반하는 것이다. 그들은 자제력이 있는 존재가 되는 것에 대한 동기와 권위에 순종해야 될 필요를 제거해버린 것이다.

그러나 우리가 앞에서 살펴본 바와 같이, 이 모델은 아이들이 이 어려운 세상에서 생존하고 번성하기 위한 처방으로는 부분적일 뿐이다. 사람은 어떤 존재가 되어야 하는지에 관한 자신만의 계획을 세우고, 자신의 행동에 대한 책임을 지며, 그 계획을 실행하기에 충분할 만큼 자율적인 혹은 자제력을 갖춘 존재가 되어야 한다는 것에 관련된 모델인 것이다. 그러나 만약 한 사람이 이런 식으로 존재한다면 이 세상도 그런 식으로 존재해야만 한다. 이 세상 역시도 경쟁적인 장소로 존재하고 유지되어야 한다는 말이다.

만약 경쟁이 끝나게 된다면 자제력을 갖춘 존재가 되는 것에 대한 보상의 원천이 없고, 올바른 종류의 사람이 되기 위한 동기도 생길 수 없다. 자제는 더이상 찾을 수 없고, 사람들은 발전과 자기 재능을 멈춰버리게 된다. 스스로에 대한 각자의 권위는 쇠퇴할 뿐이며, 사람들은 더 이상 계획을 세울 수도, 그들의 약속에 헌신할 수도, 그 계획을 실행에 옮길 수도 없게 된다. 그러므로 경쟁은 도덕이다. 그것은 올바른 사람으로 발전하고 유지하기 위한 조건이다. 이런 점에서 경쟁을 제한하는 것은 비도덕적이다. 올바른 사람으로 발전하고 유지하는 것을 금지하기 때문이다.

이 세상을 살아가는 것이 전혀 문제되지 않는다 할지라도, 이 세상을 더 쉬운 곳으로 변화시킬 수 있다 할지라도, 이 세상 사람들을 위한 모든 것이 풍족하다 할지라도, 모든 사람들에게 편안할 만큼 분배되어 이 세상도 더 좋아지고 사람도 더 좋아지리라는 가정은 진실이 아니다. 그렇게 하는 것은 인간이 자율적인 존재로 사는 것이라든지, 그 상태를 유지하는 존재가 되는 여러 계기들을 없애는 것이나 마찬가지다. 보상과 징벌이라는 자극이 없다면 자제는 사라지고, 사람들은 더 이상 계획을 세우지 않은 채 책임을 떠맡지 않을 것이며, 더 이상 그 계획들을 수행하지 않게 된다. 모든 사회생활은 완전히 정지하게 된다. 이것을 방지하기 위해 경쟁과 권위는 '우리가 생산하는 물질적 축복이 아무리 크다 할지라도' 유지되어야 한다.

도덕적 세계에서 경쟁이 필수요소라 한다면 — 올바른 종류의 사람을 낳기 위해 필수적이라면 — 어떤 종류의 세계가 도덕적 세계일까? 어떤 사람은 다른 사람들에 비해 아주 좋은 사람일 것이다. 그런 존재는 필수적이다. 그리고 그런 사람들은 존재할 가치가 있다. 그들이 바로 엘리트 지배층이며, 그것이 바로 제도인 것이다. 그리고 그 제도는 합법적이다. 이러한 제도 내에서 어떤 사람은 다른 사람들에 대한 합법적인 권위를 가지게 된다.

나아가 정당한 권위는 의무를 부여한다. 엄한 아버지가 자기 가족을 부양하고 보호해야 될 의무를 가지는 것처럼, 정상에 오른 사람은 그들의 권위 아래에 있는 모든 사람들이 혜택을 받을 수 있도록 그들의 정당한 권위를 실행해야 될 책임을 가진다.

이것은 다음과 같은 의미이다.

- 질서 유지, 즉 권위 그 자체의 질서를 유지하고 방어한다.
- 그들의 권위 아래에 있는 사람들을 보호하기 위하여 권위를 이용한다.
- 자신의 권위 아래에 있는 사람들의 혜택을 위하여 일한다. 특히 그들이 적절한 규율을 통해 올바른 종류의 사람이 되려

하는 노력을 돕는다.

- 개인의 권위를 실행하는 것은 좀 더 자제력이 있는 사람을 창조하기 위해서이다. 그것은 그들 자신의 혜택을 위해서이고, 다른 사람들의 혜택을 위해서이고, 또 그렇게 하는 것이 옳은 일이기 때문이다.

간단히 말해서 '이 가정 모델은 어떤 사람이 올바른 사람인가?' 라는 아이디어와 '어떤 세상이 그런 사람을 길러내고 유지하는 가?' 라는 아이디어로부터 나온다.

이 가정 모델은 홀로 나타나거나 고립되어 있지 않다. 이를 받아들이는 것은 이 모델에 자연스럽게 따라나오는 여러 도덕적 우선권을 절대적으로 받아들이는 것이기도 하다. 이러한 다양한 도덕적 우선권은 개념 시스템 내에 누구나 가지고 있는 특정한 비유로 직접 표현된다. 위의 설명대로 사람은 어떠해야 하며, 또 세상은 어떠해야 되는지에 관한 비전과 합해져서 엄한 아버지 도덕이 되는 것이다.

내가 설명하려고 하는 비유 분석은 인지언어학 안에, 그리고 좀 더 폭넓게는 인지과학 안에 존재하는 현대 비유이론에 그 기반을 둔다. 비유로서의 한 개념을 분석해보는 것은 그 자체로서의 유효성을 반대하거나 확인하는 작업이 아니다. 그것은 단순히 한 개념의 본질에 대한, 그리고 그것이 우리의 개념 시스템 안에서 기능하는 방식에 대한 기술적 인식일 뿐이다.

다음에 엄한 아버지 도덕에서 매우 높은 우선권을 가지는 몇 가지 비유를 소개하겠다.

## 도덕적 힘

엄한 아버지 도덕의 중심이 되는 비유는 '도덕적 힘'이라는 비유이다. 이것은 여러 부분으로 이루어진 복잡한 비유로서 다음과 같이 시작된다.

- 좋은 존재는 바른 존재이다.
- 나쁜 존재는 비열한 존재이다.

사례는 다음과 같은 문장을 포함한다.

그는 정직한 시민이다. 그는 성공하였다. 그것은 천박한 행동이었다. 그는 비열한 사람이다. 그는 풀밭의 뱀이다.

그러므로 악을 행하는 것은 도덕적 위치(올바름, 정직함)에서 비도덕적 위치(천박함, 비열함)로 옮겨가는 것이다. 그리하여 다음 문장을 도출해낸다.

- 악을 행하는 것은 (나락으로) 떨어지는 것이다.

물론 가장 유명한 사례는 타락이다.
도덕적 힘의 가장 중요한 부분은 비도덕적 개념, 혹은 악의 개넘과 관련되는 것이라야만 한다. 악은 당신을 타락케 하는, 즉 비도덕적 행동을 저지르게 하는 내적인 힘, 혹은 외적인 힘으로 구체화된다.

• 악은 내면적인, 혹은 외부적인 힘이다.

그러므로 올바름을 유지하기 위해서는 '악에 맞서기에 충분할 만큼 강해야한다.' 그리하면 도덕은 강함(힘)으로 악에 저항할 도덕적 의지, 혹은 기질을 가진 것으로 개념화된다. 그러나 사람은 선천적으로 강인하지 않다. 육체적 힘을 기르는 것처럼 자제와 극기(고통 없이는 수익도 없다)를 강화하는 것도 매우 중요하다. 도덕적 힘은 그 두 가지 방법인 자제와 극기를 통해 쌓여가기 때문이다.

• 자기 책임을 깨닫고, 현재의 난관을 헤쳐 나가는 것은 충분한 자기훈련을 통해서이다.
• 능동적으로 극기력을 키우면 자제력은 더욱 강화된다.

요약하면 '도덕적 힘'의 비유는 도덕과 육체적 영역 사이의 일치이다.

• 좋은 존재는 올바른 존재이다.
• 나쁜 존재는 비열한 존재이다.

- 악을 행하는 것은 타락이다.
- 악은 (외부적 혹은 내면적) 힘이다.
- 도덕성은 힘이다.

이 비유의 한 가지 결과는, 징벌은 당신을 위해 좋은 것일 수 있다는 점이다. 역경을 통하여 도덕적 힘이 쌓여가기 때문이다. 그리하여 이런 훈계가 생겨났다. '매를 아끼면 아이를 망친다.' 이 비유 논리에 따르면 도덕적으로 약함은 그 자체로서 비도덕적이다. 그 논리는 계속해서 이런 식으로 펼쳐지는데, 도덕적으로 약한 사람은 타락하고, 악에 굴복하고, 비도덕적 행동을 저지르고, 그리하여 결국 악의 한 세력이 된다. 그러므로 도덕적 약함은 초기의 악이자, 나타날 시기만을 기다리고 있는 악이다.

직면하고 있는 악이 외부적인 것인가, 혹은 내면적인 것인가에 따라서 두 가지 형태의 도덕적 힘이 있다. 용기는 외부적 악에 맞서며, 두려움과 역경을 이겨내는 힘이다. '도덕적 힘' 비유의 상당 부분은 자제라는 쟁점이 나타나는 내면적인 악과 관련된다. 강화해야 될 것은 의지로서, 사람은 열정과 욕망이 깃든 것으로 간주되는 육체에 대한 자제를 실행하기 위해서 의지력을 키워야 한다. 전형적으로는 돈·섹스·음식·편안함·영광 등을 향한 인간의 욕망은, 이 비유에서는 '유혹'으로 '자제'를 무너뜨리겠다고 위협하는 악으로 간주된다. 분노는 극복해야 될 또 다른 내면의 악으로 간주되는데 그것 역시 자제를 위협하기 때문이다.

자제의 반대는 '방종'으로, 도덕적 힘의 비유를 받아들여야만 이해되는 개념이다. 방종은 부도덕으로 간주되고, 반면에 검소와 자제는 미덕으로 간주된다. 탐욕 · 갈망 · 폭음 · 나태 · 자만심 · 시기 · 분노 등 이 일곱 가지 내면의 악은 극복해야 될 죽음에 이르는 죄이다. 그것을 죄로 규정하는 것은 도덕적 힘 비유인데, 만약 우리가 '힘으로서의 도덕'이라는 비유를 가지지 않았다면 그런 죄악은 존재하지 않을 것이다. 그것과 대치되는 미덕은 자선 · 순결함 · 자제 · 근면 · 겸손 · 자신의 운명에의 만족, 그리고 평정이다. 이런 것들을 미덕으로 변화시켜 주는 것도 '도덕적 힘' 비유이다.

이 비유는 몇 가지 중요한 함의를 가진다.

- 이 세상은 선과 악으로 나뉘어져 있다.
- 악과 직면해서도 선함을 유지하려면(악과 맞서려면) 도덕적으로 강해야 한다.
- 자제와 극기를 통해 도덕적으로 강해진다.
- 도덕적으로 약한 사람은 악과 맞설 수 없고, 결국 악에 굴복하게 된다.
- 그러므로 도덕적 약함은 비도덕의 한 형태이다.
- 방종(자제를 거부함)은 자기관리의 결여이며(자제의 결여), 비도덕의 한 형태이다.

그러므로 도덕적 힘은 매우 다른 두 가지 측면을 가진다.

첫째, 도덕적 힘은 외부적으로 규정된 어떤 악에 맞서려 할 때

반드시 요구된다. 둘째, 그 자체가 악의 한 형태를 규정한다. 즉 자제의 결여, 그리고 극기를 실행하지 못하는 것이 악이 되는 것이다. 다시 말해서 도덕적 힘 비유는 내면적인 악의 형태를 규정한다.

도덕적 힘에 매우 높은 우선권을 주는 사람들은 그것을 이상주의의 한 형태로 당연하게 간주하지만, 사실 이 비유는 선함과 절대적으로 물리쳐야만 하는 악의 세력과의 전쟁이라는 시각으로 세상을 바라본다. 그러므로 선함의 기치를 내건 잔인한 행동은 정의로 간주될 뿐 아니라, 적의 의견은 존중할 수 없다는 태도를 수반한다. 악은 존중받을 자격이 없고 오히려 공격받아야 하는 것이다. 도덕적 힘의 비유는 위에서 말한 것처럼 엄밀한 도덕적 이분법을 수반한다. 그것은 악을 도덕적 힘으로 맞서야만 하는 세력으로 구체화하여 악과 맞서 싸울 것을 요구한다. 악의 감정을 이해하려 하지 않고, 악에게 그 자체의 진실이 있음을 인정하지 않는다. 오직 악과는 싸움뿐이다.

도덕적 힘이 자기 수련의 한 형태를 부여한다는 점은 매우 중요하다. 도덕적으로 강한 존재가 되기 위해서는 자제력과 극기심을 갖춘 존재가 되어야한다. 그렇지 않으면 방종으로 흐르게 되고, 그런 유약한 태도는 궁극적으로 악을 도울 뿐이다. 엄한 아버지 도덕에서 도덕적 힘 비유는 매우 높은 우선권을 가진다. 자기 가족을 부양하고 보호하고 인도하려는 엄한 아버지라면, 마땅히 도덕적 힘을 가져야한다. 그리고 아이들을 자제력 있고 자립적인 존재로 키우기 위해서 그것을 반드시 물려주어야 한다.

도덕적 힘 비유는 하나의 논리 전개 방식을 제공하는데, 가령 도덕적 약함을 조장하는 것은 그것이 무엇이든 비도덕적이다. 만약 복지가 노동에 따르는 인센티브를 빼앗아 간다면 도덕적 힘 비유에 따라 복지는 비도덕적이다. 고등학교 학생들에게 콘돔을 나눠주고, 마약 사용자들에게 정맥 주사용 깨끗한 주사바늘을 나누어주는 것이, 10대 임신과 AIDS 확산을 낮출 수 있다는 말인가? 도덕적 힘 비유는 10대의 섹스와 불법 마약 사용이 도덕적 약함의 ─ 자제의 결여 ─ 결과라고 말한다. 그러므로 그것은 비도덕적이다. 콘돔과 깨끗한 바늘을 제공하는 것은 비도덕으로 받아들여지고, 나아가 '도덕적 힘'에 따라 그것은 악의 한 형태가 된다.

도덕적으로 강한 사람이라면 섹스와 마약에 대해 단호하게 '노'라고 말할 수 있어야 한다. 그럴 수 없는 사람은 누구든지 도덕적으로 약한 사람이다. 도덕적으로 약하다는 것은 비도덕의 한 형태이고, 비도덕적인 사람은 벌을 받아야 하는 게 상식이다. 만약 당신이 무의식적으로 '도덕적 힘' 비유에 따라 생각한다면 바로 그것이 상식인 것이다.

'도덕적 힘' 비유에 가장 높은 우선권을 줌으로써 나타나는 중요한 결과들 중의 하나는, 그것이 사회세력, 혹은 사회계층을 반영하는 그 어떤 설명도 배제한다는 점이다. 만약 도덕적인 사람들이 항상 마약과 섹스에 단호하게 '노'라고 외치고, 이 기회의 땅에서 자신의 그런 생각을 잘 지키며 살다가 어느 순간 무너지게 되면 이것은 도덕적으로 약한 것이므로 비도덕적이라 말할 수 있다. 만약 도덕적 힘 비유가 다른 어떤 형태의 설명보다 우선권을 가진다면, 가난과 마약 사용 습관, 혹은 혼외출생아는 오직 도덕적 약함에 의해서만 설명될 수 있을 뿐이다. 어떤 사회적 요인에 관한 논의도 관련될 수 없는 것이다.

이 논의에서 '도덕적 힘'이 비유적 사고의 사례인 이유가 명확해져야 한다. 좋은 사람들은 글자 그대로 올바른 사람들이 아니다. 비도덕적이 되는 것은 글자 그대로 타락하는 것이 아니다. 악은 글자 그대로 올바른 사람을 타락시킬 수 있는 세력이 아니다. 도덕성은 글자 그대로 한 세력과 맞설 수 있도록 해주는 육체적 힘이 아니다. 올바름 · 타락 · 정신력 · 무엇인가에 맞섬 등의 단어는 육체적 영역에서 차용되어 이 비유를 통해 도덕성에 적용되는 것이다.

도덕을 힘으로 간주하는 비유는 인간 정신의 산물이지만 그렇다고 자의적인 산물은 아니다. 그것은 약함보다는 강함이 좋다는 경험적 안녕에 기초를 둔다. 이것이 힘을 자연스럽게 도덕에 비유하도록 해준다. 그러나 도덕적 힘 비유가 자연스럽다 해서 그것이 글자 그대로 진리라는 의미는 아니다. 물론 이 비유의 자연스러움이 그 비유를 무효화하는 것은 아니지만, 그것이 인간 정신의 산물이라는 사실은 우리로 하여금 오랫동안 찬찬히 그것을 살펴보도록 해준다. 도덕성과 같이 중요한 무엇인가에 관한 비유를 조심스레 고민해봐야 한다는 말이다.

도덕적 힘 비유에 따른 놀라운 상속물 중의 하나는 다음과 같다. 도덕적 힘을 쌓기 위해서는 자제와 극기를 통해 노력해야 한다. 그냥 앉아서 노닥거리기만 해서는 도덕적으로 강해질 수 없다. 당신이 도덕적 힘을 쌓아야한다면, 그 말은 즉 시작할 때 그것을 가지지 못했다는 의미이다. 결국 우리 모두는 도덕적 약함으로부터 시작되었고, 비도덕적 행동으로 나아갈 경향이 압도적으로 많은 상태에서 시작되었다. 부모가 나 자신을 훈련시키기 위해 개입하지 않는다면 우리는 자연스럽게 비도덕적으로 나아갈 수밖에 없다.

이것은 거의 - 그러나 절대적인 것은 아니다 - 원죄原罪 교리의 한 사례이다. 어쨌든 그것은, 아이들은 선천적으로 선한 존재가 아니고, 정정해주는 행동이 개입되기 전에는 자연스럽게 악을 향해 나아가는 경향이 있다는 의견을 수반한다. 아이들에 대한 이런 시각은 자연스럽게 도덕을 위한 또 다른 중요한 비유이며, 엄한 아버지 모델에 의해 높은 우선권을 부여받은 '도덕적 권위' 비유에 적합하게 들어맞는다.

**도덕적 권위**

도덕적 권위는 비유적으로 보자면 부모의 권위 위에서 형성되므로 가족으로부터 논의를 시작하기로 하자. 부모의 정당한 권위는 어디에서부터 나오는가. 우선 첫째, 아이는 자신과 가족을 위한 최고의 관심사가 무엇이며 또 그 관심사에 대해 어떻게 해야 되는지를 모른다는 점으로부터. 둘째, 부모는 아이와 가정의 행복에 대해 지대한 관심을 가지고 있으며 또 그것을 위해 행동한다는 점으로부터. 셋째, 아이를 위한 가장 큰 관심사가 무엇인지를 알 수 있는 부모의 능력으로부터. 넷째, 부모는 아이들과 가정의 안녕에 관한 책임을 안고 있다는 사회적 인식으로부터 부모의 권위가 나오는 것이다.

엄한 아버지 모델 내에서 부모는(전형적으로 아버지가) 행동기준을 설정하고, 그 행동기준을 어기면 아이를 처벌한다. 부모 입장에서의 권위 행사는 도덕적 행동이라는 점도 매우 중요하다. 그러나 권위 행사의 실패, 즉 행동기준을 설정하지 않거나, 징벌을 통해 그 기준에 맞추도록 강요하지 않는 것은 비도덕적이다. 불순종하는 아이들을 징벌한다는 것은 불순종을 방지한다는, 즉 아이들을 순종하도록 변화시킨다는 믿음이 그 이유이다. 간단히 말해서 좋은 부모는 행동기준을 설정하여 불순종하는 아이를 징벌하고, 부모에게 순종하는 아이는 좋은 아이이며, 불순종하는 아이는 나쁜 아이라는 사실이다. 그리고 징벌은 불순종하는(나쁜) 아이를 순종하는(착한) 아이로 변화시키고, 벌을 주지 않는 아버지는 아이들이 불순종할 때 벌을 주지 않음으로써 나쁜 아이를 만들기 때문에 나쁜 부모이다.

일반적으로 공동체 내에서의 도덕적 권위의 개념은 가정 내에서 부모의 권위 위에서 형성된다. 일반적인 비유는 다음과 같다.

- 공동체는 가정이다.
- 도덕적 권위는 부모로서의 권위이다.
- 권위 있는 존재는 부모이다.
- 권위의 지배를 받는 대상은 어린아이다.
- 권위의 지배를 받는 누군가의 도덕적 행위는 순종이다.

- 권위를 가진 사람의 도덕적 행위는 기준을 설정하고 그것에 따르도록 하는 것이다.

이 비유는 부모의 권위라는 특별한 상황을 모든 도덕적 권위로 일반화한다. 특별한 상황을 이렇게 일반적인 상황으로 변화시키는 비유는 '일반적인 것은 구체적인 것이다'라는 비유로 불린다. 참고 A1, Lakoff and Turner, 1989

엄한 아버지 가정 모델은 앞에서 설명한 부모의 권위 모델을 수반하고, 도덕적 권위 비유는 모든 도덕적 권위 형태를 일반화한다. 이 비유를 부모의 권위를 위한 정당한 조건에 적용하면 우리는 도덕적 권위의 모든 형태를 위한 합법적 조건에 도달하게 된다. 도덕적 권위의 합법성은 무엇으로부터 유발되는 것인지 알아보자.

- 도덕적 권위의 지배를 받는 사람이 자신과 공동체의 최고 관심사가 무엇인지를 모르고, 나아가 그런 관심사에 맞추어 행동할 수 없는 무능으로부터 생겨난다.
- 권위를 가진 사람은 그 권위의 지배를 받는 공동체에 대한 진정한 관심을 가졌으며, 그 관심사에 관해 행동한다는 점으로부터 합법성이 생긴다.
- 권위를 가진 사람은 그 권위의 지배를 받는 공동체와 구성원의 최고 관심사가 무엇인지 알고 있다는 점으로부터 생겨난다.
- 권위를 가진 사람은 그 권위의 지배를 받는 공동체와 구성원의 안녕에 대한 책임을 지고 있다는 사회적 인식으로부터 생

긴다.

엄한 아버지 모델은 특정한 부모로서의 권위 모델을 제시하기에, 그 일반적인 도덕적 권위의 모델은 이 비유에서 연유함을 보여준다.

권위를 가진 사람은 행동기준을 설정하고, 권위의 대상이 되는 사람이 그 기준을 충족시키지 못하면 징벌한다. 권위의 대상이 되는 사람의 도덕적 행동은 권위를 가진 사람에게 순종하는 것이다. 그러나 그와 마찬가지로 권위를 행사하는 것은 권위를 가진 사람의 입장에서 보면 도덕적인 것이며, 권위를 가진 사람이 권위행사에 실패하는 것 즉 행동의 기준을 설정하고 징벌을 통해 그것을 강화시키는 데에 실패하는 것은 비도덕적이란 것이다.

이것은 도덕적 권위에 대한 '엄한 아버지' 해석이며, 도덕적 권위가 문제되는 인생의 많은 영역에 응용되고 있고, 또 도덕적 권위라는 아이디어를 모방한 운동팀, 사법기관, 사업체, 종교 등의 기구에 적용되는 것을 볼 수 있다. 나중에 보게 되겠지만 이와는 매우 다른 도덕적 권위에 대한 또 다른 해석, 즉 '인자한 부모' 해석도 있다.

## 정당치 못한 도덕적 권위
엄한 아버지 도덕에서 도덕적 권위의 비유는 정당한 도덕적 권위를 일반적인 조건으로 바꿔놓기 때문에 부모의 권위가 합법적이라는 조건은 매우 중요한 역할을 한다. 결정적인 조건은 다음의 두 가지이다. 첫째, 부모는 아이와 가정의 가장 좋은 관심사가 무엇인지 아이보다 더 잘 알아야 한다. 둘째, 부모는 그 중요한 관심사에 관해 행동해야 한다. 이러한 조건은 아이가 성숙했을 때 그 유효성이 끝난다. 성숙기에서 아이는 자신을 위한 최선의 관심사에 대해 스스로 결정하고 행동할 수 있는 존재가 되기를 기대한다. '간섭하는 부모'는 아이가 스스로 인생에 대한 권위를 가지기에 충분할 만큼 성숙하여, 부모로서 개입할 수 없는 상황인데도 아이의 인생에서 부모의 권위를 계속 행사하려 한다. 엄한 아버지 모델에서 아버지는 자신의 역할이 끝나는 때를 알아야 한다. 그 이후에 아버지의 비정당한 개입은 강한 불쾌감만 살 뿐이다.

도덕적 권위 비유가 아버지로부터 일반적인 권위를 가지는 인물로 변화되었을 때, 비합법적인 도덕적 권위의 조건은 아이에게 거부감을 불러일으킨다. 이러한 상황은 첫째, 권위의 지배를 받는 사람이 자신과 공동체를 위한 최고의 관심사가 무엇인지 권위를 가진 사람보다 더 잘 알고, 또 그에 대해 행동할 수 있을 때, 둘째, 권위를 가진 사람이 권위의 지배를 받는 사람과 공동체의 입장에서 최선의 관심사에 대해 행동하지 않을 때 나타난다.

엄한 아버지 도덕을 지지하는 사람들은 개입하는 부모뿐만 아니라 비합법적으로 개입하는 권위를 가진 사람 모두에게 비정당한 권위에 대한 불쾌감을 나타낸다. 바로 연방정부가 이에 해당하는데, 흔히 연방정부가 지역 주민들의 최선의 관심사가 무엇인지 잘 모르고 있다는 말을 듣게 된다. 지역 주민들은 자신들을 위한 최선이 무엇인지를 잘 알고 있으므로 정부는 보통사람들의 관심사를 위해 활동해서는 안 된다는 것이다. 그렇기에 연방정부의 권위는 지방정부로 이관되어야 하며, 그렇지 않을 경우에는 모두 무시된다.

비합법적이라고 인지되는 권한을 향한 불쾌감이 어떤 면에서는 엄한 아버지 도덕에서의 정당한 도덕적 권위의 중심역할과 모순되지 않는다는 점을 이해하는 것이 중요하다. 오히려 그것은 정당한 부모로서의 권위가 일반적인 도덕적 권위로 전환된 결과인 것이다. 정당한 도덕적 권위에 대한 이런 조건은 부분적으로 가정에 대한 미국의 엄한 아버지 모델의 몇 가지 특징으로부터 나온다. 가정관에 있어 나름대로 엄한 아버지 해석을 가진 다른 문화권에서는 아이들이 성숙했다고 해서 아버지의 정당한 권위가 끝나는 것이 아니었다. 중국이 가장 좋은 예인데, 많은 문화권에서는 아이들이 성숙기에 접어들어 충분히 자립적인 존재가 되어도 그들 스스로 꾸려나가기를 기대하지 않는다. 그런 나라로는 중국뿐만 아니라 이탈리아·프랑스·스페인, 그리고 이스라엘 등도 포함된다. 이러한 문화권에서는 그들 나라 나름의 엄한 아버지 가정에서 개입하는 부모에 대한 깊은 불쾌감이 보이지 않는다. 그리고 그들은 정부의 권위에 대해서도 이같은 불쾌감을 나타내지 않는다.

엄한 아버지 모델은 개입하고 침입하는, 비정당한 권위를 행사하는 사람에 대한 불쾌감이 형성되는데, 이는 전통적인 서구 문화로는 보이지 않는다. 그것은 엄한 아버지 가정에 관한 미국식 해석의 특징의 결과인 것이다. 엄한 아버지 도덕성은 가끔 실수로 '전통적인 도덕관'이라 불리기도 하지만, 그것은 전혀 전통적으로 보이지 않는다. 오히려 최근의 새로운 방책, 특히 성숙한 아이는 홀로서야 하며 부모는 개입해서는 안 된다는 것을 이해해야 한다.

## 응보

엄한 아버지 이론은 도덕 회계 비유에 의한 여러 비유들 중에서 선택하게 된다. 엄한 아버지 도덕은 누군가에게 해를 끼친 것에 대해, 혹은 도덕적 권위를 위반한 것에 대해 상환보다는 응보를 요구한다. 엄한 아버지 도덕을 가진 사람이라면 사형선고를 선호하리라고 기대해도 된다. 그들은 생명 그 자체를 보존하기 위하여 도덕장부의 대차 평균을(죽음에는 죽음으로) 선택한다. 엄한 아버지 도덕의 지지자라면 교도소에 감금하는 형벌을 지지하고, 감옥생활은 견디기 어려울 정도로 가혹하기를 기대한다. 그들은 도덕적 권위에 따라 범죄자들에 대한 엄한 형벌이 범죄를 예방해줄 것이라고 믿는다.

## 도덕 질서

도덕질서 비유는 글자 그대로 부모의 권위가 엄한 아버지 가정에서 중심이 되는 도덕적 권위에 들어맞는다. 이 비유는 자연의 질서라는 민중이론에 근거를 두는데, 자연의 질서는 이 세상에서 일어나는 지배의 질서이다. 다음에 자연의 질서에 있는 사례를 소개한다.

하나님은 인간보다 강하다.

인간은 동물과 식물, 그리고 자연 속의 그 어느 개체보다 강하다.

성인은 아이들보다 강하다.

남자는 여자보다 더 강하다.

도덕질서의 비유는 이 자연의 힘의 질서를 도덕과 같은 것으로 간주한다. 이 비유는 간단히 다음과 같이 선언할 수 있다.

'도덕질서는 자연의 질서이다.'

이 비유는 '자연'에 대한 힘의 관계 계층구조를 도덕적 권위의 지배구조로 전환시킨다.

하나님은 인간에 대한 도덕적 권위를 가진다.

인간은 자연(동물과 식물 그리고 자연의 개체)에 대한 도덕적 권위를 가진다.

성인은 아이들에 대한 도덕적 권위를 가진다.

남자는 여자에 대한 도덕적 권위를 가진다.

그러나 이 도덕적 권위를 가지는 지위는 권위의 지배를 받는 대상의 안녕에 대한 책임이 있기 때문에 단순히 정당한 힘과 관련되는 것은 아니다. 그러므로 우리는 다음과 같이 결론을 내릴 수 있다.

하나님은 인간의 안녕을 위한 도덕적 책임을 가진다.

인간은 동식물과 그 외 모든 자연의 안녕에 대한 책임을 가진다.

남자는 여자의 안녕에 대한 책임을 가진다.

엄한 아버지 가정 모델은 부분적으로 이 비유의 해석에 의해 규정된 도덕질서를 반영한다. 아버지는 아내와 아이들을 부양하고, 그들의 행동을 규제할 도덕적 책임을 진다.

도덕질서 비유는 유대-기독교의 종교적 전통 해석에서 중요한 역할을 한다. 이 비유에 따르면 하나님은 부모가 자기 아이들을 보살피듯, 목동이 자신의 양떼를 보살피듯, 혹은 농부가 자신의 곡식을 보살피듯이 인간을 돌보아준다. 우등한 존재가 열등한 존재를 돌봐주어야 할 논리적 이유는 없다. 그러나 만약 지배질서가 도덕질서라면 하나님은 세상에 있다가 사라질 존재를 돌봐주는 것만이 아니라, 규칙을 정하고 그것을 집행함으로써 우리에게 하나님의 보살피심을 보여주는 것이다. 그리고 그분의 보살핌에 대한 보답으로 우리는 순종할 의무를 가진다.

도덕질서 비유의 결과는 거대해져서 종교의 영역 밖으로까지 나아간다. 그것은 권력에 관련하여 특정한 계급의 존재를 자연스럽고 도덕적인 것으로 정당화하고, 그리하여 페미니즘 같은 사회운동을 부자연스러운 도덕의 적으로 보이게 한다. 예를 들면 자연은 인간의 삶을 위해 존재하며, 그에 따라 인간은 자연을 지키는 책임을 가진다는 것과 같은 특정한 자연관을 정당화해준다. 그러므로 그것은 '자연은 타고난 본래적 가치를 가진다'와 같은 자연관을 정당화시켜주지 못한다.

게다가 그것은 자연적 우월성과 같은 질문에 집중하게 만들고,

《종형 곡선》과 같은 책을 읽으며 고무된다. 이 책이 일으킨 논쟁은, 단지 비非백인을 교육시키기 위해 시간과 돈을 낭비하는 것이 현실적인 지출인지를 묻는 것만은 아니다. 언급할 필요도 없지만 진정한 문제는 이 비유에 따라, 과연 백인은 백인이 아닌 자들에 비해 자연적으로 도덕적으로 우월한가를 묻고 있는 것이다.

도덕질서 비유는 오랜 서구 문화사(현대 미국 진보주의적 가치관으로)의 시각에서 볼 때 그리 좋아보이지 않는 역사를 가지고 있다. 이 문제는 좀 더 정교한 해석인 '존재들의 거대한 연결고리'<sup>참</sup>

<sup>고 E. Lovejoy, 1936/ A1, Lakoff and Turner, 1989</sup> 4장에 언급되어 있다. 초기 해석에서의 도덕질서는 귀족은 평민에 대한 도덕적 권위를 가진다는 이론을 포함했었다. 니체의 도덕이론은 도덕질서 비유에서, 특히 귀족은 도덕적 권위를 가진다는 해석에 기초를 두고 있다. 나치의 도덕에서 아리아인은 유태인이나 집시보다 높은 위치에 올라있었다. 백인 우월성에 의해 백인은 도덕질서에서 유색인종보다 높은 위치에 놓여있다. 애국자들의 경우에 그들은 미국을 역사상 다른 어느 나라보다 도덕질서에서 높은 위치로 끌어올린다. 그리고 부자들이 가난한 사람들보다 도덕적으로도 우월하다고 믿는 사람들도(전형적인 예로 부자들) 있는데, 실제로 그런 믿음은 세속적인 재산을 의로움의 반영으로 간주하는 칼비니즘의 형태를 취하며 명확한 신앙으로 나타난다. 부유한 사람들이 가난한 사람들보다 도덕적 우위에 있다는 생각은 엄한 아버지 도덕에 매우 잘 부합된다.

아메리칸드림으로부터 시작해, 미국은 자율과 재능을 가진 사

람이라면 피땀 흘리는 노력을 통해 성공의 사다리에 오를 수 있는 기회의 땅이라는 믿음에 젖어있다. 이런 믿음은 '미국에 오랫동안 살면서도 성공을 거두지 못한 사람은 열심히 노력하지 않았거나 재능이 부족하다'는 가정을 뒤따르게 한다.

만약 열심히 노력하지 않았다면 그 사람은 나태하고 도덕적으로도 나약한 사람이다. 만약 재능이 없는 사람이라면 자연의 질서에서 낮은 위치에 처하는 사람이므로 도덕질서에서도 낮은 위치에 처하는 사람이다. 부유한 사람들(자제력과 재능이 충분하고, 부유해지기 위해 열심히 일한 사람들)은 부를 누릴 자격이 있고, 가난한 사람들은(근면하지 못하거나 재능이 부족해서) 가난하게 사는 것이 당연하다. 부유한 사람들은 가난한 사람들에 비해 좀 더 큰 권세를 가질 뿐만 아니라, 가난한 사람들에 대한 도덕적 권위를 가지며, 가난한 사람들에게 어떻게 살아야 할지, 자제력을 쌓고 열심히 일하라고, 경제적인 사다리를 오르라고, 자립하라고 충고할 책임을 가진다.

**도덕의 경계**

선과 악을 명확하게 나누며, 엄한 행동기준을 설정할 필요가 있는 엄한 아버지 도덕은 자연스레 도덕적 경계 비유에 높은 우선권을 주게 된다.

행동은 스스로 추진력을 가진 움직임의 형태로, 목적은 우리가 도달하려고 노력하는 목표로 개념화하는 것은 흔한 일이다. 도덕적 행동은 제한된 움직임, 즉 허용된 범위 내에서 허용된 길을 따라가는 움직임으로 간주된다. 이러한 조건에 따라 비도덕적 행동은 허용된 범위를 벗어난 행동, 규정된 길이나 경계를 벗어난 움직임으로 간주된다. 도덕적으로 허용되는 행동을 규정하기 위해서는 자유롭게 움직일 수 있는 길과 범위를 설정해야 한다. 비도덕적 행동을 규정하기 위해서는 움직임의 범위에 한계를 정한다. 이 비유에서 비도덕적 행동은 인가받지 않은 길을 따라 인가되지 않은 목표를 향해 나아가는, 받아들일 수 없는 범위로 들어가는 일탈행위이다.

인간의 목적은 목표에 비추어 개념화되기 때문에 이 비유는 중요한 결과를 가진다. 이 비유에서 행동은 자기 추진력에 의한 움직임이고, 그런 움직임은 항상 움직이는 사람의 통제를 받는 것이기에, 목표란 자유로운 선택에 따른 것이고 다른 사람에 의해 선택된 목표는 제한된다는 조건이 따른다. 인가된 길에서 벗어나거나 인가된 영역을 벗어나는 행동은 단순한 비도덕적 행동 그 이상의 의미를 가진다. 그런 행동은 목적과 목표, 그리고 자신이 속한 사회의 생활방식을 거부하는 것이다. 그렇게 함으로써 그 사람은 대부분의 인생을 지배하는 목적에 대한 의문을 제기한다. 사회기준으로부터의 그러한 '일탈'은 비도덕 그 이상의 의미를 가진다. 비유적으로 '일탈'로 규정된 행동은 보통 사람들의 정체성을 위협하며, 그들의 보편적이고 성스러운 가치에 대한 의문을 불러일으킨다.

그러나 '일탈' 행동은 그보다도 더 큰 위협이 된다. 이 비유에 내포된 논리의 한 부분은 그 일탈행위가 다른 사람들에게 끼치는 영향과도 관계가 있다. 비유적으로, 검증된 길에서 일탈하는 사람은 다른 사람들이 가기에 안전한 길이라고 느끼게 될 새로운 길을 창조하는 것과 같다. 그러므로 경계를 넘어서거나 규정된 길을 벗어나는 사람은 새로운 영역으로 나아가거나 새로운 길을 만듦으로서 '방황하는 다른 사람들을 인도'하는 것이 된다.

그러므로 도덕적 경계 비유는 '인생은 여정'이라는 우리의 개념 시스템 안에서의 중요한 비유와 강력히 상호 작용한다. 당신의 인생에 있어서 방향을 잡아주는 특정한 길의 선택은 당신의 나머지 인생 전체에 영향을 미칠 수 있다. 이렇게 말하는 부모를 상상해보자. '우리 아들이 교회를 떠났어. 나는 그 아이가 왜 그렇게 우리가 살아가는 방식으로부터 등을 돌리는지 이해할 수 없어'라고…… 당신이 선택한 길은 인생의 길이 될 수 있다. 그리고 도덕이 어떤 특정한 길을 따라가는 것이라면 그 길로부터의 일탈은 비도덕적 인생 방식으로 들어서는 것으로 간주될 수 있다. 이런 이유로 해서 '일탈'이라는 단어는 강력한 의미를 가지게 되는데, 새로운 길을 창조하는 행위로서의 그 일탈은 새로운 길을 다른 사람들에게 안전한 길로 보일 수 있도록 해주고, 그들의 인생을 새로운 길로 인도하게 된다.

그러므로 일탈한 사람들의 행동은 그들 자신을 훨씬 넘어선 영역에까지 영향을 미친다. 그들의 행동은 전통적인 도덕 가치에 대한, 전통적으로 도덕적 인생을 살아가는 방식에 대한 의문을 일으킨다. 그리고 일탈한 길을 안전하고 자연스럽고 매혹적으로 보이도록 한다. 만약 누군가가 마리화나를 피우면서도 아무 문제없이 행복하고 스트레스가 감소된 인생을 살아간다면, 그는 그를 알고 있는 주변 사람들에게 안전하다고 여길 만한 새로운 길을 창조한 것과 같다. 한 젊은 여자가 결혼생활을 벗어난 성관계를 갖고서도 아무런 문제없이 행복한 인생을 살아간다면, 그녀를 알고 있는 주변 사람들은 그런 길도 안전할 수 있다고 느낄 것이다.

검증된 길에서 일탈한 사람들은 엄청난 분노를 야기할 수 있다. 그들은 전통적인 '곧고 좁은' 도덕의 길을 따르는 사람들의 정체성을 위협했을 뿐만 아니라 공동체를 위협한 것으로 간주되기 때문이다. 공동체를 보호하기 위해서 그들은 추방되고 고립되어야 한다.

### 자유의 제한

행동의 자유는 비유적으로 보자면 움직임의 자유로 이해되기 때문에 도덕적 경계는 자유를 제한할 수 있다. 이 때문에 다른 사람들에게 자신의 도덕을 강요하는 사람은 다른 사람의 자유를 제한하는 것으로 보인다.

### 길로서의 권리

도덕적 경계 비유는 권리가 의미하는 정의에서 중심이 되기도 한다. '권리'란 비유적 대변의 한 형태일 뿐만 아니라, 앞에서 살펴본 바와 같이 그것은 한 사람이 방해받지 않고 자유롭게 길을 따라 움직일 수 있는 비유적으로 깨끗한 길이기도 하다. 그러므로 행동은 움직임이라는 비유를 경유하면 권리는 길의 권리이고, 방해받지 않고 자유롭게 움직일 수 있는 구역이다. 도덕적 경계는 자유롭게 움직이는 다른 구역에 대해 어느 정도는 열려있고 어느 정도는 닫혀있기 때문에 그들은 권리를 방해받지 않는 자유로운 행동으로 정의한다.

그런 권리는 행동의 자유를 제한하지 않는 의무를 수반한다. 또한 그 권리를 존중하기 위해서는 정부의 행동이 요구된다. 예를 들어, 부동산 개발업자 등과 같은 무제한적 재산권 지지자들은 환경보호 규정을 자신들의 재산을 자유롭게 처분하는 것을 방해하는 제한으로 간주하게 되고, 그 권리를 제한하는 정부규칙이 삭제되기를 원한다. 반면에 인간은 깨끗하고 건강한, 생물학적으로 다양한 환경을 누릴 권리가 있다고 생각하는 사람들은 규정을 지키지 않는 개발에 대해 그들의 권리를 침범하는 것으로 간주한다. 그러므로 도덕적 법적 경계는 두 가지 관점에서 바라볼 수 있다. 즉 한 사람의 자유행동을 제한하는 것은 다른 사람이 권리를 침해당하는 것으로부터 보호해주는 것이다. 이것이 도덕적인 법적 경계가 권리분쟁을 일으키게 된다는 논리이다.

## 도덕적 본질

엄한 아버지 도덕에 있어서 중심이 되는 개념은 기질이다. 기질은 어린시절에 발달하여 일생 동안 지속되는 본질의 한 종류이다. 엄한 아버지 도덕에서의 중심인 기질은, 기질이라는 용어의 정의에 비추어 일반적인 도덕적 본질 비유에 우선권을 준다.

물질적 개체는 물체로 이루어진다. 그리고 그것이 어떻게 행동하는지는 구성 물체의 본질에 따라 좌우된다. 나무는 타고 돌은 타지 않는다. 그러므로 나무로 만들어진 개체는 타고, 돌로 만들어진 개체는 타지 않는다.

우리는 보편적으로 사람이 어떻게 행동할 것인가를 결정할 때, 비유적으로 마치 여러 가지 물체로 이루어진 개체인 것처럼 대한다. 사람을 마치 그의 행동을 결정해줄 한 가지 본질, 혹은 여러 가지 본질의 집합체로 인식하는 것도 보편적이다. 이것이 본질의 비유이다.

- 한 사람은 한 개체이다.
- 그 사람의 본질은 그 사람을 구성하는 개체의 본질이다.

어떤 사람을 선천적으로 외고집이라고, 혹은 믿음직한 사람이라고 판단하는 경우를 예로 살펴보자. 그렇게 하는 것은 그 사람이 타고난 특징을, 즉 그 사람이 특정한 상황에서 어떻게 행동할지를 결정해주는 본질적 재산을 물려받았다고 지정하는 것이다. 만약 그것이 도덕적인 특징이라면 본질의 비유, 즉 도덕적 본질의 비유에서 특별한 사례를 가지게 된다. 사회심리학 분야에는 이 비유에 관한 '인격의 특성이론'이라는 전문적 해석이 있지만, 여기에서는 그 전문적 이론의 민중해석을 논의하도록 하겠다.

도덕적 본질 비유에 따르면, 사람들은 일생 동안 함께 할 본질적인 도덕적 재산을 선천적으로 가지고 태어나거나 초기 인생에서 발전시킨다. 그러한 재산이 도덕적 재산이라면 미덕이고, 비도덕적 재산이라면 악덕으로 불린다. 이 미덕과 악덕의 집합은 그 사람의 '기질'이 된다. 그리고 한 개인을 가리켜 '그녀의 마음은 보배와 같다', 혹은 '그는 천박한 데라곤 없는 사람이다', 혹은 '그 사람은 가슴 속까지 썩었다'라고 말하는 것은 도덕적 본질의 비유를 이용한 것이다. 즉 대상인 그 사람의 도덕적, 혹은 비도덕적 행동을 결정해줄 특정하고도 본질적인 도덕적 자질에 관해 이야기하는 것이다.

일반적으로 어떤 사람을 도덕적으로 판단하기 위해 도덕적 본질을 이야기하는 것은, 단지 그 사람의 한 가지 행동에 대해 판단하는 것은 아니다. 우리가 한 사람에 대해 선천적으로 좋다, 혹은 나쁘다고 판단할 때처럼 가끔은 그런 판단이 절대적이기도 하다. 그러나 그러한 경우는 매우 드물다. 한 사람을 여러 미덕에 관련해 생각하는 것이, 다시 말해 그 사람의 기질을 파악할 때 가끔씩 다양한 미덕과 악덕의 복잡한 조화를 생각하며 판단하는 것이 훨씬 더 자연스럽다.

우리가 이미 살펴본 바와 같이, 도덕적 미덕은 특정한 도덕적 비유와 관련하여 그 자체로서 정의된다. 도덕적 힘의 비유는 자기훈련·용기·극기·맑은 정신·자비심·근면성, 그리고 인내와 방종·비겁함·갈망·술 취함·나태함·심약함 등을 규정한다. 미덕과 악덕은 단순히 객관적으로 존재하지는 않는다. 미덕 혹은 악덕으로 간주되는 것은 우리가 각기 다른 우선권을 정한 도덕적 비유에 따라 달라진다. 우리가 나중에 자애로운 부모 도덕에 관해 논의할 때 보게 되겠지만, 그 도덕 시스템에서는 관심·연민·친절함·사회적 책임·재치·열린 가슴·꼬치꼬치 캐물음, 그리고 유연성 등의 다른 미덕에 우선권을 둔다. 그리고 이기심·둔감함·천박함·사회적 무책임·서투름·닫힌 가슴, 그리고 경직성 등을 악덕으로 간주한다.

도덕적 본질의 비유에는 세 가지 중요한 함의가 있다.

- 한 사람이 어떻게 행동했는지를 안다면, 당신은 그 사람의 성격이 어떠할 것인지도 안다.
- 한 사람의 성격을 안다면, 그 사람이 어떻게 행동할지도 안다.
- 사람의 기본적 성격은 성인이 되어서(혹은 그보다는 조금 일찍) 형성된다.

이러한 함의는 현대 사회 정책에서 논의되는 특정한 문제들의 기반을 형성해준다. 예를 들어, 지금 미국에서 인기를 얻고 있는 삼진아웃제도에 대해 생각해보자. 전제 조건은 같은 법률의 위반을 반복하는 것은 기질적 결함을, 그리고 장래의 범죄로 나아갈 불법 행동을 할 선천적인 성향을 가졌다는 것이다. 그러나 그 악한의 기본 품성은 성인 시기에 형성된 것이므로 결국 그는 '가슴 속까지 썩었고' 변화되거나 갱생될 수 없다. 그러므로 그를 자유롭게 살아가도록 방치한다면 똑같은 범죄를 계속 저지를 것이다. 그 사람이 미래에 저지를 범죄로부터 대중을 보호하기 위해서 그는 일생 동안, 혹은 최소한 오랜 기간 동안 감옥에 갇혀 지내야 한다.

가난한 10대 미혼모로부터 사생아를 빼앗아 고아원, 혹은 입양

가정에 맡겨야 된다는 제안을 살펴보기로 하자. 여기에서의 전제된 가정假定은, 그 10대 미혼모는 비도덕적이며, 그녀의 품성은 이미 형성되었기 때문에 변화시키기에는 너무 늦었다는 것이다. 만약 아기가 계속 미혼모와 함께 산다면 그 아기 역시 비도덕적인 성품을 발전시키게 될 것이다. 그러나 만약 아기의 성품이 형성되기 전에 엄마로부터 떼어낸다면 그 아기의 성품은 좀 더 나은 방향으로 형성될 수 있다.

도덕적 본질의 비유는 우리의 도덕목록에서 중요한 역할을 한다. 그것은 우리의 개념 시스템의 깊숙한 곳에 자리 잡고 있다. 모든 미덕과 악덕을 규정해왔고, 우리의 정치적 인생에서도 중요한 역할을 하며, 보수진영과 진보진영 모두에서 이용된다. 그러나 엄한 아버지 도덕에서 더욱 높은 우선권을 가지게 되는데, 이는 엄한 아버지 가정 모델에서는 인격의 발달 과정에서의 훈육이 강조되기 때문이다.

**도덕적 완전함**

엄한 아버지 모델에서는 아버지가 부모로서의 권위를 가지고 올바름과 그릇됨을 판단하는 엄한 규정을 설정한다. 이에 상응하여, 도덕적 힘 비유는 악을 이 세상의 세력으로 보기 때문에 선과 악 사이에 명확한 경계를 긋는다.

도덕적 경계 비유는 도덕적·비도덕적 행동을 엄한 경계에 의해 개념화하고, 행동의 길을 명확하게 서술한다. 그 길에서 일탈하거나 그 경계를 넘어서서 방종한 행동을 하는 일탈행위와 관련된 사람들은, 도덕과 비도덕 사이에 설정된 경계를 모호하게 만들기에 이는 곧 사회에 대한 위협이다. 엄한 아버지 도덕은 자연적이고 엄격하고 한결같고 변함없는 행동기준을 요구하며, 사회는 그 기능을 유지하기 위해서 그런 기준을 따라야만 한다. 한결같은 행동기준을 개념화하는 다른 방법은 도덕적으로 '완전함' 비유를 통하는 방법이다. 완전함은 동질성을 수반하며, 극단적으로 각기 다른 물체로 구성된 것들은 하나가 되지 못할 수도 있다. 완전함은 본질을 강하게 하고, 압박에 저항하도록 해주는 전체적인 형태의 통일성을 수반한다.

동질성과 형태의 통일성은 본질을 안정시키고, 그 기능을 발휘하는 점에서 예측할 수 있도록 해준다. 물질적으로 완전한 상태를 보전하고 있는 개체는 예정된 그대로 기능을 발휘하리라고 믿을 수 있다. 완전함은 예정된 그대로의 형태를 가진 자연스러움을 수반한다. 완전한 그 무엇이 붕괴되고 찢어지고 부패하기 시작하면, 그것은 전체를 이루지 못하고 기능을 발휘하지 못할 위험에 처하게 된다.

엄한 아버지 도덕의 지지자들은 사람의 타락을 '도덕적 부패'라고, 도덕적 기준의 부식이라고, 도덕적 천moral fabric이 파열되고 찢어졌다고, 도덕적 기반이 무너졌다고 말한다. 이 모든 것은 도덕을 완전함으로 보고, 비도덕을 그 상태로부터의 일탈로 보는 경우이다. 여기에서의 완전함은 추상적이며 그 어떤 종류의 본질에도 적용될 수 있다. 건물은 붕괴될 수 있고, 산은 산사태를 일으킬 수 있고, 조직은 부패하고, 천은 찢어지고, 돌은 부서지는 등등으로 계속된다. 이 비유에서 중요한 것은 완전함이지, 본질이 건물이냐 산이냐 혹은 조직이냐 하는 점이 아니다. 어떤 종류의 본질이 완전하냐 그렇지 않느냐 하는 점이 중요할 뿐이다. 건물이나 산은 완전할 수도 있고 그렇지 않을 수도 있다는 본질의 특별한 사례일 뿐이다.

### 성실함

도덕적 완전함은 도덕적 본질과 연합하여 성실함이라는 미덕을 — 도덕적으로 완전함이라는 미덕을 — 낳는다. 완전한 사람은 육체적인 완전함과 같은 도덕적 완전함을 가진다. 성실한 사람은 도덕적인 면에서 육체적 동질성과 같고, 통일된 전체로서의 여러 부분과 같은 일관된 도덕적 원칙을 가진다. 도덕적 원칙의 전체적인 통일성은 사람을 본질적으로 강하게 해줄 뿐 아니라 사회적 정치적 압박이나 열정에도 쉽게 흔들리지 않도록 해준다. 성실한 사람은 자신의 도덕적 원칙에 일관되게 행동함으로써 예측가능하게 행동한다. 그리고 그런 사람은 도덕적으로 예정된 것에 따라 행동하리라 믿는다. 완전한 사람은 자신의 자연스러움에 따라 행동하기 때문에 그 자신에 관해 인위적이거나 꾸미는 것이 없다.

### 귀결

도덕적 완전함 비유는 다음과 같이 간단하게 선언할 수 있다.

- 도덕성은 완전함이다.

• 비도덕성은 타락이다.

이런 비유적 사고방식의 함의는 진지하게 고찰해볼 가치가 있다. 때와 사회적 상황과 민족에 따라 변화하는 도덕적 기준은 사회의 기능면에서 볼 때 위험하며 도덕성에 있어 발전되는 것을 찾기 어렵다. 도덕적인 것과 비도덕적인 것은 항상 고정되어 있는데, 이른바 도덕적 발전이란 이름으로 내세우는 새로운 도덕의 기준이라는 것은 악이다. 그것은 우리의 도덕적 기반을 파괴하고, 우리의 도덕적 천을 찢어버리는 것이다. 그리고 무엇보다도, 우리는 도덕적 부패와 침범의 표시가 있는지 항상 주의를 기울이고 그런 상태가 보인다면 즉시 막아야 할 필요가 있다.

일단 부패가 시작되거나 도덕적 기반이 무너지기 시작하면 회복은 불가능하고 비도덕이 만연해져서 사회는 자연스러운 도덕적인 방식으로 기능을 다 할 수 없기 때문이다. 그러므로 매우 위험한 도덕적 부패는 지속적으로 경계해야 하며 가능한 한 빨리 막아야만 된다. 그렇지 않으면 급속히 진행되어 회복할 수 없게 될 것이다.

**도덕적 순수함**

성실함과 도덕적 완전함은 도덕적 순수함 비유와 나란히 나아간다. 동질의 도덕적 기준이 동질성의 결여에 의해 위협받듯이, 도덕적 기준의 순수함도 어떤 불순에 의해서건 위협받게 된다. 썩은 사과 한 개가 통에 가득한 전체를 위협하는 것이다. 그러므로 도덕은 순수함으로, 비도덕은 불순하고 혐오스럽거나 더러운 것으로 개념화된다. 언어학적 사례는 이것을 명확히 해준다.

'그렇게 하는 것은 혐오스러운 짓이야' '그 사람은 지저분한 늙은이야' '우리는 그런 더러움으로부터 우리 아이들을 보호해야 돼' '그녀는 하얀 눈처럼 순결해' '우리는 이 도시를 깨끗이 청소할 거야' ……

이런 비유는 다음과 같이 간단한 선언으로 바꿀 수 있다.

- 도덕은 순수함이다.
- 비도덕은 불순함이다.

이 비유의 함의는 강력하다. 물질적 불순함이 본질을 망쳐놓는 것과 같이, 도덕적 불신도 한 사람 혹은 사회를 망쳐놓을 수 있다. 물질을 이용하기 위해서는 불순한 것을 제거해야만 되는 것처럼, 사회도 생존에 적합한 환경을 제공해주기 위해서는 부패한 사람 혹은 행동을 제거해야만 한다. 비도덕은 사회를 망쳐놓을 수 있으므로 그것을 관대하게 보아 넘길 수는 없는 것이다.

도덕적 순수함은 도덕적 본질과 짝을 이룬다. '부패'된 그 무엇인가는 마치 상한 혈액이나 훼손된 데이터베이스와 같이 불순해진 것이고, 그리하여 더 이상 사용할 수 없다. 비유적으로 '부패'한 사람은 불순한 본질을 지녔고, 도덕적 순수함과 도덕적 본질은 그 사람을 선천적인 비도덕적 존재로 규정해버린다. 그런 사람들은 그들이 지닌 부패된 영향력이 점점 퍼져나가지 않도록 이 사회로부터 제거되거나 격리되어야 한다.

## 도덕적 건강

이 문화에서 불순은 질병의 원인으로 간주된다. 불순과 건강 사이의 이 연결은 도덕은 건강으로, 그리고 비도덕은 질병으로 묘사되는 진전된 비유로 이어진다.

- 도덕은 건강이다.
- 비도덕은 질병이다.

이것은 우리로 하여금 비도덕적인 사람을 '병든 사람'이라고, 혹은 '병든 정신'을 가진 사람이라고 이야기하도록 해준다. 또한 우리는 비도덕적 행동이 만연해지는 것을 '도덕의 감염'으로, 그리고 넓은 의미에서 예기치 못했던 비도덕적 행동의 갑작스러운 발생을 비도덕의 '발생'이라고 이야기한다.

이 비유의 논리는 너무도 중요하다. 질병은 접촉을 통해 확산되는 것이기에, 비도덕은 접촉을 통하여 확산된다는 비유가 탄생했다. 그러므로 비도덕적인 사람은 도덕적인 사람으로부터 격리되어야 하고, 만약 그러지 않으면 도덕적인 사람들도 비도덕적인 사람이 될 것이다. 이것은 도시 범죄, 인종차별을 당하는 이웃, 그리고 비폭력 범죄자에게까지도 최고형을 선고하는 이론을 뒷받침하는 논리의 일부분이다. 또한 이 논리는 조직범죄에 관한 논쟁의 배후이기도 하다. 만약 당신이 비도덕적인 사람과 접촉한다면 당신도 비도덕적인 인간이 될 것이다.

## 도덕적 자기이익

엄한 아버지 가정 모델에서 사람들은 자신의 자제력을 이용하여
자립하게 되고, 자신의 이익을 추구한다. 그러므로 자신의 이익추
구는 도덕적이고, 그 결과는 당연히 도덕적 권위, 도덕적 힘과 같
은 다른 높은 우선권을 가지는 원칙을 위반하는 것이 아니다. 사
실 자신의 이익추구라는 도덕이 없다면 자제와 자기신뢰 사이에
는 아무런 도덕적 연결고리도 없을 것이다.

엄한 아버지 모델에서의 도덕적 자기이익추구는 경제적 착상
에서 차용한 비유이다. 이것은 아담 스미스 경제학의 민속적 해
석에 근거한다. 각각의 사람이 자신의 부를 극대화하기 위해 노
력한다면, 보이지 않는 손에 의해 모든 사람의 부는 극대화될 것
이다. 자유시장경제의 민속적 해석에, 보편적인 '안녕으로서의
부'를 적용하면 우리는 다음과 같은 결론을 얻는다. 만약 각각의
사람이 자신의 안녕(혹은 자기이익)을 극대화하려고 노력하면 모
든 사람의 안녕도 극대화된다. 그러므로 사람이 자신의 이익을
추구하는 것은 실제로는 긍정적이고 도덕적인 행동이며 모든 사
람의 안녕에 공헌하는 태도이다.

이에 상응하여, 이 비유에서 자기이익추구를 방해하는 것은 모
든 사람의 안녕을 극대화하는 것을 허용하지 않기에 비도덕적이
다. 나아가 그러한 방해는, 자제는 자립으로 이어진다는 가정에
의존하는 엄한 아버지 모델의 기능을 방해하는 것이기도 하다.

이런 가정이 없다면 아버지가 아들에게 강요한 자제는 궁극적으로 그 아이가 살아가는 데, 혹은 장기적인 목표를 만족시키는 데 도움이 되지 못한다. 그러나 아버지가 강요한 자제가 도움이 되지 못한다면 아버지 권위의 합법성에 의문을 제기할 수 있다. 아버지 권위의 합법성은 방해받지 않는 자제의 길, 그리고 자립을 위한 노력이라는 외부조건에 따라 좌우되는 것이다.

엄한 아버지 모델은 엄한 아버지 도덕과 하나가 되어있기 때문에, 자기이익추구를 방해하는 것은 도덕적 힘으로부터 도덕질서의 유효성에 이르기까지 엄한 아버지 도덕의 전체 틀의 기반을 위협한다.

도덕적 자기이익과 자유시장 사이의 연결은 엄한 아버지 도덕의 지지자들에게 항상 그대로 유지된다. 통제되는 시장경제는 사회주의든 공산주의든 경제적인 자기이익추구에 개입한다. 이런 이유로 엄한 아버지 지지자들은 사회주의와 공산주의를 비도덕으로 간주한다. 비현실적일 뿐만 아니라 비도덕적인 것이다! 그러므로 공익을 위하여 경제적인 자기이익을 방해하는 여러 제안들에 대해 엄한 아버지 지지자들은 보편적으로 비도덕적이라고 간주한다. '자선가가 되자'는 주장은 자유를 제한하고 도덕질서에 위협을 가하는 것으로 간주되었다. 그리고 엄한 아버지 도덕의 논리에 따르면 실제로도 그러하다.

그러나 엄한 아버지 도덕이 자신의 이익추구를 다른 모든 선善보다 상위에 두는 것은 아니다. 도덕적 자기이익은 시스템의 나머지 부분에 의해 제한된다. 예를 들어, 엄한 아버지들이 그들의 아이가 좋은 기질을 가지고 자율적이고 순종하는 태도로 도덕적 교훈을 따르고, 정당한 권위를 존중하고, 충분한 양육을 받으면서 버릇이 나빠지지 않도록 가족과 함께 더 많은 시간을 함께하기 위하여 소득이 낮은 직업을 선택하는 것도 보편적으로 좋은 태도로 받아들여진다. 나아가, 엄한 아버지 도덕은 마약 상인이 된다거나, 어린 소녀를 유혹해 매춘을 시킨다거나, 강도짓 등의 개인 이익을 추구하는 여러 형태를 비도덕적으로 분류한다.

미국에서의 엄한 아버지 도덕은 자유방임 자본주의를 지지하는 경향을 보이지만, 자본주의의 기능에 대해서는 역사적으로 오래 전부터 제한해왔다. 마약 거래, 매춘, 강도짓 등에 관련되는 것과 같이, 기업은 직접적으로 그리고 공공연히 비도덕적인 것이어서는 안 되었다. 예를 들어 기업은 지역사회의 자선활동에 참가하고, 재난을 당한 사람들을 돕는 등 연민의 정을 보여줄 것으로 기대되었다. 기업은 어린이 야구팀, 볼링경기 등을 지원하는 등 전체 공동체의 활동을 촉진시키는 활동도 기대되었다. 게다가 기업은 공익을 위해 조합, 혹은 협회를 통해 정치에도 개입해야만 했다.

간단히 말해서, 미국의 엄한 아버지 도덕은 자본주의에 도덕적 제한을 가해온 오랜 역사를 가지고 있다. 그런 제한이 얼마나 강하고, 또 어떤 의미를 가지겠느냐는 정당한 질문이 나올 수도 있다. 하지만 그것은 전통이었고, 또 오랜 시간에 걸쳐 미국 기업의 이정표가 되어왔다. 그러한 제한은 공익적 기능을 가진다는 점에서 엄한 아버지 도덕과 일치하는 것이기에 자유시장 자본주의로부터도 절대로 비도덕적인 제한이라는 항의를 받지 않는다.

## 엄한 아버지 시스템에서의 양육

앞으로 자세하게 서술하겠지만, 어린아이들을 양육하는 것과 같은 개념화한 도덕적 행동은 절망에 처한 사람들을 돕는 행동이라는 개념도 있다. 엄한 아버지 가정에서 어린아이들은 물론 양육되어야 하지만, 이때의 양육은 다른 가정에서의 양육과는 상당한 차이점이 있다. 부모의 권위는 다른 무엇보다도 중요하게 유지되어야 한다. 그것은 모든 형태의 정당한 권위에 대한 존중의 기반일 뿐만 아니라, 훗날 그들의 인생에서 자립을 이루기 위한 기반이 되기 때문이다.

부모로서의 권위와 양육 사이에서 선택해야 할 경우, 부모의 권위는 징벌을 통해 유지되었다. 그러나 이것은 양육을 누르고 권위가 선택되는 것으로 개념화되지는 않는다. 대신에 징벌은 그 자체가 양육의 한 형태로 개념화되는데, 이는 징벌이 자립과 정당한 권위에 대한 가르침으로 간주되기 때문이다. 불순종하는 아이를 체벌하는 것은 당신이 그 아이를 사랑한다는 것을 보여주는 '강한 사랑'이다.

적절하게 제 기능을 하는 엄한 아버지 가정에서 자라는 아이들은 아버지의 권위를 감수하고 살아가는 법을 배워야하며, 태어 날 때부터 자제력을 갖춘 존재가 되어야 한다. 그런 가정에서는 적절한 자제력의 발전이 이루어져야만 하고, 부모의 권위에 대해서 절대적으로 어떠한 도전도 허용되지 않는다. 엄한 아버지 가정에서 그 기능이 적절히 발휘될 때면 풍부한 양육만 있을 뿐 징벌은 거의 필요 없어야 한다. '양육으로서의 도덕' 비유는 가정 기반 양육 논리로부터 사회의 다른 사람들을 위한 도움이라는 일반영역까지 확장된다.

엄한 아버지 도덕의 신봉자들이 그들의 공동체 내에서 홍수·화재·지진·유행병·폭발 등의 외부적 재앙으로 인해 고난을 겪는 사람들을 전적으로 돕는다는 점은 잘 알려진 사실이다. 그러나 그러한 자발성이 무책임하거나, 그들의 불운에 대해 책임 있는 사람들, 혹은 충분한 자제력만 갖추었다면 스스로를 도울 수 있는 사람들에게까지도 항상 똑같은 도움을 주는 것은 아니다. 그런 경우에 엄한 아버지는 다음과 같은 이유로 돕지 말 것을 명령한다. 사람들은 자신의 무책임과 자제의 결여로 인한 결과를 받아들여야 한다. 만약 그 사람들이 그런 결과에 직면해야 될 상황에 처한다면, 절대로 책임감을 가지는 자제력을 갖춘 존재가 될 수 없기 때문이다. 그런 상황에서 돕는 것은 도덕적으로 약한 존재가 되도록 만들기 때문에 오히려 비도덕적이다. 도움을 통해 자신의 인생을 정리하고, 충분히 책임감 있는 자제력을 갖춘 존재가 된 사람은 예외적인 인물일 뿐이다. 그런 사람은 연민의 정과 도움을 받을 자격이 있다.

## 자기방어

지금까지 살펴본 바와 같이 엄한 아버지는 선과 악, 옳고 그름에 대한 엄밀한 이론과 함께 나타난다. 엄한 아버지라는 도덕 시스템 그 자체가 옳고 선함인 것이다. 엄밀한 옳고 그름의 이분법과 함께 하는 도덕 시스템 안에서 그 기능을 계속 발휘한다면 그릇된 것일 수가 없기 때문이다. 그러므로 도덕 시스템 그 자체에 대한 반대는 그릇된 것이다. 만약 그것이 도덕 시스템을 전복시키려 한다면 비도덕적인 행위가 된다.

도덕 시스템 자체는 그 무엇보다도 방어되어야만 하는데, 이것을 자기방어 원칙이라고 부르기로 하자. 엄한 아버지 도덕의 모든 신봉자에게는 다른 그 무엇보다도 엄한 아버지를 보호하는 것이 의무이다.

엄한 아버지 도덕의 경우, 옳고 그름에 대한 반대, 도덕적 질서 제도에 대한 반대, 자유시장 경제에 대한 반대, 도덕적 힘의 우선권에 대한 반대 등 시스템에 대한 반대는 계속 이어진다. 이런 반대들 중의 상당부분은 학계, 특히 인도주의와 예술계에서 일어난다. 자기방어 원칙에 의해 엄한 아버지 도덕은 그런 반대를 비도덕으로 분류하고, 예술과 인도주의를 위한 전국 기부활동에 대한 적대감은 이 원칙에 따른 자연스러운 결과로 간주한다.

자기방어 원리에 따르는 또 다른 자연스러운 결과는 동성애와 페미니즘에 대해 엄한 아버지 도덕이 가지는 반감이다. 동성애는 아버지와 어머니가 모두 있고, 아버지는 어머니를 지배하는 도덕적 권위를 가지고 있으며, 도덕적 질서는 자연의 질서라는 비유에 의해 정당화된 도덕적 질서를 가진 엄한 아버지 모델을 갉아먹는다. 동성애와 페미니즘은 자연의 질서를, 즉 도덕적 질서를 위반한 것이므로 도덕 시스템 자체에 대한 위협이 된다. 동성애를 자연스러운 것으로 받아들이고 페미니즘을 지지하는 학계와 예술계의 전통은 이 같은 이유로 도덕 시스템에 대한 똑같은 위협으로 간주한다.

## 시스템의 구조

엄한 아버지 도덕은 엄한 아버지 가정 모델을 둘러싸고 조직화되었다. 그 모델에 자연스럽게 부합하고, 또 그 모델에 의해 우선권을 부여받은 일단의 비유들이 있다. 도덕성에 관한 그런 비유들은 엄한 아버지 가정 모델을 넘어서는 여러 가지 함의를 가진다. 그 모두를 하나로 모으면 그런 비유들의 함의는 잘 조직되고, 광범위하게 영향력을 행사하는 도덕 시스템을 규정해준다.

여기에 이미 논의했거나, 시스템에 부합되는 비유들의 목록을 소개한다. 물론 나는 위에서 논의했던 엄한 아버지 가정 모델을 '중심모델'로 한다.

- **도덕적 힘** : 이것은 엄한 아버지 가정 모델에서 자제에 관한 중요한 이론을 상세히 설명하며, 그것을 일반적인 도덕으로 확장시킨다.
- **도덕적 권위** : 중심모델에서의 부모의 권위 위에 세워지며, 일반적인 도덕으로 확장된다. 그 과정에서 합법적이거나 비합법적인 도덕적 권위에 대한 개념을 특징짓는다.

- **도덕적 질서** : 가정 모델에서 엄한 아버지의 권위를 정당화하고, 무엇이 '자연스러운지'를, 그리하여 그 자연스러운 권위를 정당화하는 데 중요하다.

- **도덕적 경계** : 공간적인 논리를 도덕 구조에 적용할 수 있도록 해준다.

- **도덕적 본질** : 가정 모델에서 '기질'이 무엇인지를 설명하는 데 중요한 역할을 한다.

- **도덕적 완전함** : 중심모델에서 추정되는 것과 같은 도덕성의 통일성, 안정성, 그리고 동질성의 중요성을 개념화하는 한 가지 방법을 제공한다.

- **도덕적 순수함** : 가정 모델에서 표현되는 비도덕성을 개념화하는 방법을 제공한다.

- **도덕적 건강** : 가정 모델에서 표현되는 비도덕성의 영향을 개념화할 수 있도록 해준다.

- **도덕적 자기이익** : 가정 모델에서 자제와 자립 사이의 중요한 연결을 제공해준다.

- **양육으로서의 도덕** : 이것은 가정 모델에서의 양육을 일반적인 사회의 다른 도움들과 연결시켜준다.

이 각각의 비유들은 엄한 아버지 가정 모델에서 독자적으로 존재한다. 그 대부분은 3장에서 살펴본 바와 같이 경험적 도덕에 의해 동기부여를 받는다. 그 비유 중 많은 것이 다른 문화권에서도 나타난다. 그러나 유독 미국 문화에서 특이한 엄한 아버지 가정 모델이 세워져 있는데, 이는 다른 문화에서는 존재하지 않는 방식으로 그런 비유들을 조직했다는 점일 것이다.

엄한 아버지 도덕의 논리가 부분적으로는 엄한 아버지 가정 모델의 결과임을 확인하는 것은 매우 중요하다. 그러나 비유의 목록을 작성하는 것은, 이 가정 모델을 일반적인 도덕 시스템으로 돌려놓는 데 더욱 중요하다. 여기에 그 시스템의 각각의 비유가 엄한 아버지 도덕에 어떻게 공헌했는지를 정리한 목록을 제공한다.

- **도덕적 힘** : 이것은 선과 악 사이의 엄밀한 이분법, 내면의 악, 자기단련, 그리고 도덕적 나약함의 비도덕성 등에 큰 공헌을 한다.
- **도덕적 권위** : 도덕적 권위의 합법성과 비합법성의 논리에 공헌하고 개입하는 부모에 대한 분노를, 다른 권위를 가진 존재의 개입에 대한 분노로 돌려놓는다.
- **도덕적 질서** : 이것은 특정하고 전통적인 위계적 역학관계를 정당화하고, 도덕적 힘과 함께 부유한 사람들은 도덕적으로 혹은 자연적으로 가난한 사람들보다 우월하다는 생각을 논리적으로 보이도록 해준다.
- **도덕적 본질** : '기질'이라고 지칭되는 본질이 있는데, 그것은 중요한 과거의 행동을 결정했으며 미래의 행동에 대한 믿을 수 있는 지시계가 된다는 구상에 공헌한다.
- **도덕적 온전함** : 도덕적 통일성과 동질성을 미덕으로 이끌어주며, 곧장 닥칠 심각한 도덕적 비통일성과 비동질성의 위험을

표시해준다.

- 도덕적 순수함 : 이것은 혐오에 대한 감정적인 반응과 순수한 본질의 부패에 대한 논리와 연합하여, 도덕성은 통일되고 동질이어야 한다는 아이디어를 제공한다.
- 도덕적 건강 : 이것은 비도덕의 논리에 질병 논리를 추가하며, 비도덕은 유행병처럼 걷잡을 수 없이 확산되고, 비도덕적인 인물과의 접촉은 위험하다는 아이디어를 제공한다.
- 도덕적 자기이익 : 이것은 사람이 자기의 이익을 추구하는 것은 도덕적이라는 아이디어와, 자기이익추구를 방해하는 것은 비도덕적이라는 아이디어를 추가해준다. 이 비유의 적용은 시스템 내에서의 역할에 의해 제한받는다.
- 양육으로서의 도덕 : 시스템 내에서의 이 비유의 역할은 사람을 돕는 것이 도덕적일 때 구체화된다. 도움은 자제와 책임감을 키워갈 때 방해가 되어 도덕적 약함으로 이어질 경우에는 절대로 도덕적일 수 없다. 배움을 촉진하는 데 효과적인 것은 보상과 징벌로 추정되기 때문에, 보상으로 양육을 주고 자제와 징벌이라는 명목으로 양육을 보류하는 것은 자제와 책임을 가르친다는 도덕적 목적을 수행할 수 있다. 양육은 무조건적인 것이 아니라 권위와 힘, 그리고 자제의 기능에 공헌하지 않으면 안 된다.

**도덕적 우선권**

엄한 아버지 도덕은 방금 논의한 비유들에 계층적 구조를 부여한다. 이 비유의 계층구조에서 엄한 아버지 도덕의 우선권을 명확하게 볼 수 있다. 이 제도에서 높은 우선권을 가지는 비유는 도덕적 힘, 도덕적 권위, 도덕적 질서, 도덕적 경계, 그리고 도덕적 본질, 도덕적 온전함, 도덕적 순수성, 그리고 도덕적 건강이다. 이것을 '힘 그룹'이라고 부르기로 하자.

힘 그룹은 높은 우선권을 가진다. 자제와 자립을 연결해주는 도덕적 자기이익은 그 다음으로 높은 우선권을 가지며, 도덕적 양육은 힘 그룹에 도덕적 자기이익을 더한 활동 속에서 기능을 발휘하기 때문에 가장 낮은 우선권을 가진다. 즉, 이 가정 모델에서 양육의 기능은 힘을 촉진하는 것이며, 그것의 제공은 순종에 대한 보상이고, 그것의 보류는 불순종에 대한 징벌이다. 양육은 최고의 목표가 아니라 그 목표에 이르는 수단이므로 가장 낮은 우선권을 가진다. 우선권의 목록은 다음과 같다.


- 힘 그룹
- 도덕적 자기이익
- 도덕적 양육


아래에서 보는 바와 같이 엄한 아버지와 자애로운 부모는 같은 비유를 이용하지만, 각각의 비유는 각각의 시스템에서 각기 다른 우선권을 가진다는 점을 염두에 두는 것이 매우 중요하다. 다음 장에서 보게 될 바와 같이 도덕적 양육에는 다른 비유도 있다. 이것 역시 엄한 아버지 도덕에서는 낮은 우선권을 가진다.

그것들은 인위적인 비유가 아니고, 일상적인 안녕과 경험적인 도덕에 근거를 두기 때문에 이 비유들이 함의하는 것은 자연스럽고 불가피하며 보편적인 것이 된다. 비유를 분리해내어 살펴보고 철저하게 이해하고, 그 각각의 비유가 전체적인 도덕 시스템에 어떤 공헌을 하는지를 파악하는 것이 중요한 것은 바로 그 이유에서이다.

엄한 아버지 도덕은 특정한 가정생활 개념을 둘러싸고 도덕적 비유를 경유하여 모든 도덕으로 확장된, 고도로 정교하고 통일된 도덕 시스템이다. 도덕을 위한 그런 비유들은 대부분 그 시스템과는 독자적으로 존재하며, 다른 문화권에서도 보편적인데다 다른 도덕 시스템에서도 나타난다. 이것이 바로 그 비유들이 논리적, 정서적 영향력을 갖게 만드는 시스템 안에서 조직화되는 방식인 것이다.

## 변화의 매개변수

가정을 기반으로 한 도덕모델은 방사형 가족모델의 중심모델이고 그에 상응하는 도덕 시스템이다. 현재까지 나는 이 모델의 변화를 결정하는 네 개의 매개변수를 규명했다.

- 직선적인 잣대
- 실용주의−이상주의적 차원

- 도덕적 질서 안에서 특정한 조항들의 존재 혹은 결여
- 도덕적 초점

이것들을 차례대로 살펴보기로 하자.

## 직선적인 잣대

규칙 위반은 그 정도의 문제일 수 있다. 당신에게 10대 자녀가 있다면 자녀의 귀가시간이 보통 15분 늦는가, 혹은 두 시간 늦는가? 여덟 살 난 당신의 아들은 방에 장난감을 몇 개만 어질러 놓았는가, 혹은 방 전체를 엉망진창으로 만들어 놓았는가? 어떤 규칙 위반은 대수롭지 않을 수도 있고, 또 어떤 위반은 중대해지기도 한다. 그리고 그 중간 정도인 위반도 있다. 일반적으로 이에 상응하여 징벌도 냉혹하거나 가벼워진다. 당신은 여덟 살짜리 아이가 좋아하는 TV 프로그램을 보지 못하게 하거나, 저녁을 굶긴 채 재우거나, 바지를 벗기고 벨트로 아이가 반항하지 않을 때까지 때리거나, 혹은 별 이유 없이 마구 때릴 수도 있다.

이런 직선적인 잣대에 의한 차이는 가끔 양적인 면에서만이 아니라 질적인 면으로도 좌우된다. 자애로운 부모, 도덕적으로 비교적 엄한 부모, 학대하는 부모, 그리고 범죄 행위에 따른 차이는 위반사항이 얼마나 심각한 것인지에 따른 수준과 관련되고 징벌의 수준도 고려되어야만 한다. 정도에 따른 차이가 충분하다면 징벌이 달라지는 결과가 될 수도 있다.

## 이상주의 대 실용주의

위에서 논의한 모델은 이상주의적 모델이다. 이상은 자제와 자립을 촉진하고, 자기이익추구는 자제력을 갖춘 사람이 자립이라는 목표를 이룰 수 있도록 해주는 수단으로 간주된다. 그러나 수단과 목표는 역전될 수 있다. 그 모델의 실용주의적 변화에서 목표는 자신의 이익추구이고, 그것을 추구하는 수단이 자제와 자립이다.

그러므로 실용주의적인 엄한 부모는 자제와 자립, 그 자체에는 관심을 갖지 않을 수도 있다. 그러면서도 자신의 아이가 가능한 한 유능하게 자기이익을 추구할 수 있기를 원하며, 그 이후엔 자제와 자립이 목표를 달성하는 데 최고의 수단임을 깨닫게 된다. 반면에 이상주의적인 엄한 부모는 자제와 자립을 자신의 아이를 위한 도덕적인 목표로, 즉 인생에서 진정 중요한 것으로 간주한다. 자신의 이익추구는 자제를 실현한 사람에게 자립을 이룩하기 위한 최선의 수단이 될 수도 있다.


## 도덕적 질서

도덕적 질서 비유는 지배와 도덕적 권위를 연결시켜주는데, 이는 조항의 포함 여부에 따라 몇 가지 변화를 가진다. 이 비유의 원천 영역은 세속적인 힘의 영역이다. 그 영역에서는 사회 속에서 다양한 지배 형태의 영역이 나타날 수 있다. 우월성이 가진 여러 일반적 경우는 'A는 B에 대해 우월적 입장을 갖는다'는 형태의 조항으로 표현된다. 도덕적 질서의 비유는 우월성의 계층구조를 도덕 분야에 투사함으로써 이에 상응하는 전통적 도덕 권위의 계층구조를 만들어낸다. 이 비유의 어느 한 변형은 우월성을 나타내는 몇 가지 조항을 'A는 B에 대해 도덕적 권위를 갖는다'는 형태로 된 상응적인 조항과 연관시킨다.

위에서 살펴본 중심모델에는 아래의 결과와 같은 지배 조항이 주어진다.

> 하나님은 인간을 지배한다.
>
> 인간은 자연(동물과 식물, 그리고 자연계의 개체들)을 지배한다.
>
> 성인은 어린이를 지배한다.
>
> 남성은 여성을 지배한다.

이것들은 일련의 도덕적 권위 조항에 상응하여 나타난다.

> 하나님은 인간에 대해 도덕적 권위를 가진다.
>
> 인간은 자연(동물과 식물, 그리고 자연계의 개체들)에 대해 도덕적 권위를 가진다.
>
> 성인은 어린이에 대해 도덕적 권위를 가진다.
>
> 남성은 여성에 대해 도덕적 권위를 가진다.

이 모델의 변화된 형태 한 가지는 세속권력의 지배와는 다른 지배 조항들인데, 그것들은 도덕의 영역 위에 나타난다.

예를 들어 '남성은 여성을 지배한다'라는 지배 조항의 경우, 더이상 '남성은 여성에 대해 도덕적 권위를 가진다'라는 조항에 자리 잡지 않는다. 그렇다면 여기서 얻게 되는 것은 엄한 아버지 도덕에 대한 페미니스트의 해석이다. 이 해석에 따르면, 엄한 아버지 가정 모델에서 아버지는 더 이상 어머니에 대한 권위를 가지지 않으며, 부모가 함께 규칙을 정하고 강화하며 결정도 동등하게 내린다.

또 다른 예를 살펴보자. 세속세계의 권력 영역에서 '백인은 비非백인을 지배한다'라는 조항을 '백인은 유색인종에 대한 도덕적 권위를 가진다'라는 조항과 연관된다고 가정해보자. 이것은 엄한 아버지 도덕의 인종차별적 해석을 낳는다. '모든 식구가 백인으로 이루어진 가정'에서는 적용되지 않지만, 일반적인 사회에서는 도덕적 원칙으로 적용될 것이다. 이런 변화의 매개변수는 고도로 제한된다는 점을 기억하는 것이 매우 중요하다. 세속적 권력 영역의 민중 모델에서 많은 일반적 지배 조항들이 모두 진리로 받아들여지지는 않는다.

도덕적 영역에 자리매김할 수 없는 지배 조항들 중 조금 어리석은 예를 들어보자. 우리는 '계피가루 향료를 좋아하지 않는 사람들이 그것을 좋아하는 사람들을 현실적으로 지배한다'와 같은 일반 문화적 민중 모델을 갖고 있지 않다. 그러므로 '계피가루 향료를 좋아하지 않는 사람은 그것을 좋아하는 사람에 대해 도덕적 권위를 갖는다'라는 비유를 낳는 도덕적 질서 비유의 변형은 존재할 수 없다. 계피가루 향료는 우리 안에서 문화적으로 지배하는 존재로 나타나지 않았기에 그것은 도덕적 권위를 결정하는 뚜렷한 요소일 수 없다. 그러나 인종, 성별, 그리고 종교는 문화적 지배에 강력하게 포함되기 때문에 가능한 도덕적 질서 해석에 포함될 수 있다. 우리는 그런 사례에 대해 17장에서 살펴볼 것이다.

## 도덕적 초점

어떤 사람이 가정 모델, 혹은 가정 기반 도덕 시스템에서 압도적인 중요성을 가진 어떤 측면을 발견하고, 그것을 가정 모델, 혹은 도덕 시스템의 다른 여러 측면들에 비해 높은 우선권을 부여했다고 가정해보자. 이 경우 우리가 사용하는 용어는 '도덕적 초점'이다.

예를 들어, 엄한 아버지는 진심으로 아이들이 자제력 있고 자립적인 존재가 되는 것보다는 자신의 권위를 유지하는 데 더 관심을 가질 수도 있다. 이런 경우에 있어 그의 기본적인 도덕적 초점은 '권위의 유지'라고 말한다. 그 결과 그는 자제력과 자립의 발전에는 전혀 관련이 없고, 단순히 누가 윗사람인지만을 보여주는 인위적인 규정을 설정할 것이다. 또 다른 사례는 엄한 아버지가 가족을 보호하는 데는 도덕적 초점을 맞추지 않고, 기본적인 도덕적 초점을 자신의 자립에 맞추는 경우이다. 그런 부모는 가족이 도움을 필요로 할 때 친구들에게 도움을 요청할 수 없을 것이다.

도덕적 질서의 경우와 마찬가지로 도덕적 초점의 이용 가능성은 그 모델의 여러 측면에 대해 제한된다. 모델에 포함되어 있지 않고 암시되지도 않은 전혀 엉뚱한 사물에다, 예컨대 초콜릿 아이스크림과 같은 것에 도덕적 초점을 맞추는 것은 이 모델의 변형이라고 할 수 없다. 오직 상황적으로 모델에 포함되거나 암시하는 것에만 초점을 맞추거나 우선권을 줄 수 있는 것이다.

우리가 정치에서 보는 바와 같이, 변화의 이 네 가지 매개변수는 무작위 메커니즘에 의해서가 아니라 체계적으로 보수주의에 대해 상당히 많은 종류의 해석을 하게 만든다. 그것들은 모델 그 자체의 구조에 의해 정의되기 때문이다.

# 6
# 자애로운 부모 도덕
### Nurturant Parent Morality

이제 두 번째 이상적인 가정 모델인 '자애로운 부모 가정'을 둘러싸고 있는 도덕 시스템을 살펴보도록 하자. 이 가정 모델은 여성을 모델로 하여 시작된 것 같지만, 현재 이 시스템은 미국에서 남성과 여성 모두에게 널리 퍼져있다.

### 자애로운 부모 모델

어머니와 아버지가 모두 있는 가정이 바람직한 것은 분명하지만 한 사람만 존재할 수도 있다. 만약 양쪽 모두라면 부모는 가사생활의 책임을 공유한다.

이 모델의 배후에 있는 기본적인 경험은 보살핌을 주고받으며, 상호 간에 사랑의 교류를 원하는 욕망이 충족되고, 가능한 한 행복하게 살며, 서로의 교류와 보살핌으로부터 의미를 찾아내는 것이다.

아이들은 타인들과의 긍정적인 관계와 그들의 공동체에 대한 공헌을 통해, 그리고 자신의 잠재력을 인식하고 인생의 즐거움을 찾는 방법을 통해 최선의 발전을 이룬다. 아이들은 보살핌을 받고 존중받음을 통하여, 그리고 다른 사람들을 보살펴줌으로써 최선의 발전을 이룬다. 부양과 보호는 양육의 한 부분인데, 그것은 부모의 입장에서 힘과 용기를 요구한다. 아이들의 순종은 부모에 대한 사랑과 존경에서 나오는 것이지 징벌에 대한 두려움으로부터 나오는 것은 아니다.

서로를 존중하는 의사소통은 매우 중요하다. 만약 부모의 권위가 합법적이기를 원한다면, 부모는 아이들에게 자신의 결정이 보호와 양육이라는 대의에 어떻게 기여하는지를 설명해주어야 한다. 아이들이 부모에게 질문을 하는 것은 긍정적이다. 아이들은 부모가 왜 현재와 같은 행동을 하는지를 배워야 할 필요가 있다. 아이들은 가끔 진지하게 검토해야 될 좋은 아이디어를 내놓기도 하고, 또 모든 가족 구성원은 중요한 결정에 참여해야 되기 때문이다. 물론 궁극적인 결정은 책임 있는 부모의 몫이므로 그 점을 명확히 해야 한다.

보호는 보살핌의 한 형태이고, 외부적 위험으로부터의 보호는 자애로운 부모의 시선을 상당부분 요구한다. 이 세상은 아이들에게 해를 끼칠 수 있는 악으로 가득 차 있다. 그리고 그것을 쫓아버리는 것은 자애로운 부모의 의무이다. 범죄와 마약은 매우 심각한 것들이다. 그러나 흡연, 차를 타고 안전벨트를 매지 않는 태도, 위험한 장난감, 불에 잘 타는 옷, 공해, 석면, 납이 포함된 물감, 방부제가 들어있는 음식, 질병, 비양심적인 비즈니스맨 등의 위험도 적지 않은 것이다. 순결하고 무력한 아이들을 그런 악으로부터 보호하는 것은 자애로운 부모에게 주어진 매우 중요한 의무이다.

아이들을 위한 양육의 기본적인 목표는 그들의 인생에서 충만함과 행복을 이루고, 그들 스스로를 양육하게 하는 것이다. 충만한 인생의 상당부분은 돌봄의 인생이며, 자신의 가정과 공동체에 대한 책임에 헌신하는 인생이다. 자기 충만과 다른 사람을 돌보는 것은 분리될 수 없는 것으로 간주된다. 아이들이 배워야할 가장 큰 기술은 다른 사람들을 위한 감정이입, 양육을 위한 능력, 협동, 사회적 연계의 유지 등인데, 그 모든 것은 보살핌을 받고 또 남을 보살피는 행동을 통하여 나타나는 힘과 존경 그리고 자제와 자립을 통하지 않으면 이루어질 수 없는 것들이다.

충만한 아이가 되도록 기르기 위해서는, 그 아이의 성취와 즐거움을 찾을 수 있는 잠재력을 발전시키도록 도와주는 것도 포함된다. 아이들의 가치를 존중하고, 아이들이 다양한 생각과 이 세상이 제공하는 선택사항을 탐구하도록 허용해 주어야 한다. 아이들이 존중받고, 사랑으로 양육되고, 태어날 때부터 원만한 의사소통을 할 때에 그들은 점차적으로 일생 동안 유지되는 그들의 부모와 상호 존중하는 원만한 관계로 들어설 수 있다.

이 모델은 엄한 아버지 모델과는 많이 다르지만 매우 중요한 하나의 공통점을 가지고 있다. 두 가지 모두 아이들을 키우는 시스템은 그 자녀들에 의해 되풀이되리라고 가정한다는 점이다. 엄한 아버지 모델에서는 아이가 성인이 되어 자기단련으로 타인을 훈련시킬 수 있는 존재가 되도록 자제력을 불어 넣어준다. 그러나 자애로운 부모 모델에서는 아이에게 양육을 불어 넣어주면 그 아이는 결국 자기양육적인(자신을 보살피는 능력) 성인이 되고, 아울러 다른 사람들도 돌볼 수 있는 능력을 갖게 된다고 본다.

그러나 이것을 이루는 메커니즘은 구체적으로 아이들에 대해, 그리고 일반적으로는 인간의 본질에 대해 다른 가정假定을 하고 있는 이 모델에서는 전적으로 달라진다. 자애로운 부모 모델에서는 아이들이 기본적으로 보상과 징벌을 통하여 배우지 않을 뿐만 아니라, 성인들이 그들의 행동을 보상과 징벌에 맞도록 재단하지도 않는다고 가정한다.

대신 아이들은 부모에 대한 애착으로부터 — 이상적으로는 안전하고 사랑으로 가득 찬 애착을 통하여 — 배운다고 가정한다. 아이들은 부모가 그들에게 해주는 것과 같이 다른 사람들을 위해주는 두 가지 방법을 배운다. 첫째, 그들 부모의 행동이라는 모델을 따르고, 둘째, 안전하게 그들의 부모에게 바짝 붙어서 부모가 그들에게 거는 기대를 감지하고 그것을 충족시키기 위해 노력한다. 만약 그들의 부모가 신중하게 아이에 대해 현실적인 기대를 갖고, 적절한 기대치를 안겨준다면 — 전혀 요구하지 않거나 지나치게 요구하는 대신에 — 아이들은 그 기대를 충족시키며 완전함을 향해 더욱 발전할 것이다.

이상적으로 자애로운 부모는 자녀들이 기본적으로 행복하고, 다른 사람들의 감정을 이해하며, 자신을 돌볼 줄 알고, 책임감 있고 창조적이며, 대화를 나눌 수 있는 공정한 존재가 되기를 바란다. 부모와 안전하게 결합되어 있는 아이는 부모를 기쁘게 해주고 싶은 동기부여를 받고, 부모의 자질을 재현하게 될 것이다. 부모는 아이의 감정을 이해하며, 성장단계에 맞추어 아이가 할 수 있는 일에 조화를 이루는 태도로, 점진적으로 아이가 자신을 위한 일들을, 그리고 크게는 가족을 위한 일들을 스스로 할 수 있도록 격려해주게 된다. 아이들은 그런 행동을 징벌에 대한 두려움이나 권위에 대한 순종으로부터 하는 것이 아니라, 그들의 숙달됨을 과시하고픈 욕망과 부모를 기쁘게 해주고 싶은 욕망에서, 그리고 존중을 받고 싶은 욕망에서 그렇게 하는 것이다. 아이들은 점진적으로 자율적이 되어간다. 즉 그들의 행동이 부모로부터 존중받을 수 있는지를 의식하는데, 이때 부모는 아이들이 능숙함을 과시할 땐 뜨거운 사랑을 보여주어야 한다. 부모는 아이들을 존중해줌으로써 존경받게 되는 것이다. 그리고 이 체제를 통해 아이들은 자신과 다른 사람들을 존중하는 것을 배우게 된다.

아이들이 양육을 받는 존재가 되려면 사회적 양심을 발전시켜야 한다. 그렇게 하려면 먼저 그들이 자의식을 갖추지 않으면 안 되는데, 그들은 정직한 질문과 진지한 탐구를 통하여 그들 자신의 발전과, 자기는 누구이고 또 부모는 어떤 사람이며, 자신과 부모의 좋지 않은 점은 무엇인지를 알아야 할 필요가 있다. 이런 이유로 자애로운 부모는 질문과 자기 탐구와 개방성을 중요시한다. 이 모든 것은 자의식을 발달시키고, 사회를 의식하는 사람이 되는 데 필수적인 것으로 간주된다.

아이들은 이런 방식으로 부모가 원하는 바로 그런 사람이 되어간다. 아이들은 자신을 돌보고, 책임감을 가지고, 인생을 즐기고,

잠재력을 발전시키고, 그들이 사랑하고 존중하는 사람들로부터의 기대감을 충족시키며 자립하는 사람이 되어간다. 또한 그들은 다른 사람들과의 감정이입을 배우고, 사회적 연계를 발전시키고, 사회적으로 책임을 지게 되며, 의사소통을 잘 하고, 다른 사람들을 존중하며 공정하게 행동하게 된다. 그들은 자신을 양육하고 다른 사람들을 양육할 줄 아는 사람으로 변해간다. 간단히 말해서 올바른 사람, 즉 당신이 이 세상에서 다른 사람들과 어울려 살아갈 때 모든 사람들이 원하는 그런 사람이 되어가는 것이다.

그런 사람들은 자신의 재능을 발전시킬 수 있고, 자신을 보살피며, 다른 사람들과 서로에 대한 애정과 존중하는 태도로 강한 연계를 발전시킬 수 있기 때문에 이 세상에서 자신의 역할을 다 하는 사람이 된다. 그런 사람은 내면적인 힘을 가지고, 자신과 다른 사람을 양육하는 과정에서 자연스럽게 그것을 발전시킨다. 무엇보다도 독립의 본질을 이해할 뿐 아니라, 애정의 연결과 자연스러운 존경을 획득하는 것이 지배력의 연결보다 강하다는 것을 이해한다.

이런 사람들이 더욱 발전하고 번성하면 이 세상은 어떻게 될까? 그러면 이 세상은 분명 최대한의 보살핌을 받고 또한 보살핌을 남에게 줄 수 있는 곳이 될 것이다. 사람들은 각자 자신의 잠재력을 발전시키도록 서로서로 격려해주고, 필요할 때 도움을 제공해주는 그런 곳이 될 것임이 분명하다. 이에 상응하여 도움을 받는 사람들은 다른 사람들을 도와야 한다는 책임감을 느끼고, 그 책임을 실행하는 그런 세계가 될 것이다. 최대한의 감정이입이 지배하며, 약한 사람들은 강한 사람들로부터 필요한 도움을 받는 그런 세계가 될 것임이 분명하다. 틀림없이 최대한의 애정의 연결, 존중, 그리고 상호의존이 지배하는 세계를 이룰 것이다.

이 세상은 자연환경이 우리를 보살펴 주고 있는 세계가 틀림없다는 것을 인정하고, 이에 대해 감사할 줄 알며 그에 보답할 줄 알아야 한다. 간단히 말해서, 자연계는 유지되어야 하며 우리는 그것을 유지하기 위해 가능한 한 최선을 다해야 한다.

자애로운 부모 모델은 이 세상에 대한 도덕적 태도를 위에 말한 것과 같이 규정한다. 그것은 인간의 본질에 관한 가정假定, 아이들의 배움에 대한 가정, 그리고 올바른 태도에 대한 가정을 기반으로 한다. 만약 이 세계가 그런 사람들의 발전을 환대하는 곳이라면 우리는 그런 세계를 만들기 위한 사회적 책임이 있다. 사회적 책임은 아이들을 키우는 것으로부터 시작된다. 그것은 해로운 것을 회피하는 책임을 포함한다. 아이들은 보상과 징벌 시스템에 의해, 특히 고통스러운 신체적 징벌에 의해 키워져서는 안 된다. 어린아이에게 육체적 징벌은 일종의 폭력이다. 폭력은 폭력을 낳는다. 만약 아이들이 권위를 강요하고 존경을 명령하는 방식으로 학대와 징벌, 그리고 폭력을 배운다면 그런 행동은 재생산될 것이며 그 결과 이 사회는 폭력으로 일그러진 사회가 될 것이다.

양육을 태만히 하거나 빼앗는 것은 학대로 인한 것과 똑같은 결과가 되며, 보살핌과 존중을 받지 못한 아이는 다른 사람을 존중하거나 보살피지 않게 될 것이다. 경쟁보다는 협동이 강조되어야 한다. 격렬한 경쟁은 공격적인 행동을 불러오고, 그것은 아이들의 훗날 인생에서 배가될 것이다. 양육과 격려를 통해 발전되는, 경쟁의 비공격적인 측면에 숙달되어야만 한다. 협동은 상호의존을 소중히 하도록 만든다. 기쁨을 소중히 하는 태도와 심미적인 감각을 배양해야 한다. 그렇게 할 때 사람은 자신의 행복을 위한 능력을, 그리고 자신의 행복이라는 선물을 다른 사람에게도 나누어주는 능력을 발전시킬 수 있다. 고행은 최대한 피해야 한다. 자기부정은 다른 사람들의 행복을 부정하고 동의하지 않는 태도로 이어질 가능성이 높기 때문이다.

상호의존은 비 위계位階적인 관계이다. 상호의존과 협동의 혜택을 극대화하기 위해서 위계적 관계는 최소화되어야 한다. 정당한 권위는 지혜와 판단, 그리고 감정이입 등의 보살핌의 능력에 따른 결과여야 한다. 권위는 지배로부터 나와서는 안 된다. 아이의 양육과정에서 자애로운 부모가 이룩하기를 원하는 세계는 엄한 아버지가 추구하는 것과는 정반대의 세계이다.


## 자애로운 부모 도덕을 위한 비유 시스템

가정과 아이 양육, 또 어떤 사람이 옳은 사람인지, 그리고 바람직한 세상은 어떠해야 되는지에 대한 이 시스템의 관점은 엄한 아버지 모델과는 다른 도덕적 우선권을 부여한다. 엄한 아버지 모델에서는 자율·권위·질서·경계·동질성·순수함 그리고 자기이익을 강조하지만, 자애로운 부모 모델에서는 감정이입·양육·자기양육·사회적 연계·공정함 그리고 행복을 강조한다. 그러므로 이 모델에서는 도덕으로서의 감정이입, 도덕으로서의 양육 등이 우선권을 부여받는다.

### 도덕으로서의 감정이입

감정이입은 비유적으로 다른 사람이 어떻게 느끼는지를 알기 위해 자신의 감정을 다른 사람의 감정에 투사하는 능력이다. 우리는 이것을 다음과 같은 감정이입의 언어에서 찾아볼 수 있다.

'네 입장이 어떤지 나도 알 수 있어. 네 느낌이 어떤지 나도 알 수 있어. 네 입장을 이해해.'

사실 우리는 자신의 의식을 다른 사람의 몸과 마음속에 투사할 수 없다. 이 이론이 비유적인 것은 바로 그 이유 때문이다. 그러나 우리가 다른 사람이 되었다고 상상해보려고 노력하는 일은 가능하다. 그리고 만약 우리가 다른 누군가에게 자애롭게 행동하려 한다면 최선을 다해 그렇게 해야 된다. 그러므로 감정이입은 주요한 도덕 개념의 기반이다.

• 도덕은 감정이입이다.

감정이입의 이론은 다음과 같다. 만약 당신이 진심으로 다른 사람의 감정을 이해하려 한다면, 그리고 안녕을 느끼게 되기를 원한다면 당신은 그 사람이 안녕을 경험하기를 바라게 될 것이다.

그러므로 당신은 그 사람의 내면의 안녕이라는 느낌을 촉진해주는 행동을 하게 될 것이다. 도덕적 행동을 완전한 감정이입 행동으로 개념화하는 것은, '다른 사람이 네게 해주기를 바라는 것처럼, 네가 그 사람에게 해주어라'라는 황금률을 준수하는 것 그 이상이다. 그 황금률은 다른 사람이 당신과 다른 가치관을 가졌을지도 모른다는 점은 고려하지 않는다. 도덕으로서의 감정이입이라는 원칙을 지키는 것은, 당신이 아닌 다른 사람들의 가치관에 근거하여 행동하는 것이다. 이것은 더욱 강한 황금률을 요구한다. '다른 사람들이 그들 자신을 위해 하려는 것처럼 그들에게 해주어라.'

그러나 이 황금률은 항상 적용할 수 있는 것은 아니다. 당신이 보수주의자 한 사람과 감정이입을 시도하는 진보주의자라고 가정해보자. 그 사람의 엄한 아버지 철학은 당신이 사용하려고 하는 감정이입과는 모순된다. 그 사람의 가치를 채택하는 것은 당신의 가치를 수행하려는 태도의 성공 가능성을 갉아먹고야 말 것이다. 가치 시스템이 전체적으로 위태로워질 때면 강한 황금률은 자기모순을 낳는다. 곧 그것에 순종하는 것은 사실상 정말로 순종하는 것이 아니다. 그러나 보다 포괄적이지 않은 가치를 논할 때면 강한 황금률은 그런 자기모순을 낳지 않는다.

절대적인 감정이입은 아무런 선입견 없이 단순히 다른 사람의 감정을 느끼는 것이다. 그러나 일반적으로 선입견이 따라붙는다. 다른 사람의 감정을 느끼기 위한 능력만을 투사할 수 없는 이유는, 우리의 가치도 다른 누군가에게 함께 투사하기 때문이다. 많은 사람들은 자기의 가치를 다른 사람에게 투사할 때만 자기의 감정을 투사할 수 있다. 이것을 '자기중심의 감정이입'이라고 부르기로 하자. 자기중심적 감정이입에서 당신은 자신의 가치는 그대로 보존하고, 다른 사람의 감정을 느끼기 위한 능력만을 투사한다. 이것은 '황동률黃銅律, Brass Rule'이라고도 불리는 약한 형태의 황금률을 낳는다. '다른 사람이 당신에게 해주기를 원하는 것처럼 그 사람에게 해주어라. 단 그 사람이 당신과 같은 가치를 공유하고 있다면.'

자기중심적 감정이입과 도덕적 가르침을 더한 절대적 감정이입을 구분하는 것은 매우 중요하다. 당신에게 아이가 있고, 당신은 그 아이에게 도덕적 가치를 가르치려 한다고 가정해보라. 그 아이가 그 가치의 전부 혹은 일부를 부정한다고 가정해보라. 그럴지라도 당신이 계속해서 아이에게 그 가치를 가르치려고 노력하는 것이 중요하다. 자기중심적 감정이입에 의하면, 당신은 아이가 당신의 가치를 채택하기 전에는 감정이입을 하지 않는다. 도덕적 지시에 따른 절대적 감정이입에서 당신은 가치가 다를지라도 아이에게 감정이입을 한다―당신은 아이의 가치를 이해하기 위해 최선의 노력을 기울일 수도 있다―. 한편으로는 아이가 당신의 가치를 알아주기를 원하며 노력한다. 이 두 경우는 전국의 모든 가정에서 규칙적으로 일어나지만 그 차이는 무시할 수 없는 중요성을 가진다.

또 다른 타입의 감정이입은 '여유 있는 감정이입'이다. 이것은 자신보다 덜 유복한 사람들과 감정이입을 하려는 비교적 유복한 사람들의 감정이입이다. 여유 있는 감정이입의 논리는 '목재율 Wooden Rule'이다. '다른 사람이 당신에게 해준 것처럼 그들에게 해주어라.' 이것은 당신에게 쉽게 행할 수 있는 감정이입을 제공한다.

미국에서 자주 행해지는 자선은 감정이입이 도덕적 회계와 연합하는 경우이다. 이것은 당신에게 충분한 여유가 있을 때 당신보다 덜 유복한 사람에게 어떤 긍정적인 가치를 ─ 돈이 전형적이다 ─ 줌으로써 도덕적 대변을 쌓아올리는 방법이다. 이 점에 비추어보면 자선을 행한 공헌만큼 소득세를 공제해주는 제도는 매우 흥미롭게 여겨지는데, 이는 당신으로 하여금 단순히 도덕적 대변이 아니라 실제 재정적인 대변을 쌓아올릴 수 있도록 해주기 때문이다.

**도덕으로서의 양육**

양육은 감정이입을 전제로 한다. 어린아이는 자신을 돌볼 수 있는 힘이 없기 때문에 누군가가 돌봐주어야 하며, 그러기 위해서는 누구든 아이에게 관심을 가져야 한다. 당신은 아이가 필요로 하는 것이 무엇인지를 알기 위해 아이에게 당신의 느끼는 능력을 정확하고 충분하게 투사해야 한다. 이것은 단 한 번의 감정이입이 아닌 지속적인 감정이입을 요구한다. 또한 그것은 상당한 범위에 이르기까지, 비록 아이를 충분히 양육하는 것이 당신의 많은 것을 방해할지라도 당신의 필요보다 아이의 필요를 우선시할 것을 요구한다.

지금까지 우리는 절대적, 자기중심적, 그리고 여유 있는 형태인 몇 가지 형태의 감정이입을 살펴보았다. 어느 특정한 감정이입이 나타날지라도 그것은 이 세 가지 중의 순수한 어느 한 형태일 수 있고, 각각의 형태가 어느 정도씩 뒤섞인 혼합된 형태일 수도 있다. 감정이입이 단순하거나 직선적이거나 순수한 경우는 드물다. 감정이입은 양육에서 하나의 역할을 하기 때문에 각 형태의 감정이입은 그에 상응하는 양육 형태를 결정한다. 그러므로 감정이입의 복잡성을 반영하는 양육도 더불어 복잡해질 수밖에 없다.

양육은 권리와 의무를 포함한다. 선천적으로 도덕에 포함되어 있기 때문이다. 아이는 양육을 받을 권리를 가졌고, 부모는 양육을 제공해야 될 의무를 가졌다. 그러므로 아이에게 적절한 양육을 제공하지 않는 부모는 비유적으로 아이의 권리인 그 뭔가를 빼앗는 것이 되고, 아이의 양육에 실패한 부모는 비도덕적인 사람이 되는 것이다.

도덕으로서의 양육을 이해하기 위해서는 이 가정 기반 논리를 일반적으로 사회에 투사한다. 도덕으로서의 양육 개념은 다음의 개념적 비유로 선언될 수 있다.

- 공동체는 가족이다.
- 도덕적 대리인은 양육하는 부모이다.
- 도움을 필요로 하는 사람은 양육을 필요로 하는 아이이다.
- 도덕적 행동은 양육이다.

이 비유는 사람이 아이 양육에 관해 알고 있는 것에 근거를 두는, 다음과 같은 항목을 포함하고 있다.

- 아이를 양육하기 위해서는 그 아이와 주기적으로 절대적인 감정이입을 해야 한다.
- 살아가기 위해 도움을 필요로 하는 사람에게 도덕적으로 행동하기 위해서는 그들과 절대적 내지는 일반적인 감정이입을 하지 않으면 안 된다.
- 양육은 아이를 보살피기 위한 희생을 필요로 한다.
- 도덕적 행동은 도움을 필요로 하는 사람을 진정으로 돕기 위한 희생을 요구할 수도 있다.

만약 공동체가 가정으로 개념화 된다면 이 비유는 다음과 같은 내용을 더 포함하게 된다.

- 가족 구성원은 그들의 아이가 어떻게 양육되는지를 살펴볼 책임을 가진다.
- 공동체의 구성원은 공동체 안에서 도움을 필요로 하는 사람들이 실제로 도움을 받고 있는지 살펴봐야 할 책임을 가진다.

이 내용들은 미국인들 사이에 널리 퍼져있다. 재앙의 시기에는 공동체 내의 도움을 필요로 하는 사람들에게 도움이 쏟아진다. 이 경우에는 감정이입을 하는 사람들의 형태와 어떤 사람을 공동체 구성원으로 간주하느냐 하는 것이 문제다. 자기중심적 감정이입을 하는 사람들은 그들과 가치를 공유하는 사람들만을 돕고, 도움을 필요로 하는 사람들이 그들의 가정 즉 공동체 밖에 있다고 간주될 때는 도움을 주지 않는 사람이 많다. 그 결과 많은 미국인들은 재난을 당한 이웃(가치를 공유하는 명확한 공동체 구성원)과 홈리스 피플(가치를 공유하지 않는 사람들로 인지되고, 대부분의 경우 공동체 구성원으로 간주되지 않는 사람들) 사이에 큰 차이가 있음을 알고 있다.

**동정**

'동정'이라는 용어는 부수적으로 도덕적 감정이입과 도덕적 양육에 관련하여 두 가지 친밀한 분별력을 가진다. '동정을 느끼는 것'은 감정이입의 경험이다. '동정을 보여주는 것'은 연민의 감정에 근거하여 남을 돌보는 행동을 하는 것이다. 물론 당신이 당신과 가치관을 공유하거나, 같은 공동체 구성원으로 생각되는 사람에게만 동정을 베푸는 것을 한정하는 것처럼 감정이입과 양육에도 제한을 두는 동정의 한계가 있다.

**도덕적 자기양육**

자기 자신을 돌볼 수 없는 사람은 절대로 남을 돌볼 수 없다. 도덕으로서의 양육의 중요한 부분은 자신의 건강을 유지하며 개인 간의 상호관계를 유지하는 등 자신의 기본적 필요를 보살피는 것이다. 도덕으로서의 양육과 자기양육은 가끔 균형이 위태로워질

수 있는데, 가령 다른 사람을 양육하기 위한 희생이 자신을 보살
피는 것과 갈등을 일으킬 때가 그렇다. 자기양육은 어떤 도덕적
기능을 적절히 수행하기 위해서라도 필수적이지만, 자기양육과
자신의 이익을 엄연히 구분해야 하는 것이다.

  자신의 이익은 가장 전형적인 돈과 권력에 대한 갈망으로, 이는
기본적인 갈망을 만족시키는 것보다 훨씬 더 앞서간다. 여기에는
매우 다르다고 할 수 있는 이론이 있다. 이기적인 사람은 자신이
양육하거나 함께 나누어야 될 의무가 있는 사람의 필요보다 자신
의 이익을 앞에 놓는다. 그러나 자신의 가장 기본적인 필요를 돌
보고, 다른 사람을 양육하기 위한 전제조건으로 자기양육을 하는
사람은 이기적인 사람이 아니다. 그리고 다른 사람의 양육을 자
신의 이익보다 우선시할 뿐만 아니라, 자기양육보다도 우선시하
는 사람은 이기심이 없는 사람이다.

  겉으로는 이기심이 없어 보여도 항상 겉과 같지는 않다. 우리
는 이기심이 없는 사람을 성자와 같다고 말하기는 했지만, 그 실
상은 매우 다를 수 있다. 첫째, 이기심이 없는 사람은 도덕적 회계
에 의하면 그가 보살펴주는 사람에게 도덕적 부채를 부과한다.
둘째, 이기심이 없는 사람은 다른 사람들의 양육을 자기양육 위에
두기 때문에 건강이 쇠약해지거나 다른 능력이 저하돼서 고통을
받을 수도 있다. 그런 사람은 타인을 돌보는 것을 자기양육보다
더 우위에 둠으로써 자신의 건강과 능력을 소진하기 쉽고, 궁극적
으로는 스스로를 돌보아야만 하는 상황에 맞닥뜨린다. 이것은 다
른 사람들에게—특히 예전에 그가 보살펴주었던 사람들에게—

상당한 짐을 지울 수 있다. 그러므로 이기심이 없다는 것은 이기심을 없애려고 노력하는 사람들에게 상당한 부담을 강요할 수 있다. 이런 이유로, 양육으로서의 도덕 비유에서는 자기양육이 도덕적으로 필수임을 암시하고 있다.

## 도덕으로서의 사회 양육

도덕으로서의 양육에는 두 가지 변형이 있다. 하나는 개인에 대한 양육이고, 다른 하나는 사회에 대한 양육이다. 논쟁이 벌어졌을 때, 혹은 한 사람이 부당하게 행동하거나 다른 사람에게 해를 끼쳤을 때 사회적 연계는 일그러지거나 파괴된다. 만약 공동체 구성원이 다른 사람과의 감정이입을 꾀하려 하거나 다른 사람을 양육하려 할 때라면 그 사회적 연결은 지속적으로 보완되고 유지되어야 한다. 양육과 사회적 연계 사이의 연결은 다음과 같이 요약할 수 있다.

- 도덕적 대리인은 양육하는 부모이다.
- 사회적 연대는 보살핌을 필요로 하는 아이이다.
- 도덕적 행동은 사회적 연대를 육성하는 것이다.

아이의 양육에 관해 우리가 알고 있는 것의 상당부분은 이 비유에 의해 사회적 연대에 적용되어, 사회적 연대를 향한 우리의 태도로 하여금 양육에 관한 지식을 형성하게 해준다.

- 도덕적으로 행동하기 위해서는 지속적으로 사회적 연대를 돌봐야한다.
- 사회적 연대를 유지하기 위해서는 희생을 감내해야 할지도 모른다.
- 사회적 연대를 수정하고 유지할 수 있는 사람은 그것을 의무로 삼아야한다.
- 사회적 연대를 유지하지 않거나 보완하지 않는 것은 잘못된 태도이다.

사회적 양육의 도덕성은 결코 여성들의 전유물이 아니다. 누구든지 '사교적'인 사람이라면, 기본적인 도덕적 요구는 지속적으로 공동체를 유지하고 타협하는 것이라고 여길 것이며, 실제로 그들은 이 비유에 따라 생활하고 있다.

사회적 양육 비유와 도덕적 양육 비유는 자연스럽게 한 쌍을 이루는 형태지만, 가끔 서로 모순이 된다는 점을 인식하는 것이 중요하다. 이런 분쟁은 당신이 도덕적 양육 비유를 믿지 않거나, 그것에 의해 활동하지 않는 사람과 사회적 연대를 유지해야만 할 때 나타난다. 사회적 연대를 위해 그런 사람과 타협하기 위해서는 도덕적 양육과 타협이 요구된다.

## 도덕성은 행복이다

양육은 전형적으로 희생을 요구한다. 그러므로 이것은 도덕적 양육에 부수적으로 나타난다. 도덕적 양육은 자기 자신만의 행복을 배양하는 것이라는 관점에서 보면 이상하게 보일 수도 있지만, 그런 도덕적 구조는 양육으로서의 도덕의 결과이다. 그 논리는 이렇게 전개된다.

불행한 사람은 다른 사람들이 자신보다 더 행복한 것을 원치 않기 때문에 행복한 사람들보다 동정심(감정이입과 양육)이 적다. 그러므로 동정심(감정이입과 양육)을 고양시키려면 최대한 자신부터 행복해져야 한다. 그 과정에서 다른 사람에게 아무런 상처를 주지 않아야하는 조건에서 말이다.

행복이 도덕이라는 이 관점은 자애로운 부모 도덕을 채택한 많은 사람들에게 직관적으로 이해되고 또 널리 퍼져있다. 이것은 부수적으로 불교 전통에서 오래 전부터 유지되어온 것이다. 부처가 왜 웃고 있는지, 바로 이러한 이유가 있었던 것이다.

도덕적 행복은 그 우선권이 동정심이기 때문에－다른 사람들을 돕고 상처를 주지 않는 것－어리석은 이기주의의 한 형태는 결코 아니다. 감정이입과 양육을 위한 헌신이라는 맥락에 비추어서 자신을 가능한 한 행복하게 한다는 것은, 도덕적 행동의 가장 심오한 형태인 감정이입과 양육을 촉진하는 것이므로 결코 쾌락주의라고 할 수 없다.

어떤 미국인들은 도덕적 양육에 관해 왜곡된 의견을 채택한다. 다른 사람들을 위해서 자기희생이 요구되며, 자신의 행복을 추구하는 것은 다른 사람을 충분히 양육하는 것이 아니라는 의견이다. 도덕을 주로 자기희생이라고 간주하는 사람들에게는 도덕적 행복이란 그저 낯선 것일 뿐이다. 그러나 흥미롭게도 많은 미국인들은 직관적으로 감정이입과 양육이라는 우선권에 관련하여 자신의 행복을 추구하는 것은 도덕적 목표에 공헌한다고 느낀다. 당신의 자녀가 행복하기를 원하는 욕망은 최소한 자애로운 부모 도덕 내에서는 감정이입적이고, 남을 위하며, 사회적 책임을 질 수 있기를 바라는 당신의 갈망과 모순되지 않는다.

그러나 그런 생각은 극기를 보다 높은 권위를 위한 도덕적 힘을 쌓기 위한 것이라고 보는 '도덕적 힘'과는 모순된다. 엄한 아버지 도덕 내에서 사람들에게 '행복이 곧 도덕'이라는 착상은 자기 방종으로 보일 것이기 때문이다. 엄한 아버지 도덕 시스템에서 행복은 절제와 힘든 노력에 대한 적절한 보상일 뿐이며, 또 그러한 점에서라야만 도덕적 목적을 가진다. 반면, 자애로운 부모 도덕에서는 자신의 행복을 배양하는 것이 그 자체로서의 도덕적 목적을 가지는 것이다.


## 자기 발전으로서의 도덕

자애로운 부모는 자녀들이 타인들을 속이거나 괴롭히는 등의 반사회적인 능력이 아니라 남을 위할 수 있는 능력을 갖기를 원한다. 그 때문에 양육으로서의 도덕은 자아발전으로서의 도덕이라는 결과를 낳는다. 자기 발전으로 간주되는 것은 다음과 같은 도덕 시스템에 의해 결정된다. 감정이입의 능력을 높이는 것, 다른 사람들을 돕는 능력, 사회적 연대를 고양시키는 것, 다른 사람을 기쁘게 해주는 것, 행복을 위한 자신의 능력을 키우는 것 등은 자기 발전이 되는 것이다. 그러므로 인위적인 재능을 발전시키고, 공동체 봉사, 자연에서의 경험, 다른 문화와의 접촉, 명상, 감성 훈련 등을 제공하는 교육은 자기 발전을 위한 적절한 형태이다.

　양육은 감정이입, 자기양육, 사회적 연대의 배양, 행복의 배양, 그리고 자기 발전을 암시한다. 양육으로서의 도덕을 비유적으로 이해하면 '감정이입으로서의 도덕', '사회연대로서의 도덕', '행복으로서의 도덕' 그리고 '자기 발전으로서의 도덕'이라는 일군의 항목들이 그 뒤를 따른다. 가정에 대한 자애로운 부모 모델은 도덕적 비유의 이 전체 카테고리에 높은 우선권을 둔다.

## 도덕으로서의 공정한 분배

자애로운 부모 모델은 아이들이 동등한 양육을 받을 것을, 그리고 부부 사이에서도 부모로서의 책임을 균등히 나눌 것을 요구한다. 그리하여 공정한 분배로서의 도덕 비유에 우선권을 주게 된다. 그러나 그 자체로는 상황에 따라 선택되는 주 모델이 무엇인지 이야기해주지 않는다. 공정한 분배 모델을 상기해보도록 하자.


- 분배의 동등함(한 아이에게 과자 한 개)
- 기회의 균등함(한 사람에게 복권 한 장)
- 절차상의 분배(규칙에 따른 활동에서 누가 승자인지를 결정)
- 권리 근거 공정함(권리가 있는 것을 받는다)
- 필요 근거 공정함(필요할수록 많은 권리를 가진다)

- 수량적 공정함(일을 많이 할수록 많이 받는다)
- 계약에 따른 공정함(합의한 대로 받는다)
- 책임의 공정한 분배(짐을 공평하게 진다)
- 책임의 수량적 분배(능력이 클수록 더 많은 책임을 진다)
- 힘의 공정한 분배(한 사람에게 투표권 하나)

자애로운 부모 모델에 의하면, 어린아이에게는 더 많은 관심이 필요하고 10대 자녀는 더 많은 돈을 필요로 한다는 등의 전제에 따른, 필요에 근거한 공정함을 적용시킨다. 다른 상황에서는 '한 아이에게 과자 한 개' 식의 공정한 분배를 필요로 한다. 큰 아이와 작은 아이가 뒤섞인 상황에서는 큰 아이에게 더 많은 책임을 요구하는 책임의 수량적 분배가 있다. 그러나 부모는 동등한 책임의 분배를 공유하고, 아이들의 게임은 절차상의 공정함을 강요한다.

자애로운 부모 가정에서는 가정생활의 조건에 따라 공정한 분배의 형태가 결정되곤 한다. 공정한 분배로서의 도덕 비유가 가정으로부터 일반생활로 확장되면, 공정함의 본질이 덜 명확해지거나 다른 원칙에 의해 (다음에서 보게 되는 것처럼) 결정된다. 그렇다 할지라도 공정한 분배로서의 도덕은 자애로운 부모 도덕의 이정표이다.

**도덕적 성장**

자녀의 양육은 성장과정에 포함된다. 아이들은 육체적으로 성장한다. 반면, 도덕성의 부여는 올바름, 높은 도덕성 원칙 등의 수직적인 용어로 개념화된다. 그러므로 보다 도덕적인 존재가 되는 것을 '성장'이라고 보는, 도덕적 성장의 비유적 논리를 갖게 되는 아이들은 양육과 실행에 대한 반응으로 성장한다. 양육으로서의 도덕 비유에서 아이를 양육하는 것은, 몹시 도움을 필요로 하는 누군가를 돕는 것과 비유적으로 상응한다. 이 비유를 자연스럽게 확대하면, 어른은 남을 도움으로써(양육과 상응한다), 혹은 일을 통하여(실천과 관련) 도덕적 성장을 기할 수 있게 된다는 것이다. 도덕적 성장 비유는 다음과 같이 말할 수 있다.

- 도덕의 수준은 사람의 신장身長이다.
- 도덕적 성장은 신체적 성장이다.
- 사람을 위한 도덕적 기준은 신장의 기준이다.

그러므로 '도덕적 난쟁이'는 도덕적으로 특질이 낮은 사람이다. 우리는 아이가 성장하면서 도덕적 민감함의 단계를 통과하는 것을 보고 '도덕적으로 발전했다'라고 말한다. 또한 한 사람의 '도덕적 성장이 방해받았다'라고 말할 수도 있는데, 그 의미는 그 사람이 도덕적인 발전의 초기단계에 이르렀을 뿐 그 이상 발전하지 못했다는 뜻이다. 헤드스타트 프로젝트*Project Head Start는 도덕적 구성요소를 가진 대표적인 예로서, 이는 어린 아동에게 앞으로의 지적인 인생을 위한 순조로운 출발과 함께 도덕적 성장의 자극도 던져주는 아이디어인 것이다.

도덕적 성장은 종교와 법의 중심 아이디어이다. 회개라는 아이디어는 도덕적 성장 가능성을 전제로 한다. 법에서 '후회함을 보여주는 것'은 도덕적 성장의 과시이고, 형량을 감하게 되는 근거가 된다. 도덕적 성장이라는 아이디어는 보수주의 정책보다는 진보주의 정책과 더 오랫동안 함께 해온 셈인데, 특히 교도정책矯導政策에서 명확히 나타난다. 갱생이라는 개념은 도덕적 성장이라는 개념에 기초하고 있다. 죄수들이 인간적인 대우를 받고, 유익한 기술을 배우며, 교육을 받도록 격려 받고, 휴가를 허용 받고, 석방 후 직업을 제공 받는다면, 그들도 도덕적으로 성장할 기회를 얻고 유익한 시민이 될 수 있다는 것이다. 물론 반드시 그렇게 된다는 보장은 없으나 만약 죄수가 도덕적으로 성장한다면 교도소에 가두어둘 이유가 없다.

**양육을 위한 도덕적 힘**

자애로운 부모는 아이를 부양하고 보호하기에 충분할 만큼 강해야 한다. 양육은 약한 사람은 할 수 없는 일이며, 육체적 정신적 그리고 정서적으로도 매우 힘든 일이다. 그러므로 자애로운 부모는 양육과정에서 강해야만 한다.

도덕적 양육에 최고의 우선권을 갖는 것은 도덕적 힘이다. 양

---

◆ 미국 연방정부가 1964년 존슨 대통령 때 실시한 저소득가정의 미취학 아동(3~4세)들의 취학 준비를 위한 무료 교육지원 프로젝트다. 빈곤아동은 일반아동에 비하여 인지발달과 건강상태 등에서 뒤쳐지고 청소년기의 학업도 부진하므로 성인이 되어서도 가난을 면키 어려운 현실을 개선하기 위해 소아 때부터 일반아동과의 격차를 최소화하는 것이 빈곤의 악순환을 막는 길이라는 배경하에 설립되었다. 현재는 미 전역에 1,800여 개의 지역센터가 확대 운영되고 있다.

육으로서의 도덕 비유에는 이 사실에 대한 적절한 비유가 요구된다. 그러나 이것은 자애로운 부모 도덕에서 도덕적 힘 비유가 엄한 아버지 도덕에서 높은 우선권을 갖는 것과 같은 형태로 나타날 수 없다는 의미이다. 자애로운 부모 시스템에서는 도덕적 힘 비유가 도덕으로서의 감정이입, 양육, 그리고 행복 비유와 모순될 수 없다. 도덕적 힘 비유도 이 시스템 내에 존재할 수 있지만 도덕으로서의 감정이입, 양육, 그리고 행복과 일치하는 부분에서만 가능하다.

이것의 의미를 정확하게 살펴보기로 하자. 도덕적 힘의 개념적 비유는 엄한 아버지 시스템에서 언급한 바와 같다.

- 좋은 존재는 올바른 존재이다.
- 나쁜 존재는 저열한 존재이다.
- 악은 세력이다(외부적, 혹은 내면적).
- 도덕성은 힘이다.

그러나 자애로운 부모 도덕 시스템 내에 자리 잡고, 양육으로서의 도덕 비유에 기여하고 일치하는 태도를 계속 유지해나가면, 도덕적 힘 비유의 결과는 엄청난 변화를 가져온다.

감정이입과 양육으로서의 도덕은 다른 도덕적 가치를 포함해서 자신과는 다른 가치를 지닌 사람을 위한 감정이입과 양육을 요구한다. 이것은 인간은 선과 악을 엄밀하게 구분하는 이분법을 가질 수 없음을 의미한다. 다른 사람의 가치를 통해 세상을 보고 진정으로 그들과 감정이입을 한다는 것은, 당신과 다른 도덕적 가치를 가진 모든 사람을 적이나 악마를 대하듯이 바라볼 수는 없다는 것을 의미한다. 사람은 자신과 가족을 보호하고, 언제든 생길 수 있는 외부적인 악과 위험, 그리고 어려움에 맞서기 위해서 강해져야 한다. 그 힘은 극기나 훈련을 계속함으로써가 아니라, 힘을 들여야 힘이 길러지는 일상적인 양육의 실천을 통해 나오는 것이다.

아울러 내면의 악이라는 이론도 극단적으로 변화한다. 극복해야만 되는 파괴적인 내면의 악은 감정이입, 양육, 자기양육, 그리고 사회적 연대의 유지, 잠재력의 실현 등을 방해하는 것들이다. 그런 내면의 악이나 도덕적 약함은 사회적 책임의 결여, 이기주의, 독선, 편협, 즐거움을 느낄 줄 모름, 아름다움에 대한 무감각, 호기심의 결여, 소통할 줄 모름, 비정직, 둔감, 경솔함, 비협조적, 천박함, 자기중심적이고 또한 자기존중의 결여이다. 자애로운 부모 도덕에서 배우는 미덕 ─ 도덕적 힘 ─ 은 내면의 악과 반대되는 것으로서, 사회적 책임감, 관대함, 다른 사람들의 가치에 대한 존중, 열린 마음, 기쁨을 경험하는 능력, 아름다움에 대한 감각, 강한 호기심, 원활한 의사소통을 할 수 있는 능력, 협조적, 감정에 대한 예민함, 신중함, 친절함, 공동체를 지향하는 마음가짐, 그리고 자기존중이다. 좋은 기질을 가진 사람은 이러한 미덕을 가진 사람인 것이다.

엄한 아버지 도덕과 함께 성장한 사람에게는 이 모든 것들이 각각 도덕적 약점이고 힘, 곧 도덕적 결함과 장점인 이유가 명확하지 않다. 그러나 양육이라는 관점에서 그것은 명확하다. 사회적 책임의 결여, 이기주의, 감정에 대한 무감각, 경솔함, 천박함, 부정직함 등은 양육으로서의 도덕 비유와 함께 하기가 어렵다. 호기심이 없는 태도는 지식의 결여로 이어진다. 성공적인 양육을 위해서는 지식이 필요하기 때문에 호기심이 없는 태도는 양육의 능력을 제한한다. 자기중심적이고 독선적인 태도는 도덕으로서의 감정이입 비유와 함께 할 수 없다. 행복으로서의 도덕 비유의 배후가 되는 논리에 의해, 기쁨을 경험할 수 없는 능력과 아름다움에 대한 무감각은 도덕적 결함이 된다. 그것은 기쁨의 경험을 제한하고, 나아가 감정이입을 위한 능력을, 다른 사람에게 기쁨을 주는 능력을 제한하기 때문이다. 대화를 거부하는 비협조적인 태도는 사회적 연대를 배양하는 데 큰 제한이 된다. 자기존중의 결여는 사람의 잠재력을 충분히 발전시키는 것을 어렵게 하고, 나아가 그것은 그 사람의 양육을 위한 능력을 충분히 발전시키지 못하게 한다.

비록 우리 자신과 사회에 대해 유쾌하지 못한 내용을 밝힐지라도 강한 호기심과 정직함은 서로 연합하여 진실과 지식을 향한 열정이 되어준다. 성공적인 양육을 위한 능력은 우리 자신과 사회에 대한 진실을─특히 어두운 면에 대한 진실을─가능한 한 깊게, 그리고 진실되게 알고 이해할 것을 요구한다. 예술은 부분적으로는 아름다움의 문제─아름다움을 창조하고, 아름다움의 본질에 대해 질문을 던지는─이지만, 그와 마찬가지로 중요한 것은 우리의 영혼과 사회를 밝은 면만이 아니라 어두운 면까지도 이해하기 위한 시도이자 질문이고 탐구이다. 양육이라는 관점에서 예술과 지식에 대한 탐구는 높은 우선권을 가지는 도덕적 행동이다. 이는 예로부터 전해져온 선과 진실, 그리고 아름다움을 동일시하는 태도를 완벽히 이해할 수 있도록 한다.

엄한 아버지 도덕에서의 많은 악은 ─ 도덕적 약함은 ─ 자애로운 부모 도덕에서는 존재하지 않는다. 행복으로서의 도덕이라는 관점에서 육체적 기쁨은 긍정적인 도덕적 가치를 가진다. 그런 점에서 그것은 양육, 자기양육, 그리고 그 사람의 잠재력 발전을 방해하지 않는다. 민감함은 심미적 감각과 같은 미덕이다. 그러나 그 두 가지 모두 엄한 아버지 도덕에서는 미덕으로 간주하지 않는다. 자애로운 아버지 도덕에서의 성교육은 원하지 않는 임신의 방지나 성병의 확산을 막기 위해서만이 아니라, 성에 대한 지식을 확산시키고, 성적 기쁨을 주고받는 것을 극대화하는 방법을 가르치기 위하여 매우 중요하다. 결혼생활을 벗어난 성적인 활동도 그 자체만으로는 나쁘지 않지만, 그것이 자신이나 다른 사람들에게 해를 준다면 그것은 비도덕적인 행동이 되는 것이다.

## 도덕적 자기이익

도덕적 자기이익 비유는 자애로운 부모 도덕에서도 중요한 역할을 한다. 그러나 그것은 그 시스템 내의 다른 비유에 예속되고 또 제한받는다.

첫째, 도덕적 자기이익은 다른 사람을 양육하기 위하여 자신을 보살피는 도덕적 자기양육과 혼동된다. 둘째, 이것은 보편적으로

'행복으로서의 도덕'과 혼동된다. 적절한 감정이입을 하고, 양육을 지향하기 위하여 가능한 한 최대한도로 행복한 존재가 된다는 구상이지만, 다른 사람들에게는 단순한 자신의 이익추구, 특히 그들 자신을 위한 부와 권력을 추구하는 것으로 보인다. 셋째, 다른 사람들을 양육할 수 있도록 자신의 잠재력을 최대한 발전시키는 것은, 다시 말하지만 단순한 자신의 이익추구와는 다르다.

그 차이는 사회에 봉사하기 위해 의사가 되는 것과, 단지 부유해지기 위해 의사가 되는 것과 같은 사례에서 명확히 찾아볼 수 있다. 자신이 속한 공동체에 봉사하는 의사도 부유해질 수 있다. 그리고 부유해지기 위해 의사가 된 사람도 공동체에 봉사할 수 있다. 그러나 그 사람과 그가 속한 공동체와의 관계, 또 그가 가지고 있는 도덕성과의 관계의 본질적 차이는 무엇보다도 중요하다.

자애로운 부모 도덕, 자기양육으로서의 도덕, 행복, 자기계발을 이해하지 못하는 사람들은 도덕적 자기이익을 대하면 혼란스러워질 수도 있다. 실제로 진보주의 이론가들 중에는 이 두 가지를 구별하지 못하는 경우가 자주 있는데, 이것은 자기양육·행복·자기계발 등은 국가의 간섭으로부터 보호받아야 한다는 정확한 견해를 그들이 가지고 있기 때문이다. 한편 그들은 자기양육·행복·자기계발 등이 개인의 독립 및 자주성과 연관된 것이라는 부정확한 추론을 하는데, 그것이 사실이면 이것들(자기양육·행복·자기계발)은 자기이익으로 분류될 것이다. 그러나 여기에 포함되는 것은 독립이 아니라 상호 의존의 개념이다. 공동체 내에서 양육으로서의 도덕은 공동체 구성원들 사이에서 상호 의존할 것을 요구한다. 이와 비슷하게 양육을 지지하는 모든 형태의 도덕은 상호 의존에 공헌하고, 자기양육, 행복, 그리고 자기계발을 포함한다. 진보주의 이론가들의 의견인 이것은 도덕적 자기이익의 다양한 형태이므로 자율과 독립은 자애로운 부모 도덕에서는 진실이 아닌 것이다.

자애로운 부모 도덕 내에서 도덕적 자기이익의 적용을 제한하는 것은 아직도 그것의 적용을 위한 충분한 여유가 남아있다는 것이다. 만약 이 모든 길에서 양육이라는 대의에 공헌하고 있는 사람이라면 자신의 이익을 추구하는 것도 괜찮다.

## 양육과 비즈니스

양육과 도덕적 자기이익 사이의 관계는 비즈니스 활동 형태의 양육에서 가장 명확하게 찾아볼 수 있다. 그것에는 종업원에 대한 자비로운 대우, 안전하고 여유 있는 작업장, 사회적 그리고 환경적 책임, 채용과 승진의 공정함, 작업 공동체의 성립, 고용인과 경영진 사이, 회사와 고객 사이의 활발한 커뮤니케이션, 고용인들의 자기계발을 위한 기회, 더 큰 공동체 내에서의 긍정적인 역할, 양심적인 정직함, 고객과 대중에 대한 존중, 그리고 뛰어난 고객 서비스의 창조가 포함된다. 그런 정책은 생산성을 높일 뿐 아니라 많은 사업의 성공을 강화해준다. 이것은 자애로운 부모 도덕이, 마치 사업의 성공을 돕기 위해 소유주, 투자자, 그리고 고용인이 이 도덕 시스템 안에서 각자 자기이익을 추구할 수 있도록 하는 기능이다.

도덕적 자기이익은 자애로운 부모 도덕에서 그 기능을 발휘하지만, 한편 매우 다른 의미를 가진다. 양육의 모든 형태는 연합하여, 특히 비즈니스라는 맥락에서 자신의 이익이라고 간주되는 형태를 취한다.

## 양육과 일

처음부터 양육은 일이라는 점을, 가정 내에서의 어린아이의 양육은 매우 힘든 일이라는 점을 이해하도록 하자. 비즈니스라는 측면과 생활비를 번다는 점에서 자애로운 부모 도덕은, 일을 자기훈련(절제 또는 자제)의 적용으로 보는 엄한 아버지 모델에서와 달리 전혀 다른 이야기를 하고 있다. 엄한 아버지 모델의 도덕에서는 어떤 종류의 일이라도 그 자체로서 도덕이다. 그리고 만약 일을 하다가 어려움에 처한다면 그 어려움은 기질을 형성해주기 때문에 결국 당신을 위해 좋은 것이다.

그러나 자애로운 부모 도덕에서는 일이 과연 어떠해야 되는지에 관해서, 그리고 양육하는 사회 내에서 존재해야 하는 직업의 종류에 대해서 다르게 말한다. 첫째, 자기양육으로서의 도덕은, 안전하지 못하고 건강하지 못한 직업장에서의 일은 반드시 도덕적인 것은 아니라고 이야기한다. 그러므로 일은 가능한 한 안전하고 건강해야 한다. 그리고 근로자의 안전에는 높은 우선권이 주어져야만 한다. 둘째, 자기계발의 도덕에서 이야기하는 것처럼, 일은 개인적인 발전을 촉진하는 것이라야지 방해하는 것이어서는 안 된다. 즉 고용인들은 가능한 한 교육 프로그램이나 개인적 발전을 위한 프로그램을 가져야한다. 혹은 근로자들이 그런 프로그램의 혜택을 받을 수 있도록 근무시간의 조정 등을 해주어야 한다. 셋째, 양육으로서의 도덕은, 일이 가정생활에 최대한 도움이 되어야 하며, 수유시간의 허용, 유아센터, 근무시간의 조정, 잦은 근무지 변경 등을 강요하지 않는 정책을 시행하여 안정된 공동체로서의 역할을 다해야 한다고 암시한다. 또한 일은 최대한 환경을 보호하고 강화해야 된다는 점을 암시한다. 강을 오염시키고, 우림지대를 파괴하고, 바다의 어족자원을 고갈시키는 일 등은 도덕적인 일이 아니다. 넷째, 행복으로서의 도덕은, 일은 이웃과의 관계를 소원하게 하거나 따분하거나 혹은 인간의 영혼을 약화시키거나, 아름다움에 대한 감각을 둔화시키는 것이어서는 안 된다는 점을 암시한다. 일은 가능한 한 그 자체로서 즐겁고 보상이 되는 것이라야만 한다. 여기에 더하여, 일터는 일의 조건에 따라 아름답게 꾸며져야 한다는 점을 고려해야 한다. 다섯째, 감정이입으로서의 도덕은, 일은 다른 사람들과의 감정이입을 가능한 한 많이 촉진해야 된다고 이야기한다. 기계 안에서 하루 종일 근무하는 것과 같은 일은 안 된다. 여섯째, 공정함으로서의 도덕은, 사람들은 그들의 일에 비례하여 공정한 대가를 받아야 된다는 점을 암시한다.

간단히 말해서 자애로운 부모 모델은, 일은 사회 내에서 어떻게 설정되어야만 하는지에 대하여, 그리고 일의 존엄성에 대하여 많은 암시를 준다. 어떤 종류의 일을 공급하는가 하는 것만으로는 부족하다. 자애로운 사회는 어떤 종류의 일인가에 관해, 그리고 그 결과에 대해―봉급 문제만이 아니다―관심을 가지지만, 더불어 무엇을 지불하는가에 대해, 그리고 일이 제공한 양에 대해 공정한 임금인지에 대해서도 지대한 관심을 가진다.

## 양육하는 도덕의 경계

도덕적 힘과 도덕적 자기이익 비유는 자애로운 부모 시스템에 종속되는 순간 매우 다른 결과를 도출해낸다는 점을 이미 살펴보았다. 엄한 아버지 도덕 시스템의 다른 비유들도 마찬가지이다. 행동은 움직임으로 개념화되고, 그 움직임은 금지된 길이나 금지된 구역으로 나가는 것이라는 도덕적 경계 비유를 살펴보자. 그 비유의 효과는 특정한 유형의 어떤 행동은 금지되거나 혹은 요구되며, 그런 금지나 요구를 위반하는 것은 점진적으로 우세한 사회의 관습을 비도덕적인 방향으로 변화시키기 때문에 사회에 대해 위험하다고 말한다.

자애로운 부모 모델에도 도덕적 경계 비유에 대한 나름의 해석이 존재한다는 것은 놀라운 일이 아니다. 그 비유의 선언은 엄한 아버지 모델에서의 선언과 똑같다. 그러나 도덕으로서의 감정이입, 양육, 그리고 나머지에 공헌하는 역할은 그 적용방식을 바꿔버린다. 특정한 어떤 행동은 엄격하게 금지되거나 요구되는 대신에, 자애로운 부모 모델에서는 반反양육적인 결과를 만드는 행동을 금지시키는 경우가 있다. 예를 들면 자애로운 부모 도덕에서 인간의 건강을 악화시킬 가능성이 있는 행동은 비도덕적이며 일종의 위반이다. 이토록 간단하고도 순수한 논리이다. 이런 사례에는 유독 화학물질을 공공 하천에 버리는 행위의 허용, 10대에게 흡연을 권장하여 암의 원인이 되는 흡연중독을 조장하는 행동 등이 포함되는데, 이러한 것들 모두가 도덕적 행동의 선을 넘어선 것들이다.

### 상환과 보복(응보)

자애로운 부모 가정 모델에서, 금지된 행동을 대수롭지 않게 위반한 아이를 다루는 적당한 방식은 보복이 아니라 상환이다. 그 아이에게 도움이 되는 행동이나, 혹은 다른 사람을 돕는 행동을 하도록 시키는 것이다. 한편, 자애로운 부모는 그 아이들을 보호해야할 책임 또한 가지며, 실제로도 맹렬하게 자녀들을 보호하며 살고 있다. 그들은 아이들에게 해를 입힌 사람들(공해, 마약 상인, 위험한 상품 제조업자 등)에게 강력히 보복할 것을 원한다. 그러나 아이들이 저지른 허용할 수 없는 행동에 대해서는 상환을 선호하므로 이 경우에 있어서는 도덕적 회계로 정의를 구현하려는 셈이다. 물론 그 안의 상세한 사항에는 차이가 있겠다.

### 양육의 도덕적 권위

자애로운 부모 가정의 부모는 충분히 권위를 가질 자격이 있으며 실제로도 정당한 권위를 행사하고 있다. 양육은 권위의 전제조건인데다, 양육을 하다보면 권위가 진실로 생길 수밖에 없다. 부족함 없이 양육하는 부모의 이야기는 충분히 귀 기울여야 할 권위를 갖고 있다. 양육의 의무를 다하는 지도자들, 가령 감정이입을 하고, 성공적으로 사람을 돕고, 공정하고 효과적으로 의사전달을 하고, 사회적 연계를 성공시키는 지도자들의 경우도 마찬가지이다. 그런 지도자는 도덕적 권위를 가질 자격이 있다. 그러나 자애로운 도덕에서는 도덕적 권위가 규칙을 세우거나 시행하는 등의 그런 것만은 아니다. 오히려 그것은 믿음과 함께한다. 지도자가 효과적으로 의사전달을 하고, 참여를 이끌어내고, 정직하고 성공적인 도움을 위한 지혜, 경험, 그리고 힘을 가졌다는 믿음과 함께한다.

## 양육과 진화

진화는 가끔 적자생존이라는 측면에서 오해를 불러일으킨다. 그런 의견은 양육의 진실을 무시하는 느낌을 갖게 하는데, 가령 어떤 종種도 어렸을 때 성공적인 양육을 받지 못하면 생존할 수 없다. 그러므로 진화는 양육이라는 측면에 비추어 생각해볼 수 있다. 종의 생존은, 즉 적응은 성공적인 양육에 좌우되는 것이고, 이런 착상은 진화론 자체를 변화시킬 수는 없을지라도 그 비유적 적용은 변화시킬 수 있다.

　내가 이것을 언급한 이유는 가끔 진화라는 착상이 엄한 아버지 도덕으로 물들기 때문이다. 가장 잘 적응하고 강한 종이 살아남는다는 말은, 곧 자기이익을 가장 성공적으로 추구한 종이 살아남는다는 의미이다. 진화에 대한 엄한 아버지 해석은, 계속하여 사회에 가장 잘 적응하는 것의 생존을 주장하는 사회적 다위니즘 Social Darwinism, 그리고 '도덕적 질서는 자연의 질서이다'라는 비유에서처럼 사회에 가장 잘 적응하는 것의 생존을 도덕적이라고 간주하는 태도로 발전할 수 있다. 그러나 이 모든 것은 양육이라는 측면에서 진화에 관한 해석을 할 경우에는 전혀 이해되지 않는다. 만약 진화가 양육이라는 측면에서 이해된다면 사회에 대한 진화 비유의 기반에 도덕적 질서 비유를 더하여, 사회에서 적자생존을 생각해보는 것은 아무래도 난센스이기 때문이다.

## 이 모델의 구조

엄한 아버지 도덕처럼 자애로운 부모 도덕 역시 그 중심에 자애로운 부모 가정이라는 이상적 모델을 둘러싸고 세워진, 정교하고 중요한 도덕 시스템이다. 이 시스템의 중심은 가정생활에서의 도덕을 일반적인 도덕으로 확장시킨 양육으로서의 도덕 비유이다. 이 비유는 감정이입 · 자기양육 · 사회적 연대의 배양 · 자기계발 · 행복 · 공정함 등 양육과 친밀하게 관련된 개념들에 의해서 도덕적 구조를 이루는 비유들을 만들어낸다. 그리고 이 비유들은 이 시스템 내에서 높은 우선권을 가진다.

- **양육으로서의 도덕** : 이것은 양육 윤리의 가장 직접적인 표현이다.
- **감정이입으로서의 도덕** : 양육의 전제조건으로서의 감정이입은 발군의 중요성을 가진다.
- **도덕적 자기양육** : 자기양육은 양육을 위한 필수적인 조건이다.
- **사회적 연대의 양육으로서의 도덕** : 이것은 넓은 공동체 내에서의

양육을 위해서는 필수적이다.

- **자기계발로서의 도덕** : 아이의 잠재력 발달이 양육의 중요한 목적이기 때문에, 자기계발은 양육 도덕의 중요한 측면이다.

- **행복으로서의 도덕** : 불행한 사람은 감정이입의 가능성이 적기 때문에, 자신의 행복을 배양하는 것은 감정이입을 배양하는 데 매우 중요하다.

- **공정한 분배로서의 도덕** : 양육이 한 가정의 아이들에 대한 분배의 공정함을 요구함과 같이, 도덕적 양육도 이 비유를 요구한다.

- **도덕적 성장** : 글자 그대로 양육의 목적들 중의 하나는 육체적 성장이기 때문에, 도덕적 양육의 목적 중의 하나도 도덕적 성장이다.

- **도덕적 힘** : 힘은 양육에서 매우 중요하다. 아이를 키울 때 힘은 양육으로 공헌하고, 도덕적 힘은 도덕으로서의 양육의 개념화에 공헌한다. 이 시스템에서의 도덕적 힘의 종속역할은 그 의미에서 광범위하게 영향력을 행사한다.

- **상환과 보복(응보)** : 양육은 보호를 요구한다. 그리고 열성적으로 양육하는 부모는 아이들에게 해를 끼칠 수도 있는 것들에 대해 보복하려고 한다. 그러나 아이들이 위반했을 때의 양육은 보복보다는 상환을 선호할 것을 요구한다.

- **도덕적 경계** : 양육하는 도덕에서는 다른 형태의 위반을 낳는다.

- **도덕적 권위** : 양육하는 사람으로서 당신의 실적 위에서 나타난다.

도덕을 위한 비유들은 이런 식으로 구성되며, 주요한 도덕적 사고 형태라는 결과들을 낳는다. 여기에 그것들을 소개한다.

- **양육으로서의 도덕** : 이것으로부터 뒤따르는 도움을 필요로 하는 사람을 돕는 것은 도덕이다.
- **감정이입으로서의 도덕** : 감정이입은 다른 사람의 감정에 당신의 감정을 투사하는 능력이다. 그러므로 감정이입을 하는 사람은 다른 누군가가 불행하고 살고 있는 것에 대해 몹시 괴로워한다. 그리고 진정으로 감정이입을 하는 사람은 다른 사람이 감정을 가졌을 때 어떻게 할지를 느낄 수 있고, 그들의 관점에서 세상을 볼 수 있다. 이 비유에 따르면 이것은 도덕적 행동이자 어느 한 사람을 양육하는 존재로 이끌어준다.
- **자기양육으로서의 도덕** : 여기에서는 자신을 보살피는 것을 도덕적이라고 말한다. 그렇지 않으면 다른 사람을 양육할 수 없고, 오히려 다른 사람에게 부담을 줄 뿐이다.
- **자기계발로서의 도덕** : 자신과 다른 사람의 내면에 들어있는 인간의 잠재력을 발전시켜 도덕적 소명으로 이끌어준다.
- **행복으로서의 도덕** : 이것은 반反금욕 도덕을 창조하고, 심미적 경험의 능력을 미덕으로 돌려놓는다. 자연세계와의 친밀함은 중요한 심미적 경험이기 때문에 이것은 자연을 향한 양육을 도덕의 한 형태로 돌려놓는다.
- **공정한 분배로서의 도덕** : 동등함과 공평함이라는 주제를 도덕 시스템으로 끌어들인다.

- **도덕적 성장** : 양육은 도덕적 성장을 촉진한다. 그리고 한 사람이 도덕적으로 너무 위축되어 있다면 도덕적 성장은 항상 일어나지는 않지만, 많은 사례의 경우에서처럼 가능한 것으로 간주된다.

- **도덕적 힘** : 시스템과 관련하여 보호를 강조하며, 일단의 미덕과 도덕적 결함을 빚어낸다. 도덕적 결함은 사회적 책임의 결여, 이기심, 독선적, 편협함, 호기심의 결여, 기쁨을 경험하는 것에 대한 무능, 심미적 둔감함, 대화할 수 없음, 천박함, 자기중심주의, 그리고 자기 존중의 결여이다. 미덕은 이런 것들과는 반대로 사회적 책임, 관대함, 다른 사람들의 미덕에 대한 존중, 열린 마음, 기쁨을 위한 능력, 심미적 민감함, 신중함, 협조적, 강한 호기심, 의사전달 능력, 감정에 대한 예민함, 정직함, 협조적, 신중함, 친절함, 공동체를 생각하는 마음, 그리고 자기 존중이다. 좋은 기질을 가진 사람은 이런 미덕을 가진 사람이다.

- **도덕적 경계** : 양육 효과를 낳는 행동에 의해 결정된다.

- **도덕적 자기이익** : 시스템 내에서 종속되는 역할에 의해 재규정된다. 양육윤리의 위반은 이 시스템 내의 자기이익을 포함하지 않는다. 도덕으로서의 자기양육, 도덕으로서의 행복, 도덕으로서의 자기계발은 도덕적 자기이익보다 상위의 우선권을 가지며 그것의 사례들이 아니다. 양육하는 도덕에 제한 받는 도덕적 자기이익은 비즈니스 도덕의 특징을 가진다.

- **도덕적 권위** : 도덕적 권위는 성공적인 양육의 미덕 그리고 양

육의 책임에 의해 나타난다. 이것은 규칙을 설정하고 강요하는 능력이 아니므로 신뢰를 얻게 된다.

엄한 아버지 모델에서 보았던 우선권은 여기에서 그 순서가 역전된다. 우리가 도덕적 양육, 도덕적 감정이입, 사회적 연대의 고양, 도덕적 자기계발, 도덕적 행복, 공정한 분배로서의 도덕, 이 모든 것을 가리켜 '도덕적 그룹'이라는 용어를 사용한다고 가정해보자. 그러면 자애로운 부모 도덕에서의 도덕적 가치의 계층구조는 다음과 같이 표현될 수 있다.

- 양육 그룹
- 도덕적 자기이익
- 힘 그룹

우리가 엄한 아버지 모델에서 발견했던 우선권과는 그 순위가 역전되었다. 그러나 한 가지 경우에 있어서는 단순한 우선권의 역전 그 이상의 결과다. 공정함으로서의 도덕은 양육 그룹에 속해있고, 도덕적 질서는 힘 그룹에 속해있다. 공정함이 가진 우선권은 도덕적 질서를 압도한다. 인간에 대한 도덕적 권위를 가지는 하나님의 경우를 제외하면 도덕적 질서가 자리 잡을 공간은 부족해지고, 결국 인간 사이에서의 도덕적 질서는 사라지는 것이다.

## 변화의 매개변수

도덕적 질서의 부재를 감안하면, 자애로운 부모 모델에 적용할 변화의 매개변수는 단 세 가지뿐이다. 그러나 이것은 아직까지도 매우 많은 변형을 제공한다.

- 직선적인 잣대
- 도덕적 초점
- 실용주의적－이상주의적 측면

### 직선적인 잣대

이 모델에 포함되는 거의 모든 것은 감정이입·양육·자기양육·보호·잠재력의 개발 등의 정도(수준) 문제이다. 그 결과 이 모델에서의 어느 특정한 측면의 지나친 발달, 혹은 미개발에 따른 다양한 변화가 있다. 너무 많은 양육은 성장을 저해하고, 너무 적은 양육은 무관심이다. 너무 적은 자기양육은 자기희생이고 다른 사람들에게 부담을 부과한다. 너무 많은 것을 필요로 하는 양육에서는 시간과 에너지를 빼앗길 수도 있다.

### 도덕적 초점

도덕적 초점은 직선적인 잣대와 상호교류한다. 그러므로 부모 입장에서는 도덕적 초점을 '보호'에 두고서 이것에 더 많은 에너지를 쏟아 부을 것이다. 하지만 이것은 자칫 과보호의 원인이 될 수도 있다. 그리고 도덕적 초점을 자신의 '잠재력'에 맞춘 부모는 에너지의 최대치를 그것에만 쏟아 붓고 다른 것에는 조금만 신경쓰므로 결국 자기중심적 무책임함, 그리고 태만한 사람이 될 수 있다. 도덕적 초점이 '행복'인 사람은 자신의 에너지 대부분을 행복해지는 데에 쏟아 부으므로 방종하고 무책임하고 태만한 사람이 될 수 있다.

그러나 도덕적 초점이 항상 그와 같은 '병리적'인 결과로 나타나는 것은 아니다. 과보호하는 존재가 되지 않으면서도 도덕적 초점을 보호에 맞출 수 있고, 태만한 존재가 되지 않으면서도 도덕적 초점을 자기계발에 맞출 수 있는 것이다. 그런 이유로 적절한 균형은 자애로운 부모의 끊임없는 관심사이다. 그런 균형을 유지하려고 노력하는 자애로운 부모에 대해 내가 접한 가장 그럴 듯한 비유는, 한꺼번에 공중으로 여러 개의 공을 던지고 받기를 되풀이하는 저글러juggler(곡예사)이다.

## 실용주의적-이상주의적 측면

이상에서 살펴본 중심모델에서는 양육이 자신의 이익추구보다 우선권을 가진다. 즉 양육은 목표이고, 자기이익추구는 적절한 양육이라는 목표에 공헌하기 위한 수단이다. 그것이 이 모델의 이상주의적 해석이다.

이것은 자신의 가족을 잘 보살필 수 있도록 돈과 권력을 추구하는 사람에게는 진리이다. 아이를 키우는 것도 나중에 아이가 다른 사람을 잘 양육하는 존재가 될 수 있도록 하기 위해서이다.

그들은 좀 더 잘 양육하는 사람이 되기 위해 자신들의 이익을 추구하는데, 즉 가족을 부양하기 위해 그들 자신의 잠재력을 개발하고, 아이들이 스스로를 돌볼 수 있도록 그들의 잠재력을 개발하는 것을 돕는다.

실용주의적 해석에서는 목표와 수단이 역전되어 자신의 이익 추구를 목표로, 양육을 수단으로 삼는다. 당신이 만약 감정이입을 하고, 다른 사람을 보살피고, 잠재력을 개발하고, 다른 사람을 보호하거나 공정하게 대한다면 당신 자신의 이익을 잘 추구할 수 있다. 자애로운 부모 모델의 실용적인 해석에서 보자면 당신은 아이들이 스스로 자기이익을 추구할 수 있도록 아이들을 양육하고 있다.

우리가 이 모델을 정치에 적용한다면 이 모든 변화가 정치적으로 크게 관련되어 있음을 확인하게 될 것이다.

3

# 가정 기반
# 도덕에서 정치로

}

ROM
AMILY-BASED
IORALITY
O POLITICS

# 7
# 미국 정치를
# 새롭게 이해해야 하는 이유

Why We Need a New Understanding of American Politics

## 진보주의자들은 보수주의를 이해하는 데 실패했다

대단원으로부터 우리는 가정 기반 도덕 시스템의 분석이 어떻게 우리가 가진 의문에 해답을 줄지 진보주의자들이 각각의 정책을 가지게 된 이유를 조명해 보려는데, 이와 같은 분석이 어떻게 공헌할지를 설명하는 데로부터 불과 몇 걸음 비켜서 있다. 그러나 먼저 그런 계산이 필요한 이유를 알아보는 것도 유익하다. 보수주의 정치를 이해하기 위해 진보주의자들이 지금까지 해온 시도는 실패했다. 진보주의자들이 저지른 실패의 세 가지 분석으로부터 시작한다.

 1. 보수주의는 '이기주의 윤리'다.
 2. 보수주의자들은 보다 작은 정부를 믿는다.

3. 보수주의는 대부호들이 그들의 돈과 권력을 보호하고, 더욱 부유해지고 더욱 강력해지기 위한 음모에 불과하다.

## 이기주의 가설

《티쿤Tikkun》 잡지의 마이클 러너Michael Lerner의 실수로부터 시작하기로 하자. 힐러리 로드햄 클린턴도 전적으로 동의를 표한 러너의 칼럼 '의미의 정치'(《티쿤》, 1994년 11월 12월, p.12 p.18)는 부분적으로는 올바르게 이해하고 있음을 보여준다. 그는 진보적-자유주의적 정책이 그가 '보살핌의 윤리'로 부르는 양육과 공동체에 집중된다고 올바르게 인식한다. 그러나 보수주의 정책에 대해 '이기주의 윤리' 그 이상은 아무것도 아니라는 그의 평가절하는 잘못된 것이다. 그는 보수주의의 도덕적 비전을 인지하지 못했고, 미국 유권자들이 그 도덕적 비전을 지지한다는 점을 간과했다.

만약 러너의 주장이 옳다면, 자기이익에 호소하는 단순한 실용주의가 보수주의자들에게 적극적으로 받아들여져야 한다. 그러나 그렇지 않았다. 만약 그가 옳다면 캘리포니아의 보수주의자들은 싱글 페이어 발의를 지지했어야 했다. 왜냐하면 그것이 그들의 경제적 부담을 덜어주기 때문이다. 만약 그가 옳다면, 보수주의자들은 아동부양가구보조AFDC 지원프로그램을 고아원 지원프로그램으로 대치하는 것을 지지하지 않았어야만 했다. 고아원을 지원하는 것이 AFDC보다 비용이 훨씬 많이 들기 때문이다. 게다가 그들이 옳다면 보수주의자들은 삼진아웃제도와 교도정책 관련 제도에 대해 지지하지 않았어야만 했다. 보수주의자들에게 그런 정책은 그들의 이기주의 목적에는 전혀 부합되지 않는다는 점을 지적할 수 있기 때문이고, 실제로도 그런 점을 지적했지만 아무런 성과도 없었다.

러너의 '이기주의 윤리' 가설은 1995년 초의 하원에서처럼 대다수 보수주의자들의 도덕적 열정을 설명하지 못한다. 그것은 가정의 가치에 맞추어진 초점을 설명하지 못했고, 뿐만 아니라 보수주의자들이 사형제도를 지지하는 이유를, 그들이 미국교육협회를 폐지하려는 이유를, 낙태를 반대하는 이유를 설명하지 못했다. 결국 이기주의 가설은 보수주의 정책을 전혀 설명하지 못했던 것이다.

### 작은 정부 가설

보수주의 정책이 현재와 같은 형태를 이룬 이유는 무엇인가? 보수주의자들이 고아원 정책을 제안한 이유는? 환경보호기구의 폐지를 주장한 이유는? 예술, 박애, 기부 제도의 폐지를 주장한 이유는? 보수주의자들은 작은 정부를 원하고, 진보주의자들은 큰 정부를 원한다는 주장은 끊임없이 되풀이되고 있을 뿐 아닌가.

그것은 진실일 수 없다. 보수주의자들은 단순히 작은 정부를 원하는 것이 아니다. 그들은 국방예산의 축소가 아니라 증액을 원한다. 심지어 스타워즈로 돌아가기를 원하기까지 한다. 그들은 더 많은 교도소 설립을 원하고, 마약수사국, FBI, 혹은 정보기관을 폐지하는 것은 원치 않는다. 록히드와 같은 대기업을 위한 긴급구조를 중지하라고 소리치지도 않는다. 핵개발을 중단하라고, 컴퓨터 연구기금 지원을 중단하라고 소리치지도 않는다. 공군에 의한 비행조종사 훈련비용을 항공사에 부과하려는 시도도 없고, 고속도로 건설비용을 자동차 회사에 떠넘기려는 시도도 없다. 만약 보수주의자들이 단순히 정부예산의 축소를 원한다거나 정부가 직접 비용을 지불할 것을 원한다면, 그들이 감축과 재편을 위해 제안할 것은 수도 없이 많을 것이다. 작은 정부 가설은 이처럼 전혀 잘못된 것이다. 그것은 예산 사용에 관해 보수주의자들이 원하는 항목과 원하지 않는 항목에 관한 이유를 설명해주지 못한다. 보수주의자들이 어디에 사용하는 것을 원하고, 어디에 사용하는 것을 원하지 않는가? 그런 태도를 결정해주는 요인은 무엇인가?

## 냉소적인 진보주의자들의 반응

안소니 루이스Anthony Lewis는 1995년 2월 27일자 〈뉴욕타임스〉 논평에서 보수주의자들이 삭감한 예산 목록을 열거했다. 공립학교 점심제공 규정폐기, 가난한 어머니와 아기들에게 영양을 공급해 유아사망률을 현저히 낮춘 WIC Women, Infants, and Children 프로그램의 종결, 투자자들이 가짜 유가증권 사건에 대한 소송을 어렵게 하는 제도의 법제화 등이 그것이다. 그리고 그는 다음과 같이 평했다.

그들이 발의하거나 계획한 법안들의 목록을 보면, 누구든 어렵지 않게 그 주제를 발견할 수 있다. 하나하나 그 목적을 살펴보면 우리 사회의 부유층들을 더욱 부유하게 하고, 가난하고 약한 사람들에게 국가가 주는 도움을 삭제하거나 감축하려는 것이다. 제조업체나 제약회사에게는 이익이 되겠지만, 병든 어린이와 가난한 어머니는 더 큰 부담을 안게 된다.

이것은 보수주의 정부에 대해 진보주의자들이 보이는 냉소적인 반응의 한 사례이다.

진보주의자들은 보수주의 정치인들이 이 세상의 부를 통제하고 조절하는 대부호와 거대 다국적기업의 도구에 불과하다고 냉소적인 반응을 보인다. 레이건과 부시 행정부를 거치면서 최상위 계층을 향한 부의 재분배가 이루어졌고 그 결과 상위 10퍼센트의 가정이 국가 전체 부의 70퍼센트를 조절 혹은 통제하게 되었다. 레이건 행정부는 국가 채무에 3조 달러를 증액시키고 그 돈을 최상위 계층에 재분배함으로써 그 나머지 국민들에게 매년 연방예산의 28퍼센트에 달하는 금액을 그 부채의 이자로 부담시켰다.

진보주의자들은 보수주의자들이 국가예산을, 첫째로 군대, 경찰, 정보기관, 그리고 교도소 등의 사회통제수단에, 둘째로 컴퓨터 연구 지원, 핵개발, 항공사에 큰 혜택을 주는 공군조종사 훈련 프로그램, 혹은 대기업을 위한 긴급구조자금을 제공하는 등의 정부활동에 예산을 사용하기를 원한다는 냉소적인 반응을 보인다.

진보주의자들은 대부호들이 이 나라의 지식인 활동을 그들의 지배하에 두려는 방법을 찾기 위해 노력한다고 빈정거린다. 그들이 조직화하기 위해 내디딘 첫걸음은 우익 싱크탱크에 대한 재정 지원이다. 자선을 위한 국가지원의 삭제는 비 우익 연구단체들을 위한 자금 지원을 삭제해버렸고, 공영방송국 철폐는 사상통제에 기여할 수 있는 공공담론을 축소시켰다. 국공립대학에 대한 지원 조절은 사상통제를 위한 또 다른 수단이 되어줄 것이며, 도덕교육에 관한 의제설정 역시 또 다른 통제가 될 것이다.

진보주의자들의 냉소적인 반응에 대해서는 훨씬 더 이야기할 것이 많다. 그리고 그중 상당부분은 진실이다. 그럼에도 그런 주장에는 중요한 결함이 있고, 전체적인 상황과는 거리가 멀다. 첫째, 그것은 보수주의자들을 악마화하고 있다. 그들은 부유한 악마이고, 이기적인 권력 추종자, 혹은 그들의 하수인이나 얼뜨기라고 치부해버리는 것이다. 보수주의자들 중 일부는 그런 비난들을 받기에 합당할지도 모르지만, 대부분의 보수주의자들은 자신이 부유하지도 않고, 그들 자신보다는 국가의 혜택을 위해 일하는 사람이라고 나는 생각한다. 좋은 의도를 갖고 있고, 악마화 이론에 대응할 만한 적절한 수단을 가지고 있는 이상적 보수주의자들도 너무나 많다.

둘째, 경쟁과 중앙통제에는 음모론 탓이 지대하다고 한다. 미국의 정치는 꼭대기에 존재하는 고성능 기계의 작동에 의해 굴러가는 것이 아니다. 현재의 미국 정치는 너무도 어지러운 상황이기에, 마치 손쉽게 합리적으로 통제될 수 있는 그런 것이 아니다. 고액의 자금이 투입된 고성능 기계는 정치조직 내에서, 그리고 선전활동에서는 많은 일을 할 수 있지만, 그것이 수백만에 달하는 사람들의 가슴 속에 전혀 다른 세계관을 심어줄 수는 없다. 정치는 익히 통용되거나 문화적으로 존중받는 아이디어를 이용해야만 한다.

셋째, 음모론은 보수주의적인 수사修辭가 예전에 보수주의에 투표하지 않았던 많은 사람들의 마음을 얻게 된 이유를 설명하지 못한다. 음모는 그 사람들이 보수주의자들의 정치연설을 들으면서 어느 순간 설득당하여 믿게 되는 이유를 설명해주지 못한다. 진보주의자들의 냉소적인 반응은 오웰주의적Orwellian 반응으로, 즉 아무리 큰 거짓말이라도 여러 번 반복해서 들으면 진실로 받아들여진다는 논리이다. 인간의 정신을 자극-반응이라고 주장하는 케케묵은 주장은 인간의 두뇌활동에 관한 연구결과와 문화효과를 무시하는 것이다. 우리 모두는 미국 문화에 젖어있고, 우리의 문화적 지식은 물질적으로 암호화되어 두뇌의 염색체 안에 보존되어 있다. 사람들은 하룻밤 사이에 새로운 세계관을 받아들일 수 없다. 전적으로 새로운 아이디어란 없다. 문화 안에 익히 존재하며 이용되어왔던 것들이다. 대부호들의 그 어떤 음모도 보수주의자들의 아이디어가 사람들에게 의미를 지니게 되는 이유를 설명하지 못한다.

넷째, 음모론은 보수주의자들의 정치적 입장을 세부적으로 설명하지 않는다. 사형제도가 대부호들의 관심사가 되어야만 하는 이유는 무엇일까? 교도소에 더 많은 정부예산을 사용해야만 되는 삼진아웃제도가 부호들이 더 많은 돈을 버는 데 어떻게 공헌할까? 고아원이 대부호들의 관심사에 포함되는 이유는 무엇일까? 대부호들이 예술 활동 지원정책을 지워버리려고 하는 이유는 무엇일까? 음모론은 보수주의의 여러 가지 중요한 정책을 설명해주지 못한다. 더욱이 보수주의 정책에 의해 대부호들이 혜택을 받는 부분이 무엇인지도 심도 있는 설명을 질서정연하게 하지 못하고 있다. 보수주의자들의 도덕이 대부호들의 관심사에 공헌하는 이유는 무엇인가? 보수적인 가정 가치와 대부호들의 관심사 사이의 연결고리는 무엇인가? 단순히 대부호들의 음모라고 단정하는 것은 이런 질문들에 대한 답이 되지 못한다.

간단히 말해서, 대부호들의 관심사와 돈이 보수주의자들의 세부적인 정책과 관련되어 있긴 하지만, 진보주의자들의 주장처럼 그것이 단순히 보수주의자들의 이기적인 음모라고는 생각되지 않는다. 실제로 나는 진보주의자들이 보수주의를 평할 때 보수주의자들의 정책, 세계관, 그리고 언어를 이해하지 못한다는 것을 느꼈다. 나는 엄격한 아버지 가정 모델과 그 모델에 적합한 비유로부터 심층적인 설명이 있어야 한다고 생각한다.

**보수주의를 이해하는 데 실패한 보수파**

보수파 브레인들의 주장조차도 보수주의를 정확히 특징짓는 데 도움을 주지 못한다. 보수주의자들이 보수주의를 설명하는 세 가지 원칙이 있다.

1. 보수주의는 큰 정부를 반대한다.
2. 보수주의는 전통적인 가치를 지킨다.
3. 보수주의는 성경말씀 그대로이다.

우리는 이미 첫 번째는 거짓임을 살펴보았다. 두 번째의 경우, 보수주의 지식인 중의 한 사람인 윌리엄 베네트의 주장을 살펴보자.

나는 보수주의를 이렇게 이해한다. 보수주의는 과거의 좋은 점을 보존하는 것이다. 보수주의는 우리 사회를 하나로 유지해주는 전통, 제도, 풍속, 그리고 권위가 가지는 중요한 역할을 이해한다. 그리고 우리 국가의 제도가 오랜 기간에 걸쳐 관습에 의해, 경험으로 터득한 교훈에 의해, 그리고 공동체의 합의에 의해 발전해온 원칙의 산물이라는 점을 인식하고 있다. 또한 보수주의는 사회적 질서가 도덕적 기반에 뿌리를 두고 있다는 믿음에 기초를 둔다. <sup>참고 C1, Bennett,</sup> 1992, p.35

베네트의 평가는 그리 도움이 되지 않는다. 과거의 좋은 점이 무엇인지, 또 그렇게 판단되는 이유는 무엇인지 이야기하지 않았다. 인종차별주의, 식민정책, 마녀 화형, 어린이 노동, 종속 계약된 하인을 목적으로 한 아동매매…… 이런 점들은 과거 미국의 좋은 전통에는 포함되지 않을 것이다. 여기서 '좋은 점'이 무엇인지를 판단하기 위한 기준은 명확하지 않다. 베네트는 전통제도를 언급했지만, 정부와 공공학교는 보수주의자들을 위한 전통제도가 아니다. 그는 공동체의 합의를 언급하지만, 보수주의자들은 반 낙태법, 사회복지 프로그램 폐지 등의 공동체의 합의가 이루어지지 않은 주장을 지지한다. 그는 '도덕적 기반'을 언급하지만, 보수주의자들이 주장하는 도덕성만 도덕이고, 진보주의자들이 주장하는 도덕성은 도덕이 아닌지 그 이유에 대해서는 아무런 평도 하지 않는다.

보수주의는 성경을 다루는 문제에 관계된 것일 뿐이라고 말하는 우익 종교집단의 주장에도 같은 문제가 따른다. 성경은 신중한 선택과 해석 없이는 정치만이 아니라 다른 많은 분야에도 적용될 수 없다. 전국교회협의회 역시 성경을 다룰 것을 촉구하지만 진보주의적 해석을 제공할 뿐이고, 해방신학 역시 성경을 따르지만 가끔씩 혁명적인 해석만 내놓을 뿐이다. 성경에 대한 보수주의자들의 정확한 해석은 무엇인가? 이 중요한 질문에 대한 적절한 대답이 있기 전까지는 기독교인들이 자신의 종교가 보수주의 정책에 적합한지, 그 이유는 무엇인지를 이해하기는 매우 어렵다. 우리는 이 점에 관해 14장에서 논의할 것이다.

이 모든 것이 암시하는 바는, 보수주의자들 역시 그들 자신의 정치철학의 특징을 설명하는 데 특별히 뛰어나지는 못하다는 점이다. 진보주의자들 역시 그들의 정치적 진보주의의 특징을 설명하는 데 나을 것이 없다. 진보주의 이론가들은, 자기들의 일은 규범에 따르는 것이지 진보주의가 실제로는 어떤 것인지를 서술하는 것이 아니라고 말한다. 규범에 따라 이론적으로 진보주의의 특징을 설명하기 위해 충분히 이해되도록 기술할 수 없음이 그리 놀랍지 않다. 토마스 스프라젠 주니어Thomas Spragens, Jr.는 다음과 같이 전형적인 주장을 제공한다.

규범에 따르는 진보주의의 본질은 정치적 사회의 중심목적인(어쩌면 유일한 목적인) 권리 보호에 집중하는 것이다. 사회이론으로서의 진보주의의 본질은 자치적이고 개별적인 각 개인을 전체적이고 사회적인 존재로 집중하는 것이다. 그러므로 적절히 유지되는 사회는 이런 개인들 사이의 계약관계에 중심을 둔다. 참고 C4, Spragens, 1995

이것은 어느 면으로도 현대 진보주의와 보수주의를 구분하지 않는다. 주어지는 질문은 '어떤 권리가 중요한가?'라는 점이다. 보수주의자들은 당신이 번 것을 가질 권리라고 선언한다. 기관총을 소유할 권리, 태어나지 않은 아이의 권리, 당신의 재산을 임의로 처분할 권리, 중무장한 사병을 거느릴 권리 등의 권리라고 선언한다. 만약 진보주의자들이 국가의 억압적인 정책을 두려워한다면, 보수주의자들이 연방정부의 권력을 파괴하려 하고, 진보주의자들은 그것을 보존하려고 노력하는가? 어떤 권리가 옳은 것이고, 국가의 강제적인 권리 중에 어떤 것이 나쁜가에 관해 평가하지 않고서는 고전적인 진보주의 이론은 정치적 진보주의와 보수주의로 구분될 수 없다.

또 다른 고전적 진보주의 이론은 자유와 평등 모두에 초점을 맞춘다. 예를 들어 롤스는 자유에 더하여, 사회의 약자에게는 혜택을 주어야한다는 평등을 덧붙인다. 이것은 정치적 진보주의자들이 왜 생태보호운동에 호의를 보이고, 낙태를 반대하지 않으며, 예술을 위한 기금을 장려하려고 하는지 등을 설명하지 못한다. 자유와 평등이라는 추상적인 영역으로부터 각각의 쟁점에 대한 현실적인 정치적 입장의 핵심을 이해할 수 없다.

공동체 사회주의자들의 비평도 전체적으로는 고전적인 진보주의자들의 주장보다 나을 게 없다. 그들은 자율적인 개인이 다른 자율적인 개인과 사회적 계약을 맺게 된다는 진보주의자들의 고전적인 신화는 무의미하다고 정확하게 지적한다. 지금까지 개인은 자율적이지도 않았고 그런 적도 없었다. 우리는 철저히 사회적이고, 사회적 생활은 권리와 함께 책임을 요구한다. 그러나 어떤 책임을? 그리고 그 이유는? 보수주의자들 역시 책임을 강조한다. 그렇다면 다른 점은 무엇인가?

보수주의자들과 진보주의자들이 모두 풀어야만 하는 인간의 본질에 관한 또 다른 보편적인 질문이 있다. 보수주의자들은 인간이 기본적으로 타락했기 때문에 권위와 규율의 대상이 되어야한다고 생각한다. 반면에 진보주의자들은 인간은 기본적으로 선하고, 자신을 위한 행동이 무엇인지 결정할 수 있다고 생각한다. 그 이론이 모든 보수주의자들과 진보주의자들의 정책을 비웃는 것은 아니다. 자신의 이익을 극대화하기 위해 노력하는 사람은 자신이 올바른 일을 하는 것으로 간주되기를 기대할 수는 없다고 진보주의자들은 생각한다. 그들 역시 공해를 일으켜서는 안 되고, 부당한 차별대우를 해서는 안 되며, 위험한 제품을 생산해서는 안 된다는 것을 잘 알고 있다. 많은 문제에 있어서 인간의 본질을 의심하는 것은 진보주의자들이고, 믿는 것은 보수주의자들이다.

이미 인용한 바와 같이, 마이클 러너가 진보주의 중심으로 '보살핌의 윤리'를 언급한 것은 매우 적절했다. 그러나 그는 그 윤리의 세부적인 사항과, 그것이 진보주의자들의 주장과 태도로 이어지는 이유를 설명하지 못했다. 더욱이 보수주의자들 역시 그들의 자녀들의 도덕, 태어나지 않은 아이들의 권리, 학교에서의 교육내용, 범죄피해자, 섹스, 마약 그리고 폭력이 우리 사회에 끼치는 영향 등 여러 가지 문제를 보살핀다. 보수주의자들의 보살핌은 진보주의자들의 그것과는 어떻게 다른가? 그 차이를 결정하는 것은 보살핌 그 자체가 아니다.

나는 그 대답으로 최소한 상당부분은 엄한 아버지, 그리고 자애로운 부모와 관련되어야 한다고 믿는다. 나는 그 상반되는 도덕적 주장의 배후에는 보수주의자들과 진보주의자들 사이의 각기 다른 세계관이 있음을 주장하려 한다. 게다가 그 도덕 시스템의 변형은 각 진영의 다양한 태도를 설명해줄 것이라고도 믿는다.

논의를 계속해야 할 남아있는 단계가 있다. '가정과 가정을 기반으로 한 도덕을 정치와 연결시켜주는 것은 무엇인가' 하는 점이다.

# 8
# 모델의 본질
## The Nature of the Model

## 가정 비유로서의 국가

보수주의자든 진보주의자든 혹은 그 어느 쪽도 아니든 간에, 우리
는 정부를, 혹은 정부를 대표하는 수장首長을 나이 든 남성이나 전
형적인 아버지로 간주하는 '가정으로서의 국가'라는 보편적인 비
유적 개념 시스템을 누구든지 부분적으로 가지고 있다. 흔히 건
국의 아버지들을 이야기하면서 조지 워싱턴을 '나라의 아버지'라
고 부른다. 부분적으로는 그가 이 나라를 건국한 비유적 '선조'들
중의 한 사람이기 때문이고, 다른 한편으로는 그가 궁극적인 국가
의 수반, 즉 가정으로서의 국가 비유에 의하면 가정의 수반인 '아
버지'이기 때문이다. 미국 정부는 오래 전부터 '샘 아저씨Uncle
Sam'라고 지칭되어 왔다.
　조지 오웰의 소설《1984년》에 등장하는 악몽과 같은 국가의 수

반은 '대형大兄, Big Brother'이라고 불리었다. 이것은 보수주의자들이 '큰 정부Big Government'라는 말을 사용할 때 의식적인 반향을 일으킨다. 국가가 전쟁에 나설 때면 국가는 그 아들들을(이제는 딸들도) 전쟁터로 내보낸다. 아버지를 의미하는 라틴어 'pater'에 뿌리를 둔 애국자는 자신의 '조국fatherland'을 사랑한다. 우리는 하나님에게 '형제와 함께하는 국가에 영광을 허락하소서!'라고 노래 부른다. 이 비유는 합법적인 논쟁에서까지 나타나는데, 상원의원 로버트 돌Robert Dole은 균형예산 수정안을 위한 연설에서 '워싱턴이 가장 잘 안다'며 진보주의자들을 꾸짖었다. 그것은 〈아버지가 가장 잘 알고 있다Father Knows Best〉라는 인기 텔레비전 드라마의 제목으로도 사용되었던 상투어에 근거를 둔 슬로건이었다.

사실 균형예산 수정안에 관한 논쟁에서 주기적으로 이용되는 비유는, 가정예산이 균형을 이루어야 하는 것처럼 국가예산도 그래야만 된다는 것이다. 보수주의자든 진보주의자든, 경제학자라면 그 누구든, 가정경제와 국가경제 사이에는 큰 차이가 있으므로 그런 비교는 경제학적으로는 웃음거리일 뿐임을 잘 알고 있다. 가정은 경제를 활성화시키기 위한 프로그램을 시행할 수도 없고, 새로운 통화를 발행하지도 못하며, 세율을 조절하지도 못한다. 이런 요인들에도 불구하고 우리의 개념 시스템 안에 포함된 무의식적이고 자동적인 '가정으로서의 국가' 비유는 많은 사람들에게 그 논리를 그저 상식적인 것으로 보게 한다.

내가 말하고자 하는 것은 '가정으로서의 국가' 비유는 표준개념 레퍼토리의 한 부분으로 존재한다는 것이다. 사람들이 자연스럽게 '엉클 샘' 혹은 '대형大兄'이라는 표현을 사용하는 것은, 혹은 논쟁에서 가정으로서의 국가를 개념화하며 균형예산 수정안 지지에 잘 이용하려 하는 것은, 단순히 그런 태도가 허용되기 때문이 아니라 많은 개념작용의 결과라고 믿는다. 또한 가정으로서의 국가 비유는 보수주의자들과 진보주의자들의 세계관을 우리가 살펴보고 있는 가정을 기반으로 한 도덕과 연결시켜 준다고도 믿는다. 이 비유는 엄한 아버지와 자애로운 부모 도덕 시스템이 정치에 투사되어, 보수주의와 진보주의라는 정치적 세계관을 형성한다고 믿는다.

### 좀 더 정확하게 들여다보기

제안된 모델에 대해 조금 더 정확하게 알아보아야 할 때가 되었다. 첫째, 가정으로서의 국가 비유는 다음과 같이 말할 수 있다(여기서는 간단히 하기 위해서 가정의 연장자이자 권위 있는 존재를 아버지로 제한했다).

- 국가는 가정이다.
- 정부는 부모다.
- 시민은 자녀다.

이 비유는 우리에게 정부를 우리가 알고 있는 가정에 관한 지식을 기반으로 생각할 수 있도록 해준다. 예를 들면 자녀를 보호해야 하는 부모의 기능과 마찬가지로, 정부는 시민을 보호하는 기능을 가진다. 어떤 논리는 개념적 비유에서 정상적인 것으로 간주되지만 지나친 점이 많다는 것은 매우 중요하다. 가령 시민은 대부분의 경우 성인이기 때문에 어린아이를 대하듯이 다루어서는 안 된다. 정부는 취침시간이 되었다고 당신을 잠자리에 들도록 강요하지도 않고, 잠들기 전까지 동화책을 읽어주지도 않는다. 이것은 '불변의 원칙들'에 의해 예견되었다.<sup>참고 A1, Lakoff, 1993</sup> 어쨌든 정부는 부모와 같이 시민에 대해 특정한 책임과 권위 모두 가지고 있다.

이 비유에서는 국가가 어떤 형태의 가정인지에 관해서는 정확하게 구체화하지는 않는다는 점에 유의하기 바란다. 여기에서 엄한 아버지와 자애로운 부모가 들어와 그 빈자리를 메워준다. 보수주의자들은 국가를 엄한 아버지 가정으로 개념화하고(무의식적 혹은 맹목적으로), 진보주의자들은 자애로운 부모 가정으로 개념화한다.

도덕과 정치 사이의 연결은 다음과 같이 나타난다. 엄한 아버지 도덕과 자애로운 부모 도덕은 5장과 6장에서 살펴본 도덕 시스템을 내놓는다. 가정으로서의 국가 비유는 가정 모델에 적용되고, 또한 가정 기반 도덕 시스템에 적용되며, 보수주의와 진보주의의 정치적인 세계관을 산출한다. 명확하게 설명하자면 보수주의와 진보주의의 세계관 분석은 매우 어려운 문제로 보일 수 있지만, 개념 시스템의 구조적 관점에서 보면 실제로는 매우 단순하다. 이 분석에서 각각의 요소는 독자적으로 존재한다.

- 가정의 두 모델은 문화적으로 전통적인 남성과 여성모델의 세분화된 변형이다. 이것은 오랜 기간에 걸쳐 형성된 문화적 경험이라는 뿌리를 가진다.
- 도덕에 관한 다양한 변화에서 도덕성은 힘 · 양육 · 권위 · 건강 등으로 개념화된다. 이것은 약함보다는 강함이 낫고, 보살피지 않는 것보다는 보살피는 것이, 조절되지 않는 것보다는 조절되는 것이, 병든 것보다는 건강한 것이 낫다는 등의 일상적인 안녕 경험에 그 기초를 둔다.
- 가정 비유로서의 국가

독자적으로 존재하는 이런 요소들은 특정한 방식으로 자연스럽게 결합한다. 각각의 가정 모델은 5장과 6장에서 설명한 바와 같이 도덕에 관한 자연스런 비유의 조직을 제공한다. 그 결과로 나온 것이 대조적인 두 가지 도덕 시스템인 것이다. 가정으로서의 국가 비유는 정치영역에 투사되어 보수주의와 진보주의의 세계관을 낳는다. 간단히 말해서 독자적으로 존재하는 두 가정 모델과 도덕의 비유, 가정으로서의 국가 비유, 이 두 정치적 세계관은 정치적 목적에 도달하기 위해 이 두 가지 개념적 요소를 이용하는 최소한의 방식이다. 보수주의와 진보주의의 세계관은 정치를 이해하기 위하여 현존하는 개념적 자원을 경제적으로 최대한 이용한 결과이다. 그리고 다음에서 보게 될 바와 같이, 보수주의와 진보주의 세계관의 변화는 그 모델들의 최소한의 변화이다. 그러나 변화는 잠깐 밀어두기로 하자. 그 두 세계관의 구조는 매우 간단하여 각각은 독자적으로 존재하는 세 가지 요소로 결합되어 있다. 인간의 두뇌에 비추어 보면 사실 매우 간단한 구조인 것이다.

## 설명과 증거

내가 제공하는 분석방식은 인지모델링cognitive modeling이라고 알려진 방식으로, 아마도 인지과학 내에서 가장 보편적인 분석 형태이다. 이 아이디어는 정신 모델을 세우고 자연적인 인지조직을 이용하여 (개념적 비유와 방사형 카테고리 등을) 상당히 넓은 범위에 걸쳐 퍼진 현상을, 특히 의문시되는 현상을 이해하게 한다.

'그럴듯한 모델'은 이 모델이 가진 것과 같은 종류의 내용을 가졌다. 각각의 요소가 독자적인 동기를 가지고 최소한의 추가인지조직을 이용하는 것이 가장 그럴듯한 모델이다. 모델의 그럴듯함은 다른 주장의 그럴듯함에 기초를 둔다. 첫째, 가정의 이상적인 모델이 제공하는 것은 진정한 인지형식이라는 점. 둘째, 도덕을 위한 비유의 분석은 추리와 경험에 기초를 둔 그럴듯한 것이라는 점. 그렇다면 우리는 진정으로 도덕을 순수함, 힘, 혹은 양육으로 이해하는 것일까? 그리고 우리는 어떻게 그렇다고 말할 수 있을까? 추리와 언어학적인 증거 중의 몇몇은 위의 비유를 논하는 과정에서 주어졌다. 그리고 그런 비유를 위한 그럴듯한 경험적 근거는 3장에서 주어졌다. 그리고 셋째, 우리의 개념 시스템이 가정으로서의 국가 개념화를 위해 가진 비유는 그럴듯한가 하는 점이다. 이 부분을 시작하며 행해진 고찰은 그 결론을 정당화해주는 듯 보인다. 개념적 분석이 우리의 규율과 잘 맞음으로써 이것은 매우 높은 수준의 최초의 그럴듯함을 가진다. 즉 이것은 인지언어학자가 발견하기를 기대하는 그런 종류의 모델인 것이다.

그 다음 질문은 그 모델이 현상을 설명하느냐는 점이다. 이런 여러 가지 현상들은 1장과 2장에서 논의했다. 그것에는 세 가지 종류가 있다. 첫째, 그 모델들은 보수주의와 진보주의가 현재 그들이 가진 일련의 정책들을 지니게 된 이유를 설명해주어야 한다. 예를 들면 사회복지 프로그램에 대한 반대, 반反 환경주의, 반反 여권신장주의, 범죄자에 대한 엄한 처벌, 살상무기 소유권에 대한 지지 등의 입장을 살펴보자. 이런 것들이 서로 결합되는 이유는 무엇일까? 둘째, 모델은 보수주의자와 진보주의자가 서로에 대해 가진 질문을 설명해주어야 한다. 한쪽에는 명백한 진실이 다른 한편에게는 왜 모순으로 보이는지 그 이유를 설명해주어야 한다. 셋째, 보수주의자와 진보주의자의 담론을 상세히 설명해주어야 한다. 각각의 주제가 어떻게 결합하여 이해되는지를 설명하고, 그런 주제에서 비유적 언어가 어떻게 이용되는지를 설명해주어야 한다. 더욱이 그 모델은 그럴듯해야 하며, 예측될 수 있어야 한다. 새로운 주제에서 — 아직 나타나지 않은 주제에서 — 모델의 논리와 비유적 언어를 설명해주어야 한다. 보수주의와 진보주의가 새로운 쟁점에 대해 어떻게 반대의 입장을 취하게 되었는지, 그리고 새롭게 야기되는 문제까지 설명해주어야 한다. 이 모든 것을 다한 인지모델을 획득하는 것은 엄청난 주문이다.

인지과학 외부에 있는 사람들 중에 사회적, 정치적 쟁점을 인간 정신의 견지에서 생각해온 사람은 거의 없다. 경제 · 사회학 · 정치철학 · 법, 혹은 데이터 관측을 이용한 통계적 연구의 견지에서 생각해온 것이 보편적이다. 그러나 내 의견으로 그런 시도는 그 어느 것도 여기에서 고려되는 세 종류의 현상에 대해 완전하게 설명할 수 없었다. 이제까지 내가 발견할 수 있었던 것은, 이 가설이 이 모든 현상을 전체적으로 설명하기 위한 단 하나의 진지한 시도라는 점이다. 이 가설은 새로운 것이기 때문에 성숙한 이론이기를 기대하는 입장에서 수준을 확인하려 하지만 솔직히 그럴 방법이 없다. 현재 이 가설은 오직 모델링에만—그 모델이 그럴듯한가, 논의된 세 가지 경우의 데이터를 잘 설명해주는가, 하는 점에만—그 기반을 둔다. 그리고 그것은 매우 적합한 것으로, 그리고 지금까지는 예측 가능하도록 해주었다.

내가 이 점을 파악한 이후에 들어본 모든 토크쇼와 정치적 연설은 이 모델의 예측성을 확인해주었다. 즉 인지모델에게는 매우 강한 경험적 확인이었다. 그러나 언어심리학적 테스트나 데이터 관측으로부터 추가적인 확인을 바라는 사람도 있을 것이다. 나는 장래에 그런 연구도 수행되기를 바라고 있지만 실상 그리 간단하거나 쉬운 일은 아닐 것이다.

언어심리학적 테스트는 인지모델에서의 개념적 비유의 존재를 구분할 수 있는 능력을 가지기 시작했다. 그러나 이 가설의 새로운 존재를 테스트하기에 필요하고 복잡한 경험적 패러다임은 없다.[참고 A1, Gibbs, 1994] 관측연구도 여기에서 등장하는 것과 같은 복잡한 비유적 인지모델의 존재를 테스트하기에 적절한 방법론을 가지지 못했다.

인지모델, 증거, 설명과 예측의 견지에서, 이 분석에 관한 논의로부터 사람에 관해 이야기하는 것으로 논의를 옮겨보자. 이 분석은 우리가 생활의 다른 모든 영역에서 그런 것처럼 정치를 이해하기 위해 무의식적으로 인지모델을 이용한다고 주장한다. 우리는 정치적 연설을 즉석에서 이해할 때마다 그 연설에서 명확히 언급되지 않은 부분은 이 인지모델을 이용하여 채운다. 이 분석은 보수주의와 진보주의가 갖는 세계관의 차이가 정치의 인지모델 등의 차이에서 기인한다고 주장한다. 보수주의자가 사용하는 모델은 엄한 아버지 가정 모델이고, 진보주의자의 모델은 자애로운 부모 가정 모델이다. 그런 다음에 보수주의와 진보주의 양쪽 모델은 다같이 도덕성을 위한 일반적 개념 비유들을 가정 모델에 합치시키기 위해 조직화하고 우선권을 부여하는 것이다. 그 결과인 가정을 기반으로 한 도덕은 보편적인 가정으로서의 국가 비유에 의해 정치와 연결된다. 그 결과 매우 다른 두 가지의 정치적 세계관이 나타난다.

그 분석이 주장하지 않는 바는 무엇인지 유의해보는 것도 매우 중요하다. 그것은 개개인이 단 하나의 이상적인 가정 모델을 가진다고 주장하지는 않는다. 아마도 대부분의 사람들은 두 가지 모델 모두를 인식하고 그것들을 각기 다르게 이용할 것이다. 우리는 한쪽은 믿어주고, 다른 쪽은 비웃는다(그러나 비웃기 위해서는 그것을 인식해야만 한다). 또 다른 가능성은 우리가 두 가지 모델을 다 가지고 있으며, 한 모델은 가정에 그리고 다른 모델은 정치에, 이런 식으로 각기 다르게 사용한다는 것이다.

나는 많은 사람들이 아버지의 행동방식에는 엄한 아버지를 적용하고, 자애로운 부모 모델은 어머니의 행동에 적용한다고 해도 놀라지 않을 것이다. 그렇다면 그들은 책임이 분담되고, 각기 다른 기능을 가지는 엄한 아버지 가정 모델과 자애로운 어머니 가정 모델 모두를 가지는 것이다. 가정생활에서 그 모델이 서로에게 피할 수 없이 모순되는 부분에 대해서도 여러 해결책을 갖는데, 때에 따라 아버지 모델이 앞설 수도 있고 어머니 모델이 앞설 수도 있다. 혹은 경우별로 달라질 수도 있고, 날마다 부부의 심신 상황에 따라 달라질 수도 있다. 각기 다른 사람이 뚜렷하게 구분된 이상화된 가정 모델을 이용하는 가정은 정치와 일치되는 기반을 가질 수 없다. 가정으로서의 국가 비유를 경유하여 일치되는 정치적 세계관에 도달하기 위해서는, 가정 모델 중 분석이 가리키는 결과에 따라 한 가지 모델을 선택해야 한다.

1장에서 언급한 바와 같이, 사람들은 하나의 모델에 근거한 단 하나만의 일치하는 세계관을 갖지는 않는다. 예를 들면 1967년부터 1992년 사이에 (카터 행정부 시절은 제외하고), 유권자들은 상당히 보수적인 대통령과 상당히 진보적인 의회를 선택하여 엄한 아버지 행정부와 자애로운 어머니 의회를 만들어냈다. 그리하여 최정상은 엄격하고, 바로 그 아래는 인자한 정부 내에서의 고전적인 가정 모델을 창조했다.

그 분석은 항상, 혹은 대부분의 경우에서도 가정 모델과 정치적 세계관 사이에는 일대일 상관관계가 존재한다고 주장하지 않는다. 그러나 그와는 달리 나는 그런 상관관계는 존재한다고 생각한다. 가정과 정치 사이의 일대일 상관관계를 가지는 개념 시스템은 단순하고 좀 더 통일되고, 더욱 안정적인(혹은 굳은) 상태일 것이며, 각기 다른 쟁점에 대해 각기 다른 시간에 각기 다른 모델을 이용하는 것보다 인지학적인 불화를 덜 생산한다. 이런 관점에서 보수주의자들이 가정의 가치에 집중하는 것은, 가정생활을 위한 엄한 아버지 모델을 보수주의의 정치적 기반으로 통일시키려는 시도이다. 인지과학의 관점에서 이것은 지극히 세련된 강력한 정치적 전략이다.

일반론에서 구체적인 문제로 나아갈 때가 되었다. 그 제안이 어떤 기술적, 혹은 과학적 장점을 가졌거나 그렇지 못했든 간에, 시민으로서 우리에게 주는 그 궁극적인 가치는 우리 정치에 대한 진정한 통찰력을 안겨준다는 것이다. 이 다음 장은 그것에 관한 내용이다. 나는 먼저 9장에서 이 두 도덕 시스템이 각기 다른 도덕적 행동, 모델 시민, 그리고 악마에 대한 카테고리를 만들어내는 것을 보여주며 시작할 것이다. 계속해서 그 다음 10장에서는 우리가 제기한 질문의 답을 제공할 것이다.

# 9
# 정치에서의 도덕적 범주

Moral Categories in Politics

## 도덕적 행동의 범주

도덕 시스템은 그 사람이 세계를 어떻게 파악하고 있으며, 크고 작은 일상적인 수백 가지 일들을 어떻게 이해하는지를 규정한다. 도덕 시스템이 세계관을 특징짓는 주요한 방법들 중의 한 가지는 범주화를 통하는 것이다. 각각의 도덕 시스템은 도덕적 행동에 관한 몇 가지의 고정된 주요한 카테고리를 창조한다. 그런 주요한 카테고리들은 약간, 혹은 전혀 아무런 생각 없이 어떤 행동이 도덕적인지 그렇지 않은지를 분류할 수 있도록 해준다. 가끔 우리는 어떤 행동이나 사건을 어떤 카테고리에 포함시켜야 할지 어려움을 겪기도 한다. 그러나 대부분의 경우에는 우리가 분류하고 있다는 사실조차 깨닫지 못한다. 이러한 분류는 가끔 의식을 반영하는 것일 수도 있고, 행동의 분류는 우리가 의식적으로 추론할 때는 달라질 수도 있다. 그러나 전체적으로 우리가 맨 먼저 하는 것은 무의식적인 분류다.

### 보수주의의 도덕 카테고리

보수주의(엄한 아버지)와 진보주의(자애로운 부모) 도덕의 우선권은 도덕적 행동을 범주별로 분류하기 위한 각기 다른 두 가지 시스템을 창조한다. 한 번에 한 가지씩 그것을 살펴보기로 하자. 먼저 보수주의 시스템을 소개한다.

---

**• 보수주의의 도덕적 행동 카테고리 •**

1. 일반적으로 엄한 아버지 도덕을 장려한다.

2. 절제, 책임, 그리고 자립을 장려한다.

3. 보상과 징벌의 도덕을 지지한다.

   a) 자제력 있고 자립적인 사람에 의한 자기이익추구를 간섭하지 못하게 함.

   b) 권위를 장려하는 수단으로 징벌을 장려함.

   c) 자제력의 결여에 대한 징벌의 보장.

4. 외부의 악으로부터 도덕적인 사람을 보호한다.

5. 도덕적 질서에 대해 지지한다.

---

나는 다섯 가지의 주요 카테고리를 제시했다. 더 많은 카테고리도 있지만 그중 이것이 많이 사용되는 카테고리이고, 또 우리의 목적에는 이것만으로도 충분하다. 이런 카테고리들이 도덕 시스템의 어디에서 온 것인지 살펴보기로 하자.

## 1. 엄한 아버지 도덕을 장려한다.

특히 도덕적 힘, 도덕적 경계, 그리고 도덕적 권위 안에 있는 몇 가지 비유는 엄밀하게 선과 악을 분리하고 있다. 도덕적 힘은 악을 이 세상의 세력으로 보고 그것을 구체화하며, 그것을 선으로부터 구분한다. 도덕적 경계는 올바름과 그릇됨 사이에 엄밀하고 명확하게 선을 긋는다. 도덕적 권위는 순종해야 될 규칙을 올바르게 정의하고, 그릇된 것으로부터 올바른 것을 구분하는 규칙을 정한다. 물론 도덕 시스템 그 자체는 올바른 것이다. 무엇이 올바른가를 정의할 만큼 올바른 것이다. 올바른 것과 그릇된 것을 정의하는 이 시스템을 보호하는 것은 가장 기본적인 도덕적 의무이다. 그러므로 도덕 시스템을 장려하고 보호하는 행동은 도덕적이고, 도덕 시스템에 반하는 행동은 비도덕적이다.

## 2. 절제, 책임, 그리고 자립을 장려한다.

도덕적 힘을 최고로 삼는 것은 절제, 책임, 자립 등이 기본적인 미덕임을 암시하므로 이런 기본적인 미덕을 장려하는 행동은 도덕적이고, 그것들을 떨어뜨리는 행동은 비도덕적이다.

## 3. 보상과 징벌의 도덕을 지지한다.

보상과 징벌에 관한 개념들은 앞서 제4장에서 논의한 것처럼 도덕적 회계비유에 그 바탕을 두고 있다. 엄한 아버지 도덕은 인간의 본질이 보상과 징벌에 비추어 작동한다고 단정한다. 순종에 대한 보상과 불순종에 대한 징벌은 도덕적 권위를 유지하는 데 매우 중요하다. 그것은 이 도덕 시스템의 중심에 놓여있기 때문에 도덕적이다. 그러므로 징벌-보상 시스템을 지지하는 행동 역시 도덕적이지만, 징벌-보상을 반대하는 행동은 비도덕적이다. 여기에서 중요한 특별 사례 세 가지는 다음과 같다.

a) 자제력 및 자립적인 사람에 의한 자기이익추구를 간섭하지 못하게 함

자신의 이익추구에서 도덕적 힘에 합치되는 주된 도덕적 요구인 자제와 자립적인 존재를 위한 시스템이다. 도덕적인 존재에 대해 이 보상 시스템과 함께 간섭하는 것은 비도덕적이다. 그러므로 이런 간섭을 막는 것은 도덕적이다.

b) 권위를 장려하는 수단으로 징벌을 장려함

엄한 아버지 도덕에서 정당한 권위는 모든 부담을 감수하고 유지되어야 한다. 그렇지 않으면 그 도덕 시스템의 기능은 끝나버리고 만다. 권위를 위반한 것에 대한 징벌은 권위가 유지되도록 하는 중요한 방법이므로, 정당한 권위에 대한 위반에 대해 징벌을 장려하는 것은 도덕적이고 반대하는 것은 비도덕적이다.

c) 자제력의 결여에 대한 징벌의 보장

도덕적 힘은 자제를 기본적인 도덕적 요구가 되도록 해주기 때문에 자제의 결여는 비도덕적이다. 그러므로 도덕적 약함에 대해 징벌을 보장하는 행동은 도덕적이며, 도덕적 약함에 대한 징벌을 반대하는 행동은 비도덕적이다.

4. 외부의 악으로부터 도덕적인 사람을 보호한다.

   외부의 악으로부터의 보호는 엄한 아버지 도덕의 기본적인
   부분이기 때문에 보호하는 행동은 도덕적이고, 보호를 막는
   것은 비도덕적이다.

5. 도덕적 질서에 대해 지지한다.

   도덕적 질서는 정당한 권위를 규정하기 때문에 그것을 지지
   하는 행동은 도덕적이고, 반대하는 행동은 비도덕적이다.


   도덕적 행동의 이런 여러 가지 범주는 도덕 시스템의 사용을
대단히 용이하게 해준다. 이것은 도덕 시스템을 실제로 적용하기
위한 간단하고 전통적인 방법을 제공해준다.


**진보주의의 도덕적 행동**

진보주의 역시 도덕적 행동을 위한 카테고리를 가지고 있는데, 그
카테고리들이 보수주의 카테고리와 매우 다르다는 사실은 전혀
놀라운 일이 아니다.

> **• 진보주의의 도덕적 행동 카테고리 •**
>
> 1. 감정이입 행동과 공정성을 장려한다.
> 2. 스스로를 도울 수 없는 사람들을 돕는다.
> 3. 스스로를 보호할 수 없는 사람들을 보호한다.
> 4. 인생에서의 충만함을 장려한다.

**5. 이상의 행동을 실천하기 위해 자신을 양육하고 강화한다.**

이런 것들이 어디에서부터 비롯되었는지 하나하나 살펴보기로
하자.

### 1. 감정이입 행동과 공정성을 장려한다.

감정이입으로서의 도덕을 가장 중요하게 여김으로써 감정이
입에 도덕적 우선권을 두게 된다. 공정성으로서의 도덕은 그
결과이다. 만약 당신이 다른 사람들과 감정이입을 한다면,
당신은 그 사람들이 공정하게 대접받기를 원할 것이다. 이것
은 감정이입 행동과 공정함을 장려하는 행동을 도덕적 행동
으로 만들어준다. 이에 상응하여 감정이입 행동의 결여, 혹
은 공정함을 반대하는 행동은 비도덕적이다.

### 2. 스스로를 도울 수 없는 사람들을 돕는다.

양육으로서의 도덕에 주어진 우선권은, 스스로를 도울 수 없
는 사람을 돕는 행동을 도덕으로 판단하고, 그럴 수 있는데
도 돕지 않는 것을 비도덕으로 판단한다.

### 3. 스스로를 보호할 수 없는 사람들을 보호한다.

자애로운 부모 도덕에서의 보호에 대한 우선권은 스스로를
보호할 수 없는 사람을 보호하는 것을 도덕으로, 그럴 수 있
는데도 보호하지 않는 것을 비도덕으로 판단한다.

## 4. 인생에서의 충만함을 장려한다.

도덕적 행복과 도덕적 자기계발은 인생에서의 충만함을 장려하는 것을 도덕으로, 그에 반대하는 행동을 비도덕으로 판단한다. 충만함은 여러 분야에서 당신의 잠재력을 발달시키며 의미 있는 일을 하고, 기본적으로 행복한 존재가 되는 것 등을 포함한다.

## 5. 이상의 행동을 실천하기 위해 자신을 양육하고 강화한다.

남을 양육하기 위해서는 먼저 자신부터 강하고 건강하게 스스로를 보살필 줄 알아야 한다. 그러므로 자신을 보살피거나 다른 사람이 자기 자신을 보살필 수 있도록 돕는 것은 도덕적 행동이다. 자신의 건강과 힘을 돌보지 않는 것은 다른 사람에게 부당한 짐을 안겨주는 것이므로, 자신을 스스로 돌보지 않고 다른 사람이 자신을 돌보려하는 것을 방해하는 행동은 비도덕적이다.

두 도덕 카테고리 시스템을 함께 비교해보며 살펴보도록 하자.

---

**• 보수주의의 도덕적 행동 카테고리 •**

1. 일반적으로 엄한 아버지 도덕을 장려한다.

2. 절제, 책임, 그리고 자립을 장려한다.

3. 보상과 징벌의 도덕을 지지한다.

　a) 자제력 있고 자립적인 사람에 의한 자기이익추구를 간섭하지 못하게 함.

---

b) 권위를 장려하는 수단으로 징벌을 장려함.

c) 자제력의 결여에 대한 징벌의 보장.

4. 외부의 악으로부터 도덕적인 사람을 보호한다.

5. 도덕적 질서에 대해 지지한다.

• 진보주의의 도덕적 행동 카테고리 •

1. 감정이입 행동과 공정성을 장려한다.

2. 스스로를 도울 수 없는 사람들을 돕는다.

3. 스스로를 보호할 수 없는 사람들을 보호한다.

4. 인생에서의 충만함을 장려한다.

5. 이상의 행동을 실천하기 위해 자신을 양육하고 강화한다.

이런 카테고리들은 사람이 어떤 행동을 하던 간에, 먼저 무의식적으로 혹은 자동적으로 묻게 되는 첫 번째 도덕적 질문이다. 만약 그것이 한 카테고리 안에 포함된다면 그것은 도덕이다. 그러나 만일 반대편 카테고리에 포함된다면 그것은 비도덕적이다. 다른 카테고리 시스템이 무엇을 가졌을지라도 — 사실 어떤 개념 시스템이건 많은 것을 가진다 — 우리가 정치적 기능을 할 때 이 도덕적 카테고리는 다른 그 무엇보다도 중요해진다. 이런 카테고리들은 반대편의 도덕적 세계관을 정의하게 되고, 이쪽 편 렌즈를 통해 보면 정치적 측면에서는 다른 쪽을 극단적으로 달라보이게 한다.

간략하게 대학 대부금을 예로 들어 살펴보자. 연방정부에는 대

학생들에게 낮은 이율로 학자금을 대출해주는 제도가 있다. 학생들은 재학 중엔 대출금을 상환해야 할 필요가 없고, 또 그 기간 동안에는 이자도 붙지 않는 이 제도에 대해 다음과 같이 합리화했다. 대학 등록금은 매우 비싸기 때문에 그만한 여유가 없는 학생도 매우 많다. 이 학자금 대출 프로그램은 대학에 진학할 수 없는 많은 학생들에게 대학교육의 기회를 허용해주었다. 대학에 진학한다는 것은 졸업 후에는 더 많은 돈을 벌 수 있는 일을 하게 되고, 그 사람의 일생에 걸쳐 더 많은 수입을 올리게 된다는 의미이다. 이것은 그 학생 자신에게만이 아니라 정부에게도 혜택이 되는데, 그 이유는 혜택 받은 학생이 더 좋은 직업을 가지고 일생 동안 더 많은 수입을 올리며 더 많은 세금을 내게 될 것이기 때문이다.

진보주의자들의 도덕적 입장에서 보면 그것은 고도로 도덕적인 프로그램이자 스스로를 도울 수 없는 사람들을 돕는 행동이었다(카테고리 2번). 그것은 두 가지 방식에서 인생의 충만함을 장려하는데, 교육 그 자체가 충만함이고, 나아가 더욱 충만케 해줄 직업을 가질 수 있도록 허용해주기 때문이다(카테고리 4번). 또한 교육수준이 높은 시민을 생산하고, 궁극적으로는 세수稅收를 늘려주기 때문에 국가에 대한 강화이다(카테고리 5번). 그리고 그것은 감정이입의 행동으로(카테고리 1번), 대학에의 접근을 보다 공정하게 분배해준다(카테고리 1번).

그러나 보수주의의 눈으로 바라보면 그것은 비도덕적인 프로그램이다. 학생들이 대부금에 의존하기 때문에 그 프로그램은 자립(카테고리 2번)보다는 정부에의 의존을 지지한다. 모든 학생들이 그 대출을 받을 수는 없으므로 그 프로그램은 불공정한 경쟁을 불러들인다. 나아가 대출에서의 자유시장 원칙을 방해하므로 자기이익추구에 실패하게 된다(카테고리 3a번). 그 프로그램은 세금을 통해 다른 그룹 사람들이 번 돈을 이용하는 것이므로 그 돈을 벌어들인 사람으로부터 돈을 빼앗아 돈을 벌지 않은 사람에게 주는 행동으로서 부당한 것이고, 자신의 이익추구에 대한 징계가 된다(카테고리 3a번).

내가 학자금 대출을 예로 들어 설명한 것은, 그것이 낙태·복지·사형제도·총기 규제 등과 같은 뜨거운 주제가 아니기 때문이다. 그럼에도 그것은 많은 사람들에게 직접적으로 영향을 끼치는 엄연한 현실이다. 진보주의자들에게 그것은 반드시 해야만 되는 명확하게 올바른 일이지만, 보수주의자들에게 그것은 해선 안되는 잘못된 일이다. 이런 추론을 일으키는 도덕적 비유는 다음과 같다. 진보주의자들에게는 도덕으로서의 감정이입, 도덕으로서의 양육, 도덕으로서의 자기계발, 그리고 도덕으로서의 자기양육이다. 보수주의자들에게는 도덕으로서의 힘, 도덕으로서의 자기이익, 그리고 도덕으로서의 회계이다(보상과 징벌 개념에 근거한 비유).

이 사례가 보여주는 중요한 점은, 정책논쟁은 정확하고 객관적인 카테고리에 기초를 두는 합리적 담론의 문제가 아니라는 것이다. 논쟁의 형태가 되어주는 카테고리는 가정에 기반을 둔 도덕적 범주이며, 각기 다른 도덕 비유에 우선권을 주는 여러 가지 도덕적 범주들이다. 논쟁은 객관적이고 의미 있는 목적을 가지며, 재정적 혜택이 따르는 분석 혹은 효과적인 대중정책의 문제가 아니다. 그것은 학자금 대출과 같은 특정한 논쟁에 관한 단순한 논쟁도 아니다. 그 논쟁은 올바른 형태의 도덕에 관한, 그리고 역으로 가정의 올바른 모델에 관한 질문과 마주치게 되는 그런 논쟁이다. 도덕과 가정의 역할은 당신이 오직 대학 학자금 대출 정책에 관해서만 이야기한다 할지라도 피해갈 수 없는 논쟁이다.

## 시민과 악마로서의 모델

보수주의와 진보주의의 도덕적 행동을 위한 카테고리는 각각의 도덕 시스템을 위한 이상적인 모델이 되는 도덕적 행동의 최고 모범적 형태를 보여주는 시민을 창조한다.

### 보수주의의 모델 시민

보수주의 도덕 세계관에서 모델 시민은 도덕적 행동에 대한 모든 보수주의 카테고리에 가장 잘 부합되는 사람이다. 즉 1) 보수적인 가치를 가지고 그것을 지지하는 행동을 하는 사람, 2) 자제력 있고 자립적인 사람, 3) 보상과 징벌의 도덕을 지지하는 사람, 4) 도덕적인 시민을 보호하는 일을 하는 사람, 5) 도덕질서를 지지하는 행동을 하는 사람이다. 이 모든 카테고리에 가장 잘 부합되는 사람은 강한 군대, 엄한 범죄정책 시스템을 지지하고, 정부규제와 차별 시정조치에 반대하는 사람이다. 그런 사람들이 모델 시민이다. 그들은 모든 미국인들의 귀감이 되고, 우리에게 아무런 두려움도 안겨주지 않는 사람들이기도 하다. 또한 보상받고 존중받을 자격이 있는 사람들이기도 하다.

이런 모델 시민들은 정교한 신화에도 부합된다. 그들은 피땀 흘리는 노력을 통해 성공했고, 그들이 벌어들인 것은 그 무엇이든지 자신의 자제를 통해서이며, 벌어들인 것을 간직할 자격이 있는 사람들이다. 그들은 성공과 부를 통해 일자리를 창조하고, 그 일자리를 다른 시민들에게 제공한다. 그들은 벌어들인 돈을 극대화할 수 있는 일에 투자하는 단순한 행동으로 다른 사람들에게 일자리를 주고, 그리하여 다른 사람들을 위한 부를 창조하는 박애주의자가 된다. 그런 신화의 한 부분인 모델 시민들은 정부로부터 아무 것도 받지 않고, 오직 그들의 손으로 직접 부를 쌓아올린 것이다. 미국의 꿈은 정직하고 자제력이 있으며 열심히 노력하는 사람이라면 누구든지 그렇게 될 수 있다는 것이다. 이런 모델 시민들은 보수주의자들이 보기에 아메리칸드림을 이루는 이상적인 미국인이다.

## 보수주의의 악마들

보수주의자들에게는 이에 상응하는 악마 이론도 있다. 보수주의 도덕 카테고리는 지옥에서 나온 시민, 즉 반이상적인 모델 시민의 범주를 제공한다. 이 악마와 같은 시민들은 한 가지 혹은 그 이상의 보수주의 도덕 카테고리를 본질적으로 위반한다. 그들이 더 많은 카테고리를 위반할수록 그들은 더 큰 악마가 된다.

카테고리 1 악마 : 보수주의 가치(엄한 아버지 도덕)를 위반하는 사람들이다. 여권주의자, 게이, 그리고 다른 다양한 '괴짜'들이 이 목록의 상위 명단에 오른다. 그들은 엄한 아버지 가정의 본질을 비난하기 때문이다. 엄한 아버지 가정의 우월성을 부인하는 다문화 지지자들, 절대적 권위의 존재를 부정하는 포스트모던 휴머니스트들, 도덕적 권위와 도덕질서, 그리고 그 어떤 제도도 반대하는 평등주의자들이 그 뒤를 따른다.

카테고리 2 악마 : 자제력이 결여된 사람은 자립의 결여로 이어진다. 복지혜택에 의존하는 미혼모가 이 리스트의 최상위에 오른다. 성에 대한 자기통제 결여로 인해 국가에 대한 의존으로 이어졌기 때문이다. 마약에 의지하는 습관으로 인해 스스로를 보살필 수 없게 된 실직 마약 복용자, 건강한 신체의 소유자로 일을 할 수 있는데도 그렇지 않고 복지혜택에 의존하는 사람들…… 그들은 이 기회의 땅에서도 게으르기 때문에 다른 사람들에게 의존한다고 간주된다.

카테고리 3 악마 : '공공의 선'을 보호하는 사람들. 여기에는 정부가 자기이익의 추구를 방해하도록 이끌어 보수주의의 모델 시민이 펼치는 기업 활동을 제한하고자 하는 사람들이 포함되는데, 가령 환경보호 운동가, 소비자보호 운동가, 차별금지조치 지지자,

정부지원 국제건강기구 지지자 등이다. 이들은 정부가 자신의 이익을 추구하는, 보수주의를 신봉하는 모델 시민이 펼치는 기업 활동을 제한하려고 한다.

카테고리 4 악마 : 국방과 사법 시스템의 작동에 반대하는 사람들. 여기에는 반전운동가, 죄수들의 인권운동가, 경찰의 잔학행위 반대자 등이 포함된다. 총기 규제 지지자는 이 목록의 상위에 오르는데, 범죄자와 정부의 권력자로부터 그들 자신과 가정을 보호하는 데 필요한 총을 빼앗아가기 때문이다. 낙태시술 의사도 명단의 상위에 오르는데, 그들은 가장 순수한 생명 즉 태아를 직접 살해하기 때문이다.

카테고리 5 악마 : 여성, 게이, 유색인종, 그리고 미국 내 소수민족의 동등한 권리를 주장하는 사람들. 그들은 도덕질서를 혼란에 빠뜨리기 위해 노력하기 때문이다.

보수주의자들이 보기에 악마 중의 악마인 최고의 악마는 놀라워할 이유도 없이 힐러리 클린턴이다! 그녀는 건방진 여인인데다(카테고리 5번 '도덕질서에 맞섬'), 예전에는 반전운동을 했던 낙태 합법화 지지자였다(카테고리 4번). '공공의 선' 보호 지지자이며(카테고리 3번), 자신의 노력에 의해서가 아니라 남편을 통해 영향력을 획득했고(카테고리 2번), 다문화 지지자이다(카테고리 1번). 보수주의자로서는 그녀보다 더 지독한 악마를 창조하기란 쉽지 않은 일일 것이다.

이런 보수적 카테고리들은 난공불락이며 어떤 변화의 시도에도 끄떡없이 버틴다. 1994년의 선거 직후, 노동부 장관인 로버트 라이히Robert Reich는 최고의 모델 시민을 다시 찾아 세우려 했을 때 큰 성공을 거둔 대기업들과 그 기업의 경영인들을 통해 이 사실을 확인했던 것이다. 라이히는 복지수혜자라는 '악마 대 보수주의 모델 시민' 개념의 대결을 이용하려 했다. 그는 기업복지 혜택을 받는 대기업과 대부호들을 공격했을 뿐 아니라, 대부호들 소유의 대기업들을 상대로 그들이 벌지 않은 막대한 액수를 정부로부터 지원받고 있다는 점을 지적했다. 비정상적으로 싼 목축권, 광산과 목재 사업권, 그들의 사업을 지지해주는 사회간접자본 투자 등 수백 가지에 달하는 정부로부터의 큰 선물을 받고 있다는 것이다. 게다가 그 돈은 궁극적으로는 납세자들의 주머니에서 나오고, 총액은 사회복지 프로그램 비용을 능가한다는 점을 지적했다. 라이히는 만약 정부가 기업복지를 삭제한다면, 가난한 사람들을 돕기 위한 재원을 쉽게 마련할 수 있을 것이라고 주장했다.

그러나 라이히가 행한 재래의 보수주의 모델 시민을 보수주의 악마로 바꿔놓으려는 시도는 애초부터 실패하게 되어있었다. 사실상 실제로도 철저한 실패로 끝났는데 그 이유는 명확했다. 모델 시민으로서의 성공적인 기업과 대부호들의 위치는 보수주의자들의 정신 속에 굳게 새겨져 있었던 것이다. 보수주의자들의 정신 속에서 그들은 우상이었고, 모델 시민으로서의 표상이었던 것이다. 나아가 그들은 복지혜택 수령자의 원형과는 전혀 어울리지 않았다. 그들처럼 방종하고, 게으르고, 재주도 없고, 불운하기 보다는 오히려 자율적이고, 활기차고, 경쟁적이고, 재원이 풍부한 그런 사람들이었다.

정부가 무상으로 대기업에게 혜택을 주는 거대 이익에 대해 주의를 환기시키려 했던 라이히의 시도는 실패로 끝났다. 그는 보수주의자들의 세계관과 미국 정치의 바닥에 깔려있는 인지구조를 이해하지 못했던 것이다. 보수주의의 영웅과 악마는 깊은 뿌리를 가지고 있다. 보수주의는 광범위한 가정 기반 도덕 시스템에 깊은 이론적 뿌리를 내리고 있기 때문이다. 그 누구도 그런 현상을 단 몇 번의 연설로 변화시킬 수는 없다.

## 진보주의 모델 시민

진보주의자들은 진보주의 도덕 시스템에 의해 생산된 매우 다른 모델 시민 이론을 가지고 있다. 진보주의의 이상적인 시민은 사회적으로 책임감이 강하고, 가능한 한 많은 진보주의 도덕 카테고리에 적합한 사람이다. 진보주의 모델 시민은 1) 감정이입적이고, 2) 불리한 사람을 도와주고, 3) 보호를 필요로 하는 사람을 보호해주고, 4) 인생에서의 충만함을 촉진하며 본보기가 되고, 5) 이런 모든 것을 다하기 위해 스스로를 보살피는 사람이다.

진보주의 모델 시민은 사회적으로 책임 있는 인생을 사는 사람이다. 여기에는 사회적으로 책임 있는 전문 직업인, 환경보호, 소비자보호, 소수인종 권익보호, 가난하고 부당한 대우를 받는 노동자들을 위한 조합설립, 가난한 사람들과 노인들을 돕는 사회봉

사자, 의사, 평화운동가, 교육자, 예술가, 그리고 치유사업에 종사하는 사람들 등이 포함된다. 그러나 흥미롭게도 이들은 모델로서의 미국 시민생활과 일치하는 유형의 직업은 아닌 것 같아 보인다. 물론 이런 방식의 인생에 따라 귀감이 되어주는 인물들도 있다. 마틴 루터 킹 주니어, 프랭클린 루즈벨트와 엘리노어 루즈벨트 부부, 존 케네디, 로버트 케네디, 그리고 힐러리 클린턴 등이 그들이다.

### 진보주의의 악마들

진보주의자들도 보수주의자들과 마찬가지로 다양한 종류의 많은 악마들을 규정한다. 1번에서 5번까지의 카테고리를 위반하는 사람들은 이 사회를 위협하는 괴물들이다.

카테고리 1 악마 : 천박한 정신의 소유자, 이기적인 인간, 불공정한 사람 — 이런 사람들은 감정이입을 하지 못하고, 사회적 책임감도 보여주지 못한다. 오직 이익만을 추구하는 부유한 회사와 사업가들이 이 목록의 상위에 오른다. 그것은 그들의 파워와 정치적 영향력 때문이다.

카테고리 2 악마 : 불리한 입장에 있는 사람들을 무시하고, 그들에게 해를 끼치고, 그들을 이용하는 사람들. 노동조합을 기피하는 회사가 그 전형적인 예이다. 노동자들을 위험한 작업환경으로 내몰고, 낮은 임금을 주며 혹사시키는 대형농장 등이 그 예가 된다.

카테고리 3 악마 : 다른 사람들이나 환경에 해를 끼치는 행동을 하는 사람들. 여기에는 폭력사범, 본분을 벗어난 경찰관, 공해를 유발하는 사람, 안전하지 못한 제품을 생산하거나 소비자 기만 행위에 가담하는 자, 환경은 전혀 고려하지 않는 개발업자, 정치인들을 움직여서 광업권, 목축권, 물, 광산물 등 정부의 자원으로부터 막대한 이익을 취하는 대기업 등이 이 범주에 포함된다.

카테고리 4 악마 : 교육, 예술, 그리고 학문을 위한 공공지원에 반대하는 사람.

카테고리 5 악마 : 일반 시민을 위한 의료혜택 확장에 반대하는 사람.

진보주의자들에게 악마 중의 악마가 되는 사람이 있다면 그는 바로 뉴트 깅그리치Newt Gingrich이다. 진보주의자의 모델 시민이 가끔은 보수주의자들에겐 악마가 된다는 점, 혹은 그 반대의 경우가 나타난다는 점은 전혀 놀라운 일이 아니다. 이제 우리는 보수주의자들과 진보주의자들의 기본적 도덕 카테고리, 모델 시민, 악마, 그리고 일반적인 정치적 사회적 태도를 알게 되었다.

부수적으로 여기에서 주어진 이론은, 현재 우리가 도덕적 행동의 카테고리를 가지게 된 이유, 현재와 같은 모델 시민을 가지게 된 이유, 그리고 이러한 악마를 갖게 된 원인을 설명해준다. 도덕적 행동의 카테고리는 도덕 시스템의 범주로부터 나타나고, 모델 시민과 악마는 도덕적 행동의 카테고리로부터 나온다.

## 정책의 범주

대학 학자금 대출 프로그램은 보수주의와 진보주의의 도덕적 카테고리 사이의 넓은 간격을 보여준다. 그러나 그것은 일반적이지 않기 때문에 그 자체로는 흥미로운 사례가 되지 못한데다가, 우리 시대에서 차별시정정책, 환경보호운동, 그리고 낙태문제 등과 같은 큰 쟁점이 되지도 못한다. 도덕적 범주화가 공공정책에 어떤 영향을 끼치는지를 명확하게 살펴볼 수 있는 방식은, 정책이 전반적으로 진보주의와 보수주의 도덕 카테고리에 어떻게 부합되는지를 살펴보는 것이다.

다음 장에서 우리는 큰 쟁점에 관해 시작한 의문에 대한 답으로, 진보주의와 보수주의의 도덕 카테고리, 모델 시민상을 이용하기 시작할 것이다. 총기 규제 반대주장 · 사회복지 프로그램 · 누진세 · 동성애 · 다인종주의 · 낙태 등의 큰 쟁점들에 대해서 서로 반대하는 주장과 함께 나란히 서 있는 이유는 무엇인가? 반면에 총기 규제를 찬성하는 주장은 그 쟁점들에 대해 반성하는 주장들과 함께 무리지어 서 있는 이유는 무엇인가? 이 모든 주장들의 배후에 있는 논리는 무엇인가? 보수와 진보 양 진영에서 상대방을 공격하는 논리는 무엇인가?

다음의 몇 장을 읽어가면서 독자들은, 엄밀한 보수주의 그리고 엄밀한 진보주의에 서로 일치하는 정책을 가지고 있는 사람들과, 진보주의자들이나 보수주의자들은 공통적인 중심모델을 가지고 있다는 점에 대해 설명하는 것이 그 목적임을 알게 될 것이다. 그러나 많은 독자들은 일관된 정치이론을 가지지 않았고, 또 진보주의자나 보수주의자의 중심적인 존재도 아닌 경우가 많다.

많은 독자들은 이 책에서 논의하는 이런 저런 주장들이 자신에게 적용되지 않음을 느낄 것이다. 내 생각에 그 이유는, 그런 독자들은 모델 시민이 아니기 때문이라고 믿으며 중심 원형을 설명할 것이다. 이와 같이 많은 독자들은 중심모델의 한 변형의 범주에 적합함을, 혹은 보수주의와 진보주의의 정치적 태도의 어떤 혼합에 적합함을 느끼게 될 것이다. 중심모델에 대한 변화의 매개변수는 17장에서 설명될 것이며, 그런 변화는 매우 많은 독자들의 정치관을 설명해줄 것이다.

변형들에 대한 연구는 이 프로젝트에서 매우 중요한 부분을 차지한다. 중심모델의 분석은 변화가 일어날 범위를 예언해주기 때문이다. 변형들의 고정된 매개변수에 근거한 조직적인 변형은 그런 이론에 대한 반증사례가 아니라 오히려 확증해주는 사례이다.

4

# 격렬한 논쟁들

}

THE
HARD ISSUES

# 10
# 사회복지 프로그램과 세금

Social Programs and Taxes

가정으로서의 국가 비유는 진보주의자들이나 보수주의자들 모두에게 개념화 시스템의 한 부분이다. 이 비유에서 정부는 부모이다. 그렇다면 과연 어떤 부모인가, 그리고 어떤 부모 역할의 모델인가?

진보주의자들은 자애로운 부모 모델을 적용한다. 그 결과 진보주의자들이 연방정부를, 음식·주택·교육·의료보험 그리고 자기계발 기회 등 시민들의 기본적인 필요를 충족시켜주는 강하고 인자한 부모로 간주하는 것은 오히려 당연하다. 상당수의 시민들이 굶주리고, 주택도 없고, 교육도 제대로 받지 못하고, 혹은 병들어 치료도 제대로 받지 못해 고통 받는데, 이때 시민들을 돌보지 않는 정부라면 비록 절대다수의 시민들이 풍요를 누린다 할지라도 비도덕적이고 무책임한 정부인 것이다. 그리고 정부가 그런 사람들에 대한 의무를 수행할 수 있도록 도움을 주지 않는 시민이라면 그들 또한 비도덕적이고 무책임한 시민이다.

진보주의자들의 눈에 사회복지 프로그램은 정부가 시민들을 돕는 동시에(카테고리 2번) 정부 자체를 강화하는 방법(카테고리 5번)으로 간주된다. 이런 관점에서 사회복지 프로그램은 비유적으로 투자—현재로서는 비생산적인(세금을 내지 못하고 정부기금을 사용하는) 시민들에 대해, 그들을 생산적인(세금을 납부하고 사회에 공헌하는) 시민이 될 수 있도록 투자하는 것으로 개념화된다. 사회복지 프로그램에 대한 평가는 그 투자에 대한 보답이 있느냐는 것이다. 효과가 없는 사회복지 프로그램은 악성투자이다. 중요한 점은 사회복지 프로그램의 존재유무가 아니라, 효과가 좋은가, 즉 장기적으로 이익을 산출하느냐는 점이다.

진보주의자들은 사회복지 프로그램을 공동체에 대한 투자로 개념화하기도 한다. 돈을 가지지 못한 사람들의 손에 돈을 쥐어줌으로써 정부는 가난한 공동체 내에 일자리를 창출한다. 이와 같은 직업을 가진 사람들은 돈을 소비하게 되어 더 많은 일자리를 창출하게 된다. 이런 정책이 현명하게 수행된다면 배가된 효과가 나타나고, 그 결과 사회 전반에 걸쳐 부가 창조될 수 있다. 여기에서 이 비유는 개인에게 투자하는 대신 공동체에 투자하는 것이다. 이것 역시 카테고리 5번에 해당하는 도덕적 행동이다.

진보주의자들은 많은 사회복지 프로그램을 공정성을 촉진하는 기능(카테고리 1번)으로 간주하기도 한다. 그들은 특정한 사람들, 혹은 특정한 그룹에 포함되는 사람들을 '불리한 사람들'로 간주한다. 그들의 잘못으로 인해서가 아니라 역사적 또는 사회적인 이유나 건강문제로 그들의 이익을 추구하는 데 공정한 경쟁을 제한 받는 사람들이란 것이다. 인종차별, 성별에 따른 차별, 빈곤, 교육 결여, 그리고 동성애 공포증 등은 감정이입과 양육을 위한 장애일 뿐만 아니라, 불리한 사람들, 개인, 혹은 집단의 자기이익과 개인 발달을 자유롭게 추구하지 못하도록 방해하는 장애물로 간주된다. 진보주의자들은 도덕적 자기이익과 개인의 발전을 공정하게 추구할 수 있도록 해주는 것이 정부의 역할이라고 간주한다. 그러므로 불리한 사람들이 활동할 수 있는 공간을 만들어주는 것이 정부의 역할이다. 진보주의자들이 차별 시정조치를 지지하는 것은 바로 이런 이유 때문이다.

이와 반대로 보수주의자들은 가정에서의 국가 비유에 엄한 아버지 모델을 적용한다. 그들에게 사회복지 프로그램은 사람들을 응석받이로 만들고 결국 그들을 망쳐놓을 뿐이다. 그들 스스로 살아나가는 법을 배우지 않고 공공의 도움에만 의존하게 된다는 것이다. 이것은 그들을 도덕적으로 약하게 만들고, 절제와 의지력을 필요없게 만들어버리므로 그런 도덕적 약함은 비도덕의 한 형태이다. 그렇기 때문에 보수주의자들은 차별 시정정책을 포함한 사회복지 프로그램을 비도덕으로 간주한다.

기회의 땅이라는 미국의 신화는 이런 논리를 강화해준다. 아무리 가난해도 누구든지 기회의 사다리를 오를 수 있도록 자신을 단련시킬 수 있는데, 그렇게 하지 않는 사람들은 오직 자신을 탓해야만 할 뿐이다. 기회의 사다리 비유는 매우 흥미로운 비유이다. 그것은 성공의 사다리가 존재하고, 모든 사람이 그것을 이용할 수 있으며, 성공을 이루고 자신을 보살필 능력을 갖추기 위해 필요한 것은 모든 에너지를 쏟아 그것을 이용해 올라가기만 하면 된다고 암시한다. 만약 당신이 성공을 거두지 못했다면 그것은 당신의 잘못이다. 당신이 열심히 노력하지 않았기 때문이다. 이런 관점에서 보면 도덕적으로 정당한 사회복지 프로그램은 자제력과 자립을 갖춘 사람들이 홍수, 화재, 지진 등의 재난을 겪은 다음에 다시 자립할 수 있도록 도와주는 것 정도이다. 보수주의자들의 관점에서 보면 이 세상은 다양하기만 하다. 자연재해를 당한 사람들(불행이 자기 탓이 아닌 사람들)을 돕는 정부도 있고, 단순히 가난한 사람들(이 기회의 땅에서는 궁핍에 대해서 오직 자신만을 탓할 수 있을 뿐이다)을 돕는 정부도 있지 않은가.

이 밖에도 보수주의자들의 세계관에서는 사회복지 프로그램에 좋지 않은 영향을 끼치는 또 다른 중요한 사항이 있다. 우리가 '보상과 징벌로서의 도덕'이라고 부르는 것이 바로 그것이다.

엄한 아버지 도덕은 인간의 본성을 가리켜 보상에 의해 동기부여를 받고, 징벌에 의해 억제된다고 가정한다. 만약 사람들이 도덕적인 행동을 한 것에 대해 보상을 받지 못하고, 비도덕적인 행동을 한 것에 대해 징벌을 받지 않는다면 도덕이란 존재하지도 않을 것이다. 만약 사람들이 자제력을 갖춘 존재가 된 것에 대한 보상을 받지 못하고, 빈둥거린 것에 대한 징벌을 받지 않는다면, 절제는 존재하지 않고 사회는 붕괴되어 버릴 것이다. 그러므로 사람들이 자신이 벌어들인 것이 아닌 것을 받게 되는, 혹은 절제가 결여되거나 비도덕적인 행동을 한 것에 대해 벌을 받지 않는 사회적 혹은 정치적 시스템이 있다면 그것은 전적으로 비도덕적인 시스템이다. 보수주의자들은 이런 식으로 사회복지제도를 자연스럽지 못하고 비도덕적이라고 간주한다.

보수주의자들이 그 어떤 형태의 사회주의와 공산주의도 비도덕적인 것으로 간주하는 것은 바로 그런 이유에서이다. 그리고 보수주의자들이 사회복지 프로그램을 일종의 사회주의 혹은 공산주의로 간주하는 것도 바로 그 이유 때문이다. 엄한 아버지 모델에 따라 아이를 키우는 것이 정치적 보수주의와 뚜렷하게 연관되어 있음을 보여주며, 그들의 주장을 명확히 밝혀주는 선언문 하나를 여기에 소개하려고 한다. 제임스 돕슨James Dobson이 그의 저서 《훈련을 향한 새로운 확신The New Dare to Discipline》참고 B3, Dobson, 1992 의 개정판에서 밝힌 선언이다. 돕슨은 미국에서 가장 큰 영향력을 행사하는 보수적 기독교가정 출신으로 보수적 가정 가치의 대변인이다. 다음의 인용문은 아이들을 키울 때 행동원칙의 중요성을 강조한 부분에서 발췌한 대목이다.

우리 사회 전체는 강화되는 시스템 위에 세워져있다. 그럼에도 우리는 그것을 가장 필요로 하는 부분에, 즉 아이들을 키우는 부분에 적용하는 것을 원치 않는다. 보상은 책임감 있는 노력을 소중한 것으로 여기도록 해준다. 성인들의 세계도 그런 식으로 운영된다.

열심히 일하는 것과 개인들의 절제는 여러 가지 방식으로 보상받는다는 점이 자본주의가 커다란 성공을 거둔 이유이다. 사회주의의 큰 약점은 점점 강화되는 것이 결여되어 있다는 점이다. 특별히 얼는 것이 없다면 큰 성공을 거두기 위해 노력할 이유가 없지 않은가. 나는 구소련과 동구에서 공산주의가 실패한 가장 주된 이유는 바로 이것 때문이라고 믿는다. 창조에 대한 인센티브는 없고, 오직 달콤한 평등만이 있기 때문에…….

공산주의와 사회주의는 창조성과 노력에 대해 벌을 주며 동기를 파괴한다. 강화법強化法은 그들의 경제 시스템의 본질에 위배된다. 반면에 자유기업은 인간의 본성과 손을 잡고 나란히 나아간다.

어떤 부모들은 가정에서 축소된 사회주의 시스템을 주입한다. 그들의 아이들은 그들이 갈망하는 것을 국가가 제공해주기를 원한다. 그리고 어떤 식으로도 근면이나 훈련과 연계되는 것은 원치 않는다. 그러나 그들은 아이들이 책임을 수행해주기를 바란다. 책임을 수행하는 것은 단지 고결한 행동이기 때문이다. 그들은 아이들이 개인적 성취라는 순수한 기쁨을 맛보기 위해 땀을 흘리는 것을 배우기를 원한다. 그러나 그들 대부분은 이것을 위해 대가를 치를 생각은 없는 것이다. (p.88~89)

여기에서 돕슨은 엄한 아버지 가정의 가치와 보수주의 정치 사이의 연계를 명확히 보여준다. 사회복지 프로그램은 인간의 본성을 파괴시킨다. 이 프로그램은, 도덕을 이루게 해주는 자제에 대해서는 보상해주고 그것의 결여에 대해서는 징벌하는 엄한 아버지 도덕에 비추어보면 원칙을 위반하는 것이기 때문이다. 러시림보는 힐러리 로드햄 클린턴의 국민건강관리 제안에 대해, 힐러리의 중간 이름을 따와서 "로드햄 약Rodhamized medicine"이라고 조롱했다. 참고 C1, Limbaugh, 1993, p.171 그가 비웃을 때, 보수주의 추종자들은 그가 사회복지 프로그램 전체를 비도덕적이라고 주장하는 것이라고 이해했다.

아래에서 보게 될 바와 같이, 보상과 징벌로서의 도덕 원칙은 보수주의자들의 세계관에서 엄청난 역할을 한다. 보상 측면은 자유시장 경제에 근거하지 않는 정부의 그 어떤 부와 혜택의 분배 정책도 배제한다. 그리고 개인의 재산처분권을 절대적인 것으로 보며, 징벌에 대해서는 사법 시스템을 응보에 집중한다. 이것은 한 가지 원칙이 해내기에는 너무 많은 일이다. 그러나 그것은 사회복지 프로그램과는 별도로 많은 보수주의자들의 태도에서 중심을 차지한다.

이제 우리는 사회복지 프로그램을 위한 진보주의자들의 주장이, 그것이 동정, 공정함, 현명한 투자, 재정적 책임, 혹은 철저한 자기 이익 등 그 무엇에 근거를 두던 간에 보수주의자들에게 이해되지 않는 이유를 알게 되었다. 보수주의자들을 위한 논점은 보수주의 도덕의 핵심과 연결되는 도덕적 논점으로서, 그것은 진보주의자들의 동정과 공정함이 동정적이지도 공정하지도 않는 것으로 간주되는 도덕이다. 재정적 논쟁이 성공을 거두지 못한다 하더라도, 그 논점은 돈에 관한 것이 아니라 도덕성에 관한 것이다.

클린턴 대통령의 아메리코Americorps 프로그램은 매우 명확한 사례이다. 그것은 이중 사회복지 프로그램으로서, 대학 학자금 프로그램과 지역공동체를 돕는 프로그램이다. 아메리코 프로그램은 학생들이 대출금을 지역공동체의 사회복지 프로그램에서 일하는 것으로 갚는 것을 허용하는 프로그램이다.

보수주의자들에게는 그 어떤 사회복지 프로그램도 비도덕적이기 때문에, 정부의 돈을 사용하여 그런 프로그램에서 일하는 사람들의 급료를 지불하는 것은 비도덕적이다. 이런 식으로 대출받은 학자금을 지불하도록 해주는 정부의 정책은 학생들에게 그런 프로그램에서 일하도록 하는 인센티브이다. 보수주의자들의 눈에는 그런 인센티브가 학생들에게 비도덕적인 프로그램에 참여하도록 가해지는 정부의 압박으로 보인다. 더욱이 학생들에게 급료를 지불하는 것은 그들에게 두 번째 사회복지 혜택을 주는 것이므로 이중적 비도덕이 된다.

보수주의자들의 관점에는, 학생들에게 정부에서 이런 식으로 정부의 제도에 의지하여 대출금을 곧바로 상환하도록 해주는 것은 그들의 응석을 받아주는 것이나 마찬가지였다. 훈련된 보수주의자들의 대안은 학생들이 일터에서 일자리를 찾고 대출금을 상환하는 것이 될 것이다. 학생들이 사회복지 프로그램에서 일할 때는 정직하게 행동하는 것이 아니라고 간주되기 때문에, 다시 말해 자유시장에서 사회복지 프로그램 일을 하는 것은 생산적 직업이 아니기 때문에 그들이 융자금을 벌고 있다고 볼 수 없다는 것이다. 그리고 모든 시민들이 대출금을 그런 식으로 상환할 수 있는 방법을 제공받지 못하기 때문에, 낮은 이율로 그런 대출금을 받는 것은 자기가 벌어들이지 않은 것을 정부가 지불해주는 것으로 간주된다. 보수주의자들이 보기에 더욱 나쁜 것은, 아메리코 프로그램은 학생과 공동체 구성원 모두에게, 마치 정부와 개인은 그런 활동에 참여해야만 된다는 생각을 심어준다는 점이다. 즉, 정부에서 보수를 받는 사람이 들어와 공동체 활동을 도와주는 것은 바람직한 국가의 봉사라는 생각을 하도록 만든다는 것이다.

물론 진보주의자들은 사회복지 프로그램에 대해 다른 주장을 펼친다. 자애로운 부모 도덕을 정치에 적용시키면, 우리가 위에서 본 바와 같이 사회복지 프로그램은 도덕적인 것이 된다. 공동체를 돕는 동시에 그것을 위해 일하는 학생도 돕는 이중 사회복지 프로그램이야말로 두 배로 도덕적이다. 그리고 그런 공동체를 돕는 것은 국가가 행하는 봉사의 바람직한 형태로서, 그것을 더하면 세 배로 도덕적이 된다. 이것이 클린턴 대통령이 그 프로그램을 선호했던 이유이다.

우리가 여기에서 보게 되는 것은 도덕적 세계관의 중요한 차이이다. 그것은 효과적인 행정 정책에 대한 단순한 의견차이가 아니다. 효율성, 현실성, 경제성 등에 관한 것도 아니고, 효과적인 행정에 관한 합리적인 논쟁으로 조정될 수 있는 것도 아니다. 그것은 무엇이 사람을 좋은 사람으로, 국가를 좋은 국가로 만들어주느냐는 윤리적 의견에 관한 차이인 것이다.

사회복지 프로그램에 관한 논쟁에서 쟁점이 되는 것은 '무엇이 도덕성이고, 어떤 방법으로 정부에 도덕성을 응용하는가'라는 점이다. 정부는 도덕적으로 중립이란 개념을 가질 수 없다. 어느 도덕성이 정치적으로 우세한가? 오로지 그것이 문제일 뿐이다.

이런 관점에서 우리는 특정한 보수주의자들의 제안이 진보주의자들에게 의아하게 받아들여지는 이유를 볼 수 있다. 예를 들면 AFDC(아동부양가구 보조)의 어린이를 그들의 부모에게서 떼어내어 고아원에 맡기자는 뉴트 깅그리치의 제안을 살펴보기로 하자. 이런 제안이 어떻게 가정의 가치를 보존할 수 있는가? 10대 임신과의 전쟁, 고등학교에 콘돔을 공급해 AIDS의 확산을 방지하려는 노력, 그리고 가난한 마약 중독자들을 없애기 위한 일회용 주사바늘 공급 프로그램에 대한 낸시 레이건Nancy Reagon의 의견은 어떠했는가. 퍼스트레이디가 제안한 해결책은 아예 그런 프로그램을 갖지 않는 것이었다. 대신에 고등학교 학생들과 마약 중독자들에게 '단호히 No라고 대답하라'고 말했다. 깅그리치와 퍼스트레이디의 제안은 진보주의자들에게는 바보 같은 소리로 들렸겠지만, 보수주의자들에게는 충분히 이해할 수 있는 제안이었다. 이제 그 이유는 비교적 명확해졌다.

## 고아원

보수주의자들이 복지혜택을 받아야만 하는 어머니들에게서 아이를 떼어내어 고아원에 맡기자고 제안한 이유는 무엇일까? 직접 아이를 기르는 어머니를 돕는 것보다 고아원에 맡기는 것이 비용도 더 많이 들어가지 않는가.

사회복지 프로그램으로서의 복지는 보수주의자들의 가치로는 비도덕이다. 아이들에게 유일한 가족인 어머니로부터 떼어내 그들을 고아원에 맡기는 것이 가정의 가치에 어떻게 공헌하는 것일까? 만약 가정의 가치가 엄한 아버지라면 그 대답은 명확하다. 보수주의자들에게 그것은 자제력으로부터 시작되는 엄한 아버지 가치의 결여 문제이다. 복지혜택을 받는 어머니는 그런 가치를 가지지 못했고, 당연히 아이들에게 그런 가치를 가지도록 키울 수 없다. 그들은 고아원을 그런 가치를 가르쳐줄 수 있는 기관으로 본다. 보수주의자들은 만약 복지혜택을 받는 어머니의 아이들을 엄한 아버지 가치를 가질 수 있도록 키우게 된다면, 의존·비도덕·무법의 사이클은 끝나게 될 것이고 범죄와 마약문제도 해결되리라고 믿는다.

고아원이 아이들에게 어려움을 안겨주고 아이들은 어머니의 사랑을 못 받게 되리라는 관찰에 따르면 보수주의자들의 대답은 명확해진다. 그 아이들은 어려움을 이겨내기 위한 훈련을 배워야 할 필요가 있고, 그들에게 엄한 아버지 가치를 가르치지 못하는 어머니의 사랑보다 엄한 아버지 가치를 배워야 할 필요가 더 크다. 고아원은 납세자의 돈을 더 많이 요구할 수도 있다. 그러나 그 아이들이 도덕적인 사회에 공헌하게 된다면 그것은 지불할 만한 가치가 있다.

## 'No'라고 말하라

낸시 레이건은 마약문제 해결책으로 '단호하게 노'라고 이야기할 것을 제안했다. 이 아이디어를 진보주의자들은 전혀 이해하지 못한다. 그들은 마약문제는 절망적인 사회적 상황, 동료들의 압박, 그리고 중독이라는 함정에 빠져드는 문제를 해결하는 것이라야만 된다고 보고 있기 때문이다.

그러나 도덕적 힘에 우선권을 두는 보수주의자들의 가치 시스템에서 마약문제는 단호하게 '노'라고 거부하는 개인의 도덕적 힘에 관련된 문제이다. 그것은 개인의 가치문제지, 사회의 변화나 마약치료센터의 문제가 아니다. 마약문제에 대한 보수주의자들의 대답은 특히 자제력을 강조하는 엄한 아버지 도덕을 가르치는 것이다. 그런 훈련이 결여된, '노'라고 이야기할 수 없는 사람은 비도덕적이고 마땅히 벌을 받아야만 한다. 그들은 마약을 사용한 대가로 감옥에 갇혀야 한다.

보수주의자들은 10대들의 임신과 AIDS의 확산에 대해서도 같은 대답을 한다. 진보주의자들이 주장하는 것처럼 콘돔, 혹은 사용하지 않은 일회용 주사바늘을 제공하는 것은 난잡함만을 부추길 뿐이기에 절대 주어서는 안 된다. 대신에 강인한 존재가 되어 자기훈련과 자제, 그리고 금욕을 가르쳐야 한다. 절제와 순결에 상호 연결되어 있고, 사회적 기준을 따른 도덕 시스템 안에서 도덕적인 사람은 임신하지도 않고 AIDS에 걸리지도 않는다. 그리고 비도덕적인 사람은 자신의 행동에 대한 책임을 배워야 되며, 배우지 못하면 그들의 행동에 대한 당연한 응보를 받아야 한다. 단기적으로는 소수의 사람들이 피해를 보겠지만, 만약 장기적으로 사회적 행동기준이 설정되고 그에 따른다면 국가는 전반적으로 훨씬 좋아질 것이다.

## 이민

엄한 아버지 도덕에 따르면, 불법 이민은 법을 파괴한 사람(범법
자)으로서 벌을 받아야 되는 것으로 간주된다. 그들을 고용한 사
람들은 자기이익을 추구한 것이므로 그들로서는 당연한 태도였
기 때문에 잘못된 것은 없다. 가정으로서의 국가 비유의 관점에
서 보면, 불법 이민은 시민이 아니다. 그러므로 그들은 우리 가정
의 아이들이 아니다. 불법 이민자에게 음식과 주택과 의료보험을
제공해주기를 기대하는 것은, 허락도 없이 우리 집에 들어온 이웃
집의 자녀에게 음식과 주택과 의료보험을 제공해줄 것을 요구하
는 것과도 같다. 그러나 그들은 초대받지도 않았고 여기에 머물
러 살아야할 이유도 없다. 그리고 우리에게 그들을 보살펴 주어
야할 책임도 없다.

자애로운 부모 도덕의 관점에서 본다면, 비도덕적인 의향이 전
혀 없는 아무런 힘도 가지지 못한 사람이라면 양육을 필요로 하
는 무고한 어린이로 간주된다. 대부분의 경우 불법 이민은 이 카
테고리에 포함된다. 좀 더 나은 인생을 찾아 나섰다가 낯선 사람
들에게 이용당하기도 하는 불법 이민자는 무고한 가난한 사람들
로 간주된다. 예를 들어, 그들은 오직 자신의 이익을 추구하기 위
한 사람들에 의해 유혹되거나, 혹은 강제로 미국으로 끌려 들어온
사람들이다. 이런 경우, 불법이라는 낙인과 법의 집행은 법을 위
반하는 고용인들에게 집중되어야 한다.

불법 이민자들은 일반 시민들이 꺼려하는 대단히 저급한 일을 한다. 낮은 보수를 받으며 농장, 의류공장, 식당종업원, 집안 청소하기, 어린이 돌보기, 정원 가꾸기 등의 하찮은 일들이 그것들이다. 그런 일들은 농장을 돌아가게 하고, 의류 제조업의 이익을 높여주고, 음식과 옷의 가격을 낮추어주는 등 경제에 필수적인 부분들이다. 그들은 집 청소, 아기 돌보기, 정원 일, 싸구려 패스트푸드 등을 만들어내며, 중상류층 가정이 두 가지 직업을 가질 수 있도록 해준다. 그들은 그런 일을 하면서 많은 사람들에게 중요한 서비스를 제공하고, 자신에게 좀 더 나은 생활양식을 추구한다. 게다가 그들은 많은 공장들이 높은 이익을 올려 더 많은 세금을 내도록 함으로써 국가의 세수 증대에도 큰 역할을 한다. 그러므로 그들은 공정함에 의해서 낮은 임금을 보상받기 위해 그들의 기본적 필요를 보장받을 권리가 있다. 불법 이민자들은 역사적으로 보면 시민이 된 경우가 많았기 때문에, 그들을 시민이 되어가는 과정에 있는 사람들로 보아야 한다.

　가정으로서의 국가 비유를 통해 볼 때, 그들은 유혹당했거나 혹은 강제로 국가라는 가정으로 끌려 들어온 아이들이다. 그러한 국가 가정사에 필수적인 공헌을 하는 사람들이기에 그런 아이들을 거리로 내몰아서는 안 된다. 그렇게 하는 것은 비도덕적이기 때문이다.

　여기에서 우리는 가정으로서의 국가 비유가 논리의 형태에서 매우 중요하고 거의 직접적인 역할을 한다는 것을 볼 수 있다.

## 조세

댄 퀘일은 1992년 공화당 전당대회에서 행한 후보 수락연설에서, 부유한 사람들이 가난한 사람들에 비해 높은 세율을 적용받는 누진세라는 아이디어를 맹렬히 비난했다. 그의 주장은 이렇게 펼쳐졌다. '왜 최선의 사람들이 벌을 받아야 합니까?' 이 부분에서 우레와 같은 환호가 터졌다.

여기에서 보수주의자들이 부유한 사람들을 '최선의 사람들'로 간주하는 이유가 명확해졌다. 그들은 절제와 노력을 통해 미국의 꿈을 성취한 '모델 시민'이다. 그들은 노력을 통해 재산을 축적했고, 그렇게 모은 재산을 간직할 자격이 있다. 그들은 좋은 사람들이기에 ─ 투자를 통해 일자리와 다른 사람들을 위한 부를 창조한 사람들이기에 ─ 보상을 받아야 한다. 돈을 빼앗아가는 것은 재정적인 해로움으로 개념화되기 때문에, 조세를 징벌로 간주하는 비유의 기반이 되어준다. 부자들이 많은 돈을 벌었다고 해서 다른 사람들보다 많은 세금을 낸다면, 보수주의 시각으로 그들은 모델 시민이 된 대가로 벌을 받는 것이다. 미국의 꿈에 따라 당연히 해야 할 일을 한 모델 시민이 된 대가로 벌을 받아야 하는 것이다.

보수주의자들에게 부자들에 대한 조세는, 올바른 행동을 하여 성공을 거둔 것에 대한 대가로 치러야 하는 벌이다. 그러나 그것은 보상과 징벌로서의 도덕에 대한 위반이다. 보수주의자들의 관점으로 부자들은 노력하여 그들이 가진 돈을 벌어들였고, 보상과 징벌로서의 도덕 비유에 따라 그들은 그것을 간직할 자격이 있다. 조세는 그들의 의지에 반하여 강제로 그들의 돈을 빼앗아가는, 불공평하고 비도덕적인 것으로 간주된다. 그리하여 연방정부는 강도가 된다. 그것은 정부에 대한 보수주의자들의 보편적인 태도이다. 정부는 강도와 같으므로 당신은 정부를 믿을 수 없다. 나아가 정부는 항상 당신의 돈을 빼앗아갈 새로운 방법을 모색하고 있다.

진보주의자들은 세금을 다른 시각으로 바라본다. 자애로운 부모 도덕에서는 모든 아이들의 안녕은 누구에게나 평등해야 한다. 보살핌을 조금 필요로 하는 건강한 아이는 더 많은 보살핌을 필요로 하는 다른 아이들, 즉 더 어리고 연약한 아이들을 도와주어야 할 의무가 있다. 그 의무는 도덕 회계의 문제이다. 그들은 부모로부터 양육을 받았으니, 필요한 경우에는 다른 아이들에게 받은 것을 돌려줄 의무가 있다. 가정으로서의 국가 비유에서, 많은 것을 가진 시민은 훨씬 적게 가진 시민을 도와주어야 할 의무가 있다. 누진세는 그 의무를 충족시켜주는 형태들 중 한 가지이다. 그러므로 세금을 피하려는 부유한 보수주의자들은 이기적이고 편협한 사람으로 간주된다. 국가는 그들에게 여러 가지를 제공해주었으므로, 이제 그들이 다른 사람들에게 도움을 제공할 차례이다. 그들은 국가에 대해 채무를 가졌다. 보수주의자들에게는 징벌이며 강도 행위로 간주되는 조치가 진보주의자들에게는 시민의 의무이고 공정함인 것이다.

물론, 세금에 대한 개념화에는 다른 여러 가지 방법도 있다. 엄한 아버지와 자애로운 부모 모델을 벗어난 부분에 서 있는 제안들인데, 바로 비즈니스 공동체로부터 나온 제안이 그것이다.

정부는 보편적으로 하나의 기업체로 개념화된다. 만약 정부가 서비스를 제공하는 기업이라면, 세금은 공공에게 제공되는 서비스에 대한 대가로 간주될 수 있다. 그런 서비스에는 보호(국방, 범죄처벌 제도, 각종 규제위원회에 의한 보호), 분쟁조정(사법기관 등), 사회보장(사회보장보험, 의료보험, 여러 가지 안전망) 등이 포함될 수 있다.

공공에게 서비스를 제공하는 기업으로서의 정부 개념에 주어지는 질문은, 각각의 서비스가 비용에 대비하여 효과적인가? 시민이 원하고 또 필요로 하는 서비스를 받는가? 그리고 시민은 원하는 서비스에 대한 대가를 기꺼이 지불할 것인가라는 점이다. 만약 세금이 정부의 서비스에 대한 대가로 개념화된다면, 그것은 징벌도 아니고 강도짓도 아니고 시민의 의무도 아니다.

누구든지 첫눈에, 정부에 대한 그런 개념은 보수주의적 도덕관과 경쟁관계가 될지도 모른다고 생각할 수 있다. 그 논리는 이렇게 펼쳐진다. 보수주의자들은 친 비즈니스주의자들이다. 그들은 정부가 마치 기업처럼 활동하는 것으로(이 경우에는 서비스 기업으로) 생각할 수 있지 않을까? 그들은 정부가 효율적이고, 비용 대비 효율적이기를 원한다.참고 D1, Barzelay, 1992

사실 앨 고어 부통령 주도하에 시행된 클린턴 대통령의 '새롭게 꾸며진 정부Reinventing Government' 프로그램은 이런 요소들을 많이 가졌다. 하지만 만약 러시 림보가 말할 기회를 가졌다면 아마도 그 프로그램에 대해 이렇게 말했을 것이다. '장미는 이름은 바뀔지라도 그 향기는 변함이 없을 것이다.' 정부는 축소되고 합리화되며, 비용 대비 효과적이고 효율적으로 변화할 수도 있다. 탈 관료화되어 훨씬 더 시민에 대해 적극적으로 반응할 수도 있다. 세금은 서비스에 대한 대가로 개념화될 것이다. 그러나 보수주의자들의 관점으로 보기에 그것은 그저 세금일 뿐이다. 그것은 두 가지 점에서 보상과 징벌로서의 도덕을 위반한다. 첫째, 당신은 그 서비스의 구입 여부를 선택할 수 없다. 그래도 정부는 당신이 벌어들인 돈을 세금이라는 명목으로 빼앗아간다. 그러나 그 돈은 보상과 징벌이라는 도덕에 의하면 당신이 소유할 자격이 있는 돈이다. 둘째, 정부는 보상과 징벌로서의 도덕에 의해 운영되지 않는 거대 조직이다. 그것은 이익을 위한 동기부여에 관련된 인센티브를 적용하지 않는 거대 조직이다. 그리고 보상과 징벌로서의 도덕은, 정부를 도덕의 근본 기반인 보상이 되는 인센티브를 제거하려는 비도덕적인 목적에 공헌하는 시스템으로 본다.

당신은 비유적으로 정부를 기업이라고 생각하며, 좋은 비즈니스 활동의 원칙을 적용하고, 좋은 서비스 기업이 그러하듯이 공공에게 좀 더 잘 반응하도록 이끌려고 할 수도 있다. 하지만 정부는 이익을 남기려는 기업이 아니다. 이것이 보수진영에서 정부를 가능한 한 최대한도로 민영화하는 것을 원하는 이유이다. 또한 이것이 클린턴 대통령의 능률화된 정부가 성공한 이유이며, 비용 대비 효과적으로 이끌었지만 보수진영으로부터는 높은 점수를 받지 못한 이유이다.

조세는 단순한 도덕 논쟁이 아니다. 도덕성의 기반, 그 자체가

위험에 처해있는 것이다! 이것이 조세가 보수주의 도덕 정치의
핵심에 놓여있는 이유이다.


## 국방예산

로널드 레이건은 정부예산을 감축하겠다는 서약으로 백악관에
입성했다. 그럼에도 불구하고 그는 국방예산의 상당액을 증액했
다. 이것은 모순이 아닌가.

1995년 여름, 보수주의자들이 지배하는 하원에서는 가난한 사
람들을 돕기 위한 프로그램인 '헤드스타트 프로젝트Head Start'에서
만 무려 1억 3,700만 달러나 감축했다. 그럼에도 보수파가 지배
하는 하원은 표면상으로는 예산감축을 외치면서도, 국방예산은
요청 액수보다 무려 70억 달러나 더 할당했다. 또한 막대한 비용
이 소요되며 논란의 대상이 되는 스타워즈 연구를 재개하는 것을
지지했다. 참고 D2, Lakoff and York, 1989

정부예산을 감축하기 원한다고 말하는 보수주의자들이 인플레
이션을 고려한 요청 액수보다도 많은 국방예산을 할당한 이유는
무엇일까? 냉전도 끝났고, 미국이 침략의 위험에 처해있지도 않
다는 점을 염두에 둔다면, 국방예산 증액이 더 큰 정부를 의미함
에도 불구하고 보수주의자들이 더 증액하기를 원하는 이유는 무
엇일까?

엄한 아버지 모델에서는 그 무엇보다도 가족을 보호하는 것이

가장 중요한 의무이다. 가정으로서의 국가 비유에 의하면, 정부의 주요 기능 중의 하나가 국가를 보호하는 것임을 암시한다. 보수진영에서 국방예산을 도덕적인 것으로, 사회복지 프로그램을 위한 예산을 비도덕적인 것으로 간주하는 이유는 바로 그것이다.

여기에는 적잖은 모순이 있다. 군대는 그 내부를 보면 나름의 건강관리, 학교, 주택연금, 교육혜택, PX 할인, 장교클럽, 골프 코스 등이 제공되는, 모든 것이 공적인 비용으로 지불되는 거대한 사회복지 프로그램이다. 그러나 군대는 국가의 힘을 대변한다. 그리고 힘은 엄한 아버지 모델에서는 높은 우선권을 가지는 것이다.

더욱이 군 그 자체는 엄한 아버지 도덕에 의한 구조이다. 군대는 대부분 남성적이고 엄한 도덕적 경계가 설정된 계급적 권위구조를 가진다. 도덕적 힘의 윤리는 우선권을 가지게 되는데, 절제, 힘 쌓기, 그리고 악과의 전투 등 이 모든 것은 계급적 권위에 따라 조정된다. 이것은 엄한 아버지 도덕을 구현하는 정부의 기본 조직이다. 제도로서의 군을 지지하는 것은 엄한 아버지 도덕의 문화를 지지하는 것이다. 이것은 보수주의자들에게 군을 신성불가침한 것으로 만들어주며, 군의 기능은 보수주의 도덕을 지지하는 것이기 때문에 보수주의자들은 그 기능을 넘어서까지 지지해 줄 가치가 있다고 생각한다.

양육 논쟁에 집중하는 진보주의자들은 국방보다 더 중요한 다른 우선권을 관찰한다. 그들은 미국이 전 세계 다른 나라들의 국방예산을 합한 것보다 더 많은 국방예산을 사용하고 있음을 주시한다. 그 점을 염두에 둔다면 우리는 침략당할 위험이 없다. 냉전이 끝났다는 점을 고려한다면 진보주의자들은 국방에 그토록 많은 예산을 사용하는 이유를 이해하지 못한다. 현재 미국은 과잉대책으로 간주되기는 하지만 두 지역에서 동시에 전투를 수행할 수 있도록 만반의 대비를 하고 있다. 미국은 유럽에 파견한 10만 병력을 계속 유지하고 있는데, 진보주의자들은 그 점에 대해서도 무의미하다고 주장한다. 국방에 소요되는 예산의 상당부분을 '효율적인 정부'라는 관점에서 본다면 더욱 효과적으로 다르게 사용할 수 있다는 것이다.

그러나 보수주의자들이 군을 지지하는 것은 보수주의 가치를 지지하는 것이다. 군대를 경험한 사람들은 가끔 엄한 아버지 도덕을 따르거나 후천적으로 그것을 습득한다. 국방예산을 삭감하는 것은 엄한 아버지 도덕을, 그리고 정치적 보수주의를 약화시키는 것이다. 이에 상응하여 진보주의자들에게 국방예산의 삭감은 더 많은 사회복지 프로그램을 활성화시킨다는 의미를 가지는데, 이는 진보주의자들에게 있어 도덕적 목적을 위한 수단이기도 하다.


## 도덕, 돈이 전부는 아니다

여기에서 나는 정치적 정책은 보수주의자들이나 진보주의자들 모두에게 도덕적 비전과 관계된다는 점을 증명해보일 것이다. 예를 들어 보수주의자들의 정치적 의제는 단순히 정부의 비용을 절감하는 것이 전부는 아니다. 앞으로 보게 될 바와 같이 보수주의의 의제는 진보주의의 의제와 마찬가지로 도덕적 의제이다.

예를 들어, 재정 적자라는 논점을 살펴보자. 어떻게 그렇게까지 엄청난 규모가 될 수 있었을까?

진보주의자들은 로널드 레이건을 멍청이라고 즐겨 비웃는다. 그러나 그가 바보든 그렇지 않든 간에, 그의 주변 인물들은 분명히 바보가 아니다. 레이건과 부시 행정부는 진보주의자들을 지나치게 낭비하는 사람들이라고 비난하는 반면, 국방예산을 엄청나게 증액하고 부유한 사람들의 세금을 감면해주는 정책을 펼쳐 재정 적자를 엄청나게 부풀렸다. 그들도 계산을 할 수 있었고, 재정 적자가 증가하는 것을 볼 수 있었다. 그러면서도 그들은 진보진영의 낭비가 심하다고 비난했다. 그렇지만 레이건은 모든 소비부분 지출에 거부권을 행사하지 않았다. 더욱이 레이건 자신의 조치가 재정 적자 증가를 설명해주었다. 재정 적자에 대한 책임과 경비성 예산감축이 레이건 행정부의 최고 우선권이 되었더라면, 그는 부유한 사람들의 세금을 감면해주는 정책과 국방부의 요청액 이상으로 국방예산을 증액하는 정책을 펼치지 않는 것만으로도 재정 적자가 그토록 커지는 것을 방지할 수 있었을 것이다.

재정 적자가 커지는 한편으로, 저소득층과 중산층의 막대한 부가 부유층으로 이동했다. 진보주의자들은 이러한 부의 이동에 대해, 레이건과 부시가 그들의 친구와 정치적 지지자들을 부유해지도록 해주었기 때문이라고 냉소적으로 비난했다. 사실 분명히 그런 효과가 있었고, 권력을 가진 정치인들의 친구와 지지자들이 부자가 된 것은 더 이상 새로운 사실이 아니다. 일반적으로 그런 현상은 비도덕적이고 부패라고 여겨졌기에, 또한 그럴만한 상당한 근거도 있었으므로 많은 진보주의자들은 레이건을 그런 식으로 보았다.

그러나 로널드 레이건은 자신을 비도덕적이라고 생각하지 않았다. 그와 그의 보좌진들은 균형예산을 약속하면서 백악관에 입성했지만, 그들의 정책은 엄청난 예산 적자를 발생시켰다고 이야기할 수 있다. 레이건이 적자를 증가시킬 정책을 어느 누구로부터 강요받은 것은 아니었을 텐데도 그가 그런 정책을 펼친 이유는 무엇일까?

나는 레이건이 우선적인 도덕적 목표에 공헌하기 위해 재정 적자를 증가시키는 정책을 추구했다고 말하고 싶다. 그 도덕적 목표는 첫째, 악마와 같은 소비에트 공산주의로부터 미국을 보호하기 위해 국방을 튼튼히 하기 위함이고, 둘째, 부유층의 세금을 낮추어 기업에게 벌이 아닌 보상을 받도록 해준다는 것이다. 흥미롭게도 레이건 대통령의 이런 정책은, 표면상으로는 다를지라도 다른 보수주의자들의 정책과 마찬가지로 보상과 징벌로서의 도덕이라는 원칙에 따른 좋은 사례였다.

다른 보수주의자들과 마찬가지로, 레이건이 소비에트 공산주의를 악으로 간주한 것은 단지 그들이 전체주의이기 때문은 아니었다. 분명히 소비에트 공산주의는 악이었다. 그러나 미국은 기꺼이 칠레의 국민투표로 당선된 공산주의 정부를 전복시키고, 자본가들의 전체주의 독재를 지지했다. 대부분의 보수주의자들과 같은 입장으로, 레이건이 공산주의를 악이라고 여긴 가장 큰 이유는 공산주의가 자유기업을 억누른다는 점이었다. 공산주의는 자유시장을 허용치 않음으로써(서방 기업에 개방하지 않음으로써), 혹은 재정적으로 기업가들에게 보상하지 않음으로써 그들은 엄한 아버지 도덕 시스템의 보상과 징벌로서의 도덕을 위반했다.

재정 적자에 30억 달러가 추가되긴 했지만, 이것은 실제로는 로널드 레이건의 도덕적 목표에 도움이 되는 결과였다. 그것은 조만간 재정 적자로 인해 사회복지 프로그램의 삭제를 강요하게 된다는 의미였다. 레이건은 절대로 국방예산이 상당한 수준으로 감축되지 않으며, 적자를 메워줄 국세 수입을 증가시키는 정책은 동의를 얻지 못할 것임을 잘 알고 있었다. 장기적인 재정 적자로 인한 압박은, 의회로 하여금 사회복지 프로그램을 삭감하도록 강요함으로써 엄한 아버지 도덕에 공헌할 것이다. 엄한 아버지 도덕이라는 관점에서, 로널드 레이건은 많은 진보주의자들이 믿는 것과 달리 현명한 멋쟁이로 보일 것이다.

극단적인 보수주의자들의 의제는, 내가 다음 페이지에서 증명해 보이겠지만, 재정적인 것이 아니라 도덕적인 것이다. 그것은 미국인들을 더 좋은 사람들로, 그리고 미국인들의 생활을 개선시켜줄 도덕적 혁명을 추구하며, 미국을 철저히 개편하는 것이다. 그러므로 나는 모든 보수주의자들의 정치적 정책의 주요 논점은 '선 대 악'이라는 이름의 도덕이라고 이야기할 수 있다. 여기에 놀라운 것은 없다. 보수주의자들은 그 자신들을 도덕적인 사람들로 간주하고, 도덕성과 가정에 대해 끊임없이 이야기한다. 그러나 나름대로 매우 다른 도덕 시스템을 가진 진보주의자들에게 보수주의 정책은 비도덕적으로 보이고, 또 그들은 보수주의자들의 도덕에 관한 논의를 선동적인 것으로 받아들인다.

물론 진보주의자들 역시 그들의 정책을 도덕적인 것으로, 그들의 전체적인 정책은 도덕적 목표에 공헌하는 것으로 간주한다. 그러나 보수주의자들은 진보주의자들이 마치 특수한 이익추구로 부패하고 비용이 많이 드는 비효율적인 관료주의를 좋아하고, 시민의 권리를 빼앗기를 원하는 것처럼 말한다. 보수 ― 진보 양 진영은 서로를 비도덕적이고 부패하고 우둔한 사람들이라고 비난한다. 양쪽 다 상대를 어떤 식으로든 도덕적이라고 보는 것을 원치 않는다. 그 어느 쪽도 미국 정치의 중심에 두 가지 상반되는, 고도로 정밀하게 조직되고 근거가 확실하며 폭넓게 받아들여지는 도덕 시스템이 존재한다는 것을 인정하려 하지 않는다.

정치는 기본적으로 도덕에 관련된 것임을 깨닫는 데 실패했기 때문에 미국 정치의 격은 떨어지고 있다. 그런 태도는 모든 정치인들을 비도덕적으로 보이게 할 뿐만 아니라, 정치적 입장의 배후가 되는 깊은 논리를 가려버린다.

# 11
# 범죄와 사형제도

**Crime and the Death Penalty**

폭력 범죄만큼 보수와 진보진영을 구분하는 선을 뚜렷하게 그어주는 항목은 없다. 엄한 아버지 도덕에서는 폭력 범죄에 대한 처방으로 엄격한 처벌이 필요하다고 본다. 이런 태도는, 불순종은 처벌받아야 하며 그 방법으로는 회초리나 벨트를 동원한 고통스러운 육체적인 징벌을 선호하는 엄한 아버지 가정 모델로부터 나온다. 징벌과 보상으로서의 도덕은 징벌이 도덕적 제안이라고 가정한다. 또한 그것은 징벌이 폭력을 없애는 데 효과적이라는 인간 본성에 대한 행동이론을 지지한다.

여기에 더하여 보수주의자들은 폭력 범죄가 아이들에게 많은 것을 허용해주는 양육법의 결과라고 주장하기까지 한다. 보수주의자들은 말하길, 성장한 후의 폭력 범죄는 가정에서의 엄한 규율의 결여, 불순종에 대해 육체적 형벌을 주지 않는 것이 원인이라고 주장한다. 아버지의 규율을 배제한 어머니의 자애로운 태도는 법에 대한 존경심이 없는 반사회적이고 자제력 없는 폭력적인 아이들로 키울 뿐이다. 보수주의자들은 이런 식의 논리를 펼치며, 폭력 범죄의 증가는 미국인들의 가정에서 이혼과 미혼모로 인해 아버지의 존재가 감소하는 것에 상응한다고도 주장한다. 그들은 아버지가 불순종한 아이에게 고통스러운 육체적 징벌이 따르는 엄한 규율을 부과하여 적절한 행동을 가르쳐주면 법을 준수하는 자립적인 시민으로 성장할 수 있다고 믿는다.

자애로운 부모 가정 모델에서는 이와 반대되는 주장을 한다. 그들은 아이에게 사회 적응과 책임감을 가르치기 위해서는 사랑과 존중, 굳건한 상호교류, 그리고 서로 간의 책임과 설명이 끊임없이 주어지는 관심을 통해 훈련이 유지되는, 자애로운 환경에서 자라는 것이 최선이라고 주장한다. 자애로운 부모 도덕에서 고통스런 육체적 징벌은 그 의도와는 반대되는 효과만을 불러올 뿐이라는 것이다. 그들은 폭력은 폭력을 배가시킬 뿐이라고 가르친다. 부모의 의지에 따른 육체적 고통을 통해 순종하게 된 아이는 결국 폭력적인 수단을 통해 다른 사람들을 굴복시키는 태도를 배우게 된다. 이에 상응하여 등한시하는 것도 역시 비슷한 효과를 불러온다. 등한시하는 것은 사랑과 책임 있는 상호교류를 통해 훈련되는 양육이 불가능해지는 것이다. 게다가 등한시하는 것은 일종의 폭력이고, 양육을 필요로 하는 아이에 대한 거부이다.

진보주의자들은 우범지대에 사는 편모슬하의 아이들의 폭력이 다음과 같은 상황 가운데 하나의 결과라는 반응을 보인다. 1) 불순종에 대해 육체적 징벌을 가하고, 아이들을 꾸짖으며 학대하는 엄한 아버지처럼 행동하는 어머니로 인하여, 2) 등한시하는 어머니로 인하여, 3) 빈곤 혹은 동료들의 압박과 같은 사회적 원인으로 인하여…… 더 나아가 진보주의자들은, 학대하고 등한시하는 어머니는 자신이 학대받고 등한시 당함을 경험한 사람들이라고 말한다.

진보주의자들이 말하는 장기적인 폭력 범죄 해결 방안은 이렇다. 우선, 등한시하거나 학대하는 엄한 아버지 모델이 없는 자애로운 환경을 만들 것. 그리고 직업훈련과 일자리를 통한 빈곤문제를 해결할 것임을 강조하고 있다. 진보주의자들의 관점으로 보면 보수주의자들의 제안은 폭력을 증가시킬 뿐인 것이다.

자애로운 부모의 자녀 양육법을 지지하는 사람들의 연구결과를 보면, 엄한 아버지 가정과 육체적 징벌은 성인이 된 다음에 폭력의 빈도를 높이는 데 상당히 기여했음이 나타난다. 그 연구에 대해서는 21장에서 상세히 설명할 것이다.

## 총기 규제

총기 규제에 대한 진보주의자들의 지지는, 고통스런 육체적 징벌은 폭력의 악순환을 불러올 뿐이라는 자애로운 부모의 견해에 근거한다. 총기는 결코 사격연습과 스포츠만을 위해서 존재하는 것은 아니다. 총기는 사람에게 상처를 주고 심지어 죽일 수도 있다. 총이라는 존재는 그 자체만으로도 총기가 사용되는 여러 가지 시나리오를 불러일으킨다. 자기방어, 응보, 복수와 관련된 그 모든 시나리오는 폭력적 징벌이 잘못된 행동에 대한 자연스러운 징벌로 간주된다는 공통점을 가진다. 자애로운 부모 모델은 바로 그런 생각이 더 큰 폭력으로 이어질 뿐이라고 주장하는데, 더 나아가 권총을 사용하는 더 큰 폭력이 살인만 더 빈번히 일으킨다는 것이다.

총기 소유권에 대한—기관총 소유 권리에 이르기까지—보수주의자들의 지지는 엄한 아버지 도덕으로부터 나온다. 누구든지 가능한 한 최대한도로 자신을 보호할 뿐만 아니라, 자신의 가족을 지키는 것은 엄한 아버지의 책임이라는 태도로부터 비롯된다. 총기는 적의로 가득 찬 이 세상에서 개인적인 보호의 한 형태이고 가족을 보호하는 남성의 상징이기도 하다. 그것은 도덕적 힘의 도구이고, 엄한 아버지의 상징이기에 도덕질서를 지지하기도 한다. 보수주의자들이 적절한 수준의 기본생활권, 교육을 받을 권리 등 진보주의자들의 주장에 대해서 시큰둥한 반면 총기 소유를 지지하는 것은 이와 같이 그럴만한 이유가 있다.

총기 규제에 대한 격렬한 반대가 가끔은 생존주의survivalism와 동행하는 것에도 나름의 이유가 있다. 생존주의는 절제를 통한 자립으로 엄한 아버지 도덕의 확인서이다. 그리고 총기 소유권과 생존주의에 대해 열정적인 사람이 소득세에 반대하는 데에도 그럴만한 이유가 있다. 이미 살펴보았듯이 세금에 대한 반대는 엄한 아버지 도덕에 부합된다. 그리고 총기 소유 지지자들이 가끔 격렬한 반공주의자가 되는 것도 엄한 아버지 도덕이 아버지의 보호하는 기능과 엄한 아버지 모델의 모든 도덕성의 기반, 곧 보상과 징벌로서의 도덕을 연결시켜주기 때문이다.

물론 이 설명들이 모든 보수주의자들을 가리켜 총기에 광적인 생존주의자들이며, 반 조세주의자에다가 강렬한 반공주의자들이라고 주장하는 것은 절대 아니다. 그러나 그런 가치들이 부합되는 데에는, 그리고 그런 가치를 가진 사람들이 보수주의자가 된 경향에는 그럴만한 이유가 있다.


## 범죄

보수주의자들은 왜 더 많은 교도소 건설에 예산을 사용하는 것을 지지하는 것일까? 비폭력적 범죄에 대해서까지 중형을 선고하는 것을 왜 선호하는 것일까? 그들이 폭력사범은 물론이고, 비폭력 사범에 대해서까지 반복되는 범죄에 대해 25년형까지 선고하는 삼진아웃제도를 지지하는 이유는 무엇일까? 그들은 더 많은 사람을 교도소에 감금해도 범죄는 감소하지 않는다는 사실을 확인하면서도 왜 그와 같이 계속 주장하는 것일까?

미네소타 주의 주간보호교육, 공동체 참여를 강조하는 키즈 퍼스트Kids First 프로그램은 교도소 운영비보다 훨씬 낮은 비용으로 범죄 증가를 예방하는 데 성공을 거두었다. 그런데 그런 모델이 보수주의자들에게 지지를 받지 못하고 있다. 그 대답은 도덕적 비유체계를 주된 것으로 하고, 그 배후에서 도덕적 이기주의를 추구하는 엄한 아버지 도덕으로부터 찾아볼 수 있다. 엄한 아버지 도덕은 응보, 도덕적 힘, 도덕적 자기이익과 도덕적 본질을 포함한다.

응보는 징벌을 정의로 간주한다. 도덕적 힘에 우선권을 주는 것은 힘이 악에 대한 최선의 보호임을 보여준다. 그것은 사람들이 자신들의 이익에 따라 행동한 결과이므로 자신에게 이익이 된다면 범죄도 저지르며(즉 징벌이 관대하다면), 이익이 없으면 범죄를 저지르지 않는다는(징벌이 가혹하다면) 도덕적 자기이익의 결과이다. 그리고 도덕적 본질에 의하면 과거의 행동은 본질적 성격을 가리키고, 본질적 성격은 장래의 행동을 예측케 한다. 그러므로 반복되는 범죄는 나쁜 기질을 가졌음을 보여주고, 이는 그 사람이 다시 범죄를 저지를 가능성이 높음을 의미한다. 시민을 보호하기 위해서 그런 사람은 오랫동안 감금되어야 하는 것이다.

엄한 아버지 도덕에서는 범죄자에 대한 가혹한 형벌과 반복되는 범죄 행위를 저지르는 자에 대한 종신형이 유일한 도덕적 선택이다. 미네소타 주의 키즈 퍼스트와 같은 프로그램은 사회복지 제도의 하나로서, 보수주의자들에게는 위에서 설명한 것과 같은 이유로 비도덕적이다. 보수주의자들의 주장은 도덕적 논쟁이지, 현실적인 논쟁은 아니다. 어떤 정책이 범죄율을 실제로 감소시키는가 하는 통계는 도덕성에 기반을 둔 담론으로는 아무 영향이 없는 것이다.

자애로운 부모 도덕을 따르는 진보주의자들은 미네소타 주의 키즈 퍼스트 프로그램을 예로 들면서, 예방 프로그램은 범죄율을 감소시킬 수 있다고 하면서, 실제 통계상으로만 보아도 사람들을 교도소에 가두는 것이 능사는 아니라고 주장한다. 진보주의자들은 범죄가 가난·실업·소외, 그리고 보살핌과 공동체 소속감의 결여와 같은 사회적 원인을 가지고 있다는 데 초점을 맞추면서, 그런 문제를 해결하기 위해서는 사회복지 프로그램이 필요하다고 주장한다. 그렇다면 보수주의자들이 범죄의 사회적 원인을 왜 그토록 믿지 않는지 그 이유를 살펴보기로 하자.

## 계급과 사회적 대의명분

보수주의자들은 계급과 사회적 원인이라는 개념에 대해 설명하지 않는 경향이 있으며, 그런 논리에 기반을 두는 정책을 권장하지도 않는다. 그 이유는 무엇일까. 진보주의자들은 그런 개념을 항상 이용하며, 설명을 제공하고, 정책을 입안하며 정당화한다. 다시 묻겠다. 그렇다면 그 이유는 무엇일까. 이러한 개념에 대해 한쪽에서는 민감하게 받아들이고, 다른 한편에서는 민감하게 받아들이지 않도록 하는, 보수주의와 진보주의의 차이를 결정하는 것은 무엇일까.

　잠깐 계급과 사회적 힘의 이용에 관한 이론에 관해 생각해보자. 계급구조 이론은 부와 권력을 가지고 있으며 그에 따른 특권을 유지하고자 하는 상류층과, 저임금 노동력에다 저자세로 상류층을 위해 일하면서 그들에게 종속되는 하층 계급, 그리고 상류층에 오르기를 갈망하고 하층으로 떨어지는 것은 두려워하면서도 하층 계급의 저임금 노동력을 이용하는 중산층으로 구성되어 있다. 사회적 세력은 일반적으로 그런 낮은 계급 사람들의 성공을 향한 노력과 부와 권력을 얻으려는 노력의 실패에 대한 당연한 설명으로 간주된다. 하층 계급 사람들은 그들의 자립을 불가능하게 하는 체제에 사로잡힐 수 있다. 그런 사회적 조정은 진보주의자들에게는 부당하게 보일 뿐인 사회적 불의이다.

이 기록에 따르면, 상류층과 중산층은 저임금으로 야채농사를 짓고, 패스트푸드 식당에서 일하고, 집안 청소와 쓰레기를 치우는 등의 일을 하는 하층 계급의 노동력이 없다면 현재와 같은 생활양식을 유지할 수 없을 것이다. 이 그림에서 상류층은 하층 계급 사람들에게 많은 빚을 지고 있다. 그들이 지불하는 것 이상의 빚을 지고 있는 것이다. 사회적 정의는 하층 계급 사람들이 더 많은 임금을 받고, 좀 더 나은 환경에서 생활하고, 가난에서 탈출하기 위한 일을 할 수 있는 기회를, 즉 교육을 받고 직업훈련을 받을 수 있는 기회를 제공받게 되기를 요구한다.

이런 기록은 일반적으로 저소득층을 도우려는 정부의 노력을, 최소한 그들의 기본적 필요를 제공해주고, 그들이 조금이라도 더 잘살 수 있도록 교육과 직업훈련 기회를 제공해주려는 정부의 노력을 정당화하는 데 이용된다. 또한 하층 계급이 그들을 사회 경제적으로 구속하는 체제에 대한 분노와 폭력을 설명하는 데도 이용된다. 사람들을 그 체제 속에 감금하는 것은 계급 구조와 사회적 세력인 것이다.

'계급'과 '사회경제적 세력', 그리고 '사회경제적 감금' 같은 개념들은 자연스럽게 진보주의자들의 세계관에 부합된다. 진보주의자들에게 미국의 본질은 육성이고, 그것의 한 부분은 도움을 필요로 하는 사람들을 돕는 것이다. 사회경제적으로 '감금당한' 사람들은 '탈출하기' 위한 도움을 필요로 한다. 비유적인 '자애로운 부모', 즉 정부는 사람들을 덫에 걸리게 하는 사회경제적 시스템을 변화시킬 의무를 가진다. 이 논리에 의하면 문제는 사회에 있다. 순진하게 덫에 걸리는 사람들에게 있는 것이 아니다. 만약 사회경제적 세력들이 책임을 져야한다면, 그 덫을 깨뜨리기 위하여 다른 사회경제적 세력을 동원해야만 한다.

이 서술 전체는 엄한 아버지 도덕과 그것이 규정하는 보수주의 세계관과는 조화를 이루지 못한다. 그 세계관에 따르면 계급제도는 단순한 사다리이므로 그것을 오르기 위한 재능과 자기훈련이 된 사람은 누구든지 올라갈 수 있다. 당신이 그 부와 권력의 사다리를 올라갈 것인지 못 올라갈 것인지는, 오직 당신이 도덕적 힘과 기질, 혹은 선천적인 재능을 가졌는지의 여부에 따른 문제일 뿐이다. 성공과 실패에 대한 설명이 도덕적 힘과 도덕적 기질에 우선권을 주기 때문에, 사회적 세력과 계급에 비추어 설명하는 것은 아무 의미도 갖지 못한다. 그것은 오직 재능의 결여, 게으름, 혹은 다른 형태의 도덕적 약함에 대한 변명으로, 혹은 도덕적 약함의 한 형태로 간주될 뿐이다. 그 세계관에서 사회적 정의라는 것은 이해되지 않는다.

만약 가난한 사람들이 부유한 사람들에게 노동력을 팔았다면 그것은 노동시장 안에서의 거래이고, 그 노동의 가치를 결정하는 것은 오직 노동시장의 기능이다. 이 비유에서 노동은 보편적으로 다른 많은 상품과 마찬가지인 하나의 상품이고, 그 가치는 선천적인 것이 아니라 노동을 교환하여 지불하려는 사람이 결정한다. 모든 시장이 자유시장이기를 요구하는 보상과 징벌로서의 도덕은 그런 태도를 요구한다. 그리고 다른 어떠한 합의도 비도덕적인 것으로, 사회의 도덕적 기반을 위협하는 것으로 간주한다. 이런 이유로 해서 보수주의자들은 최저임금제도에 반대하지만, 반면에 진보주의자들은 최저임금제도를 최소한의 사회적 정의라고 간주하며 지지하는 것이다.

보수주의자들에게 부유층의 존재는 모든 도덕의 기반인 보상과 징벌로서의 도덕을 현실화시켜 준다. 부유한 사람들이 그들만의 더 큰 특권을 추구하는 것은 잘못된 것도 아니고 시정조치를 해야 할 일도 아니다. 그것은 자연스럽고 도덕적이며, 보상과 징벌로서의 도덕이 지속적으로 작용할 것을 보장해준다.

보수주의자들에게 이것에 관해 가장 중요한 것은 미국의 본질, 즉 성공 사다리 신화이다. 자유기업이 번성하고, 충분한 자기훈련과 상상력을 갖춘 사람은 그 누구든지 기업가가 될 수 있다면 보상과 징벌로서의 도덕은 잘 받들어질 뿐만 아니라 그 존재를 빛낼 것이다. 보수주의 논리는, 이른바 '사회적'인 문제는 사람 안에 있다고 간주할 뿐이지 사회에 있다고 간주하지 않는다. 이런 이유로 사회적 정책의 설명과 정당화를 위해 계급과 사회적 세력을 이용하는 것을 보수주의자들은 전혀 이해하지 못한다.

## 자연과 육성

'육성하다nurture'라는 용어는 두 가지 의미를 가진다. 그 하나는 양육(nurture-1)과 관련되고, 다른 하나는 유전학적으로 결정되는 요소보다는 자연과 육성이라는 맞선 개념처럼 환경적으로 결정되는 요소(nurture-2)이다. 육성은 분명히 환경적으로 결정되는 요소이며, 이것은 진보주의자들을 사회적–정치적 설명에서 거의 배타적으로 환경적 요소만을 바라보도록 이끌어준다.

엄한 아버지 도덕이 양육하는 사회의 목표와는 반대된다 할지라도, 보수주의 역시 아이 키우기와 보상과 징벌의 좀 더 일반적인 이용과 같은 환경적 요소에도 지대한 관심을 보인다. 그러나 '육성–2'에 반대되는 '자연'과 관련된 엄격한 아버지의 도덕에는 몇 가지 살펴볼 부분이 있다.

엄한 아버지 도덕은 도덕적 본질에 높은 우선권을 주고, 도덕적 질서라는 아이디어는 지배의 자연적 질서이다. 이와 같이 보수주의에는 환경적 결정요인과 마찬가지로, 사회문제 설명의 한 가지 수단으로 자연을 이용하려는 경향이 있다. 보수주의자들은 두 방식 모두에서 그것을 가질 수 있다. 성공하지 못한 사람들은 다음의 두 가지 이유 중 어느 한 가지의 결여가 실패의 원인이 될 수 있는데, 1) 기질(환경적으로 결정되는 것)과, 2) 재능(자연적인 것)의 결여가 그것이다. 보수주의자들이 《종형곡선》과 같은 책을 좋아하는 반면에, 진보주의자들은 그렇지 않은 경향을 보이는 이유가 이러한 점 때문이다. 이 책은 흑인들의 경제적 실패에 대한 두 번째 설명, 즉 재능의 결여를 제공한다. 그러나 재능의 결핍이 입증될 수 없다면, 또 다른 원인인 기질의 결여가 늘 있을 수 있다는 것이다.


## 범죄 예방

보수주의자들과 진보주의자들의 각기 다른 도덕 시스템은 자연과 육성의 역할과, 계급과 사회적 세력과 같은 개념을 설명하는 데 있어 각기 다른 관점으로 이끈다. 보수주의자들에게는 사회적 세력에 대한 어떤 호소도 재능(자연)의 결여에 대한, 혹은 기질(nurture-2)의 결여에 대한 변명일 뿐이다. 그러므로 보수주의자들은 사회적 요인으로부터 범죄의 원인을 찾지 않는다. 그리고 보수주의자들은 보상과 징벌로서의 도덕에 따라 부모가 정한 규칙을 거부한 아이를 대하는 것과 같은 태도로 범죄를 대한다. 보수주의자들은 죄를 벌로써 대한다. 그들은 죄를 엄하게 벌하면 범죄는 끝나리라고 생각한다. 그것은 범죄자들이 범죄를 저지르는 것을 막아줄 강하고 명확한 힘을 가지게 될 것이기 때문이다. 만약 그런 억제책이 효과가 없다면 그 범죄자는 핵심까지 썩어버린 선천적으로 나쁜 사람이므로, 일생 동안 혹은 아주 오랫동안 격리되어야만 한다.

보상과 징벌로서의 도덕은 이와 같이 보수주의자들의 도덕 시스템에서 중심 위치를 차지한다. 그러므로 보수주의자들이 범죄

회계에서 균형을 찾기 위한 방법으로 정의의 형태로 '보상 위에 응보'를 두는 것은 그리 놀라운 일이 아니다. 또한 보수주의자들이 사형제도를 선호하는 것도 생명에는 생명, 즉 응보의 한 형태이므로 역시나 놀라운 일도 아니다.

물론 진보주의자들은 이런 논점들을 매우 다르게 본다. 감정이입을 무엇보다 중요시하는 태도는 범죄를 저지른 그 누구에 관해서건 공정함에 관련된 사항을 가장 중요하게 취급한다(도덕적 행동 카테고리 1). 국가의 권력은 압도적이므로 법률이 정한 규정이 신중하게 집행되지 않는다면 그 어떤 시민이건 정부의 권력과 비교했을 때 무력할 수밖에 없다. 그러므로 범죄행위로 비난받는 사람이 공정한 재판을 받을 수 있고, 시민으로서 그들의 권리가 국가에 의해 무시되지 않도록 신중히 배려해야 한다. 진보주의자들은 경찰이 권력을 남용할 수 있다는 점을, 그리고 유죄를 확정하기 위해 부당하게 행동할 수 있음을 예민하게 느끼고 있다. 피의자가 가난한 사람이나 소수민족의 일원이라는 것은 명확한 사실이다. 가난한 사람들은 법정에서 부유한 사람들처럼 좋은 대변인의 도움을 받을 수도 없고, 특히 소수민족의 일원은 선입견의 대상이 된다.

사형선고를 받은 사람들 대부분과 사형수 감방의 대부분의 수형자들은 소수민족에 속하는 사람들이다. 자애로운 부모 모델에서 자라기 시작한 감정이입과 공정함을 아주 중요시하는 태도는, 진보주의자들을 국가 권력의 남용에 대해 엄청나게 걱정하도록 만들었다. 보수주의자들은 그런 태도에 대해 '피해자보다 범죄자를 더 걱정하며 범죄자들을 달래주는 것'이라고 보았다. 당연히 진보주의자들의 행동은 의아하기만 했다. 만약 진보주의자들이 약한 사람들을 보호하는 데 그토록 관심이 많다면, 범죄의 피해자들을 보호하는 데에는 어째서 좀 더 관심을 가지지 않는 것일까? 그들은 왜 보호라는 이름으로 보다 엄한 벌을 촉구하지 않는 것일까?

진보주의자들이 범죄 피해자에게 관심을 갖지 않는 것은 아니다. 오히려 그들은 전체적으로 범죄를 최소화하는 방법에 동의하지 않는 것이다. 첫째, 법이 정한 규정은 지켜져야 한다. 만약 정부가 범죄자처럼 행동하여 무고한 사람을 범죄의 틀에 끼워 맞춰 피의자들의 권리를 짓밟는다면 법이 정한 규정에 따른 모든 희망은 사라진다. 국가와 그 대리인 격인 경찰과 법원의 정직성을 지키려면 모든 범죄 피의자의 권리도 엄격하게 지켜져야 한다. 여기에서의 논점은 공정함이다. 만약 법적제도가 공정하지 않다면 그것은 합법성을 가지지 못한다. 공정함은 자애로운 부모 도덕에서 모든 사람에 대한 감정이입과 양육으로부터 나온 배려이다.

둘째, 진보주의자들은 사회적 원인을 믿는다. 그들은 아이들이 너그러운 환경에서 성장하지 못한다면 다른 사람에 대한 책임을 배우지 못할 것이라고 믿는다. 만약 한 아이가 알고 있는 양육 공동체가 있는데, 이곳과 가장 친밀한 것이 폭력단이라면 결국 그 아이는 폭력단의 활동에 끌려들게 된다. 그러므로 사회 전체에 책임 있는 행동을 가르치는 최선의 방법은 가능한 한 많은 사람들에게 양육의 환경을 제공하는 것이다. 장기적으로 범죄와 싸우는 최고의 접근은, 맞벌이 부부의 어린 자녀들을 위한 좋은 육아를 제공하고, 가난한 사람들을 위한 고등교육을 제공하는 등의 헤드스타트 프로젝트 같은 프로그램을 지원하는 것이다. 이것이 안소니 루이스 같은 진보주의자가 보수주의자들이 헤드 스타트 프로젝트의 예산 1억 3,700만 달러를 삭감하면서, 한편으로 국방예산을 청구액보다 무려 80억 달러나 증액한 것에 대해 분노를 터트린 이유이다(〈뉴욕타임스〉 1995년 8월 8일자). 죄수 한 명을 1년 동안 교도소에 수감하는 데에는 2만 달러의 예산이 든다. 아이비리그의 학생 한 명의 1년치 등록금과 같은 액수이다. 진보주의자들은 장기적으로 헤드스타트 프로젝트, 육아시설 등에 대한 투자가 모든 사람들을 위해 훨씬 효과적이고 비용도 덜 드는 투자라고 주장한다. 그러나 보수주의자들은 범죄를 일으키는 사회적 요인 같은 것은 없다고 믿으며, 범죄는 항상 도덕적으로 약한 개인의 문제라 여긴다. 그리고 진보주의자들이 지향하는 그런 정책들은 존재하지도 않는 사회적 요인을 제거하기 위해 어리석게 예산을 낭비하는 것이라고 생각한다.

셋째, 진보주의자들은 보상과 징벌이라는 위압적인 도덕을 믿지 않는다. 그들은 사회를 하나로 묶어주고, 사람들이 서로 친절하고 책임 있는 행동을 하거나 최소한 예의바르게 행동을 하게 하는 것은 주로 징벌에 대한 두려움 때문이라는 가설을 믿지 않는다. 진보주의자들은 양육이야말로 이것을 가능하게 한다고 믿는다. 곧 사랑으로 지지해주는 부모와 그들 자녀의 유대가 결국 강한 사회적 연대를 만들어내는 공동체를 창조한다고 믿는다. 보상과 징벌이 절대로 적절하지 않다는 이야기가 아니다. 단지 그 것은 도덕의 기반이 될 수 없다는 점, 그리고 진정 도덕의 기반이 되는 것은 다름 아닌 양육이라고 주장하는 것이다.

　진보주의자들은 단순히 형벌을 증가시키는 것만으로는 범죄를 없애지 못한다며, 사형제도는 살인사건을 감소시키지 못했음을 주장한다. 살인자들이 누군가를 살해하기 전에 미리 상세하게 비용 효과를 분석할 리는 없으므로 사형제도는 그들의 범죄를 예방하지 못하는 것이다.


## 사형제도

사형제도는 그 자체로 보수주의자와 진보주의자를 확연하게 구분해주는 선이 된다. 사형 지지자들은 보수주의 경향이 있고 반대자들은 진보주의 경향이 있다. 자애로운 부모 도덕은 사형이라는 징벌에 대한 반대에 큰 영향력을 행사한다. 우리가 살펴본 바와 같이 공정함에 기반을 둔 주요 법적 주장은 감정이입과 양육이라는 배려로부터의 자애로운 부모 도덕에서 일어난다. 그들은 법정이 사형제도의 공정한 적용을 보장하는 수단을 가지지 못했다고 주장한다. 선입견과 정책이 살인사건의 재판에 개입한다는 것이다. 만약 부당하게 살인사건의 유죄를 확정 받은 사람이 사형당했다면, 추후에 그 사람의 무고함이 밝혀진다 해도 다시 재판할 방도가 없다. 사형수 감방에 수감된 대부분의 사람들은 가난한 사람들이거나 흑인들이고, 그들에겐 적절한 법정대리인을 채용할 여유가 없기 때문에 사형을 선고받게 될 가능성이 높다. 그러나 그런 형벌은 모든 인종과 경제적 부유층에도 적용되어야만 한다. 사형이라는 형벌이 진실이 아니라면 사형이라는 벌은 절대로 적용되어서는 안 된다.

그러나 진보주의자들의 사형이라는 벌에 대한 감정은 그보다 훨씬 심오한 의미를 가진다. 양육 그 자체는 자애로운 부모가 그들 자녀에게 주는 무조건적인 사랑의 형태인 생명에 대한 경외감을 암시한다. 만약 정부가 자애로운 부모로 개념화된다면 정부는 생명 그 자체에 대해 압도적인 경외감을 가져야 한다. 사형이라는 형벌은 생명에 대한 그런 경외감을 부정하는 것이고, 그것은 자애로운 부모로서의 정부라는 개념에도 일치하지 않는다.

엄한 아버지 도덕에서는 아이들의 잘못된 행동에 대해 엄한 아버지가 벌을 정한다. 가정으로서의 국가 비유에서는 정부가 벌을 결정하는 빅 대디Big Daddy의 역할을 하게 만든다. 벌의 가혹함에 대해 어떤 제한이 있는가? 가정에서 그런 제한이 없다면 부모가 규율이라는 명분으로 아이를 죽여도 도덕적인 행위가 될 것이다. 부모가 그 권한을 남용하는 사람이라면 그런 일이 일어날 수도 있고, 실제로도 자주 일어나는 사건이기도 하다. 유아살해는 가정으로서의 국가 비유에서 사형이라는 벌에 해당한다.

나는 살인행위까지도 남용하는 부모에게서 느끼는 것과 같은 두려움이, 잔인하고 비인간적인 형벌에 대한 진보주의자들의 혐오감과 입헌 금지의 배후에 놓여있다고 생각한다. 그리고 진보주의자들이 이런 이유로 사형제도를 야만적인 것으로 깨닫고서 전 세계의 각국 정부에 그 제도를 폐지하도록 권유하는 것이리라 본다. 국가가 사람을 살해하는 일에 개입되는 것은 인간이 저지를 수 있는 최악의 범죄에 개입하는 나쁜 사례가 되어줄 뿐이다. 부모가 나쁜 사례를 정착시킬 수 있듯이, 가정으로서의 국가 비유에 따라 정부도 그럴 수 있다. 따라서 정부는 사람을 죽이는 일에 개입해서는 안 된다. 사형이라는 벌에 반대하는 주장은, 단지 사형이라는 형벌 그 자체에 관한 것만이 아니다. 그것은 더 넓은 논점에 대한 상징이다. 국가가 어떻게 개념화되고, 일반적으로 어떻게 기능을 발휘하는가에 관한 보다 넓은 문제인 것이다.

물론 진보주의자들의 주장을 보수주의자들에게 받아들이도록 설득할 수 있는 가능성은 없다. 만약 도덕의 기반이 보상과 징벌이라면 도덕적 사회에서 범죄를 다루는 방법은 징벌이다. 그것은 '눈에는 눈' 그것으로 끝이다. 사형제도가 살인사건을 감소시키지 못한다는 주장은 실제로는 그리 중요한 문제가 아니다. 보수주의자들에게 사형제도는 보상과 징벌로서의 도덕이 우선시되는 도덕 사회의 한 부분인 것이다.

# 12

# 규제와 환경
Regulation and the Environment

　양육의 가장 주된 측면은 보호이다. 부모는 범죄와 폭력이라는 명확한 형태의 위험뿐만 아니라, 담배연기, 석면, 그리고 여러 가지 해로운 화학물질, 납이 포함된 페인트, 위험한 장난감, 유해한 음식, 안전벨트가 없는 자동차, 불에 잘 타는 옷, 도덕적이지 못한 비즈니스맨 등 명확하지 않은 형태의 위험으로부터도 자녀를 보호해야 한다. 때문에 진정으로 관심을 가지고 양육하는 부모라면 그런 일상적인 위험이 닥칠 때마다 경계해야 한다.

　자애로운 부모로 간주되는 정부 역시 시민들을 위해 그렇게 하지 않으면 안 된다. 진보주의자들은 정부의 규제를 두고 자신을 보호할 수 없는 사람들을 위한 보호로 개념화한다. 그것은 시민, 근로자, 정직한 비즈니스맨들과 환경 등을 비도덕적이거나 방만한 사업체, 혹은 개인으로부터의 피해에 대해서 보호하는 것이다. 그러므로 사업체에 대한 정부의 규제는 그들의 비즈니스가 그 누구에게도 해를 끼치거나 속이는 것이 아님을 확실히 보여주는 것이라야 한다. 오랜 경험에 비추어보면 시민들에겐 그런 보호가 필요해왔다. 비도덕적이고 부주의한 사업체가 자기 근로자를 위험한 상황에 빠뜨리거나 환경을 오염시키고, 위험한 상품을 생산하고, 고객을 속이는 행위 등은 미국 역사에서 꽤 오랫동안 발생해왔던 일이다. 정부의 규제는 그런 행위를 최소화하는 행위라고 보면 된다.

그러나 보수주의자들은 정부의 규제를 보호로 개념화하지 않는다. 그 이유는 무엇일까? 보수주의의 도덕적 우선권과 도덕적 카테고리를 상정한다면 그들은 결코 정부의 규제를 보호로 개념화할 수 없다. 누구로부터의 위험을 보호해주어야 된다는 말인가? 보수주의의 모델 시민인 성공적인 비즈니스맨으로부터의 위험은 결코 아니다. 우리는 그런 사람들을 두려워할 필요가 없다. 보수주의가 내세우는 도덕적 카테고리 시스템에서 정부의 규제는 살기 위해 자기이익을 추구하는 사람들의 노력에 대한, 곧 절제를 통해 자립을 획득하려 하는(가능하다면 부자가 되기 위한) 노력에 대한 방해로 간주된다. 사회의 좋은 사람들을 격려하기 위해서도 그들이 나아가는 길에 장애물을 설치하는 것은 잘못된 일이다. 환경, 근로자의 안전, 그리고 제품의 안전성을 위한 규제를 반대하는 논쟁은 너무도 성가신 것이어서 사업을 수행하는 데 큰 방해가 된다는 것이다.

규정은 어리석고 부패한 것으로 간주된다. 그러나 보수주의자들은 보호를 필요로 하는 사람은 보호해주는 한편, 무거운 장애물을 제거하기 위해 단순히 규정을 개정하는 것을 원치 않는다. 그들이 원하는 것은 규제를 완전히 제거해버리는 것이다. 하지만 진보주의자들은 의심이 많다. 사람은 깨끗한 공기와 물을 마시고, 안전한 제품을 사용하고, 안전한 비행기를 타고, 안전한 직업을 가질 권리가 있지 않은가. 환경은 우리의 손자, 그리고 증손자를 위하여 보존되어야 하지 않는가. 그러나 이런 진보주의자들의 주장은 보수주의자들에게는 들리지 않는다. 그들은 절대로 그런 주장을 들을 수 없다. 가장 중요한 보수주의자의 도덕 카테고리는 진보주의자들의 그런 주장을 걸러내어 버린다. 정치적으로 엄한 아버지 도덕인 보수주의자들의 가장 중요한 도덕적 범주화는, 보수주의 비즈니스맨을 모델 시민이 되도록 해주고, 규제란 그들의 활동을 방해하는 것으로 간주한다.

  모델 시민으로서의 성공적인 비즈니스맨 분류는, 우리가 살펴보았던 바와 같이 매우 뿌리가 깊다. 그것은 엄한 아버지 도덕의 중심을 차지하는 보상과 징벌로서의 도덕 원칙이다. 그런 원칙에 제한을 가하는 것은 보수주의 윤리의 심장을, 그리고 보수주의 생활방식을 두들기는 것이다. 도덕적 행동에 관련된 도덕적인 사람에게 제한을 가하는 것은 비도덕적이다. 보수주의자들이 정부의 규제를 비도덕적이라고 보는 것은 바로 그런 이유에서이다. 일단 성공적인 비즈니스맨이 모범시민으로 범주화된다면 규제를 보호로 볼 가능성은 사라진다.

# 환경

엄한 아버지 도덕은 자연의 지배질서 이론을 포함한다. '하나님은 인간을 지배한다. 인간은 자연을 지배한다. 부모는 자녀를 지배한다……' 이런 식으로 계속되는 이론이다. '자연에서의 도덕 질서는 지배의 질서'라는 비유에 의하면, 이런 주장은 보호와 배려의 책임이 도덕적 권위와 함께하는 도덕적인 주장으로 간주된다. 그러나 인간의 보호와 배려는 자연에 대한 인간의 지배가 자연과 도덕 양쪽으로 다 통하는, 인간의 우선권에 따른다는 가장 기본적인 가정 하에서만 의미가 있다. 뉴트 깅그리치는 이 모든 것에 대해 정직하게 말한다.

> 나에게 있어서 모든 환경보호 노력은 인간이 이 행성을 지배하며, 우리는 자연세계에 대한 피해를 최소화해야 된다는, 절대적 의무를 가졌다는 전제 하에 시작된다. 나는 환경보호주의자가 아니다. 우리는 활동적인 존재이므로 마치 존재하지도 않는 것처럼 행동한다는 것은 불가능하다. 참고 C1, Gingrich, p.195

활동적인 존재라면 원하는 것을 획득하는 방법을 생각해내고, 그것을 추구하는 과정에서 환경에 손상을 입히는 것은 자연스러운 결과이다. 원하는 것을 추구하는 바를 중단할 수는 없지만, 대신 손상을 최소화하기 위해 노력할 수는 있다.

엄한 아버지 도덕은 인간이 자연을 지배한다는 '자연의 질서'로부터 시작된다. 여기에는 우리가 개인적 이익을 추구하면 모든 사람의 이익이 극대화된다는 이기주의 도덕이 추가된다. 그리고 개개인이 이익을 위한 노력을 중단하는 것은 비도덕적임을 암시하는, 모든 도덕의 기반인 보상과 징벌의 도덕이 더 추가된다. 이렇게 모든 것이 더해져서, 자연은 인간의 이익을 위한 자원으로 이용되기 위해 존재한다는 주장이 된다. 그러나 검소한 존재가 미덕이므로 자원은 가능한 최대한도로 보존되어야만 한다. 우리는 그것을 개인적 목표를 위해 이용하기는 하지만 그렇다고 지나치게 낭비해서는 안 된다.

보수적인 환경주의는 '보존'으로서 비용과 혜택에 관련된 현실적인 관리이다(깅그리치, 《새로운 미국을 향해》, p.198). '우리의 부를 위한 최선의 생태계를 보존하기 위해서, 명령하고 통제하는 관료적인 노력보다 지방분권화와 기업적 전략을 이용해야 한다 (p.196).' 간단히 말해서, 지배자의 태도로 생태계에서 일어나는 모든 일을 하향식으로 통제하려고 시도해서는 안 되는 것이다. 우리와 자연과의 관계는 자유시장 원칙에 따른 노력이라야만 한다.

보수주의의 환경주의는 ─ 인간과 자연과의 관계에 대한 보수주의 시각 ─ 당연히 엄한 아버지 도덕으로부터 일어난다. 그것은 엄한 아버지 시각과 가장 잘 맞는 보편적인 비유 시스템에 비추어 개념화되고 논리화된다. 그 비유들은 다음과 같다.

- 자연은 하나님의 지배하에 있다(인간에게 현명하게 관리하도록 주어졌다).

- 자연은 자원이다(인간이 즉시 이용할 수 있다).
- 자연은 소유물이다(소유주가 사용할 수 있으며, 판매와 구매가 가능하다).
- 자연은 예술작품이다(인간이 소중히 해야 될 작품이다).
- 자연은 적이다(정복하고, 우리를 위해 봉사하도록 해야 된다).
- 자연은 야생동물이다(이용하기 위해 길들여야 한다).
- 자연은 복잡한 메커니즘(기계적 체계)이다(정확히 파악하여 이용해야 한다).

이런 비유적 사고방식은 우리로 하여금 엄한 아버지 도덕이 이야기해주는 바에 따라 자연에 관해 이해하고 추론할 수 있도록 해준다. 이 관리자 비유는 하나님의 권위에 의해 자연은 인간이 원하는 대로 그것을 이용할 수 있지만, 이지적으로 그리고 검소하게 이용해야만 한다고 말한다.

자원 비유는('자연자원'이라는 용어를 고려해 보라) 자연 안에 있는 것이라면 그 무엇이든지 인간 생태계의 한 부분이고, 또 그렇게 되어야만 한다. 그 가치는 본질적인 것이 아니고 인간에게 얼마나 유용한지, 그리고 얼마나 풍족한지에 따라 결정된다. 만약 그것이 풍족하다면 수요공급의 원칙에 따라 그 가치는 낮아진다. 만약 그것이 희귀하다면 그 가치는 높아진다. 또한 자연은 인간의 목적에 의해 결정되는 분류에 따라 개념화되기도 한다. 예를 들어, 연어는 우리 생태계에서 음식으로 분류된다. 그 가치는 음식으로서의 이용에 따른다. 만약 연어가 멸종된다 해도 그것은 큰 문제가 아니다. 음식으로 이용할 수 있는 많은 생선이 존재하기 때문이다. 즉 같은 기능을 가진 자원이 많이 존재하기 때문이다. 강과 바다에서 살아가는 단순한 연어의 존재는 자원으로서의 자연의 비유에서는 아무런 가치도 가지지 않는 것이다.

물론 소유물 비유는 일반적인 비유가 아니다. 인간이 나무, 숲, 혹은 산을 소유할 수 있다는 아이디어로 축약되는 문화는 우스꽝스럽기만 하다. 소유물 비유에서 자연은 소파, 자동차, 혹은 비디오게임처럼 판매를 위한 것이다. 숲·호수·화산·계곡 등 자연의 모든 것은 소유주의 뜻대로 어떻게든 이용할 수 있고 또 원한다면 파괴할 수도 있다. 그 가치는 이 비유에서는 소모품이고, 사람들의 기호와 시장상황에 따라 변동한다. 이 비유에서 강·호수·계곡 등은 그 본질적인 가치를 가진 것이 아니라 오직 시장가치를 가질 뿐이다.

자연에 심미적 가치를 부여하는 예술작품 비유는 인간의 심미적 민감함에 좌우된다. 그랜드 캐니언, 요세마이트, 혹은 고래는 심미적으로 어떻게 판단되느냐에 따라 가치를 달리한다. 사막이나 생태계, 혹은 가정의 소박한 우물은 대부분의 사람들에게 낮은 심미적 가치를 가진다.

적으로서의 비유는 '자연의 정복'을 고결하게 해주고 인간이 자연을 지배하기 위한 노력은 그럴만한 가치가 있다고 본다. 그러므로 그것을 획득하고 보존하는 것도 마찬가지이다. 인간과 자연의 소원해짐은 오직 지배를 통해 극복할 수 있는 분리라고 가정한다. 미정복된 상태의 자연은 인간에게 위험하고, 인간은 생존을 위해 자연을 지배해야만 된다고 가정한다. 자연 지배에 대한 지속과 확장은, 이 비유에 의하면 자기방어, 도덕적 모험의 한 형태이다.

야생동물 비유는 자연이 이질적이고 위험한 것이지만, 경제적인 이용이 가능한 것으로 본다. 자연을 길들이고 지배하는 것은 이 비유에서 고결하고도 많은 이익을 주는 것으로 보인다.

메커니즘 시스템 비유는 자연과 마주보는 과학의 역할을 이해하는 것이다. 과학은 자연을 움직이게 하는 것이 무엇인지, 그 내부에서 벌어지고 있는 일이 무엇인지를 밝혀내는 임무를 가졌다고 간주된다. 그 목적은 통제를 위해서인데, 다시 말해 우리의 목적을 위해 자연을 이용할 수 있도록 해주는 것이다.

자애로운 부모 모델은 우리와 자연과의 관계를 매우 다른 관점에서 바라본다. 자연계는 우리에게 생명을 줄 뿐 아니라 모든 생명을 가능하게 해주고 우리를 지탱해준다. 자연은 계속 또 계속 제공해주는 존재이다. 우리는 자연으로부터의 수혜자이고, 그것은 애정·감사·선천적 가치·책임·존중·상호의존·사랑·소중히 함, 그리고 지속적인 헌신을 포함한다. 자연에 대한 이런 시각은 다음의 비유를 이용해 개념화된다.

- 자연은 어머니이다(우리를 위해 제공해준다).
- 자연은 온전함이다(우리는 분리될 수 없는 부분이다).
- 자연은 신성한 존재이다(경외하고 존중해야 될 존재이다).
- 자연은 살아있는 조직이다(생존을 위해서는 필요로 하는 것을

충족해야 한다).

- 자연은 가정이다(유지되어야 하고, 정결해야 한다).
- 자연은 불의의 피해자이다(상처를 입었으므로 치유를 필요로 한다).

어머니로서의 자연 비유는 자연을 양육해주고 제공해주는 대상으로 본다. 아이와 양육해주는 어머니와의 관계는 애착과 사랑의 상징으로서, 사고 팔 수 없는 타고난 가치이자 한 사람에게 생명을 주는 의미를 가지는 관계이다. 한 아이를 양육해주는 어머니에 대한 도덕적인 태도는 감사함과 책임감, 그리고 존중이다. 당신은 능력을 다하여 어머니의 필요를 충족시켜주어야 할 책임을 가진다. 어머니의 존엄성을 존중하고, 행동으로 어머니에게 감사함을 보여주어야 한다. 그 관계는 오가는 것이며 상호 의존적이다. 그리고 일시적인 관계가 아니라 지속적으로 헌신하는 관계이다. 이 비유는 전체적으로 애정과 수수작용授受作用 그리고 상호 의존하는 관계를 강조한다.

신성한 존재(여신으로서의 지구) 비유는 우리의 의존과 존중, 그리고 숭배에 초점을 맞춘다.

살아있는 조직(가이아 가설◆에서와 같이) 비유는 상호 의존성과, 생태계가 생존하기 위해서는 그 필요로 하는 것이 충족되어야 한

---

◆ 가이아 가설은 지구를 하나의 생명체로 정의한 이론. 1978년 영국의 과학자 J. 러브록이 《지구상의 생명을 보는 새로운 관점》이라는 저서를 통해 주장함으로써 소개된 이론이다. 가이아는 그리스 신화에 나오는 '대지의 여신'을 가리키는 말로 지구를 뜻한다.

다는 점에 치중한다.

가정 비유는, 지구는 우리가 살아가는 곳으로 유한하고, 양육과 안정을 제공하는 곳으로서 정결하게 유지되어야 한다는 점을 강조한다. 또한 우리는 가정에 부속되어 있으며, 가정의 타고난 가치는 시장가치를 초월하는 것이라는 점을 강조한다.

상처 비유는, 자연의 나약함과 자연에 해를 끼치는 행위는 이미 진행되고 있다는 점에 강조점을 둔다. 그것은 우리가 알고 있는 바와 같이, 자연계의 생존을 원한다면 해를 끼치는 행위를 지속할 수 없고 치유가 필수적이라는 점을 암시한다.

이런 것들은 자애로운 부모 도덕에서는 자연에 높은 우선권을 주는 비유이다. 보수주의의 자연관에 관한 몇 가지 비유는 자애로운 부모 도덕에도 부합되긴 하지만, 그런 비유들은 시스템 내에서 종속적인 지위를 가질 뿐이며, 그 의미는 지위에 따라 극단적으로 변화한다.

예를 들어 자원 비유를 살펴보자. 이 도덕 시스템에서는 자연에 대한 인간의 지배를 가정하지 않고, 자연과 인간의 상호 의존성을 강조한다. 자연은 그것에 의해 양육되는 사람에게는 자원이 되지만, 양육하는 존재 역시 양육되어야 한다. 즉 우리는 지구를 보살펴야만 하는 것이다. 이것은 유지 이론sustainability theory을 수반한다. 양육이 계속 유지되기 위해서는 상호 의존을 요구하며, 우리와 자연과의 관계 역시 마찬가지이다. 자원 비유는 양육 비유와 관련하여 생태학적 중심개념으로 계속 자리잡고 있다. 자연은 자원이다. 그러나 그것은 유지되어야만 하는 자원이다. 그렇다. 자연 자원은 경제적 가치를 갖지만, 단순히 경제적 가치가 아닌 내가 방금 설명한 선천적 가치 시스템에 관련하여 결정되어야 한다.

양육은 심미학적 경험으로서 예술창작 작업의 비유가 적용된다. 그러나 매우 다른 방식으로 적용되는데, 양육에 있어서 심미적 경험은 양육의 경험과 분리될 수 없다. 이와 같이 심미적 가치는 양육에 수반되는 존중, 애착, 지속적인 헌신 등의 다른 가치로부터 분리될 수 없다. 그러므로 자연의 심미적 가치는 숲속을 거닐 때 아름다운 광경을 보는 것만이 아니다. 벽에 숲이 그려진 그림을 걸어두는 것과 같은 것도 아니다. 심미적 경험은 양육의 한 부분이다.

기계적 시스템 비유 역시 자애로운 부모 도덕에서는 다른 의미를 드러낸다. 당신이 속해있는 양육관계의 중요성을 발견하는 것은 양육 그 자체와 분리될 수 없다. 양육에 최고의 가치를 부여하는 도덕 시스템에서 발견은 양육에 대한 공헌이다. 만약 당신이 자애로운 부모 도덕에 의지해 산다면, 과학적 발견은 그 자체로서 양육의 가치를 가진다. 또 그런 발견은, 예를 들어 어떤 질병을 치료하든지, 혹은 멀리 떨어져 있는 친구나 친척과의 통화를 가능케 해주는 것이든지, 양육에 봉사하는 것일 때 그 의미를 가진다.

양육이라는 관점에서, 봉사 비유는 매우 다른 의미를 나타낸다. 봉사는 지배를 위한 것이 아니라 자연의 치유와 유지에 공헌하는 봉사이다. 그래야만 자연은 우리를 향한 양육을 계속할 수 있고, 우리는 자연계와 오가는 상호 관계에서 혜택을 계속 누릴 수 있다.

인간과 자연의 관계에 대해 이토록 매우 다른 도덕적 개념을 감안하면, 진보주의자들과 보수주의자들이 환경정책에 관해 매우 다른 주장을 한다는 점은 전혀 놀라운 일이 아니다. 환경보호청 EPA, Environmental Protection Agency을 살펴보자. 진보주의자들의 관점으로 EPA는 자연을 보호하는 기능에 공헌하는 단체이다. 그 단체의 임무는 시민을 환경의 위험으로부터 보호하는 것과 함께 자연 그 자체를 보호하는 것이다. 그것은 환경법에 따른 권한을 통하여, 예를 들어 대기오염과 같은 공해지수 측정을 통하여 임무를 수행한다. 그 기관의 활동 중 일부는 제철공장, 발전소 등의 공해 배출을 규제하여 환경기준을 따르게 하는 것이다. 또 다른 임무는 멸종위기에 처한 종을 보호하는 법을 시행하는 것이고, 또 다른 임무는 야생동물 보호지역과 같은 생태계 보존을 위한 연구 활동이다. 일단 법이 통과된 다음에는 그 법을 가장 효율적으로 수행하는 것도 그들의 임무이다.

진보주의자들의 관점에서 보면 그런 기관은 절대적으로 필요한 곳이다. '자연을 치유하는' 활동 중의 한 부분은, 물에서는 물고기가 살고, 강둑에서는 식물이 자라도록 하여 가능한 한 우리가 식용수로 최대한 이용할 수 있도록 하는 것이다. 이것은 자연을 양육하는 것만이 아니라 깨끗한 마실 물을 제공하여 사람들을 양육하는 데 공헌하는 것이기도 하다. EPA는 출범 이후 식용수의 원수原水 정화에 중요한 역할을 했다. 그러므로 진보주의자들은 보수주의자들이 EPA의 단속권을 철저하게 제한하는 법을 제안했을 때 깜짝 놀랄 수밖에 없었다. 그런 조치가 막상 이루어지면 기업들의 상수원수上水原水 오염 행위를 막을 수 없기 때문이다.

보수주의자들은 정부가 기업의 자유로운 활동을 격려하고 보상해주어야지, 제한하거나 벌을 주어서는 안 된다는 근거에서 EPA를 해체시키려 한다. 이것은 자연이 개인적 이익추구에 공헌하기 위해 존재한다는 보수주의자들의 주장에 부합된다. 많은 문제에 대한 해결책은 규정을 통하여 기업에게 벌을 주는, 정부가 부과하는 제한조치에서가 아니라 절제와 모험을 보상하는 자유기업 활동에서 나와야 한다.

다음은 자연림과 얼룩무늬 올빼미의 경우를 살펴보자. 자연림은 단순히 몇백 년 자란 나무들의 우거진 숲을 의미하지는 않는다. 그것은 수많은 작은 나무들, 곤충, 새 그리고 함께 어우러져 사는 독특한 다양함을 가진 생태계이다. 다른 그 무엇과도 비교할 수 없는 매우 특별하고 복잡한 생태계인 것이다. 미국 자연림의 90퍼센트는 이미 벌목으로 인해 파괴되었고, 목재회사들은 남은 10퍼센트마저도 채취할 수 있기를 바라고 있다. 하지만 자연림은 결코 복원될 수 없다.

자애로운 부모 도덕에서는 자연림이 천부적인 가치를 지니고 있다는 자연관을 제시한다. 그것의 가치는 자연에서 채취하여 팔 수 있는 목재의 가치, '얼마나 될 것인지' 또는 '그것이 얼마나 아름다운가'에 따른 것이 아닌, 있는 그대로의 가치에 있다. 독특한 자연의 한 형태지만 이제는 거의 파괴되어버린 자연림을 향해 자애로운 부모 도덕에서는 이를 보호할 것을 요구한다.

법전에는 자연림 그 자체를 위해 보호해야 된다는 법은 없다.

그러나 멸종위기에 처한 종을 보호해야 된다는 법Endangered Species Act이 있다. 그 법에 의하면 EPA의 목록에 올라있는 위기에 처한 종의 서식지를 파괴하는 행동이 금지되어 있다. 다시 말해 자연림에서 살고 있는, 그리고 오직 자연림에서만 사는 위기에 처한 종의 목록에는 얼룩무늬 올빼미가 올라있다. 얼룩무늬 올빼미를 보호하는 것은 자연림을 보호하는 것이다. 자애로운 부모의 자연관은 멸종위기에 처한 종에게 타고난 권리를 부여한다. 얼룩무늬 올빼미에게도 그러한 권리를 부여한다. 그러나 여기에는 단지 얼룩무늬 올빼미만이 아니라 훨씬 많은 것이 포함된다. 진보주의자들은 당연히 멸종위기에 처한 종을 위한 엄정한 단속활동을 원하고, 그 결과로 나머지 자연림도 살아날 수 있게 되는 것이다.

일이 이렇게 될 경우 보수주의자들은 분노한다. 그들의 자연관에 의하면 그들의 분노는 당연한 것이다. 엄한 아버지 도덕에서의 가장 핵심이 되는 특징이 도전 받는 것이다. 엄한 아버지 도덕의 기반이 되는 보상과 징벌로서의 도덕이 두 가지 형태의 도전을 받은 것이다. 첫 번째 도전은 제한 받지 않는 자유기업이다. 노력과 투자에 대한 개인적 보상을 제한 받지 않고 추구하게 되는데, 만약 목재회사의 투자가 기대되는 수익을 실현할 수 없다면 그 자유는 제한 받은 것이다.

두 번째 도전은 개인소유 재산에 대한 무제한적 사용이다. 당신의 노력, 다시 말해서 당신의 재산을 아무런 제한도 받지 않고 자유롭게 원하는 대로 사용하기 위한 도전이다. 목재회사는 그 자연림의 일부를 소유하고 있다. 만약 그들이 이익을 위해 목재를 채취할 수 없다면 그것은 개인재산의 이용에 제한을 받은 것이다.

여기에 더하여, 도덕적 질서도 도전 받는다. 하나님의 뜻에 의해 인간은 자연을 지배하고, 자연은 인간의 사용을 기다리는 자원이 아닌가! 일반적으로 열심히 일하는 사람들이고, 법을 준수하는 사람들인 목재회사는 그들 수입의 원천을 잃어버릴 수도 있다. 사람이 중요한가, 올빼미가 더 중요한가? 상식적으로 - 엄한 아버지 도덕의 상식으로는 - 당연히 사람이 더 중요하지 않은가!

환경규제에 반대하는 보수주의자들의 보편적인 주장들 중 하나는 시장에 맡겨놓으면 더욱 잘 규제될 수 있다는 것이다. 한 가지 제안은 공해권을 판매하는 것이다. 각각의 기업에 어느 정도까지 오염시킬 수 있는 권리를 할당하는 것이다. 그리고 만약 어느 기업이 할당받은 양보다 적은 오염 유발행위를 했다면, 그 나머지 권리를 다른 기업에 판매한다. 이렇게 하면 기업은 공해를 적게 일으키며, 다른 기업에 그 나머지 공해권을 팔 수 있다는 인센티브를 가지게 된다. 나아가 이 조치의 지지자들은 이 시장 시스템으로 기업 공해를 감소시킬 수 있다고 주장한다.

그럴지도 모른다. 그러나 그런 제안은 진보주의자들의 환경에 대한 걱정을 덜어주지 못한다. 진보주의자들은 보수주의자들과는 전혀 다른 비유에 의해 자연을 개념화한다. 진보주의자들의 비유는 자연의 여러 측면에 본질적인 가치를 부여하지만, 실제 시장은 그렇게 하지 않으며 할 수도 없다. 시장 해결책은 많은 경우에서 도움이 될 수 있으나 진보주의자들의 심오한 배려에는 아무런 영향도 끼치지 못한다.

한발 물러나서 진보주의자들과 보수주의자들의 도덕 시스템을 돌아볼 때 그것은 사람 대 올빼미 문제가 아니라, 시장가치 대 EPA 문제, 혹은 극단적으로 상반되는 인간과 자연의 적절한 관계에 관한 두 도덕적 주장의 대결임을 확인할 수 있다. 이것은 매우 큰 쟁점이다. 어떤 도덕적 주장이 환경문제만이 아니라 우리 문화와 정치를 전체적으로 지배하느냐 하는 문제인 것이다.

# 13
# 문화전쟁
## 차별 시정조치로부터 예술에 이르기까지
### The Culture Wars:From Affirmative Action to the Arts

　엄한 아버지 도덕과 자애로운 부모 도덕은 대립하는 도덕 시스템이다. 그들은 양립할 수 없는 도덕적 세계를 규정한다. 보수주의자들은 그들의 목표가 단지 정치적 경제적인 것만이 아님을 잘 이해한다. 그들은 미국 문화 그 자체를 변화시키기를 원하는 것이다. 그들은 어떤 사람이 좋은 사람인지에 관해, 그리고 세상은 어떠해야만 되는지에 대한 생각을 변화시키기를 원한다. 보수주의자들은 그런 변화가 가정에서부터 시작되어야 하는 이유를 잘 알고 있다. 하지만 더불어 그들은 그런 변화가 어떤 직업을 가지게 되고, 어떤 사조가 우리의 문화를 지배하느냐에 따라 달라진다는 점도 잘 이해하고 있다.

　여기에서는 진보주의 대 보수주의의 이분법이 차별 시정조치로부터 예술의 본질에 이르기까지의 문화적 영역에서 어떤 활약을 보여주는지 소개하고자 한다.

## 차별 시정조치

엄한 아버지 도덕은 올바른 사람에 관한 논리로부터 나온다. 계획을 세우고 그것을 효과적으로 수행하기 위해 스스로 헌신하는 자제력을 갖춘 사람이 올바른 사람이다. 그런 올바른 사람에게는 절제 있는 존재로서의 인센티브를 누릴 수 있도록 어떤 식으로든 사람 사이의 경쟁이 방해받아서는 안 된다. 사람들에게 자신이 직접 획득한 것이 아닌 다른 것을 준다면, 그것은 어떤 정책이든지 비도덕적이다. 그런 행위는 자제력 있는 존재에 따르는 인센티브를 약화시키기 때문이다. 그런 관점에서 여성과 소수민족에게 특권을 주는 차별 시정조치는 보수주의자들에게는 비도덕적으로 보일 수밖에 없으며, 이는 실제로 엄한 아버지 모델로부터 나온 비교적 직접적인 결과이다.

자애로운 부모 모델은 반대되는 대답을 보여준다. 가정에서 아이들에게 서로를 공정하게 대하도록 지켜보는 것은 부모의 역할이며, 가정으로서의 국가 비유에서 그것은 이렇게 변화한다. 시민들이 서로를 공정하게 대하도록 이끄는 것은 정부의 역할이다. 차별을 받아왔던 여성, 유색인종, 그리고 인종적 소수민족이 공정한 대우를 받도록 보장하는 것은 정부의 책임이다. 자애로운 부모 가정에서 공정한 분배라는 논점은 온 가족과 그 전체 존재에 관련된다. 과거에 부당함이 존재하던 곳에는 현재에도 어떤 부당함이 여전히 존재할 가능성이 커져 전체적으로 균형을 찾고 공정해져야만 하는 과제가 있다. 가정으로서의 국가 비유에 의하면 그렇게 되어야만 진정한 국가가 된다.

더 나아가 진보주의자들은 자연적인 집단도 한 개인이라는 비유를 채택하여 집단의 행동과 권리를 규정한다. 그것은 공정성을 개인에게만이 아니라 집단에게도 적용함으로써, 현재의 여성에게 행해지는 공정성만이 아니라 과거와 현재를 모두 한 단위로 생각하는 여성 집단에게 행해지는 공정함을 살펴보아야만 한다.

개인으로서의 집단 비유 사용은 엉뚱한 것이 아니다. 진보주의자들은 그런 집단에의 집중을 위해 두 가지 이유를 제공한다. 첫째, 틀에 박힌 선입견이 있다. 사람들을 고착화된 선입견으로, 한 계층의 구성원 모두를 틀에 박힌 존재의 이미지로 판단해버리는 것이다. 그런 이미지는 일반적으로 과거의 문화적 모델에 기초하고 있다. 예를 들어 여성은 기본적으로 그 기능이 집안일에 가장 적합한 주부로 간주되거나, 혹은 치열한 논리적 생각을 할 수 없다거나, 육체적 힘이 결여된 사람으로 간주될 수 있다. 현재의 한 개인으로서의 여성은 무의식적으로라도 그런 식으로 판단될 가능성이 높다. 우리 문화의 남자와 여자 모두의 무의식적인 개념 시스템 안에는 그런 고정관념이 단단히 굳어져 있기 때문이다. 이것은 한 남자가 자신의 선입견을 깨닫지도 못하는 사이에 한 여성을 남자보다 못한 사람이라고 판단하는 결과를 가져온다. 개인으로서의 집단 비유는 한 집단에 대한 오랜 기간에 걸친 공정성의 정도를 측정함으로써, 의식적인 혹은 무의식적인 선입견을 고치는 데 도움이 된다. 차별 시정조치는 오랜 기간에 걸친 전체 그룹에 대한 부당함을 치유하는 수단이다. 이것은 현존하는 개인을 부당하게 대하는 것을 반드시 포함하는 것일까? 그럴 수도 있겠지만 그렇지 않을 가능성이 매우 높다.

둘째, 기존의 무의식적인 고정관념은 현재의 부당한 상황을 창조한다. 고정관념의 틀은 백인 남자에게 유리한 위치에서 출발하도록 도움을 준다. 또 다른 틀은 동등하게 더 나은 자격을 갖춘 여성이나 유색인종에게 불리함을 안겨준다. 차별 시정조치는 동등하거나 더 나은 자격을 갖춘 여성이나 유색인종에게, 예전 그대로라면 백인 남성들의 틀에 박힌 유리함 때문에 지워져 버렸을 기회를 찾아줌으로써 상황을 좀더 동등해지도록 도와준다.

여기에 더하여, 개인으로서의 집단 비유에는 또 다른 진보주의자들의 동기도 있다. 각기 다른 집단에는 가치 시스템이 다른 그들만의 하위문화가 있다. 백인 남성들에게는 백인 여성과는 다른 대화 형태에 따라 다른 하위문화가 있다. 이런 조건은 다른 문화적 집단에도 그대로 적용된다. 현재 백인 남성들은 우리 사회 전반에 걸쳐 최상위를 차지하고 있다. 그들은 판단하는 존재들이다. 그들이 상황을 정직하게 판단한다 할지라도, 판단의 기준이 되는 가치는 대부분 그들의 하위문화가 어쩔 수 없이 따르게 되는 무의식적인 가치가 될 것이다. 예를 들어 남성들은 자신들에게 없을 수도 있는 여성의 재능을 가치 있게 여기지 않을 가능성이 높다. 그 결과 그들의 '정직한 판단'은 차별대우가 될 수 있다. 여성을 한 집단으로 대하고, 그 그룹에 대해 오랜 기간에 걸친 공정성의 정도를 측정하는 것은, 백인 남성들이 가진 암묵적인 유리함(하위문화의 유리함)을 극복하는 방법들 중의 하나이다.

차별 시정조치하에서 백인 남성들은 자신들이 갖고 있음을 깨닫지도 못하는 유리함, 곧 고정관념의 틀에 따른 유리함과 하위문화의 유리함을 계속 가지게 된다. 차별 시정조치는 그런 유리함을 극복하지 못했다. 차별 시정조치가 그것을 극복하기 위해서는 더 오랜 시간이 필요할 것이다.

## 동성애자들의 권리

진보주의자들은 왜 동성애자들의 권리를 주장하는가? 그 대답은 간단하고 솔직하다. 진보주의자들에게 동성애자들의 권리는 당연히 자애로운 부모 도덕을 따른다. 자애로운 부모는 자신의 아이들을 공정하게 대하고 동등하게 사랑한다. 가정으로서의 국가 비유에 의하면, 비유적으로 부모인 정부는 시민이 동성애자든 그렇지 않든 공정하고 동등하게 대해야 한다.

그렇다면 보수주의자들은 왜 동성애자들의 권리를 반대하는가? 보수주의자들은 왜 동성애에 대해 그토록 적대적인가? 이것은 큰 정부에 대한 혐오, 국가 재정 책임, 또는 국가 권리에 대한 지지와는 아무런 관련이 없다. 그 대답은 엄한 아버지 도덕이다. 게이 부부나 레즈비언 부부는 엄한 아버지 가정 모델에는 맞지 않는다. 동성애는 아버지의 단일 권위에 대한 도전이고, 무엇보다도 자연 질서에 대한 도전이다. 자연 질서에서 성은 남성이 여성을 지배하는 이성애이며, 이 자연의 질서는 도덕질서로 이월된다.

그러나 이것은 단순히 가정의 문제가 아니다. 가정은 보수주의자들이 잘 이해하는 바와 같이 모든 도덕과 모든 사회적 조정, 그리고 정치의 기반이다. 동성애는 엄한 아버지 가정이 올바른 가정 모델이라는 구상에 대한 도전이므로 곧 도덕과 정치에 대한 도전인 것이다. 이러한 점 때문에 보수주의자들은 인구의 몇 퍼센트가 동성애자라는 사실을 자연스러움으로 받아들이지 못하고 있다.

보수주의자들은 동성애가 유전적인 근거를 가진다는 점을 증명하는 증거가 점점 발견되는 것에 대해서는 특별히 언급하지 않는다. 게이들은 스스로 게이가 되기를 선택한 것이 아니라, 그들이 게이임을 발견했다고 말한다. 그러나 보수주의자들은 게이들의 생활방식에 대한 이야기에서, 그들이 게이가 된 것은 단순히 의식적으로 그런 식의 생활방식을 선택했기 때문이라고 말한다. 게이가 되는 것에 선택의 여지가 없다면, 어떤 사람이 게이나 양성애자, 혹은 이성애자로 태어났다면, 동성애는 비도덕적인 생활방식을 선택한 것이라는 이론은 효력이 없어진다. 사실 자유 의지가 제거되거나 선택의 여지가 없다면, 동성애를 도덕적 논쟁으로 다루기는 훨씬 어려워진다.

도덕적 힘 비유에 대한 보수주의자들의 해석을 보면, 성도덕은 통제의 문제로 간주한다. 그것은 곧 자제력의 문제인 것이다. 만약 동성애가 유전적으로 결정된 것이고 도덕적이며 자연스럽고 자유의지의 영역을 벗어난 것이라면, 모든 비도덕적인 행동은 절제를 통해 억제할 것을 요구하는 도덕적 힘 개념이 더 이상 적용되지 않는다. 즉 누구든지 열심히 노력만 한다면 이성애자가 될 수 있다고 더 이상 이야기할 수 없다는 말이다. 그 우선권으로 인해 도덕적 힘은 보수주의 도덕 시스템의 중심을 차지한다. 그러므로 보수주의자들은 인구의 몇 퍼센트는 생리적으로 동성애자로 결정된다 하더라도 그것을 자연스럽고 도덕적으로 생각할 수는 없다.

흥미롭게도 많은 보수주의자들은 게이가 되는 것이 선택의 문제가 아니라 유전적인 문제임이 밝혀진 지금도 동성애자들의 섹스, 게이들의 가정을 비도덕적인 것으로 간주한다. 동성애 섹스는 자연 질서에 대한 위배이며, 동성애자들의 가정은 보수주의 도덕의 기반인 엄한 아버지 가정에 대한 도전이다. 게이 남자들은 '비정상'이다. 공동체의 성적인 기준으로부터의 일탈이며, 엄한 아버지 도덕이 설정한 경계선 밖으로 나가는 것이다. 게이들은 그 자체로 위협적이고 비도덕적이다. 뿐만 아니라 도덕적인 행동과 비도덕적인 행동의 경계를 모호하게 만드는 동성애 섹스와 동성애 가정을 통해 직접적으로든 간접적으로든 다른 방황하는 사람들을 유혹할 수 있기 때문이다.

게이를 가장 위협적으로 받아들이는 제도는 군대이다. 임기 초기에 클린턴 대통령이 게이들의 활동을 공개적으로 허용한 조치는 군 내부와 외부의 보수주의자들로부터 거센 공격을 받았다. 군대는 그 상당부분에 이르기까지 엄한 아버지 도덕이 구현된 조직이다. 거기에는 제도와 엄격한 규칙이 있으며, 징벌과 보상이 있고, 육체적 도덕적 힘에 대한 요구가 있다. 훈련은 군에서 가장 중요시하는 규율이다. 군은 그 내면에 일종의 사회적 구조(수직적 관료적 통제, 정부 지불 의료혜택, 정부 제공 주택과 학교, 군인과 관련자들만을 대상으로 하는 PX의 면세혜택, 자유기업의 불허, 정부 제공 골프코스와 체육시설 등)를 가지지만, 그것은 엄한 아버지 문화를 가진 자본주의를 위한 방어이다. 군은 남자로서의 자존심이 넘치는 남성 문화를 가졌다. 게이 남성과 게이 공동체 내에서 보디빌딩에 대한 인기가 높지만, 그들은 남성이라기보다는 약하고 여성 같은 존재로 개념화된다. 그러므로 게이 남자가 군복을 입는 것은 군에 대한 위협이다. 군복을 입은 사람은 누구든지 진정한 남자라고 여기를 것을 부정해버리는 위협인 것이다. 군복이라는 의미가 내포하는 남성다움은 결코 하찮은 것이 아니다. 그러나 실제로 군대가 게이를 질색하는 것은 동성애야말로 군 문화의 기반이 되고 있는 엄한 아버지 도덕에 정면으로 대들며 반대하는 것이기 때문이다.

클린턴 행정부는 군대 내에서 게이들의 문제를 시민의 권리로서 다루는 방식으로 접근했다. 게이들의 군복무 인정은 흑인과 여성을 받아들이는 것과 같다고 여겼다. 하지만 그것은 커다란 실수였다. 게이들을 군에 입대시키려는 시도는 전국적으로 남성다움에 대한 모독, 엄한 아버지에 대한 모독으로 간주되었다.


## 다多문화주의


엄한 아버지 도덕은 다른 도덕과 문화 시스템에 대해 뭐라고 말하는가? 물론 그것은 비도덕적이라고 말한다. 만약 도덕적 힘에 우선권을 주지 않는다면, 그것은 비도덕의 한 형태인 도덕적 약함을 조장한다. 엄한 아버지 도덕의 엄밀한 도덕적 경계를 모호하게 하거나, 엄한 아버지 도덕의 도덕적 권위에 도전하거나 우리 사회의 도덕질서에 도전하면 비도덕적인 것이다.

이런 이유로 보수주의자들은 문화적 다양함과 다른 형태의 도덕도 포용하려는 다문화주의에 대해 반대하는 경향이 있다. 보수주의자들은 자신들의 도덕 형태 외에 다른 도덕의 형태는 도덕적이 아니기 때문에 포용할 수 없다.

반면에, 자애로운 부모 도덕은 다양함에 대해 매우 다른 관점에서 바라본다. 자애로운 부모는 자녀들에 대해 동등한 우선권을 주고, 또한 아이들은 필수적으로 그들 사이에서도 각기 다른 점을 지녔기에 그 모든 차이는 존중되어야 하며 포용할 것이 요구된다. 나아가 각각의 아이들은 가정에 공헌할 각기 다른 것을 가지고 있다. 가정으로서의 국가 비유에 의하면, 국가의 다양함은 긍정적인 것이기 때문에 포용되어야 한다.

## 교육

엄한 아버지 도덕은 자기방어 원칙으로부터 나온다. 그것은 엄한 아버지 도덕에 대한 공격을 방어하는 도덕 시스템으로 고결한 도덕적 소명이다. 보수주의 도덕적 행동의 첫 번째 카테고리에는 보수주의 도덕을 고양시키고 방어하는 행동이 포함된다. '문화전쟁'에 포함되는 단어 '전쟁'은 부수적으로 나타난 단어가 아니다. 보수주의자들은 60년대 이후로 그들의 가치 시스템이 페미니즘, 동성애자 권리운동, 환경운동, 성 혁명, 다문화주의, 그리고 많은 자애로운 부모 도덕의 표현으로부터 도전 받는 것을 지켜보아왔다. 보수주의자들은 그런 운동의 가치를 학교에서 가르치는 것도 보아왔다. 자신들의 도덕적 가치가 침식당하는 것을 보며 소스라치게 놀라기도 했다. 보수주의자들은 현재 사회의 모든 주요한 질병들은 그들의 도덕 시스템을 준수하지 못한 데서 비롯되었다고 믿는다. 더욱이 그들은 자신들의 도덕 시스템이 미국의 진정한 도덕 시스템일 뿐만 아니라 서구 문명의 배후가 되는 유일한 도덕 시스템이라고 믿는다.

그들은 이런 모든 믿음이 대학에서 가르치는 현대역사 연구에 의해 도전 받고 있음을 알게 되었고, 이러한 점에 도덕적 분노를 받은 그들은 반격하기 시작한다.

보수주의자들이 교육부 해체와 자선행위를 위한 국가기증법의 철폐를, 교육전표제도school voucher와 교육의 사립화를 선호하는 이유는 무엇인가? 또 진보주의자들이 그런 태도에 반대하는 이유는 무엇인가?

다수의 정부가 불리한 학생들을 돕는 사회복지 프로그램으로써 교육을 지지하고, 교육부의 중요한 책임은 그런 프로그램을 발전시키는 것이라고 믿고 있다. 보수주의자들은 사회복지 프로그램을 일반적으로 비도덕적이라고 간주하기 때문에, 교육에서 그런 사회복지 프로그램을 제거하는 가장 빠른 방법은 교육부를 폐지하고 그런 프로그램의 자금 지원을 중단하는 것이라고 생각한다.

오늘날 인문과학의 연구는 어떤 식으로도 보수주의 정치 의제에 의해 지배받지 않는다. 사실 그 연구의 많은 부분은 엄한 아버지 도덕과 그것으로부터 나오는 정책과 명백하게 갈등을 일으키는 주제들과 관련된다. 생태학에 대한 연구, 소수민족의 전통에 관한 연구, 역사적으로 소수민족과 여성을 부정해온 가치에 대한 연구, 미국기업의 제3세계에 대한 착취에 관한 연구, 노동조합의 역사에 관한 연구, 미국 정부가 행한 그리고 예전에는 영웅으로 간주되던 인물들이 행한 입에 담지 못할 일들에 대한 연구, 다른 문화의 가치 시스템에 대한 연구, 동성애의 역사에 관한 연구, 배우자 학대에 관한 연구, 그 외에도 엄한 아버지 도덕과 거기로부터 파생된 정책과는 도저히 편안히 이야기할 수 없는 많은 연구가 진행되고 있다. 자선행위를 위한 국가기증법의 철폐는 이 나라의 우수한 학자들이 수행하는 연구를 위한 자금원을, 보수주의자들이 불편해하는 연구를 위한 자금원을 제거하는 것이다. 그 한편으로, 개인 보수주의자들의 싱크 탱크는 보수주의 도덕과 정책에 맞는 연구 활동을 위한 자금 지원을 받는다. 보수주의 역사를 기록하기 위한 자금 지원을 받는 것이다.

국가의 교육기준도 교육부가 설정한다. 이런 기준에는 보수주의자들이 오히려 가르치기를 원하지 않는 것들이 포함되고, 보수주의자들이 가르치기를 원하는 ─ 최근에 개발된 역사교육을 위한 국가적 기준 설정 등과 같은 ─ 새로운 역사 커리큘럼은 포함되지 않는다. 보수주의자들이 교육개혁을 추진하는 데는 지역 수준에서 가장 효과적이었기에, 국가적 기준을 제거하고 지역학교위원회로 만족시키는 것이 교육과정을 보수주의 도덕과 정책을 향하도록 변화시키기에 훨씬 효과적이었다. 달리 말해서, 기준이 전국적인가 혹은 지역적인가 하는 점이 아니라, 엄한 아버지 도덕을 따르는가 그렇지 않은가 하는 점이다. 엄한 아버지 도덕의 촉진은 그 도덕 시스템에서는 그 자체로서 높은 가치를 가지기 때문에, 엄한 아버지 도덕을 지지하는 전국적 기준을 갖게 된다면 보수주의자들은 매우 좋아할 것이라는 사실이 뒤따라야 한다.

보수주의자들에게 있어 교육의 사립화는 어떤 것일까? 그것은 보수주의자들의 자녀들이 나중에 보수주의 도덕과 정책에 들어맞지 않는 사실들을 전혀 배우지 못하게 되는 그들 자신만의 학교를 세울 수 있다는 의미이다. 또한 그것은 통합학교로부터 따로 독립할 수 있음을 의미한다. 그리고 그들의 자녀들이 다른 하위문화나 다른 가치를 가진 학생들과 마주쳐야만 할 필요가 없다는 의미이기도 하다. 교육전표제도는 그것을 더욱 용이하게 해준다. 간단히 말해서, 보수주의자들의 교육적 의제는 보수주의 도덕 의제와 그로부터 나오는 보수주의 정책을 전적으로 지지하는 것이다.

자애로운 부모 도덕의 관점에서는 교육 논점이 매우 다르게 보인다. 다문화주의, 페미니즘, 동성애 권리, 환경운동, 인권운동 등은 미국 문화와 문명화에서는 선진적인 것으로, 도덕적으로 보자면 발전된 것으로 간주된다. 인권운동과 같이 위에 말한 것들은 진보라고 가르쳐야 된다. 그리고 미국 사회의 주류 세력과 정부가 인가하고 부추겨온 지난날의 학대의 역사가 무엇을 진보시켰는가를 가르쳐야 한다는 요구이기도 하다. 이것은 미국을 헐뜯는 것이 아니다. 그와 반대로 우리의 정부가, 크게는 우리 사회 전체가 행한 학대의 역사를 이야기할 수 있고, 미래 세대를 위해 그런 학대를 바로잡으려는 것은 미국의 영광의 한 부분이다.

사실 자애로운 부모 도덕의 관점에서 미국은 이민 세대를 양육해온 곳이다. 미국에서 진행된 역사의 상당부분은 자애로운 도덕의 점진적인 확대를 통해 동등한 대우, 교육과 여타 형태의 개인적 발전을 위한 기회, 건강관리, 세속적인 노동 조건, 지식 개발 등에서의 진전을 통해 이룩될 수 있었던 역사이다. 이런 관점에서 미국의 역사에는 어두운 부분도 있다. 미국 원주민에 대한 집단학살, 그들의 문화를 거의 소멸시켜버린 행위, 노예제도, 공장 근로자에 대한 잔혹한 착취, 여성, 유색인종, 유태인, 이민, 동성애자들에 대한 차별대우 등 미국 역사의 어두운 부분도 이야기되어야 한다.

그러나 보수주의 지지자들은 이런 모든 변화를 발전으로 간주하지 않는다. 그들은 그것들의 상당수를 비도덕적인 것 즉 퇴보로 여기며, 이런 학대를 바로잡기 위해 기록된 변화의 역사를 근본적인 믿음에 대한 도전으로 간주한다. 보수주의자들은 미국 교육 전체의 제도적 구도에 대해 분노한다. 누가 그것을 운영하는가? 누가 직업으로 교육에 뛰어들었는가? 교육계의 많은 사람들이 자애로운 사람들이라는 점은 놀라운 일이 아니다. 그리고 자애로운 사람들은 가끔 자애로운 부모 도덕을 가진다.

어린아이들을 가르치는 일은 돈을 많이 벌 수 있는 일이 아니다(매우 드문 예외를 제외하면). 교사들은 기업가가 아니다. 제한을 받지 않는 자유기업 활동을 펼치고 싶거나 개인적 이익을 추구하며 살기를 원하는 기업심이 강한 사람이라면, 3학년 학생을 가르치는 직업을 선택하지는 않았을 것이다.

초등학교 교사들 중의 상당수는 여성인데 그들 중에는 자애로운 어머니들도 많이 있다. 자애롭기 때문에 다른 사람들의 자녀들도 자애롭게 양육하기를 원하는 사람들이다. 이것이 보수주의자들이 이 나라의 공공교육의 하부구조를 공격하는 이유이다. 그들에게는 선택의 여지가 없다. 자애로운 사람들로 가득 찬 하부구조에 반감을 느낄 수밖에 없으며, 조금도 좋아할 수 없는 것이다.

어쨌든 그들도 동지를 찾고 행동계획을 세운다. 보수주의 기독교인들은 공공학교에서 그들의 자녀에게 비도덕적인 것들을 가르치는 것을 걱정하여 몇 년 동안 '홈 스쿨' 활동을 펼쳤다. 여기에 더하여, 자녀들을 그런 사상으로부터 격리시키기를 원하는 많은 부모들 중에는 사립학교를 세울 여유를 가진 사람들도 있었다. 그들은 자신의 자녀들이 배워야 할 것과 그 가르침과 관련된 사람들을 통제할 수 있다면, 그들이 이용하지도 않는 공공교육을 위한 돈을 지불할 필요가 없고 또 지불할 수도 없다고 판단했다. 그런 부모들은 교육을 위한 정부자금이 전표의 형태로 부모들에게 할당되는, 그 자금이 사립학교 교육이나 공립학교 교육을 위해서도 사용될 수 있는 교육전표의 실행을 위해 투쟁해왔다. 만약

그런 시스템을 현명하게 이용한다면 미국 공교육의 상당부분이
타격을 받을 수 있다. 그러나 보수주의자들은 한 방울의 눈물도
흘리지 않을 것이다.

## 기준이라는 논점

현재 많은 미국 아이들이 교육을 받지 못하고 있다는 것이 일반
적인 인식이다. 그런 상황을 설명하기 위해서 상당히 많은 이유
가 주어진다. 교육자들은 마약, 폭력, 그리고 교육 자체가 아무런
가치를 가지지 못하는 하위문화 등과 같은, 학교로서는 적절하게
대처할 수 없는 문제들이 있다는 점을 지적한다. 교육자들은 교
육자원을 마련하기 위한 세금납부에 공공의 자발성이 결여되어
있음을 지적하기도 한다. 전국적으로 가장 좋은 교육 시스템을
보유했던 캘리포니아는 '제안 13Proposition 13'에 따른 보수주의자
들의 세금혁명 이후 비용 대비 최저수준으로 떨어졌으며, 그 결과
교육의 막대한 질적 손실로 인해 고통 받고 있다.

보수주의자들은 학교에 악영향을 미치는 사회문제는 모든 것
이 허용되는 육아법과 진보주의자들의 사회정책의 결과이므로
엄한 아버지 가정 모델을 채택하고, 정치적으로는 보수주의 정책
을 채택하며, 기업정신과 경쟁을 활용하여 질 높은 학교로 이끄는
것이 그 해결책이라고 주장한다. 보수주의자들은 진보주의자들
의 교육에의 접근이 교육의 기준을 떨어뜨렸을 뿐이라고 주장한
다. 그들은 '기준'에 대해 마치 보수주의자들의 품질증명서인 것
처럼 말한다.

엄한 아버지 도덕은 기준과 매우 큰 관련을 가진다. 도덕적 권위와 도덕적 경계 비유는 합법적인 권위에 의해 부과된 절대적인 기준을 요구한다. 도덕적 힘과 도덕적 자기이익은 보상과 징벌 시스템에 의해 강화된 자제훈련과 노력을 요구한다.

도덕적 기준만이 아니라 교육의 기준도 매우 중요하다. 좋은 교육을 위한 보수주의자들의 처방은 단순히 보수주의 원칙과 보수주의 기준에 대한 이론을 적용하는 것이다. 보수주의 도덕을 자기 절제로부터 시작하는 보수주의 기질 이론을 가르쳐라. 이것이 전통적인 도덕이다. 오랜 시간에 걸쳐 진리임이 검증된 전통적인 서구 문화에 근거한 기준을 설정하라. 학생들로 하여금 열심히 공부하도록 이끌라. 진지하고 엄격하게 등급을 정하고, 낙제시킬 만한 사람이라면 낙제시켜라! 엘리트가 되려면 뛰어난 재능을 발휘하며, 열심히 공부하여 스스로 이루어야 한다. 그런 요소들이 성공 여부를 결정해주도록 하라. 만약 어떤 학생이 낙제했다면, 그 학생은 자신의 낙제에 대해 책임을 져야 한다. 그러면 그들은 다음에 더 잘하든지, 아니면 실패한 인생을 살아가게 될 것이다.

자애로운 부모 도덕 역시 기준 이론을 이용한다. 당신은 스스로 훈련되어 있고, 열심히 노력하고, 알아야 될 필요가 있는 것들을 모두 알기 전에는 양육하는 사람이 될 수 없다. 자제력은 당신이 감정이입을 하는 존재가 되고, 주위 사람들을 배려하는 책임을 가지고 자라는 환경 속에서 성장한다. 규율은 실질적인 문제이다. 당신이 보살피는 사람들은 당신에게 의존한다. 보살핌에는 기준이 있고, 당신은 그 기준을 충족해야만 한다.

한걸음 한걸음 매우 어려운 길을 따라 걸으라! 당신은 책임을 다하기 위해 노력해야 한다. 그리고 다른 사람들이 당신에게 의존할 때는 책임을 다하기 위해 충분한 자제력을 갖추어야 한다. 기업정신을 배우고 다른 사람들과 함께 일하기 위해서는 그들의 기준을 충족하는 것이 필수적이고, 그렇게 하기 위해서는 사회화도 매우 중요하다. 양육에 근거를 두는 도덕 시스템의 다양한 목적 중 하나는 각 개인의 자기계발을 최대화하는 것이다. 그렇게 함으로써 부분적으로는 개개인이 각자의 공동체에 최대한 공헌할 수 있고, 또 부분적으로는 개개인이 자신에게 중요한 일을 잘 해냄으로써 비롯되는 깊은 만족감을 맛볼 수 있다. 각자의 재능을 최대한으로 발전시키는 것은 쉽지 않다. 그러기 위해서는 힘든 노력과 훈련이 필요하고, 지식과 기술의 기준을 충족시켜야만 한다.

엄한 아버지 도덕과 마찬가지로 자애로운 부모의 도덕적 기준에 대한 이론 역시 두 전통 모두에서 매우 현실적인 교육적 기준이 적용된다. 그 차이는 기준에 있는 것이 아니다. 그 차이는 교육이 어떤 기준을 충족해야 되느냐는 점이다. 교육은 경쟁적이어야 될까, 협조적이어야 될까? 학생들로 하여금 선생님에게 질문하도록 하고, 그 질문을 통해 배우도록 하는 것이 목적이 되어야 할까? 학생들은 오직 들려오는 고정된 답을 들어야만 할까? 학생들은 엄격한 등급에 의해 제공되는 보상과 징벌 시스템을 경유하며 배워야만 할까? 학생들은 스스로 흥미를 느끼기 때문에, 자신에게 문제가 되기 때문에, 혹은 교사를 기쁘게 해주기를 원하기 때문에, 호감을 사고 존중받기 위해서 학급의 동료 학생들에 대한 책임감 때문에 배워야만 할까? 그리고 만약 우리가 재능이 없는 학생이라면 어떻게 해야 될까? 그런 학생들은 나약하고, 낙제했다고 느껴야만 될까? 혹은 그들에게 학교에서 지켜줄 다른 방법을 찾고, 그들의 능력껏 많은 것을 배우게 해야 할까? 엄한 아버지 도덕을 가진 사람들의 '익사냐 수영이냐' 식의 접근에서는 뒤떨어진 사람을 낙제시키라고 말한다. 자애로운 부모의 자기계발을 최대화하는 접근은 그들에게 능력껏 많은 것을 배울 수 있는 방법을 찾아보라고 말한다.

자애로운 부모 접근법의 관점에서, 기준이라는 논점은 시선을 흩어놓는 것에 불과하다. 누구나 기준을 설정한다. 그러나 문제는 어떤 기준을 가지는가, 교실에서 그것을 충족시키기 위해서는 무엇을 해야 되는가, 그리고 교육은 무엇인가라는 점이다. 이 두 가지 접근은 매우 다른 의견을 말한다.

교육에 대한 자애로운 부모 접근에서 성공적으로 양육하는 능력은 정직한 조사를 요구한다. 우리는 우리 자신과 우리 역사를 알아야 한다. 밝은 면만이 아니라 더욱 중요한 미국의 어두운 면도 알아야 한다. 우리가 어두운 면을 공부해야 되는 것은 부분적으로는 그것을 되풀이하지 않기 위해서이고, 미국의 발전과 좋은 면에 감사하기 위해서이다. 그리고 독선적으로 살지 않기를 바라는 마음에서 진정으로 양육하는 교육은 사이비 교육이 아니다. 그것은 논쟁의 대상이 되고 사회적으로 소란스러운 문제에 대해 정직하게 가르치고, 그것이 사회적으로 왜 소란스러웠던 것인지 이해하는 것이다. 그것은 우리에게 좋은 느낌을 주기 위해 과거와 현재를 왜곡하지 않는다. 진실을 말하고, 질문을 격려한다.

그것은 단순히 사실을 배우는 것만이 아니다. 그런 요소들이 보다 더 넓은 맥락에서 – 역사적으로 그리고 현재의 범위에서 – 어떤 의미를 가지는지 이해하는 것이 포함된다. 그것은 또한 관점에 따라 이해가 달라지기도 하며, 사물을 바라보는 데 한 가지 관점만 있는 것이 아님을 알도록 요구한다.


## 예술

엄한 아버지 도덕은 예술이라는 개념과 중요한 관련이 있다. 예술이 도덕적 목적에 공헌한다면, 즉 도덕적 힘 또는 기질을 세우거나 도덕적 인생 형태를 과시한다면 예술은 그로 인해 가치를 가진다. 그것을 도덕적으로 올바른 예술이라고 부르기로 하자.

엄한 아버지 도덕에서 예술은 아름다운 그 무엇이거나, 장인의 놀라운 솜씨를 드러내거나, 혹은 즐거움을 안겨주거나 고양시켜주는 것이다. 이런 관점에서 예술은 온전함의 한 형태이며, 많은 신문과 잡지는 그들의 오락 섹션에 예술관련 기사를 싣는다. 오락으로서의 예술은 사회적 중요성을 가지는 진지한 기업 활동은 아니다. 예술은 공공과 관련되는 신문의 정치면이나 과학이나 경제면과 함께 실리지 못한다.

기쁨의 원천으로서의 예술은 경제 시스템에서 한 가지 역할을 담당하는 상품으로 이해되기도 한다. 상품으로 간주되는 예술은 뉴스로서의 가치를 가지는 예술 활동에 의해 그 가격이 결정되며, 우리는 예술 작품이 얼마에 팔렸는지에 관한 기사를 끊임없이 보게 된다.

더욱이 기쁨이나 영감의 원천이 되는 훌륭한 예술은 안정된 투자로서 성공의 상징이기도 하다. 기쁨의 원천으로서의 예술은 힘들여 노력한 것에 대한 보상이고, 좋은 투자로서의 예술은 그런 투자를 할 수 있는 우리의 능력에 대한 잣대이다. 예술작품을 원화로 소지하는 것이 성공의 상징인 이유이다. 예술의 가치는 엄한 아버지 도덕에서 도덕적 가치로, 오락적 가치로, 경제적 가치로, 혹은 성공의 상징으로서의 엘리트에 속하게 된 가치로 평가된다.

예술에 대한 이런 모든 시각은 예술에 대해 몇 가지 기준을 부과한다. 도덕적 기준, 아름다운 솜씨, 혹은 오락적 가치로서의 기준, 영속적인 경제적 투자로서의 기준 등이 그것이다. 엄한 아버지 도덕은 절대적이고 영속적인 기준을 요구하므로, 보수주의자들이 예술에 대해 그런 기준을 부과하는 것을 깨닫는다 해도 놀라워할 일은 아니다.

가장 유명한 보수적 예술신문은 〈뉴욕타임스〉의 예술 편집인을 역임한 힐튼 크레이머Hilton Kramer가 편집하는 〈뉴 크라이티어리언 New Criterion〉이다. 판단 또는 평가의 표준, 기준 등을 의미하는 '크라이티어리언criterion'이라는 제호는 꽤 신중하게 채택되었는데, 이 신문의 목적은 가치 있는 예술의 기준을 제시하고 지지하는 것이다. 또한 그들이 평가한 비도덕적이고 아름답지 못하며 솜씨가 뛰어나지 못하고, 즐거움을 주지 못하거나 영속적인 가치를 가지지 못하는 것에 대한 비판도 그 목적으로 한다. 최고의 예술은 도덕적이고, 아름답고, 정신을 고양시켜주고, 또 변치 않는 것이다.

자애로운 부모 도덕 또한 다양한 예술적 시각의 동기를 부여해준다. 하나의 도덕적 시스템으로서의 그것은 도덕적 목적을 가지고 자애로운 부모 도덕에 공헌하거나, 올바른 사회적 메시지를 가지는 예술에 동의한다. 이런 태도는 엄한 아버지 도덕과 같으며 단지 그 메시지만 다를 뿐이다. 그것은 다른 형태의 도덕적으로 올바른 예술을 가진다. 외부 사람이 그 도덕 시스템을 바라보며 '지키며 살아가기에 올바른 도덕 시스템'이라고 평가해주는 예술인 것이다. 그러나 도덕 시스템의 선택에 관한 예술과, 도덕 시스템의 내면적 작용에 의해 동기를 부여받은 예술, 즉 양육 형태의 선택에 관한 예술과 양육하는 예술 사이에는 몇 가지의 차이점이 있다. 먼저 것은 진보주의의 메시지를 담고 있는 예술이고, 나중 것은 진보주의의 예술적 전통 안에 포함되는 예술이다.

행복에 이르는 도덕의 이상은, 예술이 아름다움과 즐거움뿐만 아니라 유쾌함과 재미까지 함께 주는 것이다.

예술의 진보적인 전통은 궁극적으로는 양육으로부터 나오는 것이기 때문에 진정한 양육이 요구하는 예술적 사고를 촉진한다. 즉 의문을 던지고 증명하는 예술을, 인생의 어두운 면을 보도록 강요하고, 부인否認을 허용하지 않고, 불쾌한 진실을 직면하도록 만들며, 자기 탐구와 재평가를 수행하도록 이끌어주는 예술을 장려한다. 여기에 더하여, 자애로운 부모 도덕은 자기계발과 자기양육을 촉진하기에, 그것은 예술의 이론을 사색하는 경험과 상상력의 발전으로, 또한 개념에 대한 탐구나 형태와 물질에 대한 탐구로써 지지한다.

양육의 중심인 감정이입을 고려하면 예술은 다른 것에 대한―다른 문화, 다른 하위문화, 평범하지 않은 사람, 사건, 장소에 대한 탐구로 이어진다. 이런 충동의 일부는 우리를 다른 세계관으로 이끌어주는 다문화 예술이다. 예술을 양육에 적용시키는 것은 자연스럽게 치유의 형태로, 예술가를 위한 자아표현의 치료법으로, 문화를 위한 치유의 형태로 인도하기도 한다.

끝으로, 어떤 예술가들은 보수주의자들의 전통적 인식에 따른 예술의 상품화에 대한 반발로 개념예술, 행위예술과 같은 추상예술인 반상품화 예술을 선호한다. 예술은 경험의 문제이며, 상품으로서의 가치를 필요로 하지 않는다는 사실을 깨닫게 된다.

현대예술의 상당부분은 이런 카테고리들 밑에 분류되는데, 자애로운 부모 도덕의 어떤 측면에서 나온 것으로 간주된다. 자애로운 부모 도덕의 관점에서 보면, 그런 예술 형태는 도덕적 기업이다. 만약 자애로운 아버지 도덕을 정치에 적용한다면, 이 전통에 따른 대부분의 예술가들이 정치적 진보주의자들인 것에 대한 충분한 이유가 있는 것이다.

이 나라에서는 현대예술에 관한 교육이 아주 열악한 상태인데, 대부분의 시민들은―고등교육을 받은 진보주의자들을 포함하여―위에서 논의한 여러 형태의 예술에 대해 거의 문외한이다. 더욱이 예술에 대한 기호가 다양하여, 어떤 진보주의자들은 도덕적으로 진보주의 예술을 좋아함으로써 그것이 정신을 고양시켜

줌을 느끼지만, 또 다른 사람들은 그런 예술은 우둔하다고 싫어한
다. 어떤 사람들은 단순히 아름다움이나 기쁨으로서의 예술을 좋
아한다. 그러나 진보주의자들 중에도 소수만이 위에서 열거한 현
대예술의 대부분의 형태를 교육받았다. 그 결과 대부분의 진보주
의자들은 보수주의자들의 공격으로부터 예술을 방어하는 방법을
모르거나 관심을 갖지 않는다.

　보수주의자들은 이런 전통에 따른 예술을 공격한다. 〈뉴 크라
이티어리언〉의 힐튼 크레이머와 그의 동료들로부터 고상한 공격
이 가해진다. 하원에서는 예술을 위한 국가기증법을 파기하려는
정치적 공격이 제시 헬름즈Jesse Helms와 다른 의원들로부터 가해
진다. 놀라운 일도 아니지만, 보수주의자들은 도덕적으로는 올바
른 진보주의 예술을 싫어하고 대신 올바른 보수주의 예술을 좋아
한다. 즉 그들은 페미니즘, 동성애자의 권리, 다문화주의 정부 프
로그램 등을 조장하는 예술을 싫어한다. 아름답고 감동적이지만
가끔은 혼란스러움을 안겨주는 로버트 매플러도프Robert Mapplethorpe
의 동성애 남자들의 사진은 보수주의자들을 분노케 하기에 충분
하다. 또한 보수주의자들은 미국의 생활과 역사에서 어두운 면을
드러내고, 우리로 하여금 자국에 관한 유쾌하지 않은 사실들을 직
시하도록 강요하고, 우리 문화 내부의 심각한 갈등과 관련되는 예
술도 좋아하지 않는다.

　앙드레 세라노André Serrano의 소변에 잠긴 십자가는 자신의 교회
에서 가톨릭의 분노를 보여주는 신체의 비유였다. 예술을 자애로
운 부모 도덕의 관점에서 보는 사람들에게는(모든 진보주의자들이

그렇게 보는 것은 아니다) 이 예술작품이 그 예술가의 인생에서뿐만 아니라 공동체의 생활과 일반적인 사회에서 행해지는 교회 역할의 어두운 측면에 관한 의문을 불러일으키는 것이었다. 그러나 보수주의자들에게 이 같은 질문을 제기하는 것은 예술의 정통적인 기능이 아닌 것이다. 세라노의 작품은 종교에 대한 모독, 그 이상도 이하도 아니었다. 다른 작품들은 – 즉 개념 예술이나 양식에 대한 탐구는 – 보수주의 가치 시스템에서는 이해될 수 없는 것들이다. 보수주의자들은 도저히 알 수 없는 표정을 지으며, 그런 것들이 어리석음이나 방종으로 간주되지 않고 예술로 받아들여지는 이유를 전혀 이해하지 못한다. 사실 엄한 아버지 도덕의 관점에서 보자면 그것들은 예술이 아니다. 보수주의자들에게 열려있는 유일한 선택은 그런 예술을 문화적 엘리트의 산물이라고 보는, 불법적인 가치관을 가진 나약한 속물들을 해고하는 것이다. 그러므로 보수주의자들이 예술을 위한 국가지원법을 폐기해버리려는 것은 전혀 놀라운 일이 아니다.

'문화적 엘리트'라는 용어는 엄한 아버지 도덕의 용어로 이해되어야 한다. '엘리트'라는 단어에는 우월성과 특권이 내재되어 있다. 그러나 거기에는 가끔 '특권은 받을 자격이 없고, 우월성은 속임수'라는 의미도 포함된다. 또한 그것은 그룹을 지어 자립하는 특권층을 가리키기도 한다. 엄한 아버지 도덕은 문화를 그들의 도덕에 종속시킨다. 도덕적으로 우월하지 못한 진정한 문화적 우월성이라는 아이디어는, 그들의 관점에서는 전혀 이해되지 않는다. 이런 이유로 문화적 엘리트라는 용어는 자립적 영향력을 가졌지만, 우월함에 대해 그릇된 주장을 펼치는 역설적인 존재들을 가리키는 용어일 뿐이다. 문화적 엘리트라는 용어의 사용이 내포하는 것은, 진정으로 우월한 사람은 도덕적으로 우월한 사람, 즉 엄한 아버지 도덕을 따르는 사람이라는 의미이다. 그들이 문화적으로 진정한 엘리트이며, 다른 문화적 가치보다 엄한 아버지 도덕을 상위에 두지 않는 이른바 '문화적 엘리트'라는 사람들은 비도덕적이기 때문에 끌어내려야 한다.

미국에서의 예술은 도덕적인 관점에서 평가된다. 그것은 도덕적으로 올바른 예술로써 도덕 시스템에 공헌하는 것일 수도 있고—기쁨의 보상, 상품, 성공의 상징, 질문의 형태, 개념의 탐구, 치유의 형태로써—도덕 시스템 안에서의 기능에 공헌할 수 있다.

문화의 의미라는 바로 그 중심성 때문에 예술은 지금 문화라는 전쟁터에 붙잡혀 있다. 보수주의자들은 이 문화전쟁을 지금 격렬하게 추구해가고 있는 중이다. 이 전쟁은 분명히 그들에게는 자기방어 전쟁으로 인식되고 있는 것이다.


## 도덕 교육

보수주의자들은 정치가 도덕에 기반을 둔다는 사실을 잘 이해하고 있다. 그들은 본능적으로 엄한 아버지 도덕이 보수주의 정치 사상의 기본을 이루고 있다는 사실도 잘 이해하고 있다. 그들은 자라나는 세대에게 자신들의 주장을 확산시키기 위해 정확하게 그들이 해야 할 일을 실행했다. 일선 학교에 공식적인 교육으로 엄한 아버지 교육을 정착시킨 것이다. 여기에서의 주요 인물은 윌리엄 베네트이고,《미덕의 책》은 그의 저서이다.

윌리엄 베네트는 '전통적 도덕 가치'는 엄한 아버지 도덕의 가치라고 말한다. 자애로운 부모 도덕도 역사적으로 어머니는 항상 존재했기에 나름대로 전통적인 가치를 가질 수 있다. 그러나 미국 문화에서 여성이 대중적으로 뛰어난 존재로 등장하게 된 것은 주로 금세기 들어 여성이 현저한 영향력을 획득했기 때문이다. 오랜 세월 동안 엄한 아버지가 지배문화였기에 자애로운 부모 도덕은 훨씬 적게 나타났다. 그러나 '전통적'인 면에서는 절대로 적지 않았다. 이른바 '전통적인 도덕'이라는 엄한 아버지 도덕을 가르치는 것은 정치적 보수주의를 가르치는 것임을—윌리엄 베네트 같은 사람이 그토록 노력하는 이유가 바로 이 이유에서이다—명확히 밝혀야만 한다. 도덕교육을 담당하는 것은 정치교육을 담당하는 것과 같다.

《미덕의 책》은 양육, 비정상적인 것에 대한 관용, 사회적 책임, 열린 마음, 자기 의문, 평등주의, 특권 박탈에 대한 지지, 자연세계와의 교감, 미美 그 자체를 위한 미학, 자신의 몸과의 혹은 행복과의(도덕적 행복이라는 의미에서) 교감에 대한 가르침 등은 없다. 즉 여성의 평등과 독립, 노동조직의 도덕성, 소비자보호, 환경보호 등의 미덕을 포함하지 않는다는 점에서 매우 흥미롭다. 가르쳐야만 할 가치가 있는—특히 아이들에게 가르쳐야 할 가치가 있는 도덕은 매우 많다. 그것들은 자애로운 부모 도덕의 미덕 가운데 여러 가지가 포함되어 있다.

정치적 편 가르기에 휩쓸리지 않고 도덕교육을 제공할 수 있는 방법이 있을까? 다행스럽게도 그런 방법이 있다. 우리 문화에서 엄한 아버지와 자애로운 부모 형태의 도덕이 어떻게 이해되는지, 그리고 그 두 도덕이 서로 어떻게 비판하는지를 가르치는 방법이 그것일 것이다.

여기에는 몇 가지 지침이 있다. 가정의 두 모델을 가르치고, 그것에 가장 잘 부합되는 두 가지 도덕 시스템을 가르쳐라. 이 가정 기반 도덕 시스템을 남성과 여성이라는 성 논쟁에 관련시켜라. 엄한 아버지 도덕은 무엇인지, 자애로운 부모 도덕은 무엇인지, 그리고 그 차이는 무엇인지를 가르쳐라. 그들은 서로 동의하지 않는다는 점을 지적하고, 이는 도덕적인 문제일 뿐만 아니라 정치적인 문제이기도 하다는 점을 가르쳐라. 예를 들어보자. 각각의 도덕이 서로 어떻게 비판하는지를 가르친다. 당신이 엄한 아버지 도덕을 가르칠 때는 열의를 다하여 윌리엄 베네트가 열거한 도덕을 가르친다. 그러나 자애로운 부모 도덕을 가르칠 때는 (베네트는 포함시키지 않았지만) 열의를 다하여 위에서 설명한 여러 가지 미덕을 가르친다. 그리고 학생들이 그것은 도덕의 문제일 뿐만 아니라 정치 문제이기도 하다는 것을 이해했음을 확인하라. 내가 볼 수 있는 바로는 그것이 바로 정치적으로 편 가르지 않고 계속 도덕을 가르칠 수 있는 유일한 방법이다.

도덕적으로나 정치적으로 어느 한 편에 빠져들지 않고 이런 방식으로 도덕을 가르치는 데에는 문제가 있을 수 있다. 많은 보수주의자들은 도덕적 주장으로는 단 한 가지 엄한 아버지 도덕만이 가능하다고 믿는다. 많은 종교적 보수주의자들은 두 가지 도덕 시스템을 가르치는 것은 그 자체가 비도덕적이라고 믿는다. 그런 태도는 도덕이 무엇인가에 대한 논의를 요구하기 때문에, 아이들이 도덕적 권위에 순종하는 대신에 그들 스스로 생각해볼 것을 조장하기 때문이다. 만약 사람들이 나의 제안에 따른다면 누군가는 자애로운 부모의 도덕관에 동등한 시간을 할당하는 것만으로도 아이들에게는 권위에 순종하는 대신 그들 스스로 판단하도록 조장하기 때문에 전통을 파괴하는 것이라고 주장할 수 있다.

그런 주장에 저항하는 것이 중요하다. 아이들은 또 다른 도덕관이 있다는 사실을, 인간의 가장 기본적인 경험, 즉 가정생활에 근거를 두는 또 다른 도덕관이 있다는 사실을 배워야할 필요가 있다. 가정생활과 가정생활에 근거한 도덕이 어떠해야 되는지에 관한 또 다른 주장이 있다는 점을 알아야할 필요가 있는 것이다. 아이들은 그것이 단순히 동전의 양면과 같은 것이 아님을, 한 도덕 시스템이 다른 시스템에 비해 좋고 나쁘고의 문제가 아니라는 점을 알아야할 필요가 있다. 우리는 그런 중요시되는 사항들에 대해 20장부터 23장에 걸쳐 살펴보게 될 것이다.

마지막으로 도덕교육은 오직 한 종교에만 맡기지 않는 것이 중요하다. 각각의 종교적 전통에 따른 해석은 그 종교적 전통과 함께 나아갈 도덕의 형태를 선택한다. 아이들에게 자신이 속한 특정한 종교 전통의 바깥에서 어떤 형태의 도덕성이 자신이 속한 종교적 가르침 속으로 들어왔는가를 이해할 수 있도록 해주는 교육이 중요하다. 아이들이 성장하면서 내부의 도덕만이 아닌 외부의 도덕도 이해하는 능력을 갖추는 것과, 각각의 도덕 시스템의 특징을 이해하는 능력을 갖추는 것 그리고 각각의 시스템의 다른 점을 이해할 수 있는 능력을 갖추는 것이 중요하다. 그것은 우리가 민주국가에서 자신과 매우 다른 도덕관을 가진 사람들과 어울려 살아야 하기 때문이다. 우리는 그런 주장을 이해하고, 공개적으로 논의할 수 있는 능력을 갖추어야할 필요가 있다.

도덕교육과 관련된 논쟁은 폭발적 파급력을 가지고 있다. 그것은 우리의 존재에 대해, 그리고 우리의 아이들을 어떻게 키워야 하느냐는 문제에 대해 가장 깊숙한 질문을 던지기 때문이다. 그런 질문보다 더 중요한 질문은 없다.


## 요약

엄한 아버지와 자애로운 부모의 도덕체계는 미국인들의 생활 전체 영역에 걸쳐 중요한 역할을 하고 있다. 긍정적인 행동에서는 두 도덕 시스템 사이의 구별이 뚜렷이 나타난다. 엄한 아버지는 1대1의 직접 경쟁에 초점을 맞추는 데 비하여, 자애로운 부모는 가정(비유적으로는 국가)의 전반적 안녕에 초점을 맞추는 것이다. 이것은 전체 집단들과 장기간에 걸친 하위문화의 차이점들이나 문화적 인습이 개인적인 판단에 끼치는 영향 등과 같은 실제적인 문제들을 고려한 데서 오는 구별이다.

이런 구별은 동성애자들의 권리문제에서도 엄한 아버지 모델의 이성결합을 지지하는 태도와, 자애로운 부모의 동등한 양육의 윤리를 지지하는 입장이 대비되어 뚜렷하게 드러난다. 다문화주의 논점에서는 한 가지 권위 기준 대 동등한 양육 윤리 지지의 문제가 된다. 교육에서는 엄한 아버지 도덕 시스템 그 자체를 지지하는 태도 대 내면의 질문, 그리고 진정한 양육에 필요한 것을 이해하는 것 사이의 문제이다. 예술에서는 가정을 기반으로 한 도덕관이 어떠냐에 따라서 예술에 관해 매우 다른 개념을 제공한다. 그리고 도덕성의 교육을 보자면, 엄한 아버지 도덕을 유일한 도덕으로써 가르쳐야만 되느냐, 혹은 두 가지 도덕 시스템을 논의하도록 가르쳐야만 하느냐의 문제는 신중히 고려되어야 한다.

문화전쟁의 쓰라림 때문에 분열의 궁극적인 원천이 무엇인지를 이해하는 것은 필수적이다. 그것은 정치적인 논쟁에서 명확히 나타나기 때문이다.

# 14
# 기독교 모델
**Two Models of Christianity**

　자기들의 정책은 단순히 성경말씀을 문자 그대로 따르는 문제일 뿐이라고 주장하는 사람들이 있다. 이런 태도는 성경을 문자 그대로 해석하는 것이 가능하다고 주장하는 태도이다. 실제로 기독교의 모든 분파는 그런 주장에 근거를 둔다. 그러나 그것은 솔직히 그릇된 주장이다.

　'주는 나의 목자시니', 이 말을 문자 그대로 털을 깎고 풀을 먹는 양이 한 말이라고 믿는 사람은 없다. '하늘에 계신 우리 아버지'라는 말씀에서 그 아버지가 글자 그대로 아버지라고 믿는 사람은 없다. 사실 성경의 모든 페이지는 항상 비유적으로 해석해야만 정확히 이해할 수 있는 구절들로 채워져 있다. 즉 성경에 대한 문자 그대로의 해석은 존재하지 않는다.

　이 점에 대해서는 놀라워할 것도, 틀린 것도 없다. 정확한 사고 형태와 정확한 언어는 하나님을 설명하는 데, 그리고 인간과 하나님의 관계를 설명하는 데 적절하지 않다. 그것은 오직 비유적 생각과 비유적 언어를 통해서만 의사전달이 될 수 있다. 하나님은 말로 표현할 수 없는 분이며, 인간의 이해를 초월하는 분이다. 만약에 당신이 하나님에 관해 말하거나 생각할 때도 인간으로서의 경험을 그 기초로 이용하고, 당신 뜻대로 이용할 수 있는 광범위한 비유 집합을 가지고 있는 것이다.

나의 동료인 이브 스위처Eve Sweetser 교수는 유대-기독교 전통의 하나님에 관한 비유를 연구했었다. 그녀는 조금은 즉흥적으로, 유대 전통에 따른 '속죄의 날' 의식에서부터 시작했다. 여기에 소개한 목록에서부터 시작했는데, 이 목록은 출발점으로 매우 적절했다. 유대-기독교 전통에 따른 하나님에 관한 비유의 집합이었고, 많은 기독교의 비유는 그 유대교 전통으로부터 물려받은 것이기 때문이다. 여기에 그 목록을 소개한다.

하나님은 아버지이시고, 인간은(구체적으로 유대인은) 그분의 자녀들이다.

하나님은 왕이시고, 인간은 그분의 신하이다.

하나님은 남성 연인이시고, 인간은(유대인들은) 그분의 사랑을 받는 여성 연인이다.

하나님은 목자이시고, 인간은 그분의 양떼이다.

하나님은 포도원지기이시고, 인간은 그분의 포도원이다.

하나님은 파수꾼이시고, 인간은 그분이 지켜주시는 보물이다.

하나님은 도자기를 빚는 분이시고, 인간은 그분이 사용하시는 흙이다.

하나님은 유리병을 만드는 분이시고, 인간은 그분의 유리이다.

> 하나님은 대장장이이시고, 인간은 쇠이다.
>
> 하나님은 조타수이시고, 인간은 노(혹은 배)이다.
>
> 하나님은 우리를 선택하셨고, 우리는 하나님을 선택했다.

스위처 교수가 준비과정에서 지적한 것처럼, 하나님에 대한 이 비유의 모음은 아버지로서의 하나님이 중심에 위치하는 방사형 구조를 가진다. 아버지로서의 하나님 비유는 어떤 식으로든 다른 비유들과 겹쳐지는 유일한 비유이다.

- 아버지와 왕 비유는 모두 하나님의 권위로 귀속된다.
- 아버지와 연인 비유는 모두 하나님의 양육으로 귀속되고, 하나님과 인간 사이에 사랑을 설정한다.
- 아버지, 왕, 목자, 그리고 파수꾼 비유, 그 모두는 하나님의 보호에 귀속된다.
- 아버지, 포도원지기, 도자기공, 유리병 제조인, 그리고 대장장이 비유, 이 모든 비유는 인간을 존재하도록 해준 하나님과의 존재론적 관계로 돌려진다.
- 아버지, 연인, 그리고 선택 비유, 이 모든 비유는 모든 관계를 의지를 가진 두 존재의 관계로 간주한다.

이런 비유들은 동시에 작용하는 것으로 보이지는 않는다. 예를 들어, 아버지로 간주되는 하나님은 남성으로서의 연인은 아니다. 그것은 그 관계를 근친상간으로 만들 것이기 때문에 분명 그런 의도는 없을 것이다. 하나님에 대한 비유는 그 각각이 겹쳐지지만, 모든 비유를 동시에 간직하는 것으로는 볼 수 없다.

하나님에 대한 비유 모음은 종교에서 비유적 생각이 얼마나 풍요로운지에 대한 이해로 받아들여져야 한다. 성경은 문자 그대로 이해될 수 없는 것이기 때문에 하나하나 해석되어야 한다. 유대교와 기독교의 다양한 교파는 성경 해석을 각기 달리한다. 그리고 각 교파에 따라 그 자체의 해석만 받아들인다. 그러므로 그들의 정책이 성경말씀을 글자 그대로 따르는 것이라는 주장은 ─ 비록 나는 그들의 주장에 대해 진정함과 믿음을 잘 알긴 하지만 ─ 거짓임이 분명하다는 점을 명확히 짚고 넘어가야 된다.

이것은 중요한 질문을 제기한다. 보수적인 기독교인들을 보수주의자가 되도록 만든 것은 무엇인가? 진보적인 기독교인들을 진보주의자가 되도록 만든 요인은 무엇인가? 기독교 정신 자체는 보수주의자들의 기독교 연합으로부터 진보주의자들의 신앙교류연합, 전국교회회의, 그리고 중남미와 세계 여러 지역의 진보주의 신학과 같은 정치적 형태를 가진다. 개신교에는 400개 이상의 교파가 있는데 그 대부분은 진보적이며, 잘 조직된 소수에서만 보수주의자로 나타난다.

**보수적인 기독교인들을 보수주의자가 되게 한 요인은 무엇인가?**

나는 보수적인 기독교인들이 보수주의자가 된 요인은, 그들의 종교에 대한 해석이 엄한 아버지 가정 모델과 엄한 아버지 도덕을 요구하기 때문이라고 추측한다. 아버지로서의 하나님 비유는 하나님에게 권위와 양육 모두를 귀속시킨다. 그러나 권위와 양육이 함께 나아갈 수 있는 데 대해서는 여러 가지 가능성이 존재한다. 자애로운 부모 모델에서는 부모의 권위에 대한 아이들의 순종은 부모의 적절한 양육의 결과이다. 그러나 엄한 아버지 모델에서는 권위가 앞에 나오는 역전현상이 존재한다. 첫 번째로 가장 중요한 것은, 아이들은 아버지의 권위에 저항하지 않고 순종해야 된다는 점이다. 순종하는 아이에게는 그에 대한 적절한 보상이 주어진다. 참고 B3, Dobson, 1992. p.20~23

인간과 하나님의 관계는 어느 방식으로든 해석될 수 있다. 자애로운 부모 해석에서, 당신은 하나님의 원초적이고 지속적인 양육에 대한 감사함으로 하나님의 권위를 받아들인다. 엄한 아버지 해석으로는, 하나님은 규칙을 정하시고 권위를 요구하시는 것으로 간주된다. 즉 만약 당신이 순종한다면 당신은 양육을 받게 된다. 이미 살펴본 바와 같이, 우선권을 어디에 두느냐에 따라 달라지는데 이는 매우 중요한 차이점이다.

그 다른 점을 균형을 잃지 않고 해석하기 위해 나는 보수주의 기독교 신앙을, 이 책 전체를 통해 논의되는 여러 가지 비유를 통하여 몇 가지 측면에서 체계적으로 설명하고자 한다. 제대로 설명하기 위해서 나는 그림을 가리는 이질적인 구름을 제거하고, 이 종교의 가장 기본적인 골격을 설명하고자 한다. 독자들은 내가 지나칠 정도로 간략하게 해설하는 것을 이해해주실 것으로 믿는다. 그것은 《초보자를 위한 그리스도》라는 책처럼 약간은 코믹하게 들릴 수도 있기 때문이다.

물론 나는 엄한 아버지 도덕과 보수주의 정치에 관해서 다양한 변형들이 존재하는 것처럼, 이 모델에 엄청나게 다양한 모델이 존재함을 알고 있다(17장을 보라). 나는 자애로운 부모 가정 모델을 가진 사람이 엄한 아버지 도덕을 가질 수 있다는 점을, 또는 그 역할도 가능하다는 점을 잘 인식하고 있다. 그럼에도 여기에서 설명하고자 하는 것은 이론적으로 최대한 일관성 있는 순수한 주장들이다.

일반적인 기독교 신앙은 하나님과 그리스도가 함께하는 양육의 측면을 동반한다. 기독교 신앙은 유대교에서 물려받은 도덕회계에 의해 작용한다. 비도덕적 행동은 부채(차변)이고, 도덕적 행동은 신용(대변)이다. 도덕 산수에 의해(4장을 보라) 부정적인 가치를 가지는 무엇인가를 제공받는 것은, 긍정적인 가치를 가지는 무엇인가를 주는 것과 동등하다(무엇인가를 대가로 지불한다). 그러므로 고통 받는 것은 당신의 죄의 대가를 지불하는 것이다. 고통 받는 것은 좋은 행동을 하는 것과 마찬가지로 도덕적 신용(대변)을 키운다. 만약 당신이 죽을 때 도덕적 신용(대변)을 긍정적인 균형으로 크게 해놓았다면 당신은 천국으로 갈 것이다. 만약 당신이 부정적인 균형을 이루었다면 지옥으로 가게 된다. 이런 일반적인 이론은 대부분의 기독교 형태에서 공유되고 있다. 바로 이 점에서, 엄한 아버지 기독교 신앙을 구체적으로 살펴보기로 하자.

## 엄한 아버지 기독교 신앙

육체적 존재인 인간은 도덕적으로 나약하다. 이 선천적인 나약함은 아담과 이브의 도덕적 나약함에 의해 예증되었으며 이를 '원죄'라고 부른다. 그리고 그 원죄의 결과, 하나님은 인간에게서 영원한 삶을 빼앗아갔다. 모든 사람은 도덕적 약함 때문에 커다란 도덕적 부채를 짊어지고, 보통 사람들은 모두 지옥으로 가게 되리라는 것을 보증하기에 충분할 만큼 큰 부채를 안고 인생을 시작한다.

그러나 하나님은 인간을 너무 사랑하기 때문에, 인간의 선천적인 죄로 가득 찬, 육체적 본질로부터 야기된 그 끔찍한 운명에서 빠져나갈 수 있는 길을 제공하고자 하였다. 그리하여 하나님은 당신의 독생자를, 죄로부터 자유로운 당신의 유일한 아들을, 도덕적 부채가 없는 독생자를 인간으로 만들었다. 그 후에 하나님은 당신의 독생자가 십자가에 처형당하는 것을 허용하고, 그렇게 함으로써 모든 인류가 영원히 받을 수 있는 것보다 더 큰 고통을 받게 하였다. 이 모든 고통을 통해 예수는 모든 사람들이 원죄의 대가를 지불하기에 충분할 만큼 큰 도덕적 신용을 회복하였다. 십자가 처형을 통하여 예수님은 인간의 원죄가 지녔던 부채를 환불하였다. 이것은 만약 인간이 올바르게 산다면 천국으로 가는 것을 가능하게 해주는 것이었다.

그러나 인간들 중에는 인생을 살아가는 동안에 너무도 많은 죄를 지어 도덕적 부채가 어마어마하게 커져, 결국 나머지 일생 동안에 무엇을 하든 관계없이 지옥으로 갈 수밖에 없는 운명을 안고 사는 사람들도 있다. 그러나 예수는 그런 사람들까지 포함한 모든 사람들을 사랑하여, 모든 사람들의 부채를 지불하기에 충분한 고통인 십자가 처형이라는 고통을 당하였다. 이것은 엄청난 사랑의 행동이다. 그러나 무조건적인 사랑은 아니다. 한 가지 조건이 있다. 그릇된 행동을 한 사람을, 그 일에 대해 아무런 대가를 치르지 않았는데도 천국에 가도록 하는 것은 잘못된 일이다. 그것은 도덕 회계 시스템이라는 점에서, 하나님의 계명을 따르도록 하는 시스템에서 아무런 조치도 취하지 않은 것과 같다.

그리하여 예수님은 죄인들에게 계약을 제안했다. 만약 그들이 진정으로 회개하고 그분을 주로 받아들인다면 그분의 교회에 나올 것을, 그리고 남아있는 일생 동안 그분의 가르침을 따른다면 십자가 처형이라는 도덕적 대변(신용)으로 그들의 죄를 깨끗이 씻어주겠다고 한 것이다. 그리하면 그들은 도덕적 부채가 없는 다시 태어난 존재와 같아진다. 그런 식으로 예수는 그들을 지옥으로부터 구해주므로 그들의 구세주가 되는 것이다. 이 계약은 언제든지 모든 죄인들에게 유효하도록 이루어져 있다.

이 계약에서 이전의 죄인들은 남은 일생 동안 하나님의 권위를 받아들이고, 그분의 계명을 따라야만 한다. 그것은 쉬운 일이 아니다. 그것은 그들에게 회심하기 전까지는 가질 수 없었던 한 가지 기질을 요구한다. 새로운 도덕적 본질, 즉 핵심까지 썩어 들어간 존재가 아니라 돌처럼 단단한 도덕적 존재가 될 것을 요구한다. 이 도덕적 본질을 요구하기 위해서 당신은 예수를 가슴으로 받아들여야 한다. 가슴은 비유적으로 도덕적 본질이 거하는 장소이다. 당신은 예수의 본질을 받아들여야 하고, 그것이 당신의 본질이 되도록 해야 한다.

말로만 들어도 어려운 것처럼 이것은 실제로도 매우 어려운 일이다. 그것은 자제와 극기를 통하여 도덕적 힘을 쌓을 것을 요구한다. 성경과 교회를 통하여 계시되는 도덕적 권위에, 하나님의 도덕적 권위에 순종할 것이 요구된다. 도덕적 경계 안에 머물며, 올바른 길에서 벗어나지 않을 것을 요구한다. 그리고 순수함과 올바름을 유지할 것을 요구한다. 예수는 한 가지 사랑을 제공하였다. 그것은 무조건적인 사랑이 아니라 강인한 사랑이다.

불행하게도 이 계약에는 커다란 틈이 있다. 언제든지 회개하는 죄인들에게 회개에 대한 인센티브로 하늘나라에 오는 것을 허용해줌으로써, 사람들에게 가능한 한 오랫동안 죄를 짓게 해준다는 점이다. 마지막 순간에 회개하면 당신은 천국에 갈 수 있다. 그렇다면 그 인센티브는 그리 특별할 것도 없다. 죄에 대한 대가 지불을 인생의 마지막 순간까지 미룰 수 있도록 해주지 않는가.

그 틈은 최후의 심판에 의해 메워진다. 인간이 예상할 수 없는 어느 순간에 이 세상의 종말이 찾아오고, 도덕 회계는 마감되는 것이다. 그 순간 당신은 심판 받게 된다. 그리고 만약 그때 당신이 죄인이라면, 그 순간의 도덕적 차변이 대변보다 크다면, 당신은 영원히 지옥에서 고통 받게 된다. 최후의 심판이 언제 닥쳐올지 모르므로 당신이 예수가 제공하는 계약에 따르는 유리함을 이용할 수 있기를 바란다면, 즉시 그 계약을 받아들이는 것이다. 만약 지금 진정으로 회개한다면 당신은 하늘나라에 들어가는 자격을 보장받게 된다. 최후의 심판의 날, 예수는 당신의 구세주가 될 것이다. 당신이 가지고 있던 예전의 도덕적 부채를 지불해주고, 당신을 악마의 손아귀로부터 구원해 줄 것이다.

## 엄한 아버지의 자산들, 기독교 신앙의 해석

이런 성경 해석이 곧 엄한 아버지 해석으로 풀이되도록 해준 것은 분명히 하나님의 권위가 그 중심이 된 데에 있다. 즉 하나님의 엄한 계명, 순종의 요구, 도덕적 힘의 우선권, 절제와 극기의 필요, 그리고 보상과 징벌을 통한 강화가 바로 그것들이다.

이 시스템을 작동하게 하는 것은 하나님의 권위에 순종하면 보상받고, 따르지 않으면 징벌하는 도덕적 회계에 기반을 둔 보상과 징벌이다. 그것이 없다면 전체 도덕 시스템은 아무런 의미도 가지지 못한다. 천국이라는 보상이 없다면 인간은 하나님의 계명에 따르지 않을 것이며, 모든 도덕 시스템은 붕괴되어 버릴 것이다. 죄를 갚기 위한 노력을 요구하지 않는 구원의 제공은 일종의 복지와도 같다. 그것은 비도덕에 인센티브를 주는 것과 같은 것이다.

이것은 종교적 보상과 징벌 시스템으로, 위에서 인용한 제임스 돕슨의 비유에 따르면 '무간섭 자유시장 자본주의'와 같다. 보수주의 기독교인들이 행했던 일은 두 가지이다. 그들은 성경을 엄한 아버지 도덕에 비추어 해석했고, 비유를 통해 성경의 그런 해석을 보수주의 정치와 연결시킨 것이다.

물론, 성경은 여러 가지 방식으로 해석될 수 있다. 엄청나게 다양한 유대교와 기독교의 교파가 그 점을 입증한다. 예를 들어 어떤 죄인이 예수님을 구세주로 받아들일 때 그는 자신이 예수님의, 그리하여 하나님의 양육을 받는 소중한 사람이라고 생각할 수 있으며, 자신의 양육하는 행동의 모델로서 예수님을 받아들이는 것이다. 그리하여 이전까지 죄인이었던 사람은 그 이후 자애로운 부모 도덕을 채택한다. 만약 성경 해석에서 하나님의 권위보다 하나님의 동정과 양육에 우선권을 둔다면, 그 사람의 종교적 도덕관은 자애로운 부모 도덕이 되는 경향이 있고, 정치적 인생에서의 그 도덕의 적용은 그 사람을 진보주의자가 되게 하는 경향을 갖는다. 우리는 곧 그런 해석에 관해서도 논의할 것이다.

보수적인 기독교인들이 보수주의자인 이유를 이해하고, 그들의 성경 해석은 그들로 하여금 도덕에 대해 특별한 주장을 하지 않고 있다는 점을 인식하는 것이 매우 중요하다. 사실 이 경우에는 가정을 기반으로 한 도덕이 종교를 기반으로 한 도덕보다 앞선다. 엄한 아버지 도덕이 성경을 그렇게 해석했기 때문이다.

보수적인 기독교인들은 그들이 성경 전체를 순수하게 문자 그대로 해석하기 때문에 보수적인 것은 아니다. 성경을 문자 그대로 해석한 나머지, 하나님이 168시간 만에 세상을 창조했다고 믿는 그런 교파도 있다. 그리고 중요한 많은 점에서, 보수적인 기독교인들도 다른 사람들과 마찬가지로 성경을 비유적으로 해석한다. 그들을 보수주의자가 되도록 한 요인은 그들을 현재와 같은 기독교인이 되도록 해준 바로 그 요인인데, 그것이 바로 엄한 아버지 도덕을 이용하는 것이다. 사실 보수적인 기독교인들로 하여금 성경을 문자 그대로 해석하도록 만든 것도 바로 그것이다. 만약 성경이 하나님의 말씀으로서 지고의 도덕적 권위로부터 나온 계명, 곧 우리가 절대적으로 엄밀하게 따라야만 하는 계명을 포함한다면 그 계명에 엄밀하게 순종하기를 간구하는 사람은 개인적이고 주관적인 해석은 절대로 할 수 없게 된다. 이런 개인적-주관적 해석이 하나님의 계명에 대한 그 사람의 유일한 해석이라면 그 사람은 하나님의 계명을 따르지 않게 되는 것이다.

그러나 이미 살펴본 바와 같이 그것은 자기 패배적인 태도이다. 즉 성경에 대한 순수한 글자 그대로의 해석은 불가능하며, 더욱 중요한 것은 하나님을 이해하는 것도, 인간과 신의 관계를 이해하는 것도, 그리고 전체적인 보수적 기독교 전통을 이해하는 것도 불가능하다는 점이다. 보수주의 기독교 신앙에서 성경 해석으로 요구되는 것은 엄한 아버지 해석이 전부이다.

그러나 보수적인 기독교인들은 엄한 아버지 도덕을 종교에 적용하는 것 그 이상으로 나아간다. 그들은 그 도덕을 정치에도 적용함으로써, 1) 도덕적 회계의 종교적 시스템, 2) 무간섭 자유시장 경제, 그리고 3) 보상과 징벌로서의 엄한 아버지 도덕이라는 비유적 연결을 주조해냈다.

보수적인 기독교인들을 보수주의자가 되게 한 요인은 이 비유 시스템이다. 아버지로서의 하나님, 부로서의 안녕과 도덕 회계, 힘으로서의 도덕, 순종으로서의 도덕, 도덕적 자기이익 등의 비유이다. 예를 들어 보상과 징벌로서의 도덕은 도덕 회계 비유를 가정하고, 그것이 없다면 아무런 의미도 가지지 못한다.

보수적인 기독교 신앙에서 무간섭 자유시장 자본주의는 경제로서만이 아니라 도덕적인 기업 정신이다. 그 이유는? 무엇이 그것을 경제적일 뿐만이 아니라 도덕인 것으로 만드는가? 결국 경제는 이렇게 말한다. 만약 개개인이 자신의 재정적 이익을 추구한다면 모든 사람의 재정적 이익은 극대화될 것이다. 이것을 도덕적인 이론으로 변화시키기 위해서 당신은 재정적인 이익을 추구하는 프로젝트를 도덕적 이익으로 개념화해야 한다. 이것에 의해 이루어진 비유가 '부로서의 안녕' 비유이다. 그래야만 내가 도덕적 자기 이익이라고 일컫는 도덕적 이론을 가지게 된다. 만약 개개인이 자신의 이익을 추구한다면 모든 사람의 이익은 극대화될 것이다.

　매우 흥미롭게도 경제적 이론 그 자체도 아담 스미스의 '보이지 않는 손' 비유에 기반을 둔다. 보이지 않는 손 비유는 '그것은 이제 네 손에 달렸어', '그들은 그를 FBI에 넘겼어', '그것은 내 손에서 빠져 나갔어', '나는 이 프로젝트를 통제할 수 없어', '알스테이트Allstate(미국 보험회사 이름)는 여러분을 안전하게 해드립니다' 등과 같은 표현에 나오는 것처럼 통제는 손에 의한 힘의 행사라는 비유를 이용하게 한다. 이 비유는 시장경제의 작동을 통제하는 보이지 않는 경제적 '힘'이 있다는 것을 전제하고 있다. 이 이론에서 경제적 '힘'은 비유적으로 육체적 힘에 비추어 이해된다.

　보수적인 기독교 신앙에 있어서 무간섭 자유시장 자본주의와 도덕성 간의 연결은 이처럼 비유적으로 대단히 철저하다. 이것은 마치 성경해석을 엄한 아버지 도덕성으로 연결할 때 엄한 아버지 도덕성 그 자체가 철저한 비유가 되는 것과 같다. 이렇게 말하는 것은 엄한 아버지 도덕과 보수적인 기독교 신앙의 유효성을 파괴하고 의문시하기 위해서가 아니다. 단순히 성경해석 활동을 포함한 개념의 분석을 적용하기 위해서이다. 비유적 생각, 그 자체에는 잘못된 것이 없다는 점을 아무리 강조해도 지나치지 않다. 비유 없이는 누구도 생각하거나 기능을 발휘할 수 없다.

**보수주의자가 되지 않으면서도 거듭난 기독교 신자가 될 수 있을까?**

물론 그럴 수 있다. 첫째, 당신은 성경을 자애로운 부모 도덕으로 해석할 수 있다. 둘째, 만약 당신이 엄격한 아버지 도덕으로 성경을 해석한다면, 엄한 아버지 도덕을 정치적 영역에 끌어들이는 프로젝트에 가정으로서의 국가 비유를 이용할 필요가 없다. 즉 당신의 종교를 개인적으로만 간직할 수 있는 것이다. 셋째, 기독교 신앙 시스템의 도덕 회계와 무간섭 자유시장 경제 사이의 비유적 연결도 이용할 필요가 없다.

　보수주의와 거듭난 기독 신앙은 뚜렷한 사고 체계이다. 보수주의 기독신앙은 비유에 의해 보수주의와 기독신앙을 연결시킨다. 그 연결은 존재할 필요가 없다. 그것은 해석의 문제이다.


## 자애로운 부모 기독교 신앙

기독교 신앙의 엄한 아버지 해석을 제대로 살펴보기 위해 자애로운 부모 해석을 살펴보기로 하자. 해석을 위해 이용되는 기본적인 비유는 다음과 같다.

- 하나님은 인간에 대한 자애로운 부모이다.
- 그리스도는 인간에 대한 하나님의 양육을 전하는 분이다.
- 하나님의 은혜는 양육이다.
- 도덕적 행동은 자애로운 행동이다(감정이입을 통하여 돕고, 연민을 나타내고, 사랑이 동기가 된 행동 등).
- 비도덕적인 행동(죄)은 다른 사람에 대한 비양육적인 행동이다(감정이입의 결여를 통한 해 끼침, 연민에 찬 행동의 결여 등).

하나님의 은혜는 이 해석에서 중심 개념이다. 그리고 그것은 비유적으로는 양육으로 이해된다. 양육은 풍요로운 개념이므로, 양육으로서의 은혜 비유는 풍요로운 은혜 개념으로 이어진다. 여기에 몇 가지 양육의 기본 자산들을 소개한다.

**양육의 자산들**

양육은 부모 사랑의 표현이다.

양육은 부모의 존재를 필요로 한다.

양육은 부모의 친밀함을 필요로 한다.

양육은 성장을 가능케 하는 영양 공급을 포함한다.

양육은 치유를 포함한다.

양육의 결과는 행복이다.

양육은 보호를 필요로 한다.

양육은 벌게 되는 것이 아니다.

양육하는 부모는 대가없이 무조건적으로 양육을 준다.

어떤 아이가 양육의 혜택을 받으려 한다면 그렇게 되어야 한다. 아이는 양육 받음을 통해서만 다른 사람을 양육하는 존재가 되는 것을 배운다(사랑을 느끼고, 감정이입을 느끼고, 다른 사람의 혜택을 위한 행동 등). 다른 사람을 양육하는 행동을 배우기 위해서는, 양육하는 부모로부터 양육을 받지 않으면 안 된다.

양육으로서의 은혜 비유는 그에 상응하는 은혜의 자산들 중에서 다음과 같은 측면을 낳는다. 그 결과는 비유적으로 풍성한 은혜 개념이다.

## 은혜의 자산들

하나님의 은혜는 하나님의 사랑의 표현이다.

하나님의 은혜는 하나님의 존재를 필요로 한다.

하나님의 은혜는 하나님의 친밀함을 필요로 한다.

하나님의 은혜는 도덕적 성장을 허용해주는 영적인 영양 공급(혹은 채워줌)을 필요로 한다.

하나님의 은혜는 영적인 상처와 영적인 질병을 치유해준다.

하나님의 은혜의 결과는 행복이다.

하나님의 은혜는 하나님의 보호를 필요로 한다.

은혜는 벌게 되는 것이 아니다.

하나님은 당신의 은혜를 대가없이 무조건적으로 주신다.

하나님의 은혜는 은혜의 혜택을 받기 원한다면 받아들여져야만 한다.

하나님의 은혜 받음을 통해서만 사람들은 다른 사람을 향한 도덕적 행동을 배운다(사랑을 느끼고, 감정이입을 느끼고, 다른 사람의 혜택을 위한 행동 등).

다른 사람을 향한 도덕적 행동을 배우기 위해서는 하나님의 은혜를 받아야 한다(즉 하나님의 존재 안에 거해야만 하고, 하나님과 가까워짐 등).

은혜는 비유적으로 양육으로 이해되기 때문에 당연히 자애로운 부모 기독 신앙의 중심개념이 된다. 이런 기독 신앙의 해석에 있어서 중심이 되는 필요는 도덕적으로 행동하는 것을 배우고 영적으로 충만해지는 것이다. 그렇게 되기 위해서는 하나님의 존재와 하나님과의 친밀함을 통한 하나님의 은혜를 받아야 하는 것이다. 이런 필요성을 제기하는 것은 하나님과의 단절인데 그 단절은 인간이 처한 조건에 자연스러운 것이다.

자애로운 부모 해석에서의 원죄는 엄한 아버지 해석에서의 원죄와는 다르다. 죄는 다른 사람들에게 비양육적인 태도이다. 원죄의 배후에 있는 아이디어는 우리가 자연적으로 다른 사람에게 비양육적인 행동을 한다는 것이다. 그러므로 우리는 양육하는 행동을 배우지 않으면 안 된다.

우리가 양육하는 행동(즉 도덕적인)을 배우는 방식은 양육 받음을 통해서이며, 우리는 양육해주는 사람의 행동을 모방하게 된다. 그리하여 양육하는 능력을 우리 자신에게로 끌어들이게 된다. 그러나 우리의 부모는 절대로 완벽한 양육자가 아니라 매우 불완전한 양육자일 수도 있다. 더욱이 우리는 자연적으로 그들과 떨어지는 것으로부터(유아기에서부터) 시작하게 되므로, 우리는 절대로 부모로부터 충만하고 변함없는 양육을 받을 수는 없다. 양육하는 부모가 최선의 모습을 보인다 할지라도 우리를 완벽한 양육자 곧 완전한 도덕적 존재가 되도록 해줄 수 없다. 그러므로 원죄는 그런 이유 때문에 우리가 선천적으로 충만한 도덕적(즉 양육하는) 존재가 될 수 있는 능력을 가지지 못했다는 점을 보여준다. 그것은 또한 궁극적으로 양육해주는 부모인 하나님과 단절된 상태에서 태어나고 길러지는 상태이기도 하다. 충분하게 양육적인 인간이 되려는 사람이 할 일은 궁극적으로 양육하는 부모인 하나님을 찾아서 그의 완벽하고 끊임없는 양육, 곧 하나님의 은혜를 받는 것이다.

성경을 자애로운 부모 입장에서 해석하면, 에덴은 초기 유아기에 완벽하게 사랑받고 양육 받는 상태를 뜻한다. 선과 악을 알게 하는 나무의 열매를 먹은 것은 인간이 그 부모와 떨어지기 시작하는 단계에 도달한 것으로서, 자신의 욕구를 따르지만 다른 사람을 향한 도덕적 행동을 배워야할 때에 이른 것을 말한다. 에덴동산으로부터의 추방은 우리가 더 이상 유아기 때와 같은 완벽한 사랑과 양육을 받지 못하는 단계에 도달한 것으로, 우리는 이 세상의 어려움에 직면하고, 도덕적으로 행동하는 것을 배워야만 하는 단계에 도달했다는 것이다. 그리하여 우리는 하나님을 찾아야 하는 문제에 봉착하게 되고, 그분의 은혜를 통하여 도덕적으로 성장하고, 가능한 한 최대한도로 충만하게 양육하는 존재가 되지 않으면 안 되는 것이다.

이제는 예수 그리스도가 이런 서술에 어떻게 들어맞는지 살펴보기로 하자. 나는 일반적인 도덕 회계 이론으로부터 시작하고자 한다. 그것은 자애로운 부모와 엄한 아버지 모델 모두에 적용되기 때문이다.

## 도덕 회계

도덕 회계 비유는 다음과 같이 작용한다.

- 비도덕적 행동은 도덕적 부채(차변)에 일점을 가해준다.
- 도덕적 행동은 도덕적 신용(대변)에 일점을 가해준다.
- 고통은 (도덕적 산수에 의해) 도덕적 대변에 일점을 가해준다.

만약 어떤 사람이 죽을 때, 그 사람의 도덕적 대변(신용)이 차변(부채)을 능가한다면 그 사람은 천국으로 가게 된다. 만약 어떤 사람의 도덕적 차변(부채)이 대변(신용)을 능가한다면 그 사람은 지옥으로 가게 된다.

천국은 하나님으로부터의 영구한 양육을 받는 상태이다. 하나님의 존재와 함께하고, 하나님과 친밀한 존재가 되고, 그분의 사랑과 따뜻함으로 충만해진 존재가 되고, 환희에 찬 행복해지는 존재가 된다. 지옥은 결단코 하나님으로부터 양육을 받지 못하는 상태이다. 하나님으로부터 소외되고, 사랑받지 못하고, 보살핌을 받지 못하는 불행한 존재가 되는 것이다.

원죄 때문에 필연적으로 비도덕적인 행동을 하고, 거대한 도덕적 부채 곧 선한 행동으로는 결코 지불할 수 없을 만큼 커다란 부채를 쌓아올린다. 그러므로 우리 자신의 행동만을 근거로 해서는, 모든 인간은 지옥으로 갈 수밖에 없다. 하나님과 그분의 양육으로부터 소외되어 영구히 고통 받을 수밖에 없다.

그러나 하나님은 양육하는 존재이고 사랑의 하나님이므로, 당신의 자녀들이 영원히 고통 받는 것을 원치 않으셨다. 인간들에게 다시 한 번 천국에 갈 수 있는 기회를 주신 것이다. 영원히 하나님과 함께하고, 영원히 양육 받는 존재가 되기를 원하셨다. 그러나 인간은 영원한 형벌을 벌어들였기 때문에 그들이 하늘나라에 들어갈 수 있는 기회를 가지기 위해서는 그들의 도덕적 부채를 청산해야만 했다. 그들은 도덕적으로 성장하고, 다른 사람들을 양육하는 행동을 배워야 했다. 그들이 그렇게 할 수 있는 유일한 방법은 사례를 통해 배우는 것으로, 즉 완벽하게 양육하는 사람의 사례를 통해 배우는 것이다. 그렇다 할지라도 사람들이 아무리 많은 선한 행동을 할지라도 그들의 도덕적 부채를 청산할 수는 없었다. 그 부채는 오직 인간의 고통을 통해서만 청산될 수 있었다.

하나님은 신적 존재이기 때문에 인간적인 사례를 통하여 사람들에게 양육하는 존재가 되는 것을 가르칠 수 없었다. 그분은 인간이 아니기 때문에 자신이 직접 인간의 도덕적 부채를 청산하기 위해 인간의 고뇌를 짊어지고 고통 받을 수 없으므로 또 다른 해결책이 필요했다. 그리하여 하나님은 인간인 아들을 낳았다. 인간을 지옥에서부터 구하기 위해 그 일을 해줄 예수 그리스도를 낮은 것이다.

하나님의 아들로서의 예수는 죄가 없음에도 불구하고 완전한 양육, 그러니까 아무런 대가도 요구하지 않은 채 타인들에 대한 감정이입 속에서 다른 사람들의 혜택과 발전과 행복을 위하여 활동했다. 그분은 행동을 통해 사람들이 따라야할 완전한 양육을 주는 사람의 모범을 보였고, 이에 사람들 또한 다른 타인들을 양육할 줄 아는 자로 배우도록 가르치셨다.

완전한 양육자인 예수는 인간을 위한 궁극적인 희생을 치렀다. 십자가 위에서 온 인류의 죄를 대속하기에 충분할 만큼 큰 고통을 받았다. 그 고통을 통해 그는 온 인류의 도덕적 부채를 청산하기에 충분한 도덕적 신용을 회복했던 것이다. 그리하여 예수는 인간에게 하나님의 양육을 전달함과 동시에 하나님의 은총까지 제공해주었다. 예수를 받아들임과 그의 사례를 본받음으로써 우리는 도덕적으로 성장하고, 그분이 보여준 모범을 따름으로써 점진적으로 그분의 양육을 우리 자신에게로 끌어들이면서 타인까지 양육하는 사람이 될 수 있었다.

기독교 신앙에서 성찬식에 중요한 의미를 부여하는 교파에서는, 그 의식에 참여하는 사람이 하나님의 현현과 연결이 이루어진다고 이야기한다. 하나님의 은혜를 제공받고 받아들이는 이 의식에서 예수님의 살과 피를 상징하는 떡과 포도주를 마심으로써, 그들은 예수님의 본성을(양육을) 그들의 존재로 받아들인다. 그리하여 그들 자신의 존재를 점점 양육적인 존재가 되도록 변화시킨다.

그리스도를 받아들임으로써, 그분의 양육의 모범을 따름으로써 인간은 하나님의 은혜를 받아들이게 된다. 궁극적인 양육자로서 예수님은 모든 인간에게 은혜를 베푼다. 가슴으로 예수를 받아들이는 사람들은 ─ 존재의 본질로서의 양육을 받아들이는 사람들은 ─ 예수의 도덕적 부채청산에 의해 생겨난 도덕적 신용을 얻게 된다. 그들은 채무를 청산 받았다. 그들은 지옥으로부터 구원받았고, 남을 양육함으로써 천국으로 들어갈 수 있는 길을 얻었다.

## 비교

기독 신앙에 대한 양육하는 부모 해석은 엄한 아버지 모델의 해석과는 매우 다른 결과를 낳는다. 첫째 하나님과 인간 사이의 적절한 관계에 대해 전혀 다른 주장을 한다.

엄한 아버지 기독교 신앙에서 하나님은 도덕적 권위이다. 그리고 사람의 역할은 하나님의 엄격한 계명에 순종하는 것이다. 순종을 배우는 방식은 순종하지 않는 것에 대한 징벌을 통하는 것이며, 자기 부정을 통해 순종하는 자제력을 개발시키는 것이다.

자애로운 부모 기독교 신앙에서 하나님은 양육자이고, 하나님과의 적절한 관계는 그분의 양육(은혜)을 받아들이고 예수가 보여준 다른 사람을 양육하는 태도를 따르는 것이다. 엄격한 규칙은 없다. 오히려 우리는 감정이입을 발전시키고 다른 사람의 혜택을 위하여 요구되는 것이 그 무엇이라 할지라도 동정에서 우러나오는 행동을 배우지 않으면 안 된다.

당신은 양육을 받음과 양육의 기쁨을 받아들임으로써 양육하는 사람으로 발전하고 성장하며, 궁극적 양육자인 예수의 모범을 따르게 된다.

기독교 신앙의 두 형태는 인간의 본질에 대해 매우 다른 가정을 한다. 엄한 아버지 도덕에서 사람들은 보상을 받고 징벌을 피하기 위해 기능을 발휘한다는 민중행동이론과, 훈련과 극기는 품성을 기른다는 이론을 받아들인다. 반면에, 자애로운 부모 기독 신앙에서는 민중행동이론을, 다시 말해 품성을 기르기 위해서는 훈련과 극기가 필요하다는 이론을 받아들이지 않는다. 대신에 양육을 받음으로써 올바른 품성(양육하는 기질)을 쌓게 되며, 양육을 받는 사람은 바로 그것에 의해 양육의 본능을 그들 자신에게로 끌어들인다고 가정한다.

기독교 신앙의 이 두 가지 형태는 '좋은 사람'에 대한 주장도 각기 다르다. 엄한 아버지 기독교 신앙에서 볼 때 좋은 사람이란 자제력을 갖추고, 자립적이고, 계층구조 안에서 잘 적응하고, 위로부터의 엄한 계명에 순종하고, 아래로는 엄한 명령을 할 수 있으며, 고통과 함께 그 계명을 강화하는 사람이다. 자애로운 부모 기독 신앙에서는 양육하는 사람을, 상호 의존적인 상황에서 기능을 발휘하는 사람을 좋은 사람이라고 가정하며, 사회적 연계, 커뮤니케이션, 협동, 친절함, 그리고 신뢰가 필수적이라고 가정한다.

마침내 그 두 기독 신앙의 형태는 이 세상이 어떠해야 되는지에 대해서, 이상적인 인물들이 태어나기 위해서는 어떠해야만 되는지에 대해 매우 다르게 이해하게 되었다. 엄한 아버지 기독 신앙에서는 올바른 종류의 사람(강한 사람)이 나타나 보상을 받기 위해서 이 세상은 경쟁적이고 생존하기에 어려운 곳이라야만 한다고 가정한다. 자애로운 부모 기독 신앙에서는, 이 세상에서 올바른 종류의 사람(양육하는 사람)이 태어나기 위해서는 상호 의존적이고, 가능한 한 최대한도로 양육하고 자비로운 곳이라야만 된다고 요구한다.

간단히 말해서, 두 기독 신앙 모델은 각각의 기반이 되는 가정 모델의 사회적 가치를 직접적으로 반영한다. 이 비교가 보여주는 것은 중립적 기독교라는 것은 없다는 점이다. 누구든 엄한 아버지 해석이나 자애로운 부모 해석을 가질 수 있으며, 또 다른 다양한 해석도 가질 수 있고, 또 다양한 해석이 존재한다는 점도 의심의 여지가 없는 사실이다. 성경을 해석함에 있어서 어느 부분에 집중해야 될지, 어느 부분에 가장 큰 무게를 두어야 할지, 어떤 부분을 무시하거나 무게를 두지 말아야 할지에 대해 선택할 수 있다.

그러므로 누구든지 성경의 한 부분을 가리키며, 그 자체로서 이렇게 저렇게 해석된다고 말할 수는 없다. 또한 성경 그 자체로서는 어떤 도덕 시스템의 가정 모델을 선호한다고 말할 수도 없다. 단지 성경을 해석하는 데 있어서 역으로 가정 모델을 적용하는 것뿐이다. 이와 같이 보수주의 기독교 신자들은 정치에서처럼 그들의 기독 신앙에도 엄한 아버지 도덕을 적용하기 때문에 성경에 대한 보수적인 해석을 가지게 된다. 마찬가지로 진보주의 기독교 신자들은 성경에 대한 진보적인 해석을 가진다. 그들 역시 정치에서처럼 그들의 기독 신앙에도 자애로운 부모 가정 모델을 적용하기 때문이다.

## 요약

보수주의자들이나 진보주의자들 중에도 성경을 가능한 문자 그대로 정확하게 해석했다고 주장하는 사람들이 있지만, 성경에 문자 그대로의 해석이라는 것은 존재하지 않는다. 성경의 모든 해석은 비유적이다. 엄한 아버지 해석과 자애로운 부모 해석은 기독 신앙의 보수적 형태와 진보적 형태를 생성시켰다.

성경은 해석되지 않은 그 자체로서는 우리가 따라야 할 정치가 어떠해야 되는지에 대해서 아무런 이야기도 하지 못한다. 사람을 보수적이거나 진보적인 종교적 정치로 이끄는 것은 오직 성경에 대한 엄한 아버지 해석과 자애로운 부모 해석을 통해서이다. 물론 다양한 변화가 있고, 뒤섞인 주장도 나타난다. 지금까지의 해석은 오직 중심 사례만을 다룬 것이다.

# 15
# 낙태
**Abortion**

먼저 사전적 정의부터 내려보자. 배胚, embryo, 태아胎兒, fetus, 아기 baby. 배는 세포 무리보다는 잘 조직된 임신의 산물이지만, 한 종 의 일원으로 인식되기 이전의 상태이다. 태아는 조직의 그 다음 단계로서 태어나기 이전 상태이다. 세포의 무리가 배가 되고, 배 가 태아가 되는 구체적인 순간은 정확하거나 객관적으로 목격되 지 않았다. 그러나 몇 가지 비교적 명확한 경우들은 있다.

자궁 내의 링IUD과 사후 경구피임약 사례를 살펴보자. 그 두 가 지 모두 세포 무리가 된 수정된 난자가 어머니의 자궁에 착상하 는 것을 방지한다. 그 세포들은 결국 추방되어 나중에 여성의 생 리에 얼룩처럼 나타나고 만다. 세포 무리는 배가 되기 이전의 상 태이다.

배는 8주에서 12주 사이에 인간의 형태로 인식될 수 있는 태아 로 변화한다. 이때의 태아는 여성의 육체를 벗어나서는 존재할 수 없고, 그로부터 최소한 몇 주가 지나야만 된다. 즉, 배는 한 종의 형태로 인식할 수 없는 상태이고, 여인의 육체와 떨어져서는 존재할 수 없다. 태아는 일단 태어나면 아기라고 불린다.

배와 태아라는 용어는 의학적 논점으로서, 의학에 관련하여 생각하도록 해준다. 의학적 관점에서 바라보는 낙태는 외과적 조치이다. 만약 7주 이내에 배의 상태에서 낙태했다면, 종의 형태로 인식되기 전인 살아있는 조직된 세포가 자궁에서 제거된 것이다. 그리고 그것은 자궁을 벗어나 살아있는 실재로서의 존재를 끝내게 된다. 배, 태아 같은 용어의 사용은 의학적인 논점으로써 상황을 의학적 조치라는 영역 안에 가두어놓는다. 하지만 아기라는 용어는 다른 개념의 형태를 부여한다. 아기는 알아볼 수 없는 어머니의 세포집단이 아니라, 의학적 조치의 대상이 될 수도 있는 독자적으로 존재하는 인간이다. 낙태의 도덕성을 옹호하는 사람들은 일반적으로 초기의 낙태를 지지한다. 자궁을 벗어나서는 살지 못하는, 일반적으로 초기 3개월 이내의 배, 혹은 태아상태에서의 낙태를 지지한다. 즉 그들은 한 어머니로부터 독자적인 생명력도 없고, 사람으로 인식할 수도 없는 일단의 세포를 어머니 몸에서 제거하는 것을 지지하는 것이다.

낙태 반대론자들은 아기라는 단어를 세포의 무리, 배, 태아와 똑같은 것으로 사용한다. 아기라는 단어의 선택 그 자체가 독자적으로 존재하는 인간이라는 의미이다. 세포의 무리, 배, 태아라는 용어는 의학적 영역에서 논의되도록 묶어두고, 아기는 도덕적 영역에서 논의한다.

낙태의 도덕성이라는 논점은 일단 그 단어들이 선택된 이후 정리되었다. 독자적으로 생존하지도 못하고, 생명력을 가진 것도 아니고, 혹은 인간으로 인식되기 이전의 세포 무리를 목적에 따라 어머니의 몸에서 제거하는 것은 '살인 행위'가 될 수 없다. '살인'이라는 단어는 그런 의학적 조치로서 정의되지 않는다. 의도적으로 '아기'를 ─독자적으로 존재하는 인간을─ 죽이는 것은 살인이 될 수 있다.

최초 3개월 이내의, 즉 7주 이내의 낙태는 도덕적으로 중립인 단순한 외과적 조치이다. 어쩌면 그것은 만약 어머니에게 혜택이 된다면 오히려 도덕적인 것이 아닐까? 혹은 그것은 아기를 죽이는 것일까? 그에 대한 대답은 상황을 어떻게 인식하고, '태아'나 '아기' 중에서 어떤 단어를 사용하는가에 따라 달라진다.

어떤 상황을 한 가지 이상의 형태로 규정할 수 있을 때, 그 중에 한 가지 올바른 형태가 있을 수는 있을까? 낙태를 개념화하는 데 유일한 올바른 방식이 있을까? 두 진영 모두 올바른 형태가 있다는 점에는 동의한다. 그러나 어느 형태가 올바른 형태인지에 대해서는 동의하지 않는다. 두 진영 모두 그 대답이 도덕적이라는 데에는, 그리고 올바른 형태를 선택하는 것은 도덕적인 태도라는 점에는 동의한다. 이런 주장은 두 진영의 매우 깊은 도덕적 확신과 진정함에서 우러나온다. 그리고 많은 경우에는 그런 확신이 매우 깊어 그 사람의 정체성의 일부가 되기도 한다.

흥미롭게도 형태의 선택은 정치, 그리고 정치 도덕과 무관하지 않다. 가톨릭은 제쳐놓더라도(종교는 매우 크게 관련되는 또 다른 문제이다), 진보주의자들은 낙태에 관해 의학적 절차로서 생각하고 이야기한다. 반면에 보수주의자들은 그것을 아기를 죽이는 입장에서 생각하고 이야기한다. 그것은 역사적인 사건일 수도 있다. 그렇지만 나는 그렇게 생각하지 않는다. 나는 그것은 엄한 아버지와 자애로운 부모 도덕, 이 두 가지 도덕 시스템에 관련되는 모든 것을 가졌다고 믿는다.

나를 이런 주장에 기울게 한 것은 낙태의 법적허용을 반대하는 사람들이 지니고 있는 사형제도와, 세계에서 최고로 산업화된 미국의 천문학적으로 높은 유아사망률을 감소시키기 위한 프로그램에 관한 태도 때문이다. 낙태의 법적 허용을 반대하는 사람들은 대부분 사형제도를 옹호한다. 대부분의 낙태 허용 반대지지자들은 극빈층의 어머니들을 위한 산전 산후 관리 프로그램에서 유아사망률을 감소시키기 위한 정부의 노력을 지지하지 않는다.

사실 일부 냉소적인 진보주의자들은 낙태 허용 반대론자들의 생명존중 사상이 진정한 것인지 의문을 제기하기까지 한다. 사형제도를 지지하는 그들이기 때문이다. 다른 진보주의자들은 낙태 허용 반대론자들의 도덕성에 의문을 제기한다. 그들은 일부 태어나지 않은 아기들(낙태될 아기들)의 생명을 구하려 하면서도, 다른 태어나지 않은 아기들(산전 산후 관리 잘못으로 죽는 많은 아이들)의 생명은 구하려 하지 않기 때문이다. 진보주의자들이 볼 때 이런 태도는 비논리적이고 비도덕적이다. 아기를 원하지 않는 임신모의 아기는 구하려는 사람들이, 아기를 원하는 어머니의 아기는 구하려하지 않기 때문이다.

나는 낙태 반대론자들의 낙태 문제에 관한 진실함에 의문을 표하지는 않는다. 나는 그런 사람들을 많이 만났고, 그 사람들의 도덕적 주장은 완벽할 정도로 진실했다. 그러나 내가 사형제도를 말하면 그들은 전혀 다른 문제로 받아들이며 판이하게 다른 태도를 보였다. 그리고 내가 산전 산후 관리를 언급했을 때 그들은 그것에 대해서는 미처 생각해본 적이 없다고 말하면서, 정부가 제공한다는 것은 좋은 아이디어가 아닐 것 같다는 반응을 보였다. 그러나 그들은 낙태를 반대할 때와 같은 열의를 가지고 밖으로 나가 산전 산후 관리 프로그램을 지지하지는 않는다. 나는 그런 의견이 엉뚱하다거나 위선이라고는 보지 않고, 보수적인 세계관을 가진 데 따른, 곧 엄한 아버지 도덕을 가진 데 따르는 자연적이고 부수적인 의견이라고 생각한다.

여기에서 보수주의자들의 주요 도덕적 카테고리를 소개했던 9장을 잠깐 생각하기 바란다. 그 카테고리들은 보수주의자들이 자연적으로 어떤 행동을 도덕적 혹은 비도덕적이라고 범주화할 수 있도록 해준다는 견지에서 기본 카테고리들이라고 말할 수 있다. 그 카테고리들은 그 자체로서는 기본적인 범주로서의 삶과 죽음을 언급하지 않는다. 삶과 죽음이라는 논점은 도덕으로 간주되든가, 다른 범주에 기반을 두지 않은 것으로 간주된다. 사형제도는 보상과 징벌로서의 도덕을 지지하는 카테고리 3에 해당한다.

그런 카테고리들에 기반을 둔 보수주의자들은 내가 이미 설명했던 이유들로 인해 사형제도를 지지하고, 사회복지 프로그램을 반대한다. 산전 산후 관리 프로그램은 사회복지 프로그램이기 때문에 보수주의자들로부터 반대를 받는다. 더욱이 보수주의자들은 그런 보살핌이 응당 부모의 책임이라고 가정한다. 만약 가난해서 산전 산후 관리를 할 수 없을 정도라면 그런 사람들은 아이를 가지는 것이 불가능하다. 보수주의자들에게 부적절한 보살핌으로 인한 유아사망률 문제는 정부 조치가 아니라 개인적 책임인 것이다. 그것은 도덕적 행동 카테고리 2번인 자제와 자립에 포함되는 문제이다.

이런 이유로 사형제도와 산전 산후 관리 프로그램은 보수주의자들의 도덕체계에서는 각기 다른 도덕적 행동의 기본적인 범주에 적용을 받는다. 그렇다면 낙태는 어떠한가? 왜 보수주의자들은 진보주의자들이 '배'의 단계로 간주하는 태아를, '아기'로 카테고리화하는 경향을 보이는 것일까?

여기서 잠깐, 가장 절실하게 낙태를 원하는 경향이 있는 사람은 누구인지 고려해보라. 고전적인 두 종류의 경우가 있다. 섹스를 했지만 부주의하거나 피임방법에 무지한 10대 미혼 소녀들과, 직업을 가졌거나 자립적인 인생을 원하는 여성들로, 그 시기에 아기를 가지게 되면 그들에게는 너무도 큰 의미를 가지는 인생의 소망이 깨지게 된다는 두려움을 안고 있는 여성들이다. 물론 다른 여러 경우도 존재한다. 예를 들면 강간이나 근친상간의 피해자, 그리고 이미 가정을 이루고 있지만 더 많은 아기를 키우기에는 돈이나 힘이 없는 여성들이다. 그렇지만 처음에 소개한 두 경우가 전형적이라 볼 수 있다.

첫 번째 경우부터 시작하기로 하자. 엄한 아버지 도덕에 따르면, 미혼인 소녀는 섹스를 절대 하지 말았어야 한다. 그것은 도덕적 약함이고, 자제의 결여이고, 비도덕적 행동의 한 형태이다. 그렇기 때문에 그녀는 벌을 받아야 한다. 만약 그 소녀가 자신의 실수로부터 교훈을 얻고자 한다면, 그녀는 자신의 행동의 결과에 대한 책임을 져야 한다. 낙태는 그녀의 비도덕적 행동을 간단히 승인해줄 뿐이며 그녀는 벌을 받지 않고 빠져나갈 수 있다. 그것은 불합리하고 비도덕적이며, 특히 도덕적 행동 카테고리 2번(자제와 자신의 행동에 대한 책임)을 위반하는 것이다.

여기에 보수주의 작가들 중의 한 사람인 마빈 올래스키Marvin Olasky의 주장을 소개한다(〈월스트리트 저널〉 1995년 3월 22일자).

'미혼인 사람들의 정욕과 낙태는 말과 마차처럼 함께 나아간다. ……부정한 관계를 가진 남녀는 결혼한 부부보다 9배나 더 많이 낙태할 가능성이 높다. ……문란한 성생활을 조장하고 결혼을 좌절케 하는 것이라면 그 무엇이든지 낙태를 증가시킨다.'

이제 두 번째 경우를 살펴보자. 엄한 아버지 가정 모델 도덕에서 여성의 역할은 아이들을 키우는 것이다. 도덕질서는 지도자의 자리에 남자를 앉히지 여성을 앉히지는 않는다. 여성은 가족을 도울 수 있고, 사업에서 남자를 도울 수도 있다. 그러나 여성은 가정에서의 어머니라는 자연스러운 역할을 넘어서서 직업을 선택하거나 직업여성으로서 자립해 살아가는 생활방식을 선택해서는 안 된다. 여성이 어머니로서의 역할을 벗어나 직업을 선택하는 것은 도덕질서를 위반하고, 엄한 아버지 도덕 전체에 대한 도전이다. 그런 경우에서의 낙태는 도덕적 행동의 카테고리 1번(아버지가 권위를 가지는 엄한 아버지 가정 모델의 자기 방어)과 카테고리 5번(남성이 여성보다 우위에 존재하는 도덕질서의 지지)에 의해 비도덕으로 분류된다.

두 가지 고전적인 전형 사례 모두에서, 낙태는 엄한 아버지 도덕에 대한 위반이다. 그러므로 엄한 아버지 도덕은 낙태를 비도덕으로 간주하는 것에 대해 매우 강렬한 논리를 끌어들인다. 그러나 낙태를 비도덕으로 범주화하는 것은 도덕적으로 중립인 의학적 틀이 아니라 '아기' 틀에 부합된다. 그리하여 고전적인 엄한 아버지 도덕은 낙태의 대상을 '아기'로 자연스럽게 개념화시킨다. 일단 그 관계가 이루어지면, 낙태를 아기 살해 이외의 다른 어떤 행동으로 분류하는 것은 불가능해진다.

일단 엄한 아버지 도덕이 낙태에 반대하기로 결정한 다음 그 과정에서 '아기 틀'을 이용하면, 그 틀을 선택한 기능은 엄한 아버지 도덕 그 자체를 강화하게 된다. 엄한 아버지 모델의 주된 기능은 무고한 아이들을 보호하는 것이다. 낙태에 반대하는 것은 보호 기능을 주장하는 기회를 제공해주고, 엄한 아버지 도덕을 정당화하기에 매우 좋은 기회를 제공해준다. 자궁 속에 들어있는 아기보다 더 나약하고 순결한 모델이 존재할 수 있겠는가? 피를 흘리는 살인행위보다 더 극악한 범죄가 무엇이겠는가? 일단 이런 생각을 갖게 되면 그것은 엄한 아버지 도덕을 더욱 강화시켜준다.

낙태의 대상을 일단 '아기'로 분류해보자. 이때의 낙태는 '아기 살해'가 된다. 그리고 그것이 깊고 진지한 도덕적 분노를 불러일으키는 것은 오히려 당연하다. 그러므로 보수주의자가 낙태에 대해 도덕적으로 분노하고, 사형제도를 선호하고, 정부가 나서서 산전 산후 관리를 하는 것에 대해 여러 이유를 갖다대면서 반대하는 것은 어찌 보면 그들로서는 매우 자연스런 일이다.

마지막으로 한 가지, 낙태에 반대하고 그 주장을 하는 과정에서 '아기 틀'을 이용하도록 강요하는 매우 중요한 요인은 엄한 아버지 도덕에서 여자보다 우위에 위치하는 남자의 권위이다. 17장에서 묘사된 바와 같이, 보수적인 페미니즘은 여성보다 위에 놓이는 남성의 권위가 제거되기 때문에 낙태 반대를 위해 필요한 결정적인 조건이 충족되지 않는다. 이와 같이 보수적인 페미니스트들은 (남성과 여성 모두) 그들의 도덕성의 논리에 얽매이지 않고, 낙태 반대, 혹은 낙태 찬성의 입장을 결정한다. 간단히 말해서 이러한 모델은 보수주의자로서 낙태를 찬성하는 사람도 있다는 점, 그리고 도덕질서에서 남성을 여성보다 우위에 두지 않는다는 점을 예고하고 있다.

여기에서 우리는 진보주의자들에게도 비슷한 질문을 던져야만 한다. 진보주의자들이 낙태에 관한 여성의 권리를 지지하는 이유는 무엇인가? 진보주의자들의 양육의 대상이 배, 태아, 혹은 세포 무리가 아니고, 여성인 이유는 무엇인가? 진보주의자들이 '아기'를 기준으로 삼지 않고, 대신에 '태아'로 분리하는 이유는 무엇인가?

우리는 위에서 인용한 두 경우에서 낙태를 반대하는 데 요구되는 보수주의자들의 도덕적 행동 카테고리를 살펴보았다. 그런데 진보주의자들의 도덕적 행동 카테고리는 매우 다르게 작용한다.

자애로운 부모 도덕에서는 난처한 상황에 처한 10대 소녀는 도움을 필요로 하고 동정 받을 자격이 있다(도덕적 행동 카테고리 2번의 '도움'). 그 소녀는 누군가 큰소리로 자신을 꾸짖는 것을 원하지 않는다. 나쁜 짓을 했으니 벌을 받아야한다는 식의 꾸지람은 원하지 않는다는 말이다. 자신과 같은 입장이 되어보는 것만큼의 징벌이, 그 사람이 이성으로 감당할 수 있는 징벌인 것이다. 그 소녀는 어머니가 될 준비가 되어있지 않다. 그 소녀의 앞날은 창창하기 때문에 원하지 않는 아기로 인해 자신의 갈망이 깨어지는 것을 원하지 않는다는 것은 충분히 납득할 수 있는 태도이다(도덕적 행동 카테고리 4번 '자기계발'). 그 소녀는 적절히 아기를 키울 능력이 있을 때 아기를 갖기를 원하므로 현재로서는 어머니가 될 수 있는 충분한 시간을 가져야 한다. 그러므로 그 소녀가 낙태를 원한다면 낙태할 수 있어야 한다. 그 점에 관해 비도덕적인 것은 없다.

진보주의자들의 도덕적 행동 카테고리에는 낙태에 반대하도록 영향을 주는 것은 없고, 오히려 그것을 선호하도록 하는 것이 많다. 그 때문에 배, 혹은 태아에 대해 '아기'가 아니라 세포 무리로 개념화하도록 동기부여를 받고, 실제로 수술이라는 의학적 틀을 제공받는다. 이런 주장은 직업을 가진 커리어우먼에게도 그대로 적용된다.

진보주의자들과 보수주의자들이 서로의 태도를 충격적이라고 느끼는 것도 충분히 이해할 수 있다. 너무도 당연하게 '아기 틀'을 이용하는 보수주의자는, 그것을 이용하지 않거나 낙태에 대해 아기를 죽이는 일로 생각하지 않는 사람도 있다는 점을 상상하기 어려워한다. 보수주의자들에게 있어 낙태를 선택하는 여성은 자기 부정에 휩싸여 있거나, 자신의 방종, 비도덕적 행동, 그리고 무책임에 대한 변명을 찾는 사람으로만 보인다. 그들의 도덕 시스템을 따르는 보수주의자들은 낙태를 그런 식으로 볼 수밖에 없다.

진보주의자들 역시 보수주의자들의 그런 태도를 끔찍하게 여긴다. 그들이 보기에 보수주의자들은 난감한 상황에 처한 소녀의 인생을, 남성들의 세계에서 살아가려고 애쓰는 여성들의 인생을 파괴하려고 애쓰는 사람들이다. 그들은 그런 여성들을 도우려는 성실하고 용기 있는 의사와 간호사들을 추방하려 한다. 그들의 행동과 그들의 입에서 흘러나오는 미사여구는, 도움을 절실히 필요로 하는 여성들을 돕는 의사와 간호사들을 위협하거나 살해하기까지 한다. 결국 이러한 사건들은 위험한 무면허 낙태시술자들의 시절로 돌아가도록 조장하는 것이나 다름없다. 진보주의자들은 그들의 도덕 시스템에 따라 보수주의자들을 이런 식으로 볼 수밖에 없다.

# 16
# 나라를 사랑하면서
# 왜 정부는 싫어하는가?

**How Can You Love Your Country and Hate Your Government?**

　엄한 아버지 도덕과 보수주의 정치가 미국에 한정될 수는 없다. 유럽과 아시아에서도 매우 보편적이다. 그러나 미국의 보수주의는 미국 정치를 관찰하는 다른 나라 사람들에게는 특별히 미국적인 것으로 보이도록 하고, 가끔은 의아함을 느끼게 하는 한 가지 특징이 있다. 그것은 때로는 증오로까지 확장되는 정부를 향한 원망이다.

　보수주의자들이 자신들의 국가를 싫어하는 것은 아니다. 오히려 그 반대이다. 그들은 애국심을 신성한 의무로 여기고, 실제로 영웅적인 애국자도 그들의 반열에서 나온다. 그들은 정부 시스템을 싫어하지도 않고, 오히려 민주주의에 대한 충성을 명확히 한다. 게다가 그들은 정부를 세운 사람들을 싫어하지도 않는다. 건국의 아버지들에 대한 그들의 존경심은 흔들리지 않는다. 외부의 관찰자들은 이런 점을 보면서 의아해한다. 보수주의자들은 국가를 사랑하고, 정부 시스템을 좋아하며, 정부를 세운 사람들을 사랑하면서도 어떻게 자주 정부 자체를 원망하고 증오할 수 있을까? 이런 현상은 보수주의 정치를 펼치는 대부분의 다른 나라에서는 나타나지 않는다. 프랑스 · 이탈리아 · 스페인 · 이스라엘, 혹은 일본 등 그 어느 나라에서도 그런 현상을 찾아볼 수 없다. 왜 그럴까?

위에서 소개한 모델의 견지에서 그 의문에 관해 생각해보기로 하자. 가정으로서의 국가 비유는 국가에 대한 질문을 가정에 대한 질문으로 돌려놓는다. 즉 자신의 가정을 사랑하고, 가정이라는 아이디어를 사랑하고, 그들의 조상을 사랑하는 사람이 어떻게 그들의 아버지를 원망하고 미워할 수 있을까? 이것은 부수적인 설명이지만, 정부에 대해 원망하거나 싫어하는 모든 보수주의자들이 그들 자신의 아버지를 원망하거나 싫어한다는 의미는 아니다. 그러나 그것은 우리로 하여금 정부에 대한 싫어함이, 미국의 엄한 아버지 모델에서의 아버지의 일반적인 역할에 상호 관련된 것이 아닌지 물어볼 수 있도록 해준다.

흥미롭게도 미국의 엄한 아버지 모델에는 대부분의 다른 나라에서는 찾아볼 수 없는 기이한 특징이 있다. 그 특징에서 그런 원망의 흔적을 추적할 수 있다. 다음과 같은 엄한 아버지 모델의 선언에서 그 특징을 찾아볼 수 있다.

엄한 아버지의 성숙한 자녀들은 그들 스스로 헤엄치거나 아니면 물에 빠질 수밖에 없다. 그들은 혼자 힘으로 살아가야 하며, 책임과 자립(독립)을 증명해야만 한다. 그들은 훈련을 통하여 스스로의 권위를 세워야 한다. 그들은 스스로 결정해야 되고, 또 그럴 수 있는 능력을 가져야만 한다. 그들은 자신과 가정을 보호해야 한다. 그들은 멀리 떨어져 사는 부모보다 자기 스스로를 위해 좋은 것이 무엇인지를 잘 안다. 좋은 부모는 그들의 인생에 개입하거나 방해하지 않는다. 그 어떤 개입과 방해도 강한 원망을 살 뿐이다.

이런 선언은 프랑스·스페인·이탈리아·이스라엘·일본 등 대부분의 다른 나라의 엄한 아버지 모델에서는 찾아볼 수 없다. 만약 우리가 가정으로서의 국가 비유를 이용해 이 선언을 국가에 적용한다면 다음과 같이 된다.

성숙한 시민은 그들 스스로의 능력에 의해 물에 빠지거나 수영을 해야 된다. 시민은 자립해야 되고, 책임과 자립을 증명해야만 한다. 그들은 그들 자신의 가정 단위(혹은 지역 공동체)의 지도자가 된다. 그들은 자신의 문제를 직접 결정해야 하며 실제로 그런 능력이 있다. 그들은 자신과 그들의 가정(혹은 공동체)을 보호해야만 한다. 그들은 떨어져 있는 정부보다 그들 자신을 위해 더 좋은 것이 무엇인지를 잘 안다. 좋은 정부는 그들의 생활에 개입하거나 방해하지 않는다. 정부의 어떤 개입이나 방해도 강한 원망을 살 뿐이다.

여기에서 우리는 연방정부에 대한 보수주의자들의 다양한 태도를 깨닫게 된다. 연방정부는 지역에 무엇이 가장 좋은지를 모르므로 지역에 개입하거나 방해하지 말아야 하며, 개입하거나 방해하면 원성을 살 뿐이다.

이렇게 우리는 매우 희한한 설명을 할 수밖에 없다. 엄한 아버지 가정 모델에서 미국의 특징을 가장 잘 나타내는 부분은, 미국 보수주의 정책의 특징과 상응한다. 여기에서 설명한 것은 정부의 개입에 대한 반감 그 이상이다. 이것이 멀리 떨어져 있는 연방정부보다는, 예산을 어떻게 사용해야 될지 지방정부가 더 잘 알고 있다는 '지역 지식의 원칙'이다. 이것은 그저 상식처럼 보인다. 그러나 물론 그렇지 않다. 그 반대의 경우가 진실임을 보여주는 사례가 많이 있다. 백여 개의 지방정부가 독자적으로 집행하는 대규모 수자원개발 프로젝트에서 그들 모두에게 혜택이 돌아가도록 계획할 수는 없다. 또한 협동을 요구하는 전체적인 생태계 보호 프로젝트를 수행하거나, 고속도로를 계획하고 건설하는 일을 시행할 수는 없는 것이다. 연방정부 차원에서 수행되어야만 잘 될 수 있는 일들은 그 외에도 수없이 많다. 흥미로운 것은, '상식'은 매우 끈덕지고 강력하다는 것이다. 이 원칙에 수반되는 원성은 매우 격렬하다는 점 역시 흥미롭다. 그것은 매우 깊은 뿌리를 가진다.

## 학대하는 아버지

이 나라에는 엄한 아버지가(혹은 어머니가) 너무 지나치게 학대하는 사례가 드물지 않다. 아동학대도 중요한 문제이고, 아동 방기放棄도 마찬가지이다. 멀리 떨어져 있으면서 아동을 학대하는 아버지 신드롬이 있다. 알코올 중독자인 아버지는 아이들이 멀리 떠난 다음에도 그 가족들에게 위협이 되는 그런 아버지들이다. 가끔 아이들은 그런 아버지로부터 나머지 가족을 보호해야만 했다. 클린턴 대통령 자신이 바로 그런 경우였다. 방기된 아이들은 가끔은 부모가 그들에 대한 합법적인 권위를 주장할 수 없다는 것도 보게 된다.

당신의 부모는 학대하거나 방기하는 엄격한 아버지나 어머니가 아니었는지도 모른다. 그러나 부모의 학대, 방기, 그리고 알코올 중독이 심각한 공동체에서 성장했다면, 당신은 엄격한 아버지 가정의 부정적인 변형을 자신의 개념 시스템에 가지게 되었을 가능성이 크다.

여기에는 두 가지 가능성이 있다. 첫째, 당신의 중심적인 엄격한 아버지 모델은 학대하는 아버지를 포함했을 가능성이 있다. 둘째, 당신의 중심적인 엄격한 아버지 모델은 위에서 논의한 이상적인 모델일 수도 있지만, 그 학대하는 엄격한 아버지 모델은 피해야만 되는 부정적인 엄격한 아버지 모델의 전형일 수도 있다.

가정으로서의 국가 비유는 위와 같이 학대하는 두 가지의 엄한 아버지 모델을, 보수주의자들이 행할 가능성이 있는 두 가지 정치적 주장으로 이어진다. 첫 번째 경우에서 정부는 학대하는 아버지와 같이 선천적으로 학대하고, 방기하고, 무지하고, 위험하고, 잠재적으로 통제할 수 없는 정부로 간주될 수 있다. 그것은 정부가 언제 시민들을 학대할지 모르니 시민들은 정부로부터 스스로를 보호해야 된다는 의미이다. 이것은 반정부 편집병을 낳는다.

두 번째 경우는 이상적인 엄한 아버지의 노선을 따르는 이상적인 정부이다. 그 정부는 도덕기준을 설정하여 그 기준을 지키며, 책임을 지고 보호하며, 적당한 거리를 지키고, 당신의 인생을 방해하지 않고, 당신으로부터 돈을 요구하지 않음으로써 당신의 존경을 받는다. 반면에, 권력을 남용하는 정부의 망령 또한 만약의 경우를 대비해 경계해야 할 대상이다.

이런 두 가지 주장 모두 보수주의 공동체에서 나타나는데, 나는 그 두 가지 타입에 속하는 사람들을 잘 알고 있다. 첫 번째는 보편적으로 생존주의자들 중에 존재하거나 혹은 군사적 상황에 속한다. 최소한 나는 많은 사람들과의 인터뷰를 통해 그 점을 확인할 수 있었다. 그런 사람들은 그들의 가정을 사랑하는 것과 마찬가지로 국가를 사랑하고, 자기 가정을 한 제도로 믿는 것처럼 정부의 형식을 믿는다. 그들은 자신의 조상들을 존중하듯이 국가의 선조들을 존중한다. 그러나 그들은 가끔 현 정부를 미워하고 두려워하는 부분도 있다.

그것은 그들이 학대하고, 방기하고, 알코올 중독자인 아버지 문제를 안고 있는 가정이나 공동체 출신이기 때문일까? 그들은 학대하거나 방기하는 엄격한 아버지 가정 모델을—중심모델이든 변형모델이든 간에—가진 것일까? 그런 모델은 여러 세대로 이어지며 배워온 것일까? 그것들은 우리의 어떤 제도에서, 군대에서나 경쟁적인 스포츠에서, 학교에서, 혹은 동지들의 모임이나 그 외의 사회조직에서 배우고 전파되는 것일까?

나는 이런 다양한 질문에 대한 답을 모른다. 그러나 그것들은 탐구되어야만 하는 질문임에 틀림없는데, 그중 몇 가지 질문에 대한 대답이 '예스'라고 들려와도 나는 별로 놀라지 않을 것이다.


## 편견과 도덕질서

도덕질서에서 정확하게 옳은 것과 그른 것은 사람에 따라 달라질 수 있다. 예를 들어 '남자는 여자 위에 있다'라는 조항은 도덕질서 제도 안에 존재할 수 있고 그렇지 않을 수도 있다. 만약 존재한다면 그것은 성차별에 영향을 끼친다. 도덕질서의 많은 구절은 편견의 형태와 상응하는 부분이다.

- **인종차별 조항** : 백인 문화가 지배 문화이기에, 백인은 유색인종보다 우월하다.
- **반셈족**anti-Semitic **조항** : 기독교 문화가 지배 문화이기에, 기독교인은 유태인보다 우월하다.
- **맹목적 애국자 조항** : 이것은 미국문화이기에, 이 나라에서 태어난 사람들은 이민자보다 큰 권력과 높은 지위를 가진다. 미국 출생자는 이민자들보다 상위에 있다.
- **동성애 공포 조항** : 이성애는 우리 문화에서 지배적이고, 동성애는 도덕적 약함의 전형이기에, 이성애자는 동성애자보다 상위에 있다.
- **초超애국자 조항** : 미국은 지배국가이기에(유일한 초강대국), 다

른 나라보다 상위에 있다.

만약 우리의 개념 시스템에 도덕질서 비유가 포함되어 있는 경우(엄한 아버지 도덕을 받아들이는 사람은 반드시 이 경우가 된다), 그 개념 시스템에는 위에 열거한 항목들을 수용할 수 있는 틀이 내포되어 있다. 실제로 과거에는 이 같은 항목들이 미국인들의 개념 시스템 속에 존재하고 있었고, 그것이 극히 미국적으로 생각됐던 시대도 있었다. 오늘날 많은 미국인들은 이미 이런 항목들을 폐기했으나 아직도 포기하지 않고 지니고 있는 미국인들도 꽤 많다.

그런 조항들은 '도덕질서'를 규정한다는 점을 염두에 두어야 한다. 도덕질서에서 높은 조항들은 '더 좋은' 조항들이기에, 그 제도에서 낮은 조항들에 대해 도덕적 권위를 가진다. 그러므로 당신이 만약 이런 조항들을 자신의 제도 안에 모두 포함시킨 상태에서 이성애자인 백인 남성 기독교인이라면, 당신은 이 세상 그 어떤 사람들보다 '더 좋은' 사람이 되는 것이다.

도덕질서 비유에 의하면 도덕질서의 위계가 이 세상에서 충족될 때, 그러니까 남성이 여성에 대한 도덕적 권위와 권력을 가질 때, 부모가 자녀에 대한 도덕적 권위와 권력을 가질 때, 인간이 자연에 대한 도덕적 권위와 권력을 가질 때 등의 모든 조항이 충족될 때라야 비로소 바람직한 상황이 된다고 한다. 편협함의 조항은 백인이 유색인종에 대해 도덕적 권위와 권력을 가진다는 조항 등을 포함한다. 간단히 말해서, 도덕질서는 도덕적으로 우월한 지위라는 우월성의 가정에 의한 개념적 구조이다.

이제 우리는 위에서 제기된 여러 가지 질문 중의 한 가지 질문에 대해 대답할 수 있다. 만약 보수주의가 엄한 아버지 도덕에 기반을 둔다면, 보수주의자들은 그들의 개념 시스템 안에 최소한 두 가지 조항을 포함하는, 즉 신은 인간 위에 존재하고, 인간은 자연과 동물 위에 존재하고, 어른은 아이들 위에 존재하고, 남성은 여성 위에 존재한다는 등의 조항을 포함하는 일반적 도덕질서 비유를 가진다. 도덕질서 계층은 그 속에 모든 편협한 조항을 가졌었지만 이제는 그런 조항들에 많은 틈이 벌어져 있다.

극단적인 사례인 쿠 클럭스 클렌(Ku Klux Klen, 3K단이라고 불리는 백인 비밀결사)의 사례를 살펴보기로 하자. 그들은 '백인 기독교 미국인 남자'의 절대적인 우월성을 강조한다. 모델이라는 견지에서 표현해보자면, KKK단의 도덕질서의 해석은 위에서 거론된 모든 조항을 포함한다는 것이다. KKK단이 자신들을 도덕적인 조직으로 볼 뿐 아니라, 종교적이며 애국적인 조직으로 본다는 점을 상기하는 것이 매우 중요하다. 그 단원들의 시각에서 볼 때 자신들을 도덕적으로 간주하도록 해준 것은 KKK가 도덕질서를 지지한다는 점이다. 그들은 백인의 우월성만이 아니라, 도덕은 빛이고 비도덕은 어둠이라는 보편적인 비유에 따라 도덕성을 상징하는 의미에서 흰 두건을 썼다. 그들의 불타는 십자가는 그들의 도덕질서 안에서 기독교의 우월성이라는 비유를 거쳐 도덕성을 상징했다. 그들은 스스로를, 도덕질서 안에서 보통 사람들의 위에 위치하는 귀족들의 우월성으로 되돌아가는, 즉 '고결한 질서'를 따르는 '기사들'이라고 불렀다. 그들이 만약 말을 타고 달리던 시대로 돌아간다면 말을 타는 행동 그 자체가 자연에 대한 인간의 우월성의 상징일 것이다. 오늘날 도덕질서 안에서 인간의 자연에 대한 우월성은 황무지에서 살아남는 능력, 곧 생존주의에 의해 상징된다.

도덕질서 논리는 도덕질서가 충족될 때는 도덕적이고 정당하며, 그 반대일 경우에는 비도덕적이고 부당하다는 도덕과 정의이론을 포함한다. KKK는 잘못된 행동을 하는 자들에게 정의를 실천하는 자경단自警團이었다. KKK는 자신들의 임무에 대해, 도덕질서를 뒤집어 놓는 특정한 잘못을 바로잡는 것이라고 보았다. 만약 건방진 흑인이나 유태인, 또는 이민자가 대부호가 되거나 권력을 쥐거나 거만해지면 도덕질서가 뒤집히는 것이고, 그것을 바로잡는 것이 KKK의 임무였다. 그들의 시각으로 도덕질서는 그들에게 법정을 유지하며, 형벌을 부과할 수 있는 권한을 주었다. KKK는 이와 같이 엄한 아버지 도덕 가운데에서도 특히 편협하고도 스스로 모든 걸 해결하려는 자세로 활동해왔다. 그런 그들이 정치적 보수주의자가 된 것은 결코 우연한 일이 아니다.

나는 KKK에 관해 이야기하며 과거 시제를 사용했다. 그러나 근년에도 예전의 KKK단원들이 고성능 무기로 무장하고, 정치적 보수주의자들에 의해 동조된 민병조직에 합류했다는 사실이 보고되었다. 그런 편협한 사람들이 민병대를 당연한 귀착점으로 여기는 이유는 무엇일까?

간단한 대답은 이렇다. 민병대는 그들의 임무를 도덕질서를 지지하는 것으로 본다. 그 도덕질서는 합법적인 권위에 의한 위계제도이다. 그러므로 정부 권한의 어떤 불법적인 사용도 도덕질서를 뒤집는 행위로 간주된다. 위에서 살펴본 바와 같이, 그런 민병조직은 다른 보수주의자들과 마찬가지로 누진세, 총기 규제, 환경보호 등의 진보주의자들의 정책을 간섭과 방해로 본다. 그들의 인생에 대한 권한을 불법적으로 간섭하거나 방해한다고, 간단히 말해 독재로 간주하는 것이다. 민병조직은 그들이 간주하는 정부의 불법적인 권력 이용에 대항하여, 도덕질서를 지지하기 위해 필요하다면 자결단의 행동을 취할 준비를 하고 있다.

민병조직을 포함한 보수주의 자결단원들은 중심 보수주의로부터의 3단계에 위치한다. 여기에 그 3단계를 소개한다.

1. 그들 모델에서의 엄한 아버지가 실제로 크게 엄하여 권력을 남용한다고 가정해보라. 가정으로서의 국가 비유에서, 그것은 권력을 남용하는 통제할 수 없이 위험한 연방정부이다 – 당신에게 해를 끼칠 수도 있는 큰 아버지Big Daddy이다. 그러므로 당신은 스스로를 보호해야만 한다.

2. 연방정부에 대한 평범한 보수주의자의 원한이 아니라, 당신이 본 것은 정부의 불법적인 권한 사용에 대한 정당한 분노라고 가정해보라.

3. 자경주의自警主義를 믿는 사람이 있다고 가정해보라. 즉 다른 누구도 맡지 않으려고 하는, 정의의 사자가 되는 것을 도덕이라고 믿는 사람이 있다고 가정해보라.

이와 같은 모델의 나머지는 보수주의 중심모델로 그대로 두기로 하자. 이 세 가지 다른 점은 자경단의 행동을 도덕인 것으로 보이게 한다. 그들은 낙태 수술을 하는 의사에게 총을 쏜 것과 같은 행동을 정당화할 수 있다. 이런 차이는 중심 보수주의에서는 매우 크게 다른 점으로 보일 수 있다. 그러나 그것은 정도의 차이일 뿐이다(게다가 그 정도의 차이가 꼭 큰 것만도 아니다).

첫째, 남용은 지나치게 엄격해진 엄격함이다. 그러나 어떻게 '엄격함'과 '지나치게 엄격함' 사이를 구분할 수 있겠는가?

둘째, 연방정부에 대한 지속적인 깊은 반감은 정부에 대한 분노로부터 멀지 않다. 그리고 그것은 각기 그렇게 많이 떨어져 있지 않은 동일한 연속체 위에 있다.

셋째, 폭력적 형태의 자경을 허용하는 것은, 낙태를 시술하는 의사들에게 폭력적으로 저항하는 것을 인가하는 것과 똑같은 행위이다. 두 가지 모두 독선과 도덕적 분노를 가지고 수행되며, 도덕적 행동으로 간주된다.

간단히 말해서, 그 모델들은 기본적으로 같다. 다른 점은 정도의 차이일 뿐이다. 물론 매우 중요한 정도의 차이는 있다. 그럼에도 불구하고 한 모델에서 다른 모델로 이어지든지, 법을 준수하는 평범한 보수주의자들로부터 폭력을 사용하는 보수적 자경주의로 기울어지기 쉬운 경사로가 있다. 그 경사로에는 몇 가지 의문점이 제기된다.

• 보수주의 자경단 모델은 평범한 보수주의 모델로부터 좀 더

극단적인 변화일 뿐인가?

- 평범한 보수주의 모델을 영구화하면, 보수주의 자경단 모델
도 영구히 존속할 것인가?
- 진보주의자들에게 도덕적 분노를 일으키는 것은, 사람들을
평범한 보수주의 모델로부터 보수주의 자경단 모델로 옮겨
가도록 만드는 경향이 있는가?

진보주의자들과 보수주의자들은 이런 질문에 대해 명확한 대답, 곧 정반대되는 대답을 가지고 있다. 보수주의자들은 '노'라고 대답하고, 진보주의자들은 '예스'라고 대답한다. 진보주의자들에게 그것은 상식이다. 내가 알고 있거나 미디어를 통해 이런 논점들에 관해 토론하는 것을 들어본 보수주의자들은 모두가 동의하지 않는다. 이런 현상은 부분적으로, 이 논점들이 개인의 영역을 방어하는 것이기 때문일 수 있다. 그러나 이런 불일치에는 다른 여러 가지 이유도 있다.

비도덕적 행동의 사회적 원인을 찾으려는 진보주의자들은 보수주의 도덕과 정치, 그 자체가 비도덕적 행동의 사회적 원인이 될 수 있다고 주장하는 것이다. 또 다른 사회적 원인은 토크쇼 진행자들이 보수주의 도덕을 보다 널리 전파시켜보려고, 진보주의자들이나 정부에 대해 도덕적 분노의 채찍을 휘두르는 것을 지적할 수 있다.

그러나 보수주의자들의 관점에서 이것은 오직 난센스일 뿐이다. 보수주의자들이 보기에 비도덕적인 행동은 개인의 기질 탓이

지 사회적 원인 때문이 아니다. 옳고 그른 것은 명확하다. 그리고 중요한 점은 당신이 옳은 행동을 하기에 충분할 정도로 도덕적으로 강한가 하는 점이다. 기질의 문제인 것이다. 보수주의자들은 만약 극단적인 보수주의자가 범죄를 저질렀다면, 예를 들어 정의를 실행한다는 명목으로 사람을 죽였다면 보수주의 그 자체를 비난할 수 없다. 전파를 통해 증오의 메시지를 뱉어내는 사람을 비난할 수는 없다. 대신 그 개인이 나쁜 도덕적 품성, 곧 나쁜 도덕적 본질을 가졌거나 미쳤기 때문이라고, 매우 다른 도덕적 본질을 가진 것에 따른 광기라고 설명한다. '그는 나쁜 사람이야.' 이 말은 유일하고 충분한 대답일 뿐만 아니라, 그들로서는 피할 수 없는 대답으로 보인다. 사회적 원인에 따른 설명은 배제되기 때문이다.

# 요약

UMMING
P

# 17
# 진보주의와 보수주의의 다양성

Varieties of Liberals and Conservatives

진보주의와 보수주의는 반드시 단일적이지 않다. 두 가지 모두 매우 다양한 도덕적이고 정치적인 세계관을 제공한다. 멀리서 보면 이것저것 뒤섞여있는 수프처럼 어지럽게 보이는 매우 넓은 범위의 다양성을 제공한다. 그러나 자세히 살펴보면 엄청나게 많은 체계적인 다양성을 발견할 수 있다.

우리가 발견하는 복잡한 다양성은 인간의 범주화를 연구하는 사람이라면 누구든 예상할 수 있는 그런 종류의 다양성이다. 범주화에 관한 나의 저서《인지의미론Women, Fire, and Dangerous things》<sup>참고 A2, Lakoff, 1987</sup>에서, 나는 그런 복잡함의 주요 원천들 중의 하나는 '방사형' 범주 구조임을 보여주는 증거를 조사했다. '방사형 카테고리'는 중심모델을 갖는데, 이 중심모델은 그것으로부터 수레바퀴 살처럼 방사형으로 퍼져나가는 조직적인 다양성을 일으킨다. 내가 이 책의 1장에서 예를 든 것은 '어머니' 카테고리였는데, 그

중심 카테고리는 출산 · 유전 · 양육 그리고 결혼이라는 여러 가지 모델의 무리라고 정의되었다.

이것은 어머니 카테고리에서 생모 · 독신모 · 미혼모 · 일하는 어머니 · 계모 · 양모 · 유전적 어머니 · 대리모 등 많은 다양함으로 파생되며, 그 모두는 중심이 되는 경우, 즉 당신을 낳아주고 당신의 유전자의 반을 물려주었으며, 당신을 키워주고, 당신의 아버지와 결혼한 여자라는 고전적인 어머니에게 그 기반을 둔다. 이것은 고전적인 어머니를 '더 좋은 어머니'나 '더 어머니다운 어머니'가 되도록 해주는 것은 아니다. 다만 착한 옛 어머니는 원형 중심 경우이며, 그 다양함은 이러한 어머니를 참고로 명확해진다는 의미이다.

우리의 카테고리 대부분은 이런 식으로 복잡하게 되어 있어 중심이 되는 경우로부터 매우 많은 변화를 가진다. '보수주의'나 '진보주의'라는 카테고리도 누구나 예상할 수 있는 것처럼 예외가 아니다. 그리고 그 카테고리들 역시, 다른 카테고리들이 보여주는 것과 같은 방사형 구조를 보여주는 것으로 나타난다.

이 책의 대부분을 통하여 나는 진보주의와 보수주의의 중심모델을 설명하는 데 주력했다. 그러나 비중심적 경우는 중심 경우로부터 변화하기에, 진보주의자들이기도 하고 보수주의자들이기도 한 대부분의 독자들은 위에서 토론한 내용 중에서 그들 자신과 그들의 많은 친구들에게 적용할 수 없는 내용을 발견하기도 했을 것이다. 나는 그 점에 대해 9장에서 미리 논의하면서, 변화의 매개변수에 대해서는 나중에 살펴보자는 약속어음을 발행했었다. 이제 그 약속어음을 지불할 때가 되었다.

우리는 5장과 6장에서 엄한 아버지와 자애로운 부모 모델이 방사형 카테고리의 중심 멤버임을, 그리고 중심 멤버에 기반을 둔 변화를 위해 네 개의 매개변수가 존재한다는 것을 보았다. 1) 실용적-이상적 차원, 2) 직선적인 잣대, 3) 도덕적 초점, 4) 도덕질서 비유에서의 변화 조항이 그것이다. 나는 앞서 일곱 장에 걸쳐, 가정으로서의 국가 비유가 엄한 아버지와 자애로운 부모 도덕 시스템에 적용되면 보수주의와 진보주의의 중심 형태를 산출한다고 주장했다. 이제 나는 변화의 동일한 매개변수가 중심모델에 적용되면, 진보주의와 보수주의의 다양성을 조직적으로 특징짓게 된다는 결론을 설명하고자 한다.

세부사항으로 들어가기 전에, 이 책에서 제공하는 전체적인 이론 안에서의 변화에 관한 연구에 관해 생각해보는 것이 아주 중요할 듯하다. 만약 우리가 진보주의자들과 보수주의자들의 다양한 형태, 곧 그들이 가진 세계관과 그들이 이용하는 논리를 이해할 수 있다면 이 다양성에 대한 분석은 중심모델 분석에 큰 도움이 될 것이다. 그 이유는 이렇다. 변화의 데이터는 엄청나게 복잡하다. 방사 카테고리 이론의 변화는 특정한 방식으로 체계적이어야 하고, 혹은 중심모델에 대한 변화의 매개변수를 적용함으로써 결정되어야 한다고 주장한다. 그러나 변화에 대한 설명은 오직 중심모델을 이해할 경우에만 가능하다. 이와 같이 현존하는 변화에 대한 이해는, 그 변화의 근거가 되는 중심모델의 존재도 뒷받침한다.

이제 세부사항으로 들어가 보자.

## 다양성의 매개변수

5장과 6장에서 설명했던 다양성의 매개변수부터 시작하자.

1. 직선적인 잣대
2. 실용적-이상적 차원
3. 도덕적 초점
4. 도덕질서(엄한 아버지 모델뿐임) 내의 조항

정치적 모델은 가정으로서의 국가 비유를 통해 가정을 기반으로 한 도덕으로부터 일어난 것이기 때문에, 우리는 정치적 모델에서도 변화의 동일한 매개변수를 찾게 되리라는 것을 기대해야만 되고, 실제로도 그렇다. 실용적-이상적 차원으로부터 시작하자.

### 실용적 변화

5장과 6장에서 살펴본 바와 같이, 이상적 중심모델에서의 실용적 변화는 다음 방식으로 생겨난다. 두 중심모델 모두에서 자신의 이익추구는 이상적 목표, 즉 엄한 아버지 모델에서는 자립이라는 목표에, 자애로운 부모 모델에서는 양육이라는 목표에 이르기 위한 수단이다. 이 두 모델에서의 실용적 변화는 수단과 목적을 역전시켜 자기이익추구 그 자체가 목표가 되도록 하고, 양육이나 절제와 자립이 그 목표를 향한 매우 다른 두 가지 수단이 되도록 한다. 가정으로서의 국가 비유를 통해 가정 모델에 근거한 실용적 변화는 정치로 투사된다. 그 결과는 보수주의와 진보주의의 실용적 해석이다.

실용적 보수주의는 중심 보수주의보다 덜 이상적이다. 목표는 개인의 이익에 공헌하기 위하여 나아가는 것이다. 보수주의의 이상적인 부분은 그 목표에 이르기 위한 효과적인 수단으로 간주된다. 만약 앞으로 나아가기를 원한다면, 당신은 자제력을 갖추고 자립하는 것이 좋다. 다른 누구도 당신에게 화를 낼 수 없도록 곧고 좁은 길에서 벗어나지 않는 것이 좋겠고, 합법적인 권위에 순종하는 것이 좋다. 그러지 않으면 다칠 수 있다.

그 차이를 보는 더욱 일상적인 방식은 무엇이 몸통이고, 무엇이 꼬리인지를 물어보는 것이다. 중심 보수주의에서는 이상적인 몸통이 자기이익이라는 꼬리를 흔든다. 실용적 보수주의에서는 자기이익이라는 몸통이 이상주의라는 꼬리를 흔든다.

실용적 보수주의자는 자기이익을 위해 엄한 아버지 도덕의 원칙과 타협할 가능성이 높다. 중심적 혹은 이상적인 보수주의자는 자신의 이익과는 어긋난다 할지라도 그들의 원칙에 집착할 가능성이 높다. 물론 자립은 그런 원칙들 중의 하나이기 때문에, 그것은 자기이익에 크게 반대되는 길로 나아갈 수 없다.

실용적-이상적 구분은 시기와 문제에 따라 변화하는 것이기 때문에 그 구분은 뚜렷해야 하지만, 그것은 절대적인 것이 아니라 정도의 문제일 뿐이다. 당신은 불가능한 문제들을 선택할 수도 있다. 또 많은 타협을 요구하는 문제들과 당신이 기꺼이 타협할 문제들을 선택할 수도 있다. 보수주의에 관한 수많은 변형들은 무엇이 이상적이고 무엇이 실용적인지에 대해 구별해낸 것의 결과이다.

진보주의도 비슷한 이상적-실용적 차원을 가지고 있다. 중심 (혹은 이상적) 진보주의에서 자기이익(돈 혹은 권력)의 추구는 양육하는 도덕이라는 목표를 향해 나아가는 수단이다. 다른 사람들을 더 잘 도울 수 있는 존재가 되고, 공정함을 촉진하고, 사회 속의 양육이라는 목표를 향해 나아가는 수단인 것이다.

실용적 진보주의에서 그 목표는 사람들에게 자신의 이익을 가장 잘 추구할 수 있도록 허용해주는 것이다. 그 수단은 양육이다. 곧 감정이입을 하고, 양육적인 환경에서 살고, 자기양육적 존재가 되고, 기본적으로 행복한 존재가 되고, 공정한 대우를 받고, 다른 사람들을 공정하게 대우하는 것 등이다.

여기에는 두 가지 경우가 있다. 첫째, 만일 어떤 사람이 양육의 대상이라면, 또 사람들이 그 사람과 감정이입을 하고, 그가 필요로 할 때는 도와주고, 그가 자신의 잠재력을 충분히 발휘할 수 있도록 도우며, 그가 공정한 대우를 받도록 보살펴준다면 그는 자기이익을 목표로 삼고 최선을 다해 그것을 추구할 수 있다. 둘째, 만약 다른 사람과 감정이입을 하면서 남을 돕고 자기 자신을 돌보며, 기본적으로 행복하고, 다른 사람들을 공정하게 대하는 사람이라면 최선을 다해 그 자신의 이익을 추구할 수 있다. 양육의 대상인 동시에 또 그것을 실천하는 존재가 된다는 생각은 당신이 자기이익을 목적 그 자체로서 추구하는 데 도움이 된다.

이와 같이 실용적 진보주의자들은 사회복지 프로그램을 다른 사람들의 이익추구를 돕는 것으로 간주한다. 반면에 이상적인 진보주의자는 사회복지 프로그램을 목표 그 자체로서 인간의 기본적 필요를 제공해주는 데 공헌하는 것으로 본다. 실용적인 진보주의자에게 사회복지 프로그램은 투자이고, 이상적인 진보주의자에게 그것은 시민의 의무 문제이다.

여기에서도 자기이익을 추구하는 몸통이 이상적인 꼬리를 흔드느냐(실용적인 진보주의자), 혹은 이상을 추구하는 몸통이 실용적인 꼬리를 흔드느냐(이상적인 진보주의자)의 문제이다.

실용적인 보수주의자 경우와 마찬가지로, 실용적인 진보주의자들도 만약 원칙과의 타협이 그들 자신의 이익이나 다른 사람들의 이익에 공헌한다면, 이상적인 진보주의자들보다 원칙과 타협할 가능성이 높다. 진보주의자들은 보수주의자들의 경우에서처럼 너무 많은 타협을 할 수 없다. 그럴 경우 다른 사람들이 그들을 돕는 것을 중단할 것이고, 그것은 그들의 자기이익에 타격을 줄 것이기 때문이다. 그러므로 두 경우 모두, 실용적인 진보주의자들과 보수주의자들이 그들 각자의 도덕 시스템과의 연결을 잃지 않도록 해주는 자동조절 메커니즘을 갖고 있다.

실용주의 정치인은 기꺼이 타협하려는 특징 때문에 가끔 '온건파'나 '중도파'로 불린다. 그러나 '온건파'라는 용어는 사람들에게 그 선상의 여기저기에 흩어져 있는 직선형의 정치적 연속체가 있다는 그릇된 인상을 준다. 연속체 비유는 도덕 시스템에 의해 수행되는 중요한 역할과, 미국의 실용주의 정치인들은 일반적으로 진보주의자들이나 보수주의자들의 실용주의적 변형이라는 사실을 감추고 있다.

놀랄 일은 아니지만, 실용적인 진보주의자들이나 보수주의자들은 둘 다 그들보다 더욱 이상주의적인 동료들로부터, 그들 각각의 이데올로기의 도덕적 원칙을 배반했다는 이유로 비판을 받는다. 즉 문제점들에 대해 '쓸데없는 소리'를 지껄였다든가 상황이 어떻게 돌아가는지도 살펴볼 줄 모른다는 비난을 받는 것이다.

## 직선적인 잣대

지난 5장에서 학대하는 부모 모델은 징벌이 매우 엄한 아버지 모델의 극단적인 변형임을 보았다. 그 차이는 직선적인 척도의 차이이고, 정도의 차이는 유형의 차이를 만든다. 우리는 앞장에서 중심 보수주의로부터 직선적인 잣대의 세 가지 척도에 따라 극단적인 입장을 취하며 달라지는 보수적인 자경주의를 분석하여 이와 동일한 경우를 보았다. 그것은 1) 엄한 아버지 가정 모델에서의 징벌의 정도, 2) 엄한 아버지 가정 모델에서의 간섭하는 부모에 대한 원망과 분노의 정도, 3) 허용되는 폭력의 수준이 그것이다.

6장에서 우리는 자애로운 부모의 모든 측면은 실제로 직선적인 잣대의 변화에 따른 대상이라는 점을 보았다. 그 가정 모델의 많은 변화는 진보주의의 변화와 상응한다. 예를 들어, 과보호하는 부모가 더 이상의 보호를 필요로 하지 않는 아이들을 보호하는 데 지나치게 많은 에너지를 쏟아 붓는 경우를 살펴보자. 보수주의자들은 '과도한' 정부의 규제를 과보호의 한 형태로 본다. 혹은 지나치게 많은 에너지와 다른 자원을 ─ 너무도 지나쳐 자신을 적절히 돌볼 수 없을 정도로 ─ 양육에 쏟아 붓는 부모의 경우를 살펴보자. 이것은 진보주의자들이 너무 많은 돈을 사람들을 보살피는 데 사용하는 바람에 재정을 파탄나게 할 것이라는 보수주의자들의 비난과 상응한다. 이런 식으로 가정 모델의 과도한 점이 보수주의자들에 의해 정치의 과도한 점으로 비춰진다.

**도덕적 초점**

이제까지 우리는 진보주의와 보수주의 카테고리 안에서 두 가지 변화를 살펴보았다. 실용적─이상적 변화, 그리고 직선적인 잣대의 변화. 세 번째 변화는 도덕적 초점이다. 진보주의자들부터 살펴보기로 하자. 흑인인 평범한 시민이나 정치인이 인종문제에 초점을 맞추거나, 여성들이 성차별에 초점을 맞추거나, 인종적으로 소수민족에 속하는 사람이 인종문제에 초점을 맞추거나, 동성애자들이 동성애자들의 권리문제에 초점을 맞추는 것은 흔히 있을 수 있는 일이다. 이런 종류의 초점은 정체성의 정치를 구성한다. 다른 종류의 초점은 환경문제·기아문제·노동·교육·건강보험 등이다.

  도덕적 초점은 정확하게 무엇을 말하는가? 그것은 다른 관심사들에 비해 한 가지 특정한 영역에 도덕적 우선권을 주는 것이다. 그 결과는 한 영역이 다른 관심의 영역에 비해 기본적인 도덕적 중요성을 가지는 것이 된다.

  이와 같이 사람들은 동일한 가정 모델과 똑같은 도덕체계, 같은 정도의 이상주의와 실용주의적 가치를 지닌 진보주의자들이 될 수 있지만, 한편 정치적 존재로서는 관심을 주는 초점에 따라 다른 세계에 살 수도 있는 것이다. 만약 당신에게 가장 중요한 것이 인종이라면, 환경 문제에는 － 그것이 인종에 적용되는 경우가 아니라면 － 별로 관심을 가지지 않을 것이다. 각각의 논쟁점에 대한 진보주의자들의 견해는 각자의 초점에 따라 크게 달라진다. 예를 들어 두 명의 진보주의자를 가정해보자. 한 사람은 시민의 자유에 도덕적 초점을 맞추고 있고, 다른 한 사람은 여성에 대한 폭력에 도덕적 초점을 맞추고 있다. 첫 번째 진보주의자는 포르노그래피의 합법화를 지지할 것이다. 반면에 두 번째 진보주의자는 그것의 금지를 원할 것이다. 이번에는 인종에 도덕적 초점을 맞춘 진보주의자와 환경에 초점을 맞춘 진보주의자의 경우를 살펴보자. 인종에 초점을 맞춘 진보주의자는 흑인들의 일자리를 빼앗는다면 환경규제에 반대할 것이다. 그에게는 흑인들의 생존문제가 올빼미나 오래된 숲보다 더 중요하기 때문이다.

가끔 혼동되긴 하지만, 도덕적 초점은 자기이익과는 다르다. 인권운동 기간 동안에 많은 백인이 그랬던 것처럼, 어떤 백인은 유색인종의 권리를 도덕적 초점으로 가질 수 있을 것이다. 그들은 자기이익을 떠나 그런 태도를 가진다. 그 당시 일부 흑인들은 자기이익을 떠나 인권운동을 했을 수도 있지만, 그러나 나는 대부분의 흑인들에게는 인종논쟁이 주된 도덕적 초점의 문제가 아닌가 생각한다. 그들이 세상을 바라볼 때 사용하는 렌즈와 그들의 도덕 시스템이 속해있는 영역이 가장 직접적으로 관련되는 문제인 것이다. 그런가 하면 환경보호론자들이 단순히 개인적 이익이 동기가 되어 환경을 도덕적 초점으로 삼는 경우는 매우 드물다. 대신에 그들은 환경이 그들의 인생에서 주요한 도덕적 관련성을 가지는 현장임을 깨달은 것이다.

## 개인 대 사회적 초점

자애로운 부모 가정 모델에서 아이들은 그들의 기본적 필요를 충족시킬 권리와, 부모로부터 공정한 대우를 받을 권리를 가진다. 아이들은 성장하면서 가정에 대한 책임도 갖게 된다. 가정으로서의 국가 비유는 이런 가정생활의 측면을 정치적 인생의 측면으로 변화시킨다. 곧 개인의 권리와 시민의 사회적 책임이 그것인데, 그 각각은 도덕적 초점에 놓일 수 있다.

놀라운 일은 아니지만, 정치와 경제 영역에서 개인의 권리에 도덕적 초점을 맞추는 진보주의 해석이 있다. 그것은 정부란 그런 권리를 제공하고 보호하는 것으로 본다. 그것을 '인권에 기초한 진보주의'라고 부르기로 하자.<sup>참고 C3, Rawls, 1971</sup> 이에 상응하여 반대되는 도덕적 초점을 가진, 사회적 책임을 도덕적 초점으로 하는 진보주의의 한 형태도 있다. 그것을 '공동체적 진보주의'라고 부르기로 하자.<sup>참고 C4, Etzioni, 1988, 1995</sup> 물론 이것들은 각기 많은 변형을 가진다.

## 도덕적 애매모호함 • 내면적 · 외향적 경향

어떤 모델의 한 측면에 초점을 맞춰 그것에 우선권을 주는 것처럼, 그 모델의 다른 측면은 초점을 흐릿하게 하고 우선권을 빼앗을 수 있다. 모델의 어떤 측면에 대해 초점을 집중하는 것과 초점을 흐리게 하는 것의 차이는 놀라울 수도 있다.

예를 들어 내가 '내면적'이라고 부르는 자애로운 부모 도덕의 한 측면 즉 자기양육, 자기계발, 그리고 도덕적 행복이라는 측면에 관해 생각해보자. 이런 내면적 측면들 중의 하나 혹은 그 이상에 도덕적 초점을 맞추는 진보주의자들이 있다.

예를 들면 인간의 잠재적 행동은 인생의 바로 이런 측면들과 관련이 있는 것으로, 적어도 도덕적 관심사항이 되고 흔히는 정치적 관심사항이 된다. 이것은 종교의 대안적 형태에 관한 탐구도 포함한다. 엄한 아버지의 성서적 해석보다는, 자애로운 부모의 방향에서 여러 가지 유대-기독교적 쇄신의 형식만이 아니라, 동방의 종교와 자연숭배 형태에 대한 탐구도 포함한다. 종교 정책도 이 그룹들의 상당수에겐 중요한 논점이 된다. 그들은 영적인 삶이 도덕적 삶과 긴밀하게 연결되어 있으며, 그 도덕적 삶은 정치적 삶과 밀접하게 연결되어 있음을 깨닫고 있다.

자기양육과 도덕적 행복에 맞추어진 도덕적 초점은, 건강식품과 맛이 좋은 식품의 생산, 곧 유기농 생산, 유기농 집단농장, 그리고 포도밭에 중점을 두며, 자신들이 양육의 정치에 개입됐다고 보는 주방장들과 식당 주인들의 지지를 받는 도덕적 정치적 움직임을 낳았다. 이런 관점에서 건강식품 조리, 맛있는 음식, 그리고 유기농 식품은 환경보호주의와 겹쳐지는 정책의 한 부분이다. 농업시장의 발전은 이렇다. 각 지역에서 생산되어 하루나 이틀 내로 시장에 나오는 상품이 최상의 상품이다. 만약 당신이 싱싱한 생선을 원한다면, 지역의 하천과 해변은 깨끗하게 보존되어야 하고, 어부들의 공동체도 보호되어야 한다. 이 모든 것이 정치적 논점이다. 그리고 이 모든 것은 자본주의의 틀 안에 자리 잡는다. 기호와 시장의 발전은 그런 기업 활동을 유익하게 할 뿐만 아니라 사회적으로도 유익하다.

양육의 이 모든 내적측면에 맞추어진 도덕적 초점은 예술과 교육의 도덕성과 정치론으로 인도한다. 미술 공예 디자인과 그 외의 모든 심미적 개념을 일상생활로 불러들이는 것은 자기양육, 자기계발과 도덕적 행복이라는 아이디어에 공헌하며, 그리하여 양육하는 사회라는 아이디어에 공헌한다. 예술, 건강, 그리고 많은 문화적 종교적 가르침이 중심 역할을 가지고 있는 교육의 경우도 마찬가지이다.

자애로운 부모 도덕의 이런 '내면적' 측면도 초점이 흐릿해질 수 있으며, 자신의 도덕과 정치 모두에 양육의 그런 내면적 측면이 결여된 진보주의자들도 많이 있다. 그런 진보주의자들은 '외향적 경향'이 강한 사람들이며, 오직 사회적 논쟁에만 치우친 사람들이다. 외향적 경향이 강한 진보주의자는 내면적 경향을 가진 진보주의자들보다 금욕주의적 경향을 나타내며, 경제 · 인종 · 계층, 그리고 성차별 문제 등에 좀 더 집중하는 경향을 보인다. 그들 중 일부는 내면적 초점을 전혀 갖지 못했을 뿐만 아니라 내면적 경향을 가진 진보주의자들을 전혀 이해하지 못한다. 진실로 그들은 보수주의자들이 그러는 것처럼 내면적 경향을 보이는 진보주의자들을 자아도취에 빠진 자, 방종하는 자, 그리고 쾌락주의자들이라고 오해하는 것이다.

많은 진보주의자들은 특정한 그 어느 것에도 초점을 맞추지 않으며 내면적 외향적 균형을 찾는다. 그러나 전적으로 내면적인, 혹은 외향적인 경향으로 치우친 사람들도 있는데 그들은 서로 만나 대화할 때 아마도 큰 어려움을 느낄 것이다.

**보수주의의 도덕적 초점**

보수주의 역시 여러 종류의 도덕적 초점을 가진다. 제임스 돕슨이 가정을 도덕적 초점으로 하는 것은 전혀 놀라운 일이 아니다. 낙태 반대운동은 낙태가 그 도덕적 초점이다. 보수주의의 보편적인 다른 도덕적 초점은 폭력범죄, 차별 시정조치 반대, 도덕 교육, 불법이민, 사회복지, 무기소지 권리 등이다. 이런 것들은 진보주의에 여러 가지 변형이 있듯이 보수주의에도 많은 변형을 야기한다.

## 자유론자들 Libertarians

자유론자들은 중심모델에 근거한 변화의 연구에 한 가지 대단히 흥미로운 도전을 제공한다. 자유론자들은 그들이 보수주의도 아니고 진보주의도 아닌, 그들 나름의 별개의 정치적 카테고리를 형성했다고 생각한다. 중심모델에 근거한 변화의 연구는 자신에 대한 그들의 견해가 전혀 정확하지 못함을 암시하고 있다.

중심 보수주의 모델을 살펴보는 것으로부터 시작한다고 가정하자. 그 모델에 기반을 둔 극단적으로 실용적인 변화 한 가지를 생각해보자. 즉 한 보수주의자가 개인 이익의 추구를 기본적인 목표로 보고, 자제, 자립 등의 보수주의 도덕을 그 목표에 이르기 위한 수단으로 간주한다고 가정하자. 극단적으로 실용적인 그 사람은, 만약 보수주의의 어떤 측면들이 자기이익추구에 방해가 된다면 그 측면들을 기꺼이 희생시킬 것이다. 이제 그 실용적인 보수주의자의 도덕적 초점이 정부의 불간섭이라고 가정해보자. 그런 사람들을 가리켜 '자유론자'라고 말할 수 있다. 다시 말해서 자유론자는 정부의 불간섭을 도덕적 초점으로 하는, 극단적으로 실용적인 보수주의자이다. 간단히 말해 자유론자는 보수주의의 본류로부터 두어 걸음 떨어져 있는 사람들인 것이다.

그런 사람들은, 자유기업은 가능한 한 아무런 제약도 받지 않아야 하고, 사람들은 각자의 이익을 추구하기 위해 자제력을 가지고 자립해야 된다고 믿을 것이다. 그런 사람들은 사회복지 프로그램, 조세, 정부가 지원하는 교육과 예술, 정부의 규제 그리고 총기규제를 몹시 반대할 것이다.

그러나 그 자유론자가 가진 정부의 불간섭에 맞추어진 도덕적 초점과, 개인의 이익추구에 대한 극단적인 지지는 그 사람을 급진적인 시민들의 자유옹호자로 만들어줄 것이다. 그 사람은 언론의 자유, 포르노그래피, 낙태 등에 대한 정부의 어떤 제한도 반대할 것이다. 그는 여성 및 동성애자들의 권리를 지지하고, 소수인종에게 동등한 기회를 줄 것을 주장할 것이다. 그러나 차별 시정조치에 대해서는 자신이 벌지 않은 것을 소득으로 얻게 한다는 이유로 반대할 것이다. 그는 임신중절을 지지할 가능성이 매우 높지만, 정부가 낙태수술 비용을 지불해야 된다는 점에 대해서는 거부할 것이다. 그리고 보수주의 도덕 시스템에서 자기이익 추구에만 우선권을 주기 때문에, 보수주의 본류의 도덕을 갖지는 않을 것이다. 일곱 가지 치명적인 죄가 그에게는 적용되지 않을 것이다.

그 좋은 예로, 마약중독에 대해 많은 자유론자들이 그 자체로는 비도덕으로 여기지 않는다. 자유론자들은 보편적으로 최대한 정부의 불간섭과, 최대한의 자기이익추구라는 이유로 마약사용과 판매를 범죄화하지 말자고 말한다. 그들은 정부가 마약 거래에 개입함으로써 마약 가격을 인위적으로 끌어올리고, 범죄자들을 마약 시장으로 끌어들이며, 마약 중독자들이 습관을 계속 유지하기 위해 범죄를 저지르게 만든다고 주장한다. 그들은 마약 사용을 범죄화하지 않으면 마약 거래는 투명한 비즈니스가 되고 경쟁력을 유발하여 가격을 엄청나게 떨어트려서, 그 결과 이용자들이 범죄를 저지르지 않고 중요 범죄조직이 그 사업에 눈길을 주지도 않을 만큼 절대로 큰 이익을 내지 못할 것이라고 주장한다.

자유론자가 시민의 자유를 지지하는 입장은 진보주의자들의 많은 주장과 중복될 것이다. 그러나 그런 지지의 원천은 다른 것이다. 자기이익추구에 대한 제한의 최소화와, 불간섭을 도덕적 초점으로 가지고 있는 보수주의 모델이 그 원천인 것이다. 반면에, 자애로운 부모 도덕에 있는 시민의 자유에 대한 지지는 특히 감정이입과 관련하여 공정한 분배, 행복, 개인의 잠재력 개발 등이 그 원천이다. 그러나 감정이입과 공정한 분배는 자유론자들의 고려사항이 아니다.

자유론자와 정치적 진보주의자들 모두 시민의 자유를 강력하게 지지한다는 사실은 피상적인 비슷함일 뿐이다. 그들은 각기 다른 이유로, 각기 다른 도덕적 충동으로, 각기 다른 정신을 가지고 그렇게 하는 것뿐이다. 자유론자들은 보수주의 본류로부터 두어 걸음 떨어져있지만, 세 가지 중요한 측면에서는 보수주의자 그 자체이다. 첫째, 그들의 정부 불간섭 주장은 보수주의로부터 직접 나온 것이다. 정부는 부적절한 아버지라고 생각하며, 성숙한 시민은 그들 자신을 보살펴야 한다는 생각에서 온 것이다. 둘째, 그들은 자애로운 부모 도덕에서 요구하는 배양된 상호 의존보다는 자제, 자립, 그리고 개인주의라는 보수주의 도덕 원리를 유지한다. 셋째, 그들은 감정이입·양육·상호 의존·공정함, 그리고 다른 사람을 위한 책임 등의 자애로운 부모 도덕의 가치에는 우선권을 주지 않는다.

물론 자유론자들의 카테고리 내에도 많은 변화가 가능하다. 누구도 다른 어떠한 방사형 카테고리에서보다 거기서 더 많은 불변성을 기대할 수는 없을 것이다. 그러나 자유론자들 사이의 변화도 마구잡이식 제멋대로의 변화는 아니다. 변화의 원천 하나는 임의의 자유론자가 가지고 있는 보수주의적인 도덕적 위치 정도이다. 예를 들어 보자면, 어떤 자유론자들은 마약이 도덕적 약함에서 나와서 도덕적 약함을 영구화한다는 이유로 보수주의자들의 혐오감에 맞장구를 친다. 일반적으로 자유론자들의 여러 유형과 함께하는 변화는 그들의 보수주의와의 개념적 연결을 반영한다. 우리는 복지나 누진세, 그외 정부의 여러 가지 보호정책에 대한 자유주의자들의 지지를 간과하는 경향이 있다.

그러므로 자유론자들이 그들 스스로에게 부과한 카테고리에 관한 주장에도 불구하고, 그들은 중심 보수주의로부터 단 두 걸음 떨어져 있는 것으로 나타나고, 그들 반열 내에서의 변화는 보수주의를 향하는 경향이 있는 것으로 보인다. 결국 카토 연구소Cato Institute의 자유론 학자들이 주로 진보주의자들의 주장보다는 보수주의자들을 지지하는 것 같은 논조의 글을 쓰는 데에는 다 이유가 있는 것이다. 그럼에도 불구하고 여기에 객관적인 대답은 없다. 자신들이 별개의 카테고리로 분류하여 생각하기에는 너무 멀리 있고, 타인들이 그들을 보수주의자로 생각하기에는 너무도 가까이 와 있던 것이다.

## 진보적이고도 엄격한 아버지 지식인들

나는 이 책의 제1장에서, 우리 모두는 대부분 일관된 정치 노선을 취하는 것은 아니라고 언급한 바 있다. 예를 들면, 외교에서는 보수적인 태도를 취하면서도, 국내 정치에 대해서는 진보적인 입장을 취할 수도 있는 것이다. 엄격한 아버지 도덕과 자애로운 부모 도덕의 기술記述은 어떤 문제점이나 정책 영역에 대해 진보적, 또는 보수적이란 무엇을 의미하는지를 정확히 특징화하고 있다. 즉 가정으로서의 국가 비유를 통하여 정치 영역에 가정을 기반으로 한 도덕 모델을 적용함을 의미하는 것이다.

그러나 그 사람이 엄격한 정치적 진보주의자가 되는 것은 가능하다. 자애로운 부모 모델은 오직 정치에만 적용하고, 인생의 다른 측면에 대해서는 보수적인 존재가 될 수도 있는 것이다. 친근한 예는, 지적인 인생에는 엄한 아버지 모델을 적용하는 일단의 진보주의 지식인들이다.

철저한 진보주의자이면서도, 지적인 면에서는 다음과 같은 주장을 가진 사람의 경우를 살펴보자.

학문 연구와 그에 관한 보고에서는 엄격한 기준을 유지하는 지식인이 있다. 그의 기준을 위반하는 사람은 비학구적이다. 젊은 학자들은 그의 학문적 기준을 충족시키기 위해 혹독한 훈련을 받아야 한다. 그들이 적절한 학문적 열성을 배울 수 있는 유일한 방법은 임의의 어려운 과제를 맡고, 그것을 수행하여 높은 점수를 받는 것이다. 예컨대, 임의의 어려운 시험을 치러 높은 점수를 기록하는 것이다.

학생들이 학자가 되기 위해 자기훈련을 발전시키려 한다면 등급에 따른 인센티브가 요구된다. 높은 등급은 보상을 받고, 낮은 등급은 벌을 받는다. 꾸준히 높은 등급을 받는 것은 자기훈련의 표시이므로 그것은 좋은 학문적 태도이다.

학생들은 '어리광'을 부려서는 안 된다. 그들은 항상 엄격한 학구적인 태도를 견지해야 한다. 학문적 훈련의 목적은 자기수련을 갖추고 자립한, 즉 학문적 열정을 유지할 수 있고, 그들 자신의 학문적 기준을 따르는 열정적인 학자를 배출하는 것이다.

이것은 학문적 인생에 엄격한 아버지 도덕을 적용한 것이다. 여기에서의 학자다운 태도는 엄한 아버지 도덕의 한 변화로서 비유적으로 개념화한다. 그 개념화 비유는 다음과 같이 선언될 수 있다.

'학자다운 태도는 엄격한 아버지 도덕이다.'

- 성숙한 학자는 엄한 아버지이다.
- 지성적인 권위는 도덕적 권위이다.
- 학구적인 태도는 도덕이다.
- 비학구적인 태도는 비도덕이다.
- 학구적인 열정은 도덕적 힘이다.
- 학구적 열정의 결여는 도덕적 약함이다.
- 학구적 규율은 도덕적 규율이다.
- 학문적 기준은 도덕적 기준이다.
- 학생들은 어린아이다.
- 가르침은 도덕적 행동을 위해 규칙을 정하는 것이다.
- 좋은 성적은 도덕적 행동에 대한 보상이다.
- 나쁜 성적은 비도덕적 행동에 대한 징벌이다.
- 좋은 성적에의 전망은 도덕적 인센티브이다.
- 시험은 도덕적 힘과 자기 훈련에 대한 시험이다.
- 학문적 성공은 좋은 도덕적 품성을 나타낸다.
- 학문적 실패는 나쁜 도덕적 품성을 나타낸다.

이 비유에 포함되어 있는 항목 중에는 다음과 같은 것들이 있다.

- 지성적인 권위에는 순종해야 한다. 달리 행동하는 것은 비학구적인 태도일 뿐만 아니라, 엄한 아버지 도덕에 의해 규정된 학문적 권위 시스템을 위반하는 것이다.
- 성적을 위해 경쟁하는 것은 인격을 쌓고 좋은 학구적 활동을 위한 인센티브이다.
- 학문적인 성취는 개인의 문제이고, 그 개인의 도덕적 가치의 척도이다.
- 지적으로 약한 학생은 실패를 맛보게 해주어야 한다. 그런 학생들은 징벌해야 자기수련을 배울 수 있다.
- 응석을 부리거나 방종에 빠진 학생은 스스로를 지적으로 약하게 만들어갈 뿐이다.
- 성적은 학생의 지적인 척도이다.

학문 세계와 학술기구의 상당부분은 엄한 아버지 도덕에 기초를 두고 있는 비유에 따라 운영된다. 학문 세계의 이 주장을 받아들이는 지식인들은 정치적으로는 진보주의자일 가능성이 높다. 그러나 그들은 엄한 아버지 도덕과 친밀한 관계이며, 그것을 그들의 일상적인 전문 활동에서 실행한다.


**페미니즘**

이제 나는 몇 가지 이유 때문에 진보주의와 보수주의의 변형으로부터 페미니즘의 변형으로 시선을 돌리고자 한다. 첫째, 카테고리 내에서의 적절한 변화 이론은 페미니즘의 여러 가지 변형을 설명할 수 있어야 된다. 둘째, 우리는 변화 이론의 한 부분으로서 보수주의 페미니즘의 존재와 본질을 설명할 수 있어야 된다.

그러나 마지막으로 가장 중요한 것은, 페미니즘은 진보주의 정치무대에서 주요한 부분이라는 점이다. 그럼에도 페미니즘에는 변형이 너무 많아서 가끔은 그 모든 변형들을 이해하기 어렵다. 이런 이유로 우리가 지금까지 논의했던 변화의 특징을 드러내는 메커니즘을 설명하는 것은 매우 중요하다. 고도로 복잡한 정치 분야를 이해할 수 있도록 해주기 때문이다.

## 성

성의 생물학적 개념sex과 문화적 개념gender 사이에는 매우 큰 차이가 있다. 문화적 개념의 성은 성 역할에 관한 보편적인 민중 모델의 집합에 의해 특징을 이룬다. 그런 민중이론의 각각은 남성과 여성의 하나뿐인 전형적 자산이다. 집단적으로, 그 민중 모델들은 전형적으로 무엇이 남성적이고 여성적인지를 특징짓는다. 그리하여 전형에 따르는 남성이 남성적이고, 전형에 따르는 여성이 여성적이다. 여기에 그런 민중 모델들에 대한 앨런 슈워츠Alan Schwartz의 설명을 소개한다.참고 A2, Schwartz, 1992

### 육체적 용기 모델

남성은 강하다.

여성은 약하다.

**상호교류 모델**

남성은 지배자이다.

여성은 협조자이다.

**가정 역할 모델**

남성은 제공자이다.

여성은 양육자이다.

**노동 분리 모델**

남성은 공공 영역에서 일한다.

여성은 가정 영역에서 일한다.

**사고思考 모델**

남성은 합리적이고, 객관적이고, 초연하다.

여성은 감정적이고, 주관적이고, 자기 자신과 접촉한다.

**성 주도 모델**

남성은 성적 행동을 주도한다.

여성은 반응한다.

**대화 모델**

남성은 세상에서의 활동을 위해 이야기한다.

여성은 사회적 연결을 유지하기 위해 이야기한다.

**도덕 모델**

남성은 법과 엄격한 규칙에 근거한 도덕을 가진다.

여성은 주로 양육과 사회적 화합에 근거한 도덕을 가진다.<sup>참고</sup>

B2, Gilligan, 1982

각각의 경우에서 남성에게 속한 자산 항목은 더 높은 사회적 가치를 가진다.

남성의 성masculine gender은 이런 모델들에서 전형적인 남성 자산의 집합에 의해 정의되고, 여성의 성feminine gender은 전형적인 여성 자산의 집합에 의해 정의된다. 결국 성gender은 생물학적이 아니라 문화적 역할이라는 견지에서 특징지어진다. 그러므로 여성 같은 남성도 있을 수 있고, 남성 같은 여성도 있을 수 있다.

지난 30년 동안에 걸쳐 발전한 다양한 형태의 페미니즘은, 그럴 만한 이유가 있어서 진보주의 배경 내에 자리를 잡았다. 진보주의는 사회적 원인을 허용하고, 성의 전형은 사회적이며 원인적 권력을 가진 것으로 간주된다. 성의 전형에서 남성의 역할은 사회 내에서 더 높은 가치를 가지기 때문에, 성의 전형은 남성에게 권력을 주는 것으로 간주된다. 진보주의 배경에서의 페미니즘은 그것을 부당하다고 보며, 그런 부당함은 제거되어야만 한다고 믿었다. 진보주의는 사회적 원인과 공정함에 관심을 가지기 때문에, 그런 주장은 기본적으로 진보적이다.

그리하여 진보주의 내에 페미니즘이라는 일반적인 형태가 존재하게 되었다. 페미니즘은 1) 위에서 언급한 성의 전형이 존재한다고 가정하며, 2) 보다 높은 가치는 남성의 역할에 두었고, 3) 사회적 전형에 주어진 이런 가치는 원인적 권력을 가지고, 남성에게 사회에서의 지배적 지위를 준다고 가정하며, 4) 남성 지배는 부당하고 고쳐져야 할 것으로 본다.

주어진 이 페미니즘의 일반적인 형태는 그 결과로서, 도덕적 초점의 차이와, 성 전형의 진실에 관한 의견의 차이라는 특수한 형태를 낳는다. 여기에 몇 가지 사례를 소개한다.

## 권리에 근거한 페미니즘

권리에 근거한 진보주의 페미니스트 해석이 있다. 그것은 1) 개인의 권리를 도덕적 초점으로 하고, 2) 성 전형의 유효성을 부정한다. 그 결과는 권리에 근거한 페미니즘으로, 정치-경제적 분야에서의 여성에 대한 부당함을 정부가 적절히 교정해줄 것을 기대한다. 이 주장에 의하면, 여성에 대한 정치 경제적 부당함을 제거하는 것은 정부의 역할이다. 동등한 권리 수정 조항Equal Rights Amendment은 정부에 이 임무를 일괄적으로 이월할 것을 추구한다. 국립여성기구NOW, National Organization of Women는 다름 아닌 권리 근거 페미니스트들의 조직이다.

## 급진적 남녀 평등주의

인생의 모든 영역에서 권력의 동등함에 도덕적 초점을 맞춘 급진적 정치라고 불리는 진보주의의 한 형태가 있다. 이것의 페미니스트 해석은 급진적 페미니즘으로, 1) 성 전형의 유효성을 부정하고, 2) 인생의 모든 영역에서 엄밀한 권력에 있어 양성兩性의 동등함에 도덕적 초점을 맞춘다. 남성과 여성 사이에는 권력의 차이를 일으키는 문화적 차이는 없거나 없어져야 된다고 주장하며, 남녀 사이의 힘의 차이는 인간 활동의 모든 영역에서 제거되어야 하는데, 이는 꼭 정부가 아니라 오직 개인에 의해 이루어질 수 있다고 주장한다.

## 생명문화bicocultural 페미니즘

성 전형의 일부 혹은 전부를 진실로 받아들이면서도, 여성의 성
역할은 남성의 역할과 동등하거나 그보다 더 높은 가치를 가져야
한다고 주장하는 세 번째 형태의 페미니즘이 있다. 달리 말하면,
사회는 협조·양육·정서적인 것·가정생활 영역·사회적 연결
의 유지, 그리고 사회적 조화에 동등하거나 더 높은 가치를 두어
야 한다는 주장이다. 이런 주장을 생명문화 페미니즘이라고 부르
는데, 이는 양육 그 자체와 여성의 생물적 본질을 도덕적 초점으
로 한다. 생명문화 페미니스트들은 양육을 가리켜 여성의 성적
특성이며, 남성의 성적 특성으로 간주되는 지배보다 사회에서 더
높은 도덕적인 근거를 가진다고 간주한다. 그들은 여성의 사회적
역할은(양육을 포함해서) 남성이 가지는 지배력의 가치보다 더 높
게 평가되든가 아니면 최소한 남성과 동등한 가치를 가져야 된다
고 믿는다.

생명문화 페미니즘의 다른 형태는 도덕적 초점을 달리 맞추는
것으로부터 일어난다. 주요한 도덕적 초점의 하나는 생태학이고,
그 결과는 에코 페미니즘eco-feminism이다. 또 다른 주요한 도덕적
초점의 하나는 영성靈性이다. 이것은 유대-기독교 전통이 기본적
으로 남성과 남성의 가치가 지배하고 있다고 본다. 유대-기독교
전통은 여성의 영성과 양육을 근거로 하는 도덕을 제공하는 데
실패했다고 보는 것이다. 여성 영성운동의 한 가지 변화는 여성

들이 양육에 초점을 옮기는 것으로, 현존하는 기독교의 종교적 변화를 추구한다(14장 초반부 참조). 어떤 사람들은 지구를 자애로운 어머니인 신성한 존재로 여기는 여신 운동과 같은 새로운 종교 운동을 일으키기도 한다. 이 주제에 의한 또 다른 변형은 마술 숭배다. 그것은 여성의 영성과 영적인 힘을 양육이라는 목적에 사용할 수 있는 능력에 초점을 맞춘다.

도덕적 초점이 섹스라는 행동 그 자체에 주어질 때, 그 결과는 생명문화 페미니즘의 한 형태인 여성 동성애, 곧 레즈비언 페미니즘으로 나온다. 레즈비언 페미니즘에서의 레즈비언 섹스는 양육에 중심을 두는 것으로 간주되지만, 반면에 양성 섹스는 지배에 중심을 두는 것으로 간주된다. 레즈비언은 섹스에서 양육과 섹스 파트너로 여성을 선호하지만, 레즈비언 페미니즘은 반反남성을 추구하는 것은 아니다(비록 그럴 가능성은 있지만). 많은 레즈비언 페미니스트들은 단순히 양육과 양육하는 성의 역할을 미국 문화에 특히 성에 뚜렷하게 남겨놓기를 원한다.

진보주의 내에서의 이런 페미니즘의 변화는 위에서 논의한 일반화된 페미니즘이다. 그것은 성 전형을 인정하느냐 마느냐의 여부, 그리고 도덕적 초점이라는 두 가지 종류의 매개변수에 의해 정의된다.


## 보수주의 페미니즘

러시 림보는 '페미-나치femi-Nazis'라는 용어를 사용한 바로 그 페이지에서 이렇게 말했다. '페미니즘을 공격할 때, 나는 여성을 위한 동등한 기회에 반대하지 않았다. 나는 전적으로 같은 일을 하는 여성이 같은 봉급을 받아야 한다는 주장에 동감한다.' <sup>참고 C1,</sup>

Limbaugh, 1993, p.233

전체적으로 보수주의는 페미니즘을 반대한다. 그럼에도 불구하고 보수주의 여성들 중에 자신을 페미니스트라고 주장하는, 최소한 여성은 강하고 남성과 동등한 기회를 가져야하며, 같은 일에 같은 봉급을 받을 자격이 있다고 믿는 세대가 등장하기 시작했다. 만약 페미니즘 그 자체가 전부라면, 러시 림보는 증명서를 소지한 페미니스트이다. 그렇다면 '보수주의 페미니스트란 도대체 무엇이냐?'는 질문은 매우 중요하다. 그것은 첫째, 많은 사람들이 보수주의 페미니스트가 될 것이기 때문이다. 둘째, 그것은 보수주의와 페미니즘에 밝은 조명을 비추어주며, 페미니스트들이 진보주의자가 되는 경향의 이유를, 그리고 보수주의자들이 페미니즘의 고전적인 진보주의적 변화에 깜짝 놀라는 이유를 밝게 드러내준다.

보수주의 페미니즘은 실제로 존재할 수 없다는 말이 있다. 보수주의자들은 개인적인 실수에 대한 사회적인 원인은 없다고 믿으며, 우리는 이미 그 점에 대해 살펴보았다. 그들은 만약 당신이 충분한 자제력과 인격을 갖추었다면 얼마든지 성공할 수 있다는 것을 믿는다. 그러므로 보수주의 페미니스트들은 사회적으로 원인이 되는 힘을 가지는 성의 전형이 있다는 아이디어를 받아들이지 않는다. 또한 그들은 차별 시정조치 같은 사회복지 프로그램을 원칙적으로 믿지 않지만, 개인의 실패에 대한 책임이 될 수도 있는 사회적 원인을 교정하는 데 필요한 아이디어도 받아들이지 않는다. 보수주의 페미니즘은 엄한 아버지 도덕의 한 변형이어야 한다.

내가 엄한 아버지 도덕이라고 부른 것은 많은 페미니스트들이 '가부장제도'라는 용어로 이해하는 것이다. 나는 그 용어를 사용하지 않는다. 부분적으로는 부정적이면서도 이데올로기가 함축되어있기 때문이며, 또 부분적으로는 좀 더 구체적이기를 원했기 때문이다. 엄한 아버지 도덕 안에서 여성에게 구체적으로 적용되는 부분은 도덕질서가 곧 자연 질서라는 비유이다(지배의 비유). 하나님은 인간을 지배하고, 인간은 자연을 지배하고, 부모는 자녀를 지배하고, 남성은 여성을 지배한다. 엄한 아버지 모델에서 이 비유는 일반적으로 가정과 사회에서 남성은 여성 위에 놓이는 도덕적 권위를 정당화해주는 역할을 수행한다.

엄한 아버지 세계관의 도덕질서는 오랜 기간에 걸쳐 서구 문화를 변화시켜왔다. 예를 들면 여기에는 백인의 유색인종에 대한 우월함, 귀족의 평민에 대한 우월함이 포함되어 있었다. 그것은 많은 변화를 겪어왔다. 이제 그 도덕질서 안에서 한 단계 더 변화가 일어나고, '남성의 여성에 대한 우위' 조항이 삭제되었다고 가정해보자. 당신이 얻게 되는 것은 보수주의 페미니즘이다. 보수주의 페미니즘은 남성이 여성을 지배하고, 또 남성의 도덕적 권위가 여성을 지배하는 것을 빼놓고는 보수주의의 모든 측면을 간직한다.

여기에 변화된 것이 있다. 가정에서 남성과 여성은 결정을 위한 동등한 책임을 가진다. 남성은 더 이상 여성의 성에 관해 말하지 않는다. 선택은 열려있다. 만약 한 여성이 더 이상 가족에게 의존하지 않고 스스로의 행동의 결과에 대해 전적으로 책임을 진다면, 결혼 전에 섹스를 가지기로 결정해도 그것은 그녀 자신의 문제이다. 여성에게 직업을 가지기 전에 가정생활을 먼저 배우라는 압력은 없다. 그리고 페미니스트로서 섹시하고 감각적인 존재가 되지 못할 이유도 없다. 힘을 얻기 위하여, 자유스럽게 옷을 입기 위하여 등의 여러 가지 목적을 위하여 여성다움을 이용하지 말아야할 이유도 없다. 보수주의 페미니스트들은 성적인 능력을 포함한 모든 능력을 아무런 걱정 없이 사용한다.

대부분의 논점에 있어서 보수주의 페미니스트들은 다른 보수주의자들과 같다. 다른 보수주의자들과 똑같은 이유로 차별 시정조치를 반대한다. 그것은 사람들에게 자기가 벌어들이지 않은 어떤 것을 주기 때문이다. 제한이 없는 자유기업을 지지하고, 원칙적으로 여성을 위한 동등한 기회와 동일한 노동에는 같은 액수의 임금을 주장한다. 하지만 '운동장을 평준화'하려는 '차별 시정조치'는 그래도 비도덕적이다. 보수주의 페미니스트는 그래도 도덕적 권위, 좀 약화된 형태의 도덕적 질서, 계급구조, 성취한 엘리트 등을 믿는다. 그러나 여성은 여성이라는 존재 이유만으로 도덕질서에서 그 위치가 낮아지지 않는다. 그녀는 계속 보상과 징벌이 도덕의 기반임을 믿고, 도덕적 힘(자제, 책임, 자립)을 믿으며, 복리와 다른 사회복지 프로그램과 총기 규제에 반대하고, 정부 규제를 반대하고, 사형제도를 찬성하는 등 다른 보수주의자들과 다름이 없을 것이다. 보수주의 페미니스트는 도덕적 힘, 자제, 그리고 책임감이 무엇보다도 중요하다고 믿기 때문에 그녀는 자신을 피해

자라고, 말하자면 데이트 강간의 피해자라고 주장하는 그런 여성들에 대해 거의 관대함을 보이지 않을 것이다. 이미 그들은 상황을 이해했기 때문이다. 자제력에 따라 단호하게 '노'라고 말할 수 있어야 하는 것이다. 보수주의 페미니스트는 징징거리며 우는 여성들을 경멸한다. 그들은 도덕적으로 약하고, 여성에게 오명을 안겨주기 때문이다. 보수주의 페미니스트는 낙태에 찬성하거나 반대하는 데 있어 자신의 도덕적 세계관에 의해 제한 받지 않을 것이다. 그녀는 그 논쟁에 대해 찬반 어느 쪽으로든 나아갈 수 있는 것이다.

나는 그런 주장을 가진 여성을 만나본 적이 있는데, 지금도 나는 그들에게 아무런 부족함이 없다고 믿는다. 정치인으로는 뉴저지 주의 크리스틴 토드 휘트먼Christine Todd Whitman 지사가 그 표본이다. 보수주의 작가들 중에서는 댄 퀘일의 연설문 작성자였던 리자 쉬프렌Lisa Schiffren이 그 좋은 예이다. 보수주의 페미니스트 주장의 사례는, 결혼하지 않은 여성을 임신시킨 남성은 그들이 낳게 될 아기의 복지에 대한 재정적 책임을 져야한다는 논리에 반대한 쉬프렌의 주장이 될 것이다. 그런 주장은 실행될 수 없다. 그 주장의 다른 부분은 이렇다. '존재하지도 않는 계약을 강화하는 주 정책은 잘못된 것이다.' 그러나 그 주장 이면에는 '여성은 자신의 행동에 대해 스스로 책임을 져야 한다'는 주요부분이 있음을 알아야 한다.

여성과 소녀는 성적인 자율성을 가지기 때문에 그것을 사용하는 방법에 대해 책임을 질 수 있고 또 그래야만 한다. 내가 피해자를 탓한다거나, 여성의 성적 자유가 거부당하기를 바라고 있다는 비난을 받기 전에, 문제되는 여성들은 여권복지운동 로비스트들이 즐겨 인용하는 고전적 피해자의 풍자화諷刺畵가 아니라는 생각을 떠올리게 된다. 그녀들은 법이나 재정적인 의존에 의해 남편에게 구속된 아내들이 아니다. 그들은 경제적 재원을 컨트롤하는 독신 여성들로서, 이 경우에는 AFDC의 지원금을 받는 대상자들이다.

그녀들은 노플랜트, 데포프로베라 등의 피임약을 포함하여 임신을 방지하기 위한 여러 가지 피임법을 사용할 수 있고, 낙태수술도 선택할 수 있다.

그 소녀들도 대부분의 소년들과 같은 교육 기회와 경제적 기회를 가진다. 이것은 가난한 여성들이 중산층의 여성들과 마찬가지로 남에게 의존하는 기회를 덜 받아들이도록 해준다. 우리가 복지혜택을 받는 여성이 되어야 할 형편에 놓인 소녀들을 위해 할 수 있는 가장 유익한 일은, 교육을 받고 일을 하며, 결혼하도록 도움을 주는 것이다. 그것이 복지혜택에 의존하여 살아가는 것보다 더 좋기 때문이다(〈뉴욕 타임스〉 Op-E, 1995년 8월 10일자).

여기에서 여성해방을 외치는 젊은 여성과 전통적 보수주의가 논쟁을 벌이게 되는 것이다. 즉 성의 자유를 누리면서 어느 정도 교육수준도 있고, 경제적 기회도 향유하면서 자기운명을 스스로 결정하는 여성은 자기 스스로에 대해 책임을 져야 한다는 것이다.

## 보수주의 여신 운동

보수주의자들이 — 남성과 여성 모두를 포함하여 — 지구를 여신女神으로 보는 것이 가능할까? 보수주의에서 영성 에코 페미니즘 spiritual eco-feminism이 존재할 수 있을까? 실제로 보수주의에서, 특히 복음주의 개신교에서 그런 변화는 이미 존재하고 있다. 그것은 여신 운동과 같이 성의 전형을 진실인 것으로 받아들인다. 그러나 사회에서의 그것은 남자의 가치와 대치될 만한 여성의 가치를 원하는 것은 아니다. 그것은 여성을 가정이라는 반경에 한정하고, 여성의 역할을 아이들을 키우고 남편의 권위를 지지하는 기능으로 한정하는, 가정의 엄한 아버지 모델을 받아들이고 있는 것이다. 간단히 말해서, 영성 에코 페미니즘은 현존하는 도덕질서와 지도자로서 남성의 합법적인 권위를 지지한다. 그럼에도 그것은 여신 운동의 한 형태로서 태양 의식과 지구의 힘점power spots, 주술 실행, 지구를 여성과 동일시하는 것 등으로 완전하게 되며, 또한 자연의 리듬과 조율되는 여성의 독특한 능력과 여성 신체의 본질상 지구의 힘과 연결되는 것 등으로 완전하게 되는 것이다.

이 여신 운동의 해석을 보수주의와 연결시켜주는 것은 힘과 관련해서이다. 여성의 능력과 엄한 아버지 가정에 기여하는 여성의 힘에 초점을 맞추는 그것은, 엄한 아버지 모델이 남성과 가정, 그리고 사회적 제반 일에 적용되는 것에 대하여 그 어떤 식으로도 도전하지 않는다. 여성이 아이들을 키우는 일이나 집안 살림 등 대부분의 일을 하며 생활을 꾸려나가기 위해서 필요하다면 파트 타임 직업 활동도 해야 된다는 사회적 조정을 받아들인다. 이것은 여성이 어떻게 그 많은 일을 할 수 있는 힘이 있겠느냐는 질문을 불러일으킨다. 그뿐만이 아니라 여성은 가끔 남자들에게 보편적인 알코올 중독, 남용, 무뚝뚝함, 그리고 감정표현에서의 무능 등의 경향을 극복할 수 있도록 남편을 도와야하는 경우도 매우 흔하다. 또한 그것은 여성이 어떻게 이혼이라는 현실에 대처할 수 있는 힘을 찾을 수 있느냐 하는 의문도 제기한다.

여성은 힘을 얻기 위하여 그들의 육체를, 그들의 정서를, 지구와의 연결을, 그리고 그들의 영적인 능력을 살펴본다. 그리고는 지구의 힘을 이용할 수 있는 범위 내에서 힘점을 찾고, 축하연을 벌인다. 여성은 자연으로부터 치유의 의식을 받아들인다. 그들은 노래하고 춤추고 북을 두들기며, 육체의 힘이 나타나도록 하는 의식을 벌이는데 이것은 여러 면에서 복음주의 개신교의 예배의식과 같은 것이다. 여성은 남성과 가족을 그런 의식으로 끌어들여 여성이 최고라고 간주하는 것들의 혜택을 공유할 수 있도록 해주고, 여성이 가지고 있는 힘을 과시하여 자신이 존중받을 수 있기를 원한다.

이 모든 것은 대부분의 보수주의 정치와 엄한 아버지 도덕에 멋들어지게 부합된다. 그것은 여성이 가능한 최대한도의 자립적인 존재가 되기 위한, 영적인 힘을 찾아야만 된다고 말한다. 그것은 가정과 공적 사회에서 남자가 합법적인 권위를 가지는 도덕질서를 받아들이지만, 그 권위의 구조 내에서 여성이 펼칠 매우 중요한 역할이 있음을 확인한다. 그러므로 그들은 엄한 아버지 가정 내에서 남편의 권위에 복종하지만, 여성은 계발되고 존경받아야 될 특별한 여러 가지 힘을, 즉 양육하는 힘을 가졌음을 확인시킨다. 아내들은 무력한 존재가 아니다. 그들만이 아니라 그들의 남편이나 아이들도 여성이 불러일으킬 수 있는 힘을 필요로 한다.

보수주의 여신 운동의 여성들은 물론 보수주의자들이다. 힘의 원천인 지구는 인간을 위한 물질적 정신적 자원으로 간주된다. 그들은 진보주의자들의 자활성自活性과 환경보호와 같은 생태계적 아이디어를 지지하지 않고, 차별 시정조치도 지지하지 않으며, 자애로운 부모 도덕이 세상에 적용되어야만 한다고 믿지도 않는다. 그들은 보수적인 여성이고, 보수적인 여성으로서 존중받기를 원할 뿐이다.

페미니즘의 변화에 대한 연구는 나아가 이 책 전체의 주제, 즉 자애로운 부모와 엄한 아버지 모델이 진보주의와 보수주의의 바탕이 된다는 점을 재확인시켜준다. 페미니즘의 보수주의 형태는, 여성은 자유롭고 강하며 그들 자신에 대해 책임을 질 수 있으며, 동등한 기회를 요구할 자격이 있어야 된다는 아이디어를 촉진하는 페미니스트들일 것이다. 그러나 페미니즘의 보수적인 형태는 자애로운 부모 도덕을 간직하지는 않는다.

이론적으로 페미니즘의 변화에 관한 연구는 진보주의와 보수주의 변화에 관한 연구를 재확인시켜주고, 방사형 카테고리는 변화의 자연적인 매개변수로 인해 자연 발생한다는 점을 확인해준다.

## 요약

'진보'와 '보수'는 단지 정치적 범주만은 아니다. 그것들은 중심 항목들이 가정으로서의 국가 비유가 정치 영역에 투사된 가정을 기반으로 한 도덕체계에 의해 정의된 범주이다. 그 범주들은 일반 범주들처럼 비중심적인 하위 범주들을 규정하는 중심모델의 변화에 의해 확장된다. 변화의 매개변수에는 직선적인 잣대, 실용적 – 이상적 측면, 도덕적 초점, 도덕질서의 변화가 포함된다.

이런 변화의 본질이 바로 인지과학이 이끌 수 있기를 기대하는 연구이다. 각각 모델 내부의 변화의 성격은 그 모델의 구조를 반영한다.

# 18
# 중심모델의 이상 변형

**Pathologies, Stereotypes, and Distortions**

우리는 앞의 장에서 진보주의와 보수주의의 중심모델에 근거한 많은 변형이 있음을 보았다. 그 모든 변형이 중심모델의 동지로서 환영받는 것은 아닌데, 그중 어떤 변형들은 '병적인 것'으로 간주된다. 나는 중심모델의 목적을 훼손하는, 중심모델에 근거한 변형을 가리켜 '병적인 것'이라는 용어를 사용할 것이다. 여기에 그 사례를 소개한다.

나는 16장에서 보수주의적 자경주의에 대해 살펴보았다. 이것은 보수주의 본류로부터 세 가지 방식에서 다른 보수주의의 한 형태로 반정부, 혹은 반진보주의 폭력을 도덕적 행동으로 간주하는 변형이다. 그러나 그것이 보수주의에 근거한 변화라고 해서 보수주의 본류가 그것을 좋아하거나 도덕적으로 여긴다는 의미는 아니다. 사실 대부분의 보수주의 본류는 법 내에서 작용하고, 법을 위반하는 것을 눈감아주지 않는다. 이런 보수주의자들에게 있어 자경주의는 병적인 것으로 보일 뿐이다. 법을 파괴하거나, 정당하게 선출된 정부에 대항하여 군사행동을 준비하거나, 보수주의 가치를 명분으로 내세운다 할지라도 정당하게 구성된 권위에 순종한다는 보수주의 원칙을 위반하는 것으로 간주한다. 그런 보수주의자들은 자경단을 악한이나 미치광이로 보고 그들과의 관계를 포기한다.

이와 같은 중심모델의 '병적인' 변화를 주의 깊게 살펴보는 것은 대단히 중요하다. 그 변화는 진보와 보수 양쪽 모두의 중심적 도덕체계가 목표하는 것을 뒤엎어버리기 때문이다. 첫째는, 이념적 병리현상을 깨닫는 것이 중요하다. 당신이 보수주의자이든 진보주의자이든 간에 당신은 자신의 도덕적 가치에 대한 책임을 진다. 그러므로 당신의 이념적 이웃이 언제 그 가치를 전복시키는가를 인식하는 것이 중요하다.

두 번째 중요한 이유는 병적인 변화를 깨닫는 것이다. 다른 영역에서도 마찬가지지만, 정치에는 공정치 못한 실행이 있다. 내가 '병적인 전형'이라고 지칭하는 것이 바로 그것이다. 병적인 전형을 보기 위해, 먼저 전형stereotype이 무엇인지 상기해보도록 하자.

사회적 전형은 문화 안에 널리 퍼진 모델이다. 그것은 전형적인 사례라는 암시에 힘입어, 전체 카테고리에 대해 깊이 생각하지 않고 곧바로 판단을 내리게 만든다.

병적인 전형은 전체 카테고리에 하나의 전형으로써 공헌하기 위한 중심모델의 병적 변화의 사용이므로, 그 병적인 변화를 전형적인 것이라고 암시하는 것이다. 진보주의자들이나 보수주의자들 모두 병적인 변화라는 견지에서 서로를 전형화하는 경향이 있다. 예를 들면, 진보주의자들은 보수주의자들을 '파시스트'라고 전형화하고, 반면에 보수주의자들은 진보주의자들을 '피 흘리는 가슴bleeding heart' 혹은 '응석받이 사람들permissive' 등으로 전형화한다. 공정한 대중담론을 위하여, 한 편이 상대편을 정확히 언제 병적인 변화로 전형화하는지, 그리고 그 변화가 중심모델로부터 어떻게 다른지를 깨닫는 것은 매우 중요하다.

## 가정 모델의 병적인 변화

자애로운 부모와 엄한 아버지 가정 모델에서 생길 수 있는 여러 가지 병적인 변화로부터 시작하자. 부모라는 존재가 되는 것은 매우 복잡한 균형을 요구하는 행동이다. 만약 당신이 엄한 아버지라면, 당신은 징벌과 보상의 균형을 이루어야만 한다. 충분히 엄하지만 지나치지 않는 규칙을 설정해야 하고, 충분히 엄하게 그러나 지나치지 않게 벌을 주어야 한다. 양육하는 존재가 되어야 하지만, 지나치게 양육해서는 안 된다.

자애로운 부모 역시 비슷한 균형 문제를 안고 있다. 아이를 양육하는 것은 먹이고 입히고, 아이와의 상호교류를 요구하는 것만은 아니다. 자녀를 양육한다는 것은 그 아이들이 다른 가족들과 공동체에 대하여 자애롭고 책임감 있게 또 존중하는 태도로 행동함으로써 사랑과 존경에 넘치는 상호작용을 통해 점진적 단계를 밟아 그 아이가 자라도록 해야 한다는 의미이다. 이것은 서로 간에 상호교류의 방법으로 감정이입을 발전시킨다는 의미이다. 그래야만 아이가 당신이 원하고 필요로 하는 것을 느낄 수 있다. 이것은 명확하면서도 미묘하게, 그러면서도 효과적인 방식으로 기대감을 교환하고, 동의와 불만을 교환하는 것을 의미한다. 만약 당신이 아이의 필요와 욕구를 모조리 충족시킨다면 당신은 그 아이를 양육한 것이 아니라 망쳐놓은 것이다. 문제는 당신과 아이와의 상호작용이 일방적이라는 것이다. 당신은 아이의 필요와 욕구에 반응하지만, 아이는 당신에게 반응하지 않는다.

일방적인 상호교류의 또 다른 변화는, 당신이 아이에게 어떻게 하라고만 지시하고, 그렇게 하지 않으면 벌을 주는 것이다. 여기에서 잘못된 점은, 당신은 그 아이를 양육하지 않고 있다는 것과, 감정이입을 가르치지 않는다는 것이다. 감정이입이란 그 아이가 처하는 새로운 상황 속에서 책임감 있게 행동하는 방법을 알려주는 것인데, 이때 적절한 행위를 하도록 안내해주는 지침은 엄격한 규율이 아닌 감정이입인 것이다. 만약 당신이 명령하고 그것을 강화할 뿐이라면 당신은 신뢰와 책임 있는 상호의존에 공헌하는 것이 아니다. 버릇없게 기르기와 순종 훈련은 동전의 양면과 같다. 그 두 가지는 모두 병적인 사례이다. 이것을 '불충분한 양육 상호작용 병'이라고 부르기로 하자. 이 병은 양육 모델과 관련하여 정의된다. 그러므로 이것을 '양육 중심의 병'이라고 부르기로 하자. 이렇게 하면 우리는 병적으로 변화하는 모델을 놓치지 않고 추적할 수 있다.

엄한 아버지 모델에도 이와 상응하는, 그러나 매우 다른 병적인 것이 있다. 엄한 아버지 모델에서 아이를 망치는 것을 피하는 방법은 엄한 규칙을 정하고 그것을 강화하는 것이다. 당신은 엄격함이 부족한 규칙을 정하거나 그 규칙을 깨트렸을 때 부족한 벌을 줌으로써 아이를 망쳐놓는다. 엄한 아버지 모델의 관점에서 잘못되어가는 것은 부모가 지나치게 허용해주기만 하는 존재가 되는 것이다. 이것을 '허용해줌 병'이라고 부르기로 하자. 또한 이 병은 엄한 아버지 모델과 관련하여 정의되었기 때문에 '엄격 중심의 병'이라고 부르기로 하자

병적인 것은 특정한 모델과 관련하여 정의되기 때문에 그것은 세계관에 좌우된다. '응석받이'라는 개념은 부모의 역할이 순종을 명령하고 그것을 강화하는 것인 엄한 아버지 세계관에서 나왔을 때에만 이해된다. 이에 상응하여 '부족한 양육의 상호 작용'이라는 개념은 자애로운 부모 도덕과 관련해서 정의된다.

세계관이 다르기 때문에 각각의 부모는 본래부터 서로에 대해 비판적이다. 엄한 아버지의 관점에서 볼 때, 적절하게 엄격한 존재가 되면 자애로운 부모의 관점에서 보기에는 양육이 부족한 존재이다. 자애로운 부모가 적절히 양육하는 존재가 되면, 엄한 아버지의 관점에서 보기에는 응석받이기만 하는 존재이다.

그렇지만 그들이 동의하는 특정한 사항들도 있다. 아이가 망쳐

져서는 안 된다는 것이다. 즉 아이의 필요와 욕구를 그저 충족시켜 주어서는 안 되며, 아이는 책임감과 함께 자제할 줄 알며 자립적이어야 한다는 것이다. 특정한 목적에 관해서는 – 성공과 실패로 간주되는 특정한 사항들에 관한 – 이렇듯 동의가 이루어지고 있는 것이다. 비록 수단과, 실패의 책임이나, 성공을 거두게 하는 요인에 관해서는 이견으로 뜨거운 논쟁이 벌어지지만 절대로 합의가 이루어지지는 않고 있다.

**부분적 중복**

엄격한 부모와 자애로운 부모는 상대방의 중심모델을 그들 자신의 관점에서만 바라보며 상대를 병적이라고 생각한다. 이것은 두 모델의 가치가 일치하는 경우, 곧 그 어느 편에서 보아도 병적이 아닌 경우를 찾는 것은 불가능함을 의미할까? 하지만 그런 경우를 찾는 것은 가능한 일이라는 것을 일러두며, 여기에 그런 경우를 소개하도록 하겠다.

　자애로운 부모가 그 자녀에게 부드럽게, 그러나 명확하게 기대하는 바를 전달했다고 가정해보자. 부모는 자녀에게 부드럽지만 효과적으로 동의나 거부의사를 표현했다. 자녀에게 전달된 기대는 정해진 규율과 같이 작용할 수 있고, 불만은 징벌과 같은 기능을 발휘할 것이다. 이와 비슷하게, 엄한 부모가 그 자녀와 양육적 상호교류를 시작하는 데 부드럽지만 명확한 규칙을 정하고, 규칙을 어긴 것에 대한 벌은 효과적인 불만의 표현이 전부라고 가정해보자. 그런 경우 양자의 논리나 우선권, 도덕적 충동은 매우 다를지라도 양자의 행동으로부터는 서로 다른 점을 겨우 알아볼 수 있을 정도이다.

이처럼 거의 합치되는 경우는 엄격한 부모에게는 대단히 무리한 일이 될 것이다. 그것은 엄한 부모 모델의 비중심적인 경우임이 명확하다. 그런 중복은 무기한으로 유지될 수는 없다. 아이가 부모의 권위에 도전했다고 가정해보라. 엄한 부모의 반응은 명확하여, 곧 회초리나 벨트 등으로 아이에게 상처를 줄 정도는 아니지만 행동을 바로잡기에 충분할 만큼의 고통을 안겨주는 전형적인 체벌을 가하는 규율을 통해 권위를 회복시킨다. 그런 행동은 양육 중심의 병이 될 것이다.

자애로운 부모의 반응은 매우 다르다. 당신은 부모의 최종적인 책임을 분명히 하지만 거론되는 문제점에 관해서는 양쪽 모두 다 적절한 조정을 추구하고, 정직하면서도 철저하게 논의되는 애정 어린 의사소통을 통하여 권위를 회복한다. 이것은 엄격함 중심의 병이다. 여기에서 각각의 부모 반응은 상대방이 보기에 병으로 간주되는 것이다.

**모델 내면의 병**
위의 경우에서 각각의 중심모델은 서로에게 병으로 보인다.

그러나 다른 종류의 병도 있다. 자기가 속한 모델의 변화가 자기 자신에게 병적인 것으로 보이는 경우이다. 예를 들면 바로 위에서 논의한 경우로, 망쳐진 아이는 — 아이의 필요와 욕구를 만족시켜줄 뿐 그 외 아무 것도 하지 않는 — 일방적인 상호작용이라는 부적절한 양육으로 간주된다. 양육모델에는 부모가 양육이라는 명분을 사용하면서도, 실제로는 아이를 제대로 양육하지 못하고 망쳐놓기만 하는 변형모델이 있다. 이것은 양육 중심모델의 관점에서 보기에는 병적인 것이다. 즉 그것은 양육 중심의 병이다. 물론 그것은 엄격함의 관점에서 보기에도 병적인 것으로, 엄격함 중심의 병리현상인 것이다.

또 다른 경우를 보자면 엄격한 아버지 모델을 따르는 자녀를 학대하는 엄한 부모인데, 이때는 징벌을 가하는 경우를 제외하면 그 부모는 실제로 아이들을 상해하는 것이다. 엄한 아버지 모델의 평범한 지지자라면, 이것이 자기가 속한 모델의 병적인 변화임을 깨닫게 될 것이다. 그것은 엄격함 중심의 병이며, 또한 양육 중심의 병이기도 하다.

### 왜곡인가, 혹은 전형의 정당화인가?

여기에서 우리는 몇 가지 보편적인 왜곡된 형태를 볼 수 있다. 유사한 경우를 살펴보기로 하자.

자애로운 부모는 엄한 아버지를 학대하는 부모로 전형화시키며, 엄한 아버지 중심 모델의 특징은 학대라고 잘못된 암시를 한다. 그러나 학대하는 엄한 부모는 자애로운 부모에게처럼 엄한 부모 자신에게도 병적인 존재다. 엄한 부모는 자애로운 부모가 자녀를 망쳐놓는 것으로 간주하며, 자녀를 망쳐놓는 것이 자애로운 부모 중심모델의 특징이라는 잘못된 암시를 한다. 그러나 자녀를 망쳐놓는 부모는 엄한 부모에게만이 아니라 자애로운 부모 스스로에게도 병적인 존재로 간주된다.

병적인 전형의 명확한 사례가 있다. 그것들은 왜곡이고, 그런 왜곡은 진보주의자들과 보수주의자들의 담론에서만이 아니라 우리 문화 전반에서 대단히 흔하다. 그러나 그런 것들을 왜곡이 아니라고 보는 시각도 있다. 그런 주장은 다음과 같이 펼쳐진다. 중심모델은 이상적인 모델이고, 그 안에서 이상적인 부모가 해야 될 일을 정의한다.

그러나 실제 사람들은 이상적인 존재가 아닌, 미끄러져 넘어지고야 마는 존재들인 것이다. 그렇지만 문제는 어느 방향으로 넘어지느냐는 것이다. 보편적인 미끄러짐은 도매금으로 중심모델의 병적인 변화로 떨어져버리는 것일까? 예를 들면, 엄격한 부모는 불완전한 자애로운 부모가 적절한 자애로운 부모로 변화되기에 충분한 시간을 가지지 못했거나, 인내 및 훈련이 부족하거나, 생각이 깊지 못한 부모라고 볼 수 있다. 매우 바쁘게 살아가는 자애로운 부모로서는 아이들을 망쳐놓을 가능성이 높다고 본다.

이와 비슷하게 자애로운 부모는 불완전한 엄한 부모를 보면서, 아이를 벌 줄 때 아이에게 해를 끼치지 않는 자제, 감정이입, 깨달음, 혹은 침착함을 가지지 못했다고 생각한다. 불완전한 엄한 부모는, 특히 술을 마시는 사람이라면 제대로 판단하지 못하거나 아이를 학대하는 것을 자제하지 못할 가능성이 높다고 본다. 엄한 부모는 이런 근거들로 인해 자애로운 부모가 아동을 망친다고 전형화하는 것이 적절하고 정확하다고 보는 것이며, 자애로운 부모는 엄한 부모가 아동을 학대한다고 전형화하는 것이 적절하다고 보는 것이다.

이와 같은 병적인 전형화의 사용을 정당화하는 것이 내 목적은 아니다. 나의 유일한 목적은 병적인 전형화가 있다는 것을 알리고, 그 논리에 대해 논의하는 것이다. 이 정당화를 사용하기 위해 우리는 '실수는 규범'이라는 것과, 전형적인 경우에서는 좋은 의도에도 불구하고 병적인 전형이 사용된다는 것을 내보여주지 않으면 안 된다. 이런 종류의 내보임이 드러나는 때가 혹시 있다 할지라도 매우 드문 일이다. 그 이유는 명백하다. 병적인 전형화는 공정한 정신을 찾기 위해 사용되는 것이 아니며, 공정하든 그렇지 않든 간에 사람들을 확신시키기 위하여 사용되기 때문이다.

나는 이 장을 진보주의자들에 의해 보수주의자들을 병적으로 전형화시키는 것에 관한 논의로 시작했다. 그러나 이제는 보수주의자들이 진보주의자들을 병적으로 전형화시키는 두 가지 경우를 논의하면서 결론짓고 싶다.


## 진보주의자들의 병적인 전형

보편적으로 보수주의자들은 세 가지 방식으로 진보주의자들을 특징짓는다. 1) 관료주의를 좋아한다. 2) 특정 이익을 지키려한다. 3) 권리를 옹호할 뿐 책임은 외면한다('응석받이 사회') 등이다. 진보주의적 시각에서 볼 때 이 세 가지 모두는 내가 일컫는 병적인 전형이다.

첫째, 관료주의를 좋아한다는 점에 대해 생각해보자. 진보주의자들은 관료주의를 창안한 것이 아니라 물려받았을 뿐이라고 말한다. 원래 관료주의는 통제할 수 없을 정도로 부패된 시스템과 정치적 편파성, 무제한적인 로비활동을 대치하기 위해 정부에 도입되었다. 그러나 비인격성과 생각 없는 규정의 적용이라는 관료주의의 어두운 측면은 진보주의나 보수주의에 다같이 대립되는 것이었다. 또한 그것은 '자애로운 정부'의 한 부분도 아니었다. 나아가 진보주의자들은 클린턴 대통령의 '행정부 쇄신' 노력에 대해, 정부가 관료주의의 어두운 측면을 크게 제한하는 방향으로 나아갈 것이라고 주장했다.

둘째, 특정 이익에 대한 부분이다. 진보주의자들은 보수주의자들에 의해 소위 '특별 이익'이라고 일컬어지는 것들이 진보적 도덕과 철학에서 공정과 진보적 이상을 높임으로써 얻어지는 공익에 공헌하는 특별한 경우라고 지적한다. 보수주의자들이 '특별 이익'이라고 일컫는 사항들 중에는 흑인 여성과 소수인종이 집단적으로 공정한 대우를 추구하는 노력도 포함된다. 나아가 진보주의자들은 보수주의자들 역시 세금감면을 추구하는 기업, 환경 규제 완화 등 그들의 철학의 결과로서 많은 '특별 이익'을 가지고 있는 점을 지적한다. 특별 이익의 실제 경우는 ― 사람들이 그들 자신을 위한 유리함을 찾는 것으로서, 그것은 진보주의 도덕이나 정치철학과는 아무런 관련도 없다 ― 진보주의자들에게는 저주이며, 진보주의자들의 사회적 책임에 대한 헌신을 위반하는 일이다.

셋째, 권리만을 주장하고 책임은 외면한다는 의견에 대해 살펴보자. 진보주의자들은 이것을 진보주의 철학에서의 병적인 현상이라고 지적한다. 이미 살펴본 바와 같이, 자애로운 부모 도덕은 권리와 책임이 동반될 것을 요구한다. 책임을 포함하지 않는 진보주의의 그 어떤 변형도 중심모델을 뒤엎는 것이다. 대부분의 진보주의자들은 책임을 소중히 한다. 특히 그들은 상당수의 진보주의자 집단과 개인이, 자신의 권리는 미루어두고 몇십 년 동안이나 사회적 책임을 다하기 위하여 노력해왔음을 내세운다.

### 60년대 진보주의의 병적인 전형

보수주의자들과 많은 언론인들은 세 가지 전형을 이용하여 60년대 세대를 설명한다.

1. '영원한 화초花草 아동' : 머리를 꽃으로 장식한 채 평화의 노래를 부르고, '전쟁이 아니라 사랑을' 이라는 슬로건에 따라 행동하는 것밖에 모르는, 절망적으로 순진한 이상주의자들.
2. '무용지물' : 섹스, 마약, 그리고 로큰롤 외에는 다른 아무 것에도 관심이 없는 쾌락주의자들.
3. '폭력적 급진파' : 공산주의 슬로건이나 요란하게 쏟아놓고, 폭력적인 반정부 시위를 주도하며 폭력적 혁명을 설교하는 자들.

그러나 60년대 세대들에게 이것은 보수주의자들의 구호를 충실히 따르고, 보수주의의 이익에 봉사하는 언론에 의해 영구화된 병적인 전형일 뿐이다. 대부분의 60년대 진보주의자들의 시각에서 그 모든 것은 병적인 현상이고, 이는 지금도 마찬가지이다.

60년대의 진보주의는 진보주의에 포용된 사람들까지도 사회적 책임에 집중했다. 60년대의 진보주의자들은 그것을 이렇게 보았다. 즉 자신의 안전과 생명을 담보로(실제로 몇몇은 그것을 잃기도 했다) 인권운동에 나섰다. 그들은 빈곤추방 프로그램을 위해 싸웠고, 그것을 확립하기 위하여 활동했다. 그리고 여권신장 운동과 생태 환경운동을 본류로 끌어들였다. 그리고 그들은 비도덕과 이중성에 맞서, 베트남에서의 비도덕적이고 오도된 전쟁을 수행하는 철저하게 어리석은 연방정부에 맞서 용감하게 자신들의 의견을 표현했다.

이런 모든 행동을 한 사람들은 화초 아동이거나 무능한 자들, 또는 폭력적인 급진파가 아니었다. 그들은 자제력과 자립성을 갖춘 존재로서 열심히 노력하여 미국의 이상에 공헌한 이상적 진보주의자들이었으며, 이는 병적인 전형이 아니라 오히려 그 반대이다. 전형적이지만 예고되지 않았던 무명의 60년대 진보주의자들에게는 영원한 화초 아동, 무능한 사람들, 그리고 폭력적인 급진파가 (보수주의자들의 시각과 마찬가지로) 그들에게도 병적인 것으로 보였다. 대부분의 60년대 진보주의자들이 그 세 가지 전형을 병적인 전형으로 사용하는 이유이다.

앞 장에서 살펴본 바와 같이, 인권과 빈곤퇴치와 여권신장과 환경보호를 위해, 그리고 1만 마일이나 떨어진 작은 제3세계 국가에서 2, 300만 명을 죽인 전쟁에 반대하는 투쟁을 벌인, 60년대 진보주의의 이 모든 별개의 주제들을 하나로 묶어 주는 그 무엇이 있었다. 그것은 정치에 적용되고, 이상적인 자애로운 사회에 적용되는 자애로운 부모 도덕이었다. 그것이 그들을 진보주의자가 되도록 만든 것이다.

이미 우리가 살펴본 바와 같이, 자애로운 부모 도덕은 자기양육(자신을 보살핌), 자기계발(자신의 잠재력을 발전시킴), 의미 있는 일을 함(개인적으로 만족감을 안겨주는 일을 함), 그리고 도덕적 행복(자신의 기쁨이 다른 사람에게는 선물이 되는, 기본적으로 행복한 인생은 도덕적이고 그런 기본적인 행복은 감정이입을 위한 전제조건이다) 등과 같은 매우 중요한 이론을 포함한다. 이것이 60년대 세대가 70년대를 지나면서 나아간 방향이다. 인권법안이 통과되었을 때, 여권신장운동과 환경보호운동, 그리고 빈곤추방 프로그램이 확립되고 전쟁이 끝났을 때, 60년대 진보주의자들은 자신을 양육된 개인으로 발전시키는 것과 함께 양육하는 사회를 발전시키는 것으로 관심의 초점을 돌렸다.

자기계발과 관련하여 많은 사람들은 인간의 잠재력, 운동과 명상, 전통을 가진 동방의 종교에 시선을 돌렸다. 자기양육이 요구하는 바는 많은 사람들을 건강에 대해(육체적 발달과 자연식품에 관해), 치유와 치료술에 관해 생각하도록 이끌었다. 그들은 도덕적 행복을 예술, 자연과 함께하는 삶, 감각, 그리고 일상생활에서의 아름다움의 여러 형태를 포함하는 인생을 미적 차원으로 이끌기 위해 노력했다. 의미 있는 일에 대한 관심을 가짐으로써 많은 사람들이 생계유지를 위해 살면서도 사회적 이상을 위해 노력할 수 있고, 또 그들의 개인적 이상을 실천할 수 있는 의학, 법률, 교육, 그리고 건축 같은 전문직을 갖도록 이끌었다.

그러나 보수주의자들은 이 모든 것을 그들 자신의 시각에서만 바라보면서, 진보주의자들을 방종과 쾌락주의적인 여피족으로 보고, 오로지 그들 자신의 발전과 기쁨에만 관심을 두는 이기적인 사람들이라고 판단했다. 60년대의 진보주의자들에게 ─ 내면으로만 향하는 경향이 있는 사람들에게 ─ 그것은 병적인 변화였다. 자애로운 부모 도덕 내에서는 자신을 보살피고, 자기계발을 하고, 기본적인 행복(심미적 감각을 포함해)을 추구하는 것은 일반적인 인간의 안녕에 공헌하는 도덕적 가치 기능이었다. 그러나 방종한 쾌락주의를 추구한 것은 자신의 잠재력을(상당 수준 다른 사람들에게 공헌하는) 개발하고, 자신을 보살피며(그렇게 하면 다른 사람에게 수고를 끼치지 않아도 된다), 나아가 기본적 행복(감정이입에 공헌하고 다른 사람들에게 선물이 됨)을 추구하는 것과는 전혀 다르다. 내면으로 향하는 60년대의 진보주의자들에게 자기방종과 쾌락주의는 병적인 것으로, 중심 요소인 사회적 책임을 뒤엎는 변화이다. 보수주의자들이 60년대의 진보주의자들을 특징지은 것을 보면 진보주의의 병적인 전형으로 보일 뿐이다.

**순수한 것은 거의 없다**

진보주의자도 보수주의자도 정기적으로 병적인 전형화에 개입한다. 진보주의자들은 보수주의자들을 가리켜 이기적이고, 권력을 남용하는 파시스트이며, 부유한 사람들의 도구라고 특징지을 때 그것을 이용한다. 보수주의자들은 진보주의자들이 관료주의, 특정 이익, 책임이 따르지 않는 권리를 맹종한다고 비난할 때 그것을 이용한다. 또한 60년대의 진보주의자들을 화초 아동, 무능한 사람들, 폭력적인 급진파, 방종을 좇는 쾌락주의자들이라고 비난할 때 그것을 이용한다. 물론 병적인 전형화가 놓치는 것은 도덕성이다. 중심 보수주의와 진보주의의 배경이 되며, 서로 대립하는 엄한 아버지와 자애로운 부모의 도덕성이다. 병적인 전형화는 독선과 선전에는 공헌할지 모르나 도덕적 이해는 완전히 놓치고 있다.

# 19

# '가정의 가치'와 정치, 그 뗄 수 없는 관계

Can There Be a Politics without Family Values?

미국의 정치 분열은 절대적으로 상반된 두 가정 모델에 근거한 정반대의 도덕 시스템을 반영한다는 내 의견이 옳다고 가정해보자. 그리고 이 도덕 시스템들에 대한 나의 분석이 옳다고 가정해보자. 그러면 다음과 같은 질문들이 떠오르게 된다.

- 미국에서의 정치적 가치political values는 가정의 가치family values 와 분리될 수 있을까?
- 가정의 가치를 정치 영역에 적용하는 것을 회피하는 방법이 있을까?
- 비유적 생각이 진보주의와 보수주의 정치의 배후에 놓여있 는데, 정치와 정치적 가치로부터 그 비유적 생각들을 추방할 수 있는 방법이 있을까?

## 정치적 가치는 가정의 가치와 분리될 수 있을까?

국가는 문자 그대로의 가정은 아니다. 마찬가지로 정부도 문자 그대로 우리의 부모가 아니다. 실제 가정에서 부모와 자녀 사이에는 유전적 결합이 있고 사랑의 결합이 있다. 그러나 정부와 시민 사이에는 그런 결합이 존재하지 않는다. 정부는 사람이 아니다. 그러나 정부를 운영하는 사람은 힘을, 다시 말해 국민들의 삶과 죽음을 결정할 수 있는 권력을 가진다.

민주제도는 그런 권력 남용으로부터 시민을 보호하기 위해 진화해 왔다. 우리의 시각에서 권력 분립은 권위 위주의 엄한 아버지의 기능 발휘를 방지하기 위한 하나의 방법이라고 볼 수 있다. 교회와 국가의 분리는 각종 종교의 엄한 아버지 도덕으로부터 우리의 정치제도를 격리시키기 위한 시도로 볼 수 있다.

그러나 도덕은 결코 민주주의에서 빠질 수 없는 것이다. 오히려 그 반대로, 미국의 민주제도는 특정한 도덕체계를 근거로, 특히 도덕적 공정함, 도덕적 감정이입, 도덕적 자기이익(모든 자기이익의 극대화)을 근거로 한다. 그러면 도덕적 공정함으로부터 시작하기로 하자. 공정함의 형태들 중 제도화된 것은 다음과 같다.

- 평등
- 공정한 규정에 근거한 분배
- 권리에 근거한 공정함
- 계약에 따른 분배

평등은 '1인 1 투표권'을 규정한 법에서, 그리고 하원의 비례대 표제에서 나타난다. 공정한 규정에 근거한 분배는 공정한 법적용 의 근거가 된다. 권리에 근거한 공정함은 정부가 보호할 의무가 있는 헌법상의 권리로 실현되었고, 계약에 따른 분배는 계약의 시 행으로 실현되었다.

도덕적 자기이익은 개개인에게 어떤 방식으로든 그들이 원하 는 이익이 무엇인지 규정할 수 있도록 해준다. 생명과 자유와 안 전은 각 개인의 이익으로서 당연한 것으로 여겨진다. 도덕적 자 기이익은 경쟁에서의 공정성이라는 형태의 도덕적 공정성을 전 제조건으로 한다.

## 이론적 진보주의의 비유

이 책은 현대의 이론적 진보주의가 아니라 정치적 진보주의에 관 한 책이다. 하지만 현대의 이론적 진보주의가 어떻게 우리가 살 펴본 여러 가지 비유를 개념적으로 이용했는지를 살펴보는 것은 매우 유익하다. 매우 도식적인 존 롤스의 '공정성으로서의 정의 이론'을 살펴보기로 하자.[참고 C3]

민주국가의 설립 과정에서 도덕적 공정성과 도덕적 자기이익 의 적용은 둘 다 도덕적 감정이입을 전제조건으로 한다. 그 이유 를 알기 위해서 다음 질문에 대해 생각해보자. '당신이 태어났거 나, 혹은 이민 온 나라가 도덕적 공정성과 도덕적 자기이익(모든 사람의 자기이익을 최대한으로 추구한다고 가정하기에 도덕적이다)의 나라이기를 원하는 이유는 무엇인가?'

언제나 당신보다는 어떤 식으로든 더 큰 권력을 가진 사람이 있다는 점을 고려해보라. 당신은 그 권력의 차이에 따라 부당한 대우를 받거나, 당신의 이익추구가 억눌림 당하는 것은 원치 않을 것이다. 간단히 말해서, 스스로 대우 받기를 원하는 만큼 다른 사람들이 당신을 대우해주기를 원할 것이다. 도덕적 공정성과 도덕적 자기이익에 기초한 민주정치의 한 형태로 이끌어주는 것은 다른 사람의 입장이 되어보는 감정이입이다. 그리고 도덕적 공정성과 도덕적 자기이익이 실재한다고 보증하려면, 당신은 올바른 제도를 가져야만 되고, 그 제도의 관리에 참여해야만 한다.

이와 같이 이론적 진보주의에서도 자애로운 부모 모델에 기인하는 도덕성 비유는 진보주의 이론에 기반이 되고 있다.

## 도덕성과 정치

민주주의는 일반적으로 학자들에 의해, 혹은 비유적인 도덕 개념에 의해서가 아니라, 독립된 사법기관과 시민에 의한 군부의 통제 등과 같은 진보적 제도라는 견지에서 정의되고 연구된다. 하지만 진정으로 민주적이라고 간주되기 위해서는 도덕적 개념에 의하여 그 기관들이 기능을 발휘해야 한다. 이른바 '민주적인' 기관들을 가진 정부형태라 할지라도 각각의 기관들이 이런 비유적인 도덕적 요강要綱에 공헌하지 않는다면 ─ 자치정부, 공정함, 혹은 도덕적 자기이익이 존재하지 않는다면 ─ 그것은 기껏해야 공허한 민주주의일 뿐이다. 그런 도덕적 생각들을 실현하지 않는 기관들로 이루어진 민주제도는 민주주의라고 부를 가치도 없다.

간단히 말해서, 진정한 민주주의라면 일정한 도덕 형태와 함께 한다. 이 도덕 형태는 진정으로 가정 모델의 기반이 되는 도덕 형태와 분리될 수 있을까? 만약 그 대답이 '예'라면, 사람들은 이상적인 가정 모델의 기반이 되는 그 어떤 도덕 형태라 할지라도 민주주의에서 떨어져 있어야 된다고 주장할 것이다.

그러나 그것은 불가능하다. 그 이유를 살펴보는 방법은 두 가지가 있다. 첫째, '민주주의와는 떨어져 있어야 한다'는 문장에서 '있어야 한다'는 부분을 살펴보자. 그런 표현을 결정하는 도덕적 원칙은 무엇인가? 기본적인 도덕 원칙이 엄한 아버지든 혹은 자애로운 부모 모델이든 다른 어떤 모델이든 간에, 가정 기반 도덕 모델로부터 나온 도덕적 원칙을 가진 사람에게 있어 그보다 더 높은 원칙은 없다. 만약 당신이 당신의 가정을 기반으로 한 가치가 모든 것을 포함한다고 믿는다면, 당신은 그 가치들이 정치와는 떨어져서는 안 된다고 결론지을 것이다. 자신들의 가정의 가치가 모든 것을 포함한다고 믿는 사람들이 많으며 — 그 많은 사람들은 보수주의자들이거나 진보주의자들이다 —, 그들은 자기 가정의 가치를 비정치적인 영역만으로 한정시키려 하는 어떤 '보다 높은' 도덕성도 거부할 것이다.

둘째, 그런 가정을 기반으로 한 가치는 실질적으로 정치와는 떨어져 존재할 수 없다. 그 이유를 살펴보기 위해서는 공정하고 제한 받지 않는 경쟁을 보장하기 위해, 도덕적 공정함이 어떻게 도덕적 자기이익에 적용되는지를 생각해보도록 하자. 보수주의자들과 진보주의자들은 그들 가정의 가치에 따라 두 가지 다른 대답을 가진다. 진보주의자들은 경쟁에서 처음부터 불리한 사람들을 생각하며, 국가가 공정함을 보장하기 위해 그들을 도와줄 것을 원한다. 보수주의자들은 그것이 어리광을 받아주는 것이라고 대답할 것이다. 오직 도덕적 약함을 지지하는 '피 흘리는 가슴과 같은 진보주의'일 뿐이라고 대답하며, 경쟁에서 정부의 개입을 피하기 위해 노력할 것이다.

여기에 중립적인 대답은 없다. 가정을 기반으로 하지 않는 도덕은 (만약 그런 것이 존재한다면) 이 어려운 문제들을 감당하지 못한다. 정책적인 목표를 가질 수 있도록 사례별로 매우 상세하게 대답해주는 것은 가정을 기반으로 한 도덕이다.

우리가 정치로부터 가정을 기반으로 한 도덕을 분리하기를 원한다고 가정해보라. 우리 모두 정부가 가정을 기반으로 하지 않는 매우 추상적인 '민주주의 도덕'이라는 일반적인 원칙들에 따라 세워진 국가를 가지기를 원하며, 가정을 기반으로 한 도덕을 비정치적인 것에 한정하기를 원한다고 가정해보라. 아마도 그것은 현실에서 수행하기 어려울 것이다. 가정으로서의 국가 비유는 가정의 가치가 정치적으로 관련 있을 때면 언제든지 그것을 정치로 끌어들인다. 가정의 가치를 정치에서 배제시킬 만한 일반적으로 받아들여지는 '더 높은' 도덕적 혹은 정치적 원칙이라는 것은 없다. 그리고 현실적으로 가정을 기반으로 한 도덕을 배제시킬 방법 또한 없다.

## 비유 없는 정부 개념은 가능할까?

보수주의 담론에서건 진보주의 담론에서건, 가정으로서의 국가 비유에 마음이 흔들리는 사람이라면 정치를 위해 가정을 기반으로 한 비유가 아닌 다른 대안이 있는지 물어보든가, 아니면 비유가 없는 정부 개념도 가능한지 물어보는 것이 좋을 것이다.

정부는 하나의 조직이다. 그것은 어떤 종류의 조직인가, 혹은 어떤 종류여야 하는가? 이 질문에는 매우 긴 대답이 있겠지만 짧게 대답하면 다음과 같다. 정부는 군대와 사법 시스템을 가진다. 그러므로 정부는 부분적으로 볼 때 군대 혹은 사법 시스템으로 비유할 수 있다. 미국 정부는 군대와 마찬가지로 처음부터 끝까지 명령으로 연결된 사슬이다. 또한 정부는 현존하는 법에 따라 시민들이 제기한 문제를 결정하는 판사의 역할을 담당하는 사무원들과 행정관들을 가지고 있는 적절한 사법구조를 가지고 있다. 이외에도 미국 정부는 효과적으로 경영되고 손실을 기록하지 않는 사업체로 개념화되기도 한다.

최근 들어 그 사업을 둘러싸고 어떤 종류의 사업이어야 하느냐는 문제가 제기되고 있다. 20세기의 미국 관료제도는 관료를 공장 매니저로 개념화하는, 일종의 공장 모델인 기업을 기반으로 하였다. 이것은 주로 정치적 후원과 편파성으로 운영되었던 예전 정부로부터의 '개혁'으로 간주되었다. 기업 관료 모델은 19세기 말과 20세기 초에 개혁으로 시작되었다. 부패를 최소화하기 위해 공무원 조직에 규정 시스템이 주어졌고, 그리하여 공정하고 효율적인 정부가 가능해졌다. 그 시기에 공장은 효율성의 모델로 간주되었고, 인간적인 감정의 결여는 편파성이라는 부패를 대치하는 미덕으로 여겨졌다.

정부조직의 기업 모델 붕괴는 정부의 재창안에 관한 저술에, 특히 데이비드 오스본David Osborne과 테드 게블러Ted Gaebler의《재창안된 정부Reinventing Government》, 그리고 마이클 바즐리Michael Barzelay의《관료주의 돌파Breaking through Bureucracy》에 상세하게 서술되어 있다. 현대의 지혜는 사업으로서의 정부 비유를 지키면서 기업 비유로 대치되었다. 그러나 고객 서비스 분야를 특화한 사업으로 변화시키고 말았다. 이런 시각에서 세금은 공공에게 제공된 서비스에 대한 대가로 간주되었으며, 공장 같은 관료주의의 인간적 감정이 결여된 비인격성은 좀 더 인간적인 형태의 서비스로 대치되었다.

이런 시각에서 바라본 정부는 세금이라는 대가를 받으며 공공에게 서비스를 제공하는 사업체였다. 이 주장에 따르면 정부는 도덕이라고는 없고 오로지 판매를 위한 서비스만이 있을 뿐이다. 이런 식으로 정부의 역할이 규정될 때면 정부는 도덕적 기능을 가진 존재로는 도저히 보이지 않는다. 그렇게 되면, 특정 정부기관을 향하여 개인사업체보다 일을 더 잘 했느냐고 묻는 질문은 도덕적이 아니라 현실적인 질문이 된다. 서비스 산업체로서의 정부는 비용효과분석cost benefit analysis의 대상이 될 것이다. 이런 모델에서는 민간 부분이 더 잘 할 수 있는 일이 있다면 마땅히 그리해야 한다.

매우 다른 두 가지 사례를 그 예로서 살펴보기로 하자. 먼저 마이클 바즐리의 사례(1992)인 미네소타 주 배차장에 관해 살펴보자. 그 배차장의 임무는 정부 관리들의 공무수행에 필요한 자동차 제공이었다. 여기에 도덕이란 아무런 관련도 없고 다만 효율적 수행이 중요할 뿐이다. 만약 주 배차장이 허츠Hertz나 애비스Avis 같은 민영회사보다 낮은 가격에 더 좋은 서비스를 제공할 수 없다면 그 배차장 사업은 망하게 된다. 그러나 아직까지는 그럭저럭 잘 버티고 있다.

그러나 이것을 환경보호국EPA과 비교해보자. EPA는 실용적인 임무가 아니라 환경에 관한 도덕관의 선택을 포함하는, 환경감시라는 도덕적 임무를 가진다. 도덕적 환경관에 중립이란 없다. 우리가 12장에서 논의한 것과 같은 종류의 도덕관만 있을 뿐이다. EPA의 임무는 단순히 대기오염을 측정하는 것과 같은 도덕적으로 중립적인 기능만을 수행하는 것이 아니다. 그들 임무의 일부는 민간 부문의 목적에 맞출 수 있다. 그러나 그들의 전체적인 임무는 그럴 수 없다. 시장은 자애로운 부모 모델로부터 나타나는 자연의 가치와 같은 고유한 가치를 받아들이지 않기 때문이다. 이런 점에서 가정을 기반으로 한 도덕은 결정적으로 정부 속으로 들어가게 된다.

정부의 많은 부분은 도덕적으로 중립이 아닌 기능을 가진다. 이런 기능은 도덕성이 아닌, 수익을 좇는 민간기업 때문에 제대로 수행될 수 없다. 이런 모든 사례에서 정부는 세금이라는 돈을 받기 위해 서비스를 판매하러 나서지 않는다. 대신에 그런 기관의 임무는 도덕적인 것이기 때문에, 그 기관의 성공 여부는 효과분석 기반이 아니라 상당부분 도덕성 기반에서 판단되어야 한다. EPA 가 보수주의자들을 화나게 하는 것은 그 도덕적 임무 때문이다. 예술과 자선행위 지원법도 같은 점에서 보수주의자들의 분노를 산다.

보수주의자들이 연방정부의 많은 부분에 대해 분노하는 이유 는, 정부의 그 측면들이 그들의 도덕과 일치하지 않는 도덕적 기 능을 가지기 때문이다. 예를 들어 공립학교를 살펴보자. 우리의 공립학교는 하나의 도덕적 기능에 의해 구체화되었다. 그들은 3R, 즉 읽기·쓰기·산술The 3R's ; reading, writing and arithmetic만을 가르 치는 것이 아니다. 그들은 우리의 인생과 역사와 정치를, 그리고 우리의 문화를 어떻게 이해할 것인지도 가르친다. 공립학교는 교 육을 받는 곳, 즉 개방적인 정신을 함양하고, 질문을 가진 시민을 창조하는 도덕적 소명을 가진 곳으로 간주되어 왔다. 그들의 임 무는 공식적으로 인가된 — 말하자면, 미국 역사에서 어둡고 이론 의 여지가 많은 부분은 제외하고 — 것만을 가르치는 것은 아니다. 공립학교 임무 중에 가장 중요한 부분은 독립적이고, 배움이 형성 되고, 질문을 가진 시민을 길러내는 것이다. 그것이 도덕적 임무 의 가장 중요한 부분으로 간주되어 왔다. 그 임무는 가정 기반 도 덕에 깊이 종속되어 있는데, 보수주의자들은 그 도덕적 소명이 엄 한 아버지 도덕과 모순된다는 이유로 불만을 가진다. 진보주의 교육자들에게 '열린 역사'로 간주된 것이 보수주의자들에게는 '부 정적인 역사'가 되는 것이다.

부정적인 사건들을 논의하는 '열린' 역사는 미국 역사에서 모든 형태의 도덕에 대한 비판을 포함하고, 그 비판받는 도덕 형태에는 보수주의 도덕도 포함된다. 예를 들면, 아이들이 계약된 강제노역으로 팔려질 수 있고, 혹은 어린 나이에 공장으로 보내 노동을 시킬 수 있다고 간주하고, 아내는 그저 가정의 소지품으로만 치부되던 초기의 냉혹한 엄한 아버지 해석이 포함될 수 있다. 거기에는 여성의 참정권 운동에 관한 설명과, 그 운동이 엄한 아버지 가정생활의 지지자들과 어떻게 싸웠는지에 관한 설명도 포함될 것이다.

자기방어라는 원칙에 의해 엄한 아버지 도덕은 무슨 대가를 치르고라도 방어되어야만 했다. 그것은 학교에서 비판의 대상이 되어서는 안 된다. 엄한 아버지의 시각으로 볼 때, 그것은 비도덕적인 것이다. 그러므로 어떤 역사라 하더라도 엄한 아버지를 나쁜 빛으로 조명한다면 그것은 '부정적'이다.

이에 더하여, 많은 보수주의자들은 도덕질서에 있어 미국을 다른 어느 나라보다도 높이 올려놓고, 미국이 다른 어떤 나라보다도 더 큰 도덕적 권위를 가지는 도덕질서 비유의 해석을 가진다. 미국의 '열린' 혹은 '부정적'인 역사는 미국이 항상 도덕적으로 행동한 것은 아니었음을, 그리고 우리의 도덕에는 개선을 가로막는 요인이 상당히 많다는 점을 보여준다. 진보주의자들의 시각에서, 나라가 어떻게 도덕적으로 개선될 수 있는지에 관해 생각해보는 것은 매우 좋은 일이다. 그러나 미국을 다른 모든 나라들보다 도덕질서에서 최상위에 있다고 간주하는 사람들에게는 '열린' 역사의

'혜택'이 진정한 혜택으로 간주될 수 없다. 그들의 시각에서 '부정적'인 것이란 원래의 이미지보다 못한 것을 선사하는 것이라면, 그 무엇이든지 미국의 도덕적 권위의 합법성을 의문시하는 것이다.

보수주의자들이 그들의 시각에서 '부정적'인 역사로 보이는 것에 반대할 이유는 아직 더 있다. 만약 보수주의 정치인들이 엄한 아버지 도덕에 근거한다면, 국가라는 가정은 도덕적 가정으로 보여야만 하고, 국가라는 가정이 관리하는 규정은 도덕으로 간주되어져야 한다. 그렇지 않으면 모든 형태의 정부 권위의 합법성은 의심의 대상이 된다. 엄격한 아버지 도덕의 토대는 부모의 권위가 합법적이라는 데에 있으며, 아이들은 합법적인 권위를 존중하고 숭배하도록 예정되어 있다. 그래야만 아이들은 권위에 의해 설정된 규정을 따르는 것에 의해 인격을 발전시킬 수 있다. 보수주의자들은 '부정적'인 역사는 권위에 대한 의심을 자아내고, 그에 따라 그 진행이 위협받는다고 확신한다.

물론 그 모든 것을, 개방성과 질문 그리고 자신의 어두운 측면을 직시하는 것을 미덕으로 간주하는 자애로운 부모 도덕에서는 찾아볼 수 없다. 아이들에게 역사를 가르치는 미덕은 숭배가 아니라 정직하고 강인한 질문이라고 진보주의자들은 보고 있는 것이다. 자애로운 부모 도덕은 개방과 정직한 의사전달, 그리고 설명을 요구한다. '열린' 그리고 '부정적' 미국 역사교육 과정이 진보주의자들의 도덕적 시각에 부합한다는 보수주의자들의 의견은 틀림없이 옳다. 도덕적인 척하는 미국 역사교육은 부정확한 교육일 뿐만 아니라, 보수주의자들의 시각에나 부합하는 교육이라는 진보주의자들의 의견도 역시 옳다.

보수주의자들은 '모든 미국인들이 받아들일 수 있는 역사'를 소리 높여 외친다. 그것은 보수주의자들이 받아들일 수 있는 역사를 의미한다. 그렇기에 1) 엄한 아버지 도덕 그 자체에 대한 의문, 혹은 2) 미국은 다른 어떤 나라보다 더 큰 도덕적 권위를 가졌다는 점에 대한 의문, 혹은 3) 미국 정부의 도덕적 합법성에 대한 의문은 포함될 수 없다.

그것은 피해갈 방법이 없는 것 같아 보인다. 미국의 정치는 가정을 기반으로 한 도덕으로 가득 차 있다. 구체적인 정치적 목표를 향해 나아갈 때면 가정을 기반으로 한 도덕이 들어와 어느새 큰 역할을 맡는다. 가정의 가치가 중요한 문제가 되는 이때, 과연 어떤 가정의 가치냐 하는 점이 의문으로 남는다.

6

# 누가 옳은가, 그리고 어떻게 판단할 수 있는가?

WHO'S RIGHT?
AND HOW
CAN YOU TELL?

# 20
# 왜 진보주의자가 되었는가?

Nonideological Reason for Being a Liberal

지금까지 나의 목표는 보수주의와 진보주의의 배후가 되는 개념체계를 정확하게 기술하고, 내 자신이 의도했던 대로 표준이 되는 기준을 정확하게 설명하는 것이었다.

이 분석을 하며, 나 자신의 정치적 주장은 그 옆으로 밀어놓으려고 애썼다. 그렇게 하도록 나 자신에게 강요한 방법은 적절한 설명을 위해 기준을 설정하는 것이었다. 나는 그 기준이 정확하게 충족되기를 원하며, 내 학문 분야에 가치가 있는 모델, 곧 정치적 도덕적인 가정假定으로부터 자유롭게 설명할 수 있는 모델을 제공하였다.

그러나 나는 도덕적 상대주의자가 아니다. 나는 헌신적인 진보주의자이다. 이 책을 쓰는 과정에서 나 자신의 모든 신념을 검색하고 질문을 던져야만 했다. 매일매일 나의 진보적 신념과 보수적 신념을 비교해보고, 나 자신에게 어째서 그런 신념을 가질 수밖에 없었는지 물어보아야만 했다.

그 과정에서 나는 보수주의자들이 일관된 주장을 펼친다는 것과 또 그들의 견해를 명확히 하기 위하여 사용한 지성과 현명함에 대해 커다란 존경심을 품게 되었다. 다른 많은 진보주의자들처럼 나도 한때는 보수주의자들을 천박하고, 감정이 메마르거나 이기적이며, 부유한 사람들의 도구이거나, 혹은 철저한 파시스트들일 뿐이라고 얕잡아 생각했었다. 그러나 대부분의 보수주의자들은 자신들을 고도의 도덕적 이상주의자로 간주하며, 그들이 깊이 믿는 것이 정당하다고 주장하는 보통 사람들이라는 점을 깨닫게 되었다. 그리고 이제야 보수주의에 왜 그토록 열렬하게 헌신적인 사람들이 많은지를 깨닫게 되었다.

보수주의를 잘 이해하게 된 지금은 그 어느 때보다 보수주의를 더욱 두려워하게 되었고, 보수주의와 진보주의에 대한 새로운 이해는 나를 이전보다 더 진보적이 되도록 해주었다. 이제 나는 의식적으로 예전의 나의 본능을 이해하게 되었다. 그저 어렴풋이 옳다고만 느끼던 부분을 이제는 명확하게 짚어가며 이야기할 수 있게 되었다. 더욱 중요한 점은 내가 믿는 정치적 진보주의는 기초가 튼튼하고, 고도로 체계화되어 있으며, 내가 깊이 믿을 수 있을 정도로 완전하게 발전한 도덕체계로부터 나왔음을 이해하게 되었다는 점이다. 도덕체계 그 자체도 내가 깊이 믿는 가정 모델로부터 나왔다. 이제 나는 진보주의 도덕과 정치의 일관성과 힘을 볼 수 있다. 그리고 그 어느 때보다 더, 진보주의는 정치에 관한 심오한 도덕적 전망으로서, 논점에 따라서가 아니라 전체적으로 철저하게 분명해져야 되며, 명확하게 전달되고 철저하게 지켜져야 된다고 생각한다.

이런 식의 이야기는 마치 나의 오래된 선입견을 강화시켜서, 내가 진보주의만을 믿고 있는 것처럼 들릴 수도 있다. 하지만 그렇지 않다. 이 모든 것을 여기까지 사고해온 과정은, 진보주의자가 되는 데는 진보주의 그 자체의 외부로부터 오는 압도적인 이유들 때문인 것을 나는 확신한다. 나는 드디어 내가 진보주의자인 이유와, 항상 정치적 진보주의를 지지한 이유 및 진보주의를 이상적이고 현실적인 소명일 뿐만 아니라, 기본적으로 인간의 본능에 대해서 내가 거의 항상 반응을 보였던 이유를 정확하게 말할 수 있을 것 같다. 이 연구 과정을 통해 내가 가정의 자애로운 부모 모델을 선택하고, 자애로운 부모 도덕, 그리고 진보주의 정치를 선택한 데에는 실제 그럴만한 이유들이 있기 때문이라는 점을 발견한 것이다.

이 책은 세계관에 관한 저술이다. 진보주의자와 보수주의자는 아이를 키우는 방법에 대한 각기 다른 이상적인 모델을 가지고 있다. 그들의 선택에는 나름의 이유가 있을까? 진보주의자들과 보수주의자들은 각기 다른 도덕 시스템을 가지고 있다. 그들의 도덕 시스템을 비교해보는 것은 어떤 의미가 있을까? 만약 그렇다면, 당신은 어떤 근거에 비추어 그 두 가지를 비교하고, 그런 비교의 결과는 무엇인가? 진보주의자들과 보수주의자들은 사람들이 자연적으로 생각하고 행동하는 방식에 대해 각기 다른 가정을 한다. 우리는 인지과학, 또는 다른 그 무엇으로부터 이 문제를 결정할 만큼 충분한 것을 알고 있는가?

나는 우리가 이 모든 영역에서 선택할 수 있을 만큼은 충분히 알고 있다고 믿는다. 특정한 세계관을 선택할 수 있도록 해주는 것은 이 세상에 대한 우리의 지식이다. 각각의 경우에서 선택에 대한 연구가 진행되었고, 각각의 사례에서 대답은 같았다. 즉 진보주의를 선택한 데에도 그럴만한 이유가 있다.

만약 내가 그런 이유들과 또 그 근거에 대해 시작하는 과정에서, 한두 문장으로 간단하게 열거해달라고 요청을 받으면 그에 대한 목록은 다음과 같은 것이다.

- 이유 1 : 자애로운 부모 모델은 아이들의 양육방법으로 보다 우월하다.
- 이유 2 : 엄한 아버지 도덕은 인간의 생각과 정신활동에 관해 우리가 알고 있는 것과 어긋나는 인간의 사유에 대한 견해를 요구한다.
- 이유 3 : 엄한 아버지 도덕은 가끔 도덕을 해롭게 여긴다. 자애로운 부모 도덕은 그렇지 않다.

물론 진보주의자가 된 데에는 다른 여러 가지 현실-세계real-world적인 이유도 있다. 환경은 이제 심각하게 위협받고 있는 상황이 되었다. 그럼에도 보수주의자들은 환경통제를 종식시키려고 한다. 깨끗한 공기와 순수한 물 정책의 시행 같은 것은 상황을 더욱 악화시킬 뿐이라는 것이다. 현재 미국이 가진 부의 70퍼센트는 10퍼센트의 가정이 소유하고 있다. 그것은 90퍼센트의 가정이 나머지 30퍼센트의 부를 나누어 가지고 있다는 의미이다. 부유한 사람들은 가난해지는 것이 아니라 더욱 부유해지는 경향이 있기 때문에, 국민의 90퍼센트가 나누어가질 부는 머잖아 30퍼센트 이하가 되리라는 점을 예상할 수 있다. 이런 불균형은 너무도 커서 우리 국민들 대부분의 진정한 번영의 가능성을 위협한다. 나아가, 부유한 사람들에 대한 감세정책은 그런 불균형을 더욱 심화시킬 뿐이다.

이런 이유들과 더불어, 기타 여러 현실적인 이유들이 보수주의를 위험한 것으로 만들어 놓는다. 그러나 이런 논의들에 관한 유능한 관찰자들의 글은 계속 발표되고 있다. 그러면 이제 내가 방금 언급한 세 가지 이유로 시선을 돌려보자. 그 이유들을 잘 깨닫고 있는 사람들이 많지 않기 때문이다.

# 21

# 올바른 어린이 양육
**Raising Real Children**

지금은 보수주의적인 가정의 가치 의제agenda가 주로 근본주의 기독교인들에 의해 설정되고 있다. 이것은 많은 사람들이 깨닫고 있는 상황은 아니다. 아마도 근본주의 기독교 가정가치 운동에서 가장 두드러진 인물은 콜로라도스프링스에 본부를 둔 '가정에의 초점Focus on the Family'의 회장인 제임스 돕슨과, 워싱턴 D.C의 가정 연구소Family Research를 이끄는 개리 L. 바우어Gary L. Bauer일 것이다. 그들이 이끄는 그룹은 자녀 양육에서의 엄한 아버지 접근법의 발전에 뚜렷한 성과를 거두었으며, 그들은 그 접근법을 홍보하기 위해 적극적으로 활동하고 있다. 전체적으로 그들은 어린이 양육에 관한 현존하는 토론 가운데 보수주의자들의 입장을 정의 했을 뿐만 아니라, 그들의 접근법에 합법성을 끌어들이기도 했다. 보수주의 기독교인들의 어린이 양육 자료집에 담긴 아이디어들은 보수주의 정치의 배경이 되는 엄한 아버지 가정 모델과 일치하기 때문에, 그 근본주의자 그룹이 전국적인 가정의 가치 의제를 설정했다는 것은 전혀 이상한 일이 아니다.

나는 먼저 어린이 양육에서의 주류에 속하는 대다수의 모든 전문가들이 엄한 아버지 모델을 어린이들에게는 파괴적인 것으로 간주한다는 점을 말하지 않을 수 없다. 어린이에겐 자애로운 접근이 선호된다. 그리고 심리발달 분야 내에서의 어린이 발달에 관한 연구는 한 방향을 가리킨다. 즉 엄한 아버지 모델에 따른 어린이 양육은 어린이에게 해가 되며, 자애로운 부모 모델이 훨씬 우월하다는 것이다.

간단히 말해서, 보수주의의 도덕과 정치사상의 기반이 되는 보수주의적 가정의 가치는 어린이 발달 연구자들이나 이 나라의 어린이 양육에 관한 주류 전문가들에게서 지지받지 못한다. 이것이 보수주의의 가정 의제가 근본주의 기독교인들에게 넘겨져야 하는 또 다른 이유이다. 정통한 전문가들 중에는 엄한 아버지 모델을 지지하는 사람들이 없으므로, 보수주의자들은 오직 엄한 아버지 모델의 양육방식을 지지하는 유일한 사람들인 근본주의 기독교인들에게만 의존할 뿐이다.

보수주의적 가정의 가치 계획에 대한 합법성 주장은 근본주의 기독교인들의 공동체에서 나온다. 그러나 그 공동체의 결론은 경험적 연구에 근거한 것이 아니라, 근본주의자들의 성경 해석에 따른 결론인 것이다. 그리고 그것은 14장에서 살펴본 바와 같이 엄한 아버지 도덕 그 자체에 기반을 둔다. 따라서 보수주의자들이 가정의 가치에 대해 무엇을 주장하든 독립적이거나 비非이데올로기적인 근거는 없다.

보수주의 가정 가치를 설정한 보수주의 기독교인들은 경험적 연구, 혹은 주류에 있는 육아전문가 등의 광범위한 공동체가 제공하는 지혜에 특별한 관심을 갖지 않는다. 제임스 돕슨은 그것에 대해 이렇게 말했다.

나는 적절한 아동양육 기술에 대한 최선의 정보 원천으로 과학자들의 공동체를 믿지 않는다. 확신할 수 있는 소중한 연구는 이미 존재하고 있다. 그러나 부모-자녀 상호교류라는 주제는 믿을 수 없을 정도로 복잡하고 미묘하다. 그것을 과학적으로 조사하는 유일한 방법은 그 관계를 가장 간단한 공통분모로 약분하는 것이다. 그래야만 검사될 수 있다.

그러나 그렇게 하는 과정에서 전체적인 형태를 놓치게 된다. 인생의 어떤 것들은 너무도 복잡하여 정밀한 조사를 거부하게 되는데, 어린이를 키우는 일도 (내 시각에서는) 그런 것들 중의 하나로 나타난다.

부모들을 위한 지도의 최선의 원천은 창조주로부터 발원하여 그리스도의 시대로부터 한 세대에서 다음 세대로 이어져 내려온 유대-기독교 윤리에서 찾을 수 있다. <sub>참고 B3, Dobson, The New Dare to Discipline, p.16</sub>

나는 어린이 양육에 관한 이런 연구는 부적절하다고 생각하기에 이 주장에는 동의하지 않는다. 꼭 알아두어야 할 중요한 사항이 있다. 어린이들에게 벌을 주었을 때, 특히 막대기·가죽 띠·체벌용 노 등으로 때렸을 때의 효력은 무엇인가? 육체적 효력이 있을까? 장기간에 걸친 심리적 효력도 있을까? 때리는 징벌과 수치심, 그리고 성장한 다음의 폭력적 행동 사이에는 어떤 상관관계가 있을까? 가장 큰 비행을 저지른 어린이는 엄한 아버지의 양육을 받았을까, 자애로운 부모의 양육을 받았을까? 혹은 50 대 50일까? 먼저 회초리로 때린 다음에 그 아이를 끌어안아줄 때의 효력은 무엇일까? 몽둥이로 매질하여 그 어린이의 의지를 꺾어놓을 때의 효력은 무엇일까? 아버지의 권위에 대한 절대적인 복종을 요구하는 데 따르는 결과는 무엇일까?

그런 연구에서 문제가 되는 것을 더욱 명확히 보기 위해, 보수주의 기독교인들의 어린이 양육 교본에 기록된 어린이 양육에 관한 부분을 읽어보도록 하자. 이 교본은 여러 가지 면에서 명확하다.

1. 어린이는 선천적으로 큰 죄를 지니고 있으며, 반항적이다.
2. 오직 징벌과 보상만이 어린이들의 반항과 죄로 가득 찬 욕망을 버릴 수 있도록 만든다.
3. 아버지가 어떤 어린이를 적절하게 키울 수 있는 유일한 방법은 자신의 권위에 절대적으로 복종하도록 가르치는 것이다. 권위에 대한 그 어떤 의문이건 즉시 그리고 고통스러운 징벌이 요구된다.
4. 순종은 육체적 징벌을 통해서만 — 가죽 띠, 막대기, 혹은 체벌용 노 등을 이용한 매질을 통해서만 — 가르쳐줄 수 있다.
5. 지속적인 불순종은 더 큰 징벌을 요구한다.
6. 불순종에 대한 징벌은 사랑의 한 형태이다.

7. 부모의 권위는 모든 권위를 위한 적절한 모델이다. 그리고 어린이는 권위에 대한 순종을 배워야만 성장한 다음에 그것을 적절히 사용할 수 있다.

다음의 인용문은 제임스 돕슨 박사, J. 리처드 퍼게이트J. Richard Fugate, 잭 하일즈Jack Hyles 목사, 래리 크리스텐슨Larry Christenson, 그리고 래리 톰크작Larry Tomczak의 저서에서 발췌한 글이다.[참고 83] 이미 당신도 확인했듯 돕슨은 가장 온건한 인물이고, 나머지 다른 사람들은 더욱 극단적이다.

돕슨은 어린이 양육에서의 행동 원리(보상과 징벌)에 관해 길게 서술한다. 그의 주된 초점은 징벌이지만 그는 보상도 제안하고 있다.

가치 있는 모든 것은 대가가 따른다. (돕슨, 126)

임의의 날에 적절히 행한 모든 행동에는 2페니를 주어야 한다. 만약 잘못된 사항이 세 가지 이상 있다면 한 푼도 주어서는 안 된다. (돕슨, 85)

그러나 돕슨 역시 다른 사람들과 마찬가지로 징벌의 필요에 대해 명확하다.

보상은 권위의 대체물로 이용되어서는 안 된다. 보상과 징벌은 각기 어린이 관리에 있어서 적절한 자리가 있다. 그리고 그 자리의

바뀜은 불행한 결과를 초래한다. (돕슨, 91)

징벌의 목적은 구체적인 죄를 벌하는 것이 아니라, 원칙의 문제로 부모의 권위를 전반적으로 강화하는 데 있다. 그 어떤 반항적인 기질도 꺾어놓아야 한다.

어린이가 고개를 빳빳이 세우고 반항하는 모습을 보이면, 당신은 기꺼이 그 도전에 즉시 반응해야 한다. 당신과 당신 자녀 사이에 얼굴을 맞대고 맞서는 상황이 벌어졌을 때라면 순종의 미덕을 가르치는 것은 적절치 않다. 혼자 화를 내도록 그 아이를 방으로 보내는 것도 아니다. 또한 일에 지친 남편이 집으로 돌아올 때까지 규율에 따른 벌을 미루는 것도 부적절하다.

당신은 땅에 선을 그어놓았고, 아이는 의도적으로 그 양증맞은 발가락으로 그 선을 넘었다. 누가 이길 것인가? 누가 더 큰 용기를 가졌는가? (돕슨, 20)

반항에서의 유일한 논쟁거리는 의지이다. 다시 말해서, 누가 지배하느냐는 것이다. 부모인가, 어린이인가? 응징(즉 육체적 징벌)의 주요한 목표는 어린이에게 부모의 의지에 순종하도록 강요하는 것이다. (퍼게이트, 143)

때리는 행동은 단호하게 행해져야 한다. 그것은 고통스러워야 하고, 어린이의 의지가 꺾인 다음까지 지속되어야 한다. 어린이가 울

때까지, 분노의 울음이 아니라 고집의 꺾임으로 인한 울음이 나올 때까지 지속되어야 한다. 어린이가 고집이 세다면 이를 악물고 고집을 굽히지 않을 것이다. (하일즈, 99~100)

순종하라는 (성서적) 명령이 어린이들에게 주어졌다. 여기에는 예외에 관한 언급이 없다. 그러므로 예외 없이 모든 어린이들에게 그것을 설명해주고 강하게 심어주어야 된다. '그렇지만 만약 부모의 명령이 잘못된 것이라면?' 이것은 호기심에서 우러나온 질문일 뿐이다. 그런 질문은 기독교 어린이의 입술에서는 사라져야 한다. (크리스텐슨, 59)

엄격한 순종을 요구하라. 순종은 질문이나 말대꾸 없이 즉시 그대로 행해져야 한다. 아버지가 지시한 대로 아들은 행한다. 아들은 말씀대로 즉시 잘 행동하고, 말대꾸 없이 행해야 한다. 부모는 규칙에서의 어떠한 예외도 인정해서는 안 된다. 그러므로 순종은 땅의 율법이고, 어린이는 부모에게서 받은 명령에 대한 설명이 필요하다고 생각하지 말아야 한다. (하일즈, 144).

순종은 어린이에게 요구되는 가장 중요한 요소이다. 이것은 특히 소녀에게 더욱 큰 진실이다. 여성은 일생 동안 순종해야 하기 때문이다. 부모에게 순종하는 소년은 언젠가는 가장이 되지만, 소녀는 그렇지 않다. 소년은 지도자가 되기 위해 훈련을 받아야 하는 반면, 소녀는 순종하는 사람이 되기 위한 훈련을 받는다. 그러므로 순종은 소녀에게 특히 더 중요하다. 소녀에게 언젠가는 순종의 대상이 부모로부터 남편으로 이전되기 때문이다. 이것은 소녀에게는 절대로 논쟁이 허용되지 않는다는 의미이다. 소녀는 굽히고 순종해야 된다. 소녀는 질문 없이, 말대꾸 없이 즉시 순종해야만 한다. 이것을 요구하는 부모는 장래 그들의 사위가 될 인물에게 큰 호의를 베푸는 것이 된다. (하일즈, 158)

그러므로 즉각 행해지는 고통스러운 징벌은 모든 품성이 발전하는 기반으로 간주된다.

순종은 모든 기질의 기반이다. 가정을 위한 기반이자, 학교를 위한 기반이고, 사회를 위한 기반이다. 그것은 법과 질서가 유지되기 위해서는 절대적인 필수이다. (하일즈, 145)

징벌의 의미 역시 일반적으로 합의되었다. '매(나뭇가지)를 아끼면 아이를 망친다'라는 속담에서의 '매'는 글자 그대로의 의미이다.

매의 성서적 정의는 나무의 휘어진 작은 가지(나뭇가지)이다. 몇 개의 매는 집 안 여기저기에, 당신의 차에, 혹은 당신의 핸드백에 항상 비치되어 있어야 한다. 즉시 사랑의 매를 실행하기 위해서이다. (톰크작, 17)

매는 회초리와 같은 나뭇가지여야 한다. 물론 매의 크기는 아이의 크기에 따라 달라진다. 반항하는 두 살짜리 아이에게는 버드나무 가지나 복숭아나무 가지가 좋다. 그러나 근육이 발달된 10대 소년에게는 히코리나무로 만든 막대기나 접합용 나무못 등이 적절하다. (퍼게이트, 141)

매를 들 때엔 복종과 장래의 순종을 획득하기 위해 고통의 정도를 조절할 수 있도록 해준다. 만약 어린이의 반항이 의도적으로 지시에 불순종한 것이라면, 부모는 적절히 때린 다음 아이에게 앞으로는 지시에 순종하겠느냐고 물어볼 수 있다. 특정한 어린이에게 필요한 매우 적절한 숫자와 강도는 부모가 가장 잘 판단할 수 있다. 그러나 만약 그 어린이가 반복해서 불순종한다면 벌이 충분하지 못했기 때문이다. (퍼게이트, 142~143)

그런 징벌은 기질을 형성하는 데 필수적이기 때문에, 그것은 사랑의 한 형태이다.

규율에 따른 행동은 부모의 사랑에 근거한 폭행이 아니라 그것의 (부모 사랑의) 한 기능이다. 적절한 징벌은 부모가 사랑하는 자녀에게 행하는 것이 아니라, 자녀를 위해 행하는 것이다. (돕슨, 22)

나는 너를 지극히 사랑하니까, 부모에게 순종하는 것을 네게 가르쳐야 돼! (돕슨, 55)

어린이가 성장하면 자립하도록 해주어야 된다. 부모의 그 어떤 보호도 해롭다.

불행하게도 북미의 많은 부모들은 그들의 자녀가 성장한 다음 멀리 나가 사는데도 계속 '자금 지원'을 하고 있다. 그 결과는 무엇인가? 이 과보호는 가끔은 의존이라는 기질을 떨쳐버리지 못하고 일종의 영원한 청소년으로 남아있는, 정서적인 면에서의 장애인을 만들 뿐이다. (돕슨, 116)

돕슨 역시 다른 저자들과 마찬가지로, 어떤 형태의 육아법에서건 부모의 권위에 대한 절대적인 순종을 강화하는 징벌을 이용하지 않는 것은 '허락하기만 하는' 태도이며 '방종'을 조장한다는 점을 명확히 밝힌다. 보수주의자들이 '허용'이라고 말할 때, 그 의미하는 바는 다음과 같다.

어린이에게 아무런 의무도 부과되지 않는 환경에서 자제가 극대화된다는 믿음은 얼마나 부정확한가. 자제가 방종의 산물이라고 하는 믿음은 얼마나 어리석은가. (돕슨, 173)

돕슨은 비교적 덜 극단적인 인물이다. 그것은 우연일 뿐일까? 그는 과학적인 연구를 혐오스러워하면서도, 그중 일부를 그의 가르침에 끌어들이기도 했다. 여기에 그가 이용한 어린이 발달 연구의 몇 가지 결과를 그 사례로 소개한다.

15~18개월 미만의 아기에게 매질을 하는 것은 아무런 변명의 여지도 없다. (돕슨, 65)

부모가 만약 어린이들을 존엄한 존재로 대하지 않는다면, 어린이들에게 자신들을 존엄한 존재로 대할 것을 요구할 수 없다. 부모는 어린이들의 자아를 품위 있게 대해야 하며, 절대로 친구들 앞에서 무시하거나 당황케 해서는 안 된다. 자존심은 인간의 본성에서 소중한 특성이다. 그것은 전혀 대단치 않은 일로도 손상될 수 있고, 가끔 그것을 재건하는 일이 결코 쉽지 않은 경우도 있다. 그러므로 자녀를 냉소적이거나 신랄하게 비판하는 부모라면, 진정한 존경을 받으리라고 기대해서는 안 된다. (돕슨, 25~26)

돕슨은 우리가 곧 살펴볼 애착이론attachment theory을 직접 지목하거나 참고사항으로 인용하지는 않았지만, 그는 이 주제에 관한 연구 성과를 깨닫고 있었음이 분명하다.

자녀에게 냉정하고 근엄하기만 한 부모는 가끔 일생 동안 지속되는 상처를 남겨준다. (돕슨, 12)

가정에서 최소한 부모 중 한 사람에게서(혹은 부모를 대신하는 사람에게서) 소중히 여김을 받지 못하고 자란 어린이는 마른꽃처럼 시들어버린다. (돕슨, 48)

최근의 수백 건에 달한 연구결과를 보면, 아기가 인생에서 맞이하는 첫해에서의 어머니와 자녀 관계는 그 아기의 생존에 결정적 영향을 끼친다고 나온다. 사랑받지 못하는 아기는 진정으로 모든 자연계에서 가장 슬픈 존재이다. (돕슨, 49)

여기에서 돕슨은 어머니-자녀 간의 연구결과를 인용할 뿐이고, 아버지는 어머니와 마찬가지로 효과적이고 안정된 애착관계를 발전시킬 수 없음을 보여준다. 그러나 이 중요한 실수는, 아버지는 가정의 적절한 가장이고, 어머니는 집에 머물며 아이들을 키워야 한다는 돕슨의 시각에 부합된다. 여기에 더하여 돕슨은 애착이론과는 반대로, 무조건적인 사랑은 어린이를 망쳐놓는다고 가정한다.

사랑의 결여는 어린이에게 예측할 수 있는 영향을 끼치는 반면, 지나친 사랑 혹은 수퍼 러브super love가 해악을 끼친다는 사실은 잘 알려져 있지 않다. 그러나 어떤 어린이들은 사랑에 의해 망쳐졌다고 나는 믿는다. (돕슨, 49)

그러나 연구결과에 대한 이런 간헐적인 동의는 돕슨이 전달하려는 주요 메시지가 아니다. 그런 구절은 대상이 되는 저서에 대한 비평의 흐름에서 간헐적으로 간략하게 인용될 뿐이다. 돕슨의 수많은 저서들은 권위와 즉각적이고 고통스러운 징벌에 관한 내용을 담고 있다. 마침내 그는 자신의 주요 저서로 《감히 규율에Dare to

Discipline》를 꼽지,《어린이의 연약한 자아Fragile Ego of Child》,《아기를 때리지 마세요Don't Spank Your Baby》가 아니다. 돕슨은 성서에 대한 해석을 반영하는 자신의 일반적인 주장을 재평가하는 데 연구결과를 이용하지 않고, 분명 가장 위험한 엄한 아버지의 충동을 억제하는 데에만 오로지 이용했다. 그렇지만 전체적인 그의 연구결과를 살펴보면 그런 구절은 묻혀버리고 마는 경향이 있다.

이제 우리는 보수주의 가정의 가치 운동의 회원들이 '규율', '부모의 권위', '매질', '전통적 가정 가치'에 관해 말할 때 무엇을 의미하는 것인지 좀 더 잘 이해하게 되었다. 여기에서의 매질은 아기가 갓 걷기 시작했을 때부터 시작되는 벨트 · 노 · 나뭇가지를 이용해 어린이를 때리는 것을 의미한다.

보수주의 가정의 가치 운동은 학대당하는 어린이들에 대한 조사를 지원하는 사회사업가들의 기금 모금활동을 중단시키기까지 했다. 특히 그들은 매질을 당하는 동안에 생긴 멍을 어린이 학대의 증거로 받아들이지 않았다.

사회사업가들은 학대당하는 가정의 어린이들을 구조하려고 노력한다. 공정한 대우를 받는다는 문제, 사랑으로 가득 찬 가정의 많은 좋은 부모들이 오해를 불러일으키는 증거들로 인해 그들의 자녀를 키울 권리를 잃게 된다. 예를 들면, 피부가 고운 어린이의 엉덩이에 생긴 동전 크기만한 멍은 학대받는 상황을 가리키는 것일 수도 있고, 그렇지 않을 수도 있다. 그것은 상황에 따라 다르다. 안정되고 사랑이 넘치는 가정이라면, 그 멍은 무릎의 살이 찢어지거나 발가락

을 찢는 것보다 더 큰 심리적 영향을 남기지 않는다. (돕슨, p.25)

개리 L. 바우어의 가정연구소는 어린이들에 대한 육체적 징벌을 금지하는 모든 노력에 대항하는 십자군운동을 펼쳐왔다. 또한 그들은 어린이학대 조사를 위한 기금 등 어린이 보호기관의 돈을 빼앗으려고도 했다. 바우어는 그런 조사활동을 '치료 분야'에 의한 사생활 침해로 간주했다.

이 근본주의 기독교인들의 집단은 어린이 양육에 관한 보수주의의 태도를 대변하는가? 그 점에 대해서는 모르겠다. 하지만 그들에게 책임은 있다. 그들이 보수주의 가정의 가치 의제를 설정해주지 않았는가.

그런 엄한 아버지 양육의 영향에 관한 연구는 많이 수행되었다. 얼마든지 있다. 그러나 내가 여기서 그 모든 것에 근접하는 연구를 수행하는 것은 불가능하다. 그렇게 하기 위해서는 이보다 훨씬 더 방대한 저술이 필요하다. 어쨌든 나는 독자들에게 그런 연구들에 대해 개괄적으로 설명하고, 또 가리키는 방향에 대해 설명하고자 한다.


## 애착이론

무엇이 가족관계를 어지럽히고, 아이를 학대하고, 외톨이가 되게 하고, 사회에서 거의 아무런 이해관계도 갖지 못하는 기능장애가 있는 성인으로 이끌고 있는가? 이런 의문에 대해 여러 각도에서 진행된 연구가 있다. 가장 기본적인 연구 중의 하나가 애착이론이다. 그것은 30년 전에 존 볼비John Bowlby와 메리 에인스워스Mary Ainsworth에 의해 개발되었고, 현재는 한층 더 발전하여 영향력이 큰 매우 중요시되는 연구 분야가 되었다. 이 연구에서 뛰어난 결과를 살펴보려면, 로버트 카렌Robert Karen의《애착 상태가 되며Becoming Attachment》참고 B1. 개론 자료를 참고하라. 최종결론은 포함되어 있지 않지만, 현재까지의 애착이론이 가리키는 내용이 포함되어 있다.

애착이론은 30년 동안에 걸쳐 구식 육아법에 따른 재앙을 보여주고 있다.

구식 육아법은 아이의 감정적 요구에 인내심을 갖지 못하며, 그 육아법의 가장 큰 죄는 아이의 분노와 저항과 불평에 너무 많은 관심을 보여 아이를 망쳐놓는 것이라는 믿음에 따라, 아이를 기본적으로 보살펴주는 사람에게서 떼어놓았을 때의 해로움에 둔감한 육아법이었다. 엄한 규율이 성숙으로 향하는 가장 확실한 길이라고 믿던 육아법인 것이다. (카렌, p.50)

애착이론은 그 반대되는 방향을 가리킨다.

믿을 수 있고 지속적인 사랑을 받는 것은 아이로 하여금 사랑받을 가치가 있다는 느낌을 갖게 해준다. 그리고 그 아이가 필요한 것을 주위 사람들에게서 받을 수 있다는 인식은, 자신은 이 세상에 영

향을 끼치는 효율적인 사람이라는 느낌을 갖게 해준다. (카렌, p.242)

자제와 극기가 아이를 자립으로 이끄는 것은 아니다. 자애로움이 아이를 망쳐놓는 것은 아니다. 메리 에인스워스는 이렇게 말한다. '아기나 어린아이와 육체적 접촉을 가지는 것은 매우 좋다. 특히 그들이 그것을 원하고 찾을 때는 더욱 그렇다. 그것이 아이들을 망쳐놓지는 않는다. 아이들이 매달리게 하지도 않는다. 아이들을 안기는 것에 중독되도록 하지도 않는다(카렌, p.173).' 이런 주장은 오랜 기간에 걸친 연구의 지지를 받았다. '12개월 이전의 아기들은 만약 그들의 울음이 진지한 반응을 받는다면, 어릴수록 덜 운다(카렌, p.173).' '관계의 유익함이 무엇이든, 안정된 애착은 15세까지 지속된다(카렌, p.202).' 15세까지란 연구가 수행되는 전 기간을 의미한다. 어릴 때부터 발전된 안정된 애착은 지속적인 효과를 가진다는 발견은 매우 중요하다.

지나치게 간략화 된 애착이론의 기본적인 주장은 이것이다. 아이가 태어날 때부터 어머니나 아버지, 혹은 다른 보살펴주는 사람에게 '안정되게 애착되어' 있었다면, 성장한 다음 기능을 더 잘 발휘한다. 즉 그 아이는 더욱 자립적이고 책임감 있으며, 사회적으로 잘 적응하는 등 자신감을 가진다. 안정된 애착은, 특히 아기가 그것을 원할 때 규칙적인 사랑의 상호교류에서 일어난다. 아이 혼자서 이겨내게 하고, 아이가 사랑의 상호교류를 갈망할 때 그것을 부정하는 것은 힘, 자신감, 그리고 자립을 창조하지 못한다. 그런 행동은 신뢰가 결여되고, 다른 사람과의 긍정적인 관계를 가지기 어렵고, 다른 사람들을 향한 존경과 책임감이 결여되고, 그리고 흔한 경우 반사회적 혹은 범죄적 행동과 분노를 일으키는 '애착 회피'를 만들어낸다. 부모에 의해 애착과 회피가 교차하는 불안한 경험은 양면가치 애착이라는 제3유형의 애착을 만들어낸다. 그런 애착의 결과는 성장한 다음 다른 사람에게 양가적兩價的인 행동으로 버림받음을 두려워하고, 대인관계에서 자신을 책임지지 못하는 무능으로, 그리고 부모를 향한 지속적인 분노와 상처라는 형태로 나타난다. 예를 들면 양가적 애착은 고통스러운 징벌(순종을 강화하기 위한)과 극단적인 애정(아빠는 너를 사랑한다는 점을 보여주기 위한)으로부터 일어난다.

오늘날 이와 같은 결과들은 엄한 아버지 모델을 능가하는 자애로운 부모 모델의 가치에 대한 지지로 나타난다.

아이에게 해를 끼치는 것은 엄한 아버지 모델 가치만이 아니라는 점을 알아야 한다. 아이를 어떻게 키워야 하는지를 모르는 젊고 가난하고 교육도 제대로 받지 못한 엄마를 생각해보라. 그녀는 아이가 관심을 필요로 할 때 아이를 때리거나 무시한다. 그 영향은 아마도 엄한 아버지 양육, 즉 아이를 방치하는 것에 연유한 회피 애착일 것이다. 미국이라는 환경에서, 아버지와 어머니가 함께 있는 가정에 적용되는 엄한 아버지 모델의 영향이, 엄격하든 아니든 아버지가 없는 무관심하거나 폭력적인 편모가정의 영향과 비슷하다는 점은 약간 아이러니하다. 여기에서의 논점은 양친이나 편모 편부가 아니다. 진정한 논점은 양육의 질이다.

애착이론에 대한 비평은 다양하다. 어떤 비평은 유전적 소인의 역할을 강조하고, 어떤 비평은 그 결과가 문화적 관련을 가진다고 말한다. 그러나 이 논점에 대해 엄격한 아버지 모델을 지지하는 중요한 연구결과는 없다. 현재까지의 연구결과가 보여주는 바에 따르면, 엄한 아버지 모델 지지자들이 암시하는 것과 달리, 안정된 애착을 부정하는 것은 다른 사람을 위한 신뢰와 책임을 길러주지 못한다는 것이다.

애착이론에 대한 한 가지 중요한 비판은, 그것이 주로 초기의 유아기에 집중되어 있다는 것이다. 그러나 1993년에 와서 그 결과는 15세까지로 높아졌다.<sup>참고 B1, Sroufe et al. 1992, Karen, p.202</sup>

## 사회화 연구

성장한 후, 혹은 어린시절을 지나는 동안에 초점을 맞춘 다른 연구들도 있다. 이제까지 내가 발견한 엄한 아버지와 자애로운 부모 모델 사이의 직접 비교와 가장 가까운 연구는 다이애나 바움린드Diana Baumrind의 4단계 계획에 따른 연구다. 이 연구에서 내가 알고 있는 최고의 관찰은 1980년대 초반으로 거슬러 올라가지만, 1983년에 출판된 《아동 심리 핸드북》 제4판에 수록된 매코비Maccoby와 마틴Martin의 고전적 논문 〈가정에 관련된 사회화 : 부모-자녀 상호교류〉이다.

바움린드는 아동 양육 스타일에서 '권위주의자'와 '권위 있는 사람'을 구분한다. '권위주의자'는 내가 '엄한 아버지' 모델이라고 보다 중립적인 표현으로 일컫는 것이고, '권위 있는 사람'은 내가 '자애로운 부모' 모델이라고 부르는 것의 또 다른 표현이다. 여기에 두 모델에 대한 그녀의 설명을 소개한다.

**권위주의자 모델**

1. 자녀의 행동과 태도를 절대적인 기준에 따라 결정짓고, 통제하고, 평하려 한다.
2. 권위에 대한 순종과 존경을 가치 있게 생각하고, 노력, 전통, 그리고 질서유지를 소중히 여긴다.
3. 부모와 자녀 사이에 낙담케 하는 언어를 주고받는다.

**권위 있는 모델**

1. 아이로부터 성숙한 행동에 대한 기대감이 있고, 명확한 기준을 설정한다.
2. 필요할 경우 명령과 상벌을 이용하여 규칙과 기준을 강화시킨다.
3. 아이의 독립과 개성을 격려한다.
4. 부모와 자녀 사이의 대화에서 부모나 친지 등은 자신들의 의사를 표현함은 물론, 자녀의 시각에서의 이야기를 들어주고 격려하는 언어를 주고받는 등 열린 의사소통을 갖는다.
5. 부모와 자녀 모두의 권리를 인정하고, 고통스러운 신체적 징벌을 포함하지 않는 '단호한 시행'과 '상벌'을 실천한다.

캐더린 루이스Catherine Lewis는 바움린드의 모델에서 '규칙과 기준의 단호한 시행'의 포함에 관해 두 가지 중요한 관찰을 했다.[참고 B2, 1981] 첫 번째는 기술적인 점이다. 바움린드가 '단호한 시행'을 정의한 방식은 자녀의 순종을 얻어내는 데 성공한 내용을 반영하는 사항들을 포함하고 있는 것으로, 그것은 루이스가 보기에는 결국 '부모와 자녀 간의 갈등이 낮음'과 같다는 것이다. 또한 루이스는 그 모델의 '단호한 시행' 부분이 행동 패턴 연구로부터 단순히 생략된다 할지라도, 결과는 본질상 같다는 점을 보여준다. 이것은 '단호한 시행'이 그 모델에 아무 것도 더해주지 않는다는 점을 가리킨다. 간단히 말해서, 그 모델의 나머지 영향은 낮은 부모-자녀 갈등을 야기하고, 그러므로 단호한 시행의 영향은 단호한 시행을 필요로 하지 않는다.

루이스의 비판에 대해 바움린드는 이렇게 반응했다.[참고 B2, Baumrind, 1991]

루이스는(1981) 내가 '단호한 통제의 본보기와 고도의 성숙함을 요구하는 본보기'에 부여한 중요성에 도전했다. '단호한 통제'의 효력에 관한 나의 해석에 대한 사려 깊은 비판에서, 그녀는 요구되는 실천사항과 권위 있는 아이 양육도 최선의 재능을 개발시키는 데 필수적이지는 않다고 제안한다. 그녀의 제안은 옳다. 이미 살펴본 바와 같이 권위 있는 아이 양육은 충분하지만, 이 연구에서 이런 용어들의 정의에 따르면 재능을 낳고 무능을 방지하는 데 필수적인 것은 아니다. 그리고 요구되는 실천사항들도 충분조건은 되지만, 소녀들이 사회적인 자기주장을 하는 데 필수조건은 아니다. 권위 있는 아이 양육만이 지속적으로 최선의 재능을 갖춘 아이를 만들고, 취학 이전 시기에, 그리고 어린시절의 중턱에서 무능력한 아이가 되는 것을 방지한다. 그리고 이것은 소년 소녀 모두에게 적용된다. 조화로운 가정 출신들도 있다. 조화로운 부모는 고도로 반응하고 적당한 선에서 단호하지만, 순종의 획득에는 별로 중요성을 부과하지 않는다.

이제 조화로운 모델을 살펴보기로 하자.

**조화로운 모델**

1. 아이로부터 성숙한 행동을 기대하게 하고, 명확한 기준을 설정한다.
2. 아주 민감하게 반응하고, 온당한 선에서는 단호한 태도를 취하며, 순종의 획득에 큰 중요성을 갖지 않는다.
3. 아이의 자립과 개성을 격려한다.
4. 부모가 자녀의 눈높이에서 이야기를 들어주고, 그들 자신의 의견을 표현하고 격려하는 언어를 주고받는 열린 의사소통을 보여준다.
5. 부모와 자녀 모두의 권리를 인정한다.

이런 연구결과를 이해하기 위해서, 광범위한 권위주의자들의 아이 양육에 관한 연구인 맥코비와 마틴의 관찰을 살펴보며 시작하기로 하자.

권위주의자인 부모의 어린이는 사회적으로 또래들과 어울리는 재능이 결여되어 있는 경향이 있다. 그들은 움츠리며 앞장서서 활동하지 않는 경향이 있고, 자발성이 결여되어 있다. 그들은 다른 유형의 부모들 슬하에서 자란 아이들과 다르게 행동하지는 않는다 할지라도, 유혹에 저항하는 수단을 생각해내는 것과, 프로젝티브 테스트projective test♦나 부모들의 보고서에서 그들은 '양심'의 증거를 덜 보여주고, 도덕적 갈등을 일으키는 상황에서 '올바른 행동'에 관해 논의하며, 내면적이기보다는 외향적으로 치우치는 경향이 있다. 소년들의 경우 지적인 수행을 위한 동기부여가 낮다는 것을 보여준다. 몇몇 연구는 권위주의 양육법이 자존심을 저하시키면서 통제 또한 겉으로만 받고 있다는 사실에 관련짓고 있다.

공격적인 아이들의 부모는 권위주의자인 경향이 있는 반면, 권위주의자 부모 슬하의 아이들은 공격적일 수도 있고 그렇지 않을 수도 있다. 그러나 아직까지는 권위주의 부모의 자녀들이 얌전해질 것인지, 혹은 걷잡을 수 없이 '통제불가'가 될 것인지를 결정하는 데 중요한 가족 상호교류 측면은 만족스럽게 규명되지 못했다.<sup>참고 B2.</sup>
Maccoby & Martin, p.44

이것이 무엇을 의미하는지 세부적으로 다시 한 번 살펴보기로

---

♦ 애매한 그림이나 문장에 대한 피실험자의 반응에서 성격을 발견하려는 테스트

하자.

엄한 아버지(혹은 권위주의자) 모델은 아이를 강하게 하고, 사회적으로 기능을 잘 발휘하도록 키우는 것으로 되어있다. 아이를 효과적인 지도자로 키우려는 것이다. 그러나 실제로는 반대의 결과를 낳는다. 권위주의자 부모의 아이들은 '사회적 또래들과 함께하는 능력이 결여되어 있다. 그들은 움츠리고, 사회적으로 앞장서서 활동하지 못하며, 자발성이 결여되어 있다.'

엄하게 강화된 권위에 대한 순종은 아이들을 내면적으로 강하게 키우고, 자제력을 갖추어 그들로 하여금 유혹에 저항할 수 있도록 해주는 것으로 되어있다. 그러나 실제로는 그런 효과를 발휘하지 못한다. 권위주의자 부모의 아이들은 '유혹에 저항하는 수단을 생각해내는 데 있어서 다른 유형의 부모 슬하에서 자란 아이들과 다르게 행동하지 않는다.' 엄한 규칙과 그것을 어긴 것에 대해서 벌을 주는 양육법은 아이들에게 강한 양심을 심어주기 위해서이지만 실제론 그 반대의 경우가 진실이다. 그런 아이들은 양심의 증거를 적게 보여준다.

징벌이라는 강화를 통하여 아이들로 하여금 엄한 규칙에 따르도록 강요하는 것은, 그들을 도덕적으로 자립하고, 그들이 마주치게 될 새로운 도덕 갈등을 빚는 상황에 적용할 수 있도록 그들의 내면에 도덕감각을 심어주기 위해서이다. 그러나 여기에서도 그 반대의 경우가 진실이다. 이 아이들은 그런 상황에 마주치면 다른 사람들의 도덕적 의견에 의존해야 될 가능성이 높다. 즉 도덕적 갈등을 일으키는 상황에서 무엇이 올바른 행동인가를 토론함에 있어서 내면적으로보다는 외향적으로 치우칠 가능성이 높다.

엄한 훈련은 아이를 스스로 통제할 수 있는 내면적으로 강한 아이로 키워서, 그 아이의 내면에 높은 자존심을 세워주는 것으로 되어있다. 그러나 여기에서도 그 반대의 경우가 진실이다. 권위주의 양육법은 '자존심을 저하시키는 것'과 '통제를 겉으로만 하는 것'에 연결되는데, 이는 통제를 위해서는 다른 누군가가 필요하다는 의미이다.

징벌을 통해 순종을 배우는 것은 부모를 향한 공격적인 태도를 제거하고, 부모를 향한 존경하는 행동을 낳고, 비공격적인 행동을 낳고, 다른 사람들에게 존중하는 태도를 낳기 위해서이다. 그렇지만 이것도 진실이 아니다. 공격적인 아이들은 어디에서 생겨나는 것일까? '공격적인 아이들의 부모는 권위주의자인 경향이 짙다.'

간단히 말해서, '통제 불능의' 공격적인 아이들은 권위주의 양육법의 산물인 경향이 있다. 그러나 그 역은 진실이 아니다. 권위주의 양육의 결과가 항상 '통제할 수 없는' 아이는 아니다. 가끔은 얌전한 아이들도 있다. 그러나 아이들을 그렇게 만드는 추가적인 요소는 알려져 있지 않다.

이 전체적인 그림은 엄한 아버지 모델에게는 대단히 저주스런 것이다. 그 모델은 이제 신화처럼 보인다. 만약 이 연구결과가 옳다면, 엄한 아버지 양육법은 보수주의자들이 주장하는 바와 같은 그런 결과를 낳지 못한다. 부차적으로 이런 연구는 하나의 연구도 아니었고, 학자 한 사람에 의한 여러 연구도 아니었다. 이것은 많은 학자들에 의한 많은 연구를 모아놓은 전체 그림이다.<sup>참고 B2</sup>

그렇다면 자애로운 부모 모델과 같은 권위 있는 모델은 어떠한
가? 많은 연구원들이 수행한 광범위한 연구에 대한 맥코비와 마
틴의 계속 이어지는 내용을 살펴보자. 그 결과는 필수적으로 조
화로운 모델과 같다.

육아의 권위 있는 호혜적인 패턴은 인지적이거나 또 사회적인 영
역에서 사회적으로 책임성 있고, 공격성을 조정할 수 있으며, 자신
감과 높은 자존심을 소유한 아이들의 독립성과 관련된다.[참고 82.
Maccoby & Martin, p.48]

다시 상세히 살펴보기로 하자.
권위 있는 부모는, 특히 내가 '자애로운 부모'라고 일컫는 부모
는 독립과 독창성, 그리고 공개적 의사소통을 격려하고, 자신의
주장을 표현하는 한편으로 자녀들의 관점에서 이야기를 들어준
다. 그 결과는 엄한 아버지 모델이 주장하고 있는 의존이 아니고,
자애로운 부모 모델이 주장하는 독립이다.
자애로운 부모 모델은 독립을 격려하고 아이들의 대화에 참여
함으로써 아이는 정신적 사회적으로 자신의 기능을 발휘할 수 있
는 '행동주체'가 된다고 주장한다. 이것은 외부적 권위에 순종을
강화하는, 엄한 징벌이 따르는 규율만이 어린이로 하여금 권위를
받아들이고, 그들 스스로의 생각과 행동을 할 수 있도록 해준다는
엄한 아버지의 주장과는 반대되는 것이다. 엄한 아버지 모델의
그런 주장은 그릇된 것임을 연구결과는 보여준다.

자애로운 부모 모델은 격려와 존중, 그리고 아이들의 이야기를 진지하게 들어줌으로써 아이로 하여금 자아 주관을 연습하고, 자신 있게 행동하고, 높은 자존심을 가지게 된다고 주장한다. 그리고 연구결과에서도 그런 전략은 효과가 있음을 가리킨다. 여기에서 다시, 엄한 아버지가 이야기하는 것과는 반대되는 결과가 나타난다.

자애로운 부모 모델은 아이들이 자신이 해야 될 일에 대해 그 이유를 공개적으로 논의하고, 그들의 행동이 다른 사람들에게 어떤 영향을 미치게 될지에 대해 설명을 듣게 되면, 사회적으로 책임감 있는 아이가 된다고 이야기한다. 여기에서도 그 주장은 옳다. 간단히 말해서, 권위주의자(엄한 아버지) 모델은 아이 양육에 있어서 아주 잘못되었고, 권위 있는(자애로운 부모) 모델은 매우 효과적이라는 것이다.

권위 있는 모델과 조화로운 모델의 효력 사이에는 비교적 조그만 차이가 있다. '바움린드는 조화로운 가정 출신의 아이들은 권위 있는 가정 출신의 아이들과 비교하여 사회적 책임을 다하는 데 비해 자기주장이 덜 하다'고 보고한다. <sup>참고 82, Baumrind, 1991, p.364</sup>

덧붙여 말하면, 다이애나 바움린드의 범주화에는 다른 두 모델, 관대하고 허용해주는 모델과 무관심·무개입 모델을 포함한다. 이 두 모델은 엄한 아버지 모델이 자애로운 부모 모델로 오해하는 모델이다. 엄한 아버지 모델의 지지자들은 자기들과 같이 고통스러운 징벌에 의해 강화되는 무조건적인 순종과 같은 중대 사항을 가지고 있지 않은 모든 육아법을 하나로 뭉뚱그리는 실수를 저지르는 경향이 있다. 그들은 자신과 다른 모든 것을 태만과 방종일 뿐이라고 간주한다. 그들은 자애로운 부모 모델을 진지하게 고려해보려고도 하지 않는다.

연구결과를 보니, 태만과 방종은 엄한 아버지와 자애로운 부모 모델 모두가 예상하는 것과 같은 결과를 낳았다. 여기에 그 두 가지 모델을 소개한다.

**관대하고, 허용해주는 모델**

1. 성적이고 공격적인 충동을 포함한 아이의 충동에 대해 관대하게 받아들이는 태도를 취한다.
2. 처벌을 최소화하고, 가능하다면 언제든지 권위를 내세우거나 통제와 제한을 부여하는 것을 피하려고 한다.
3. 성숙한 행동을 위하여 가능한 한 최소의 요구를 한다(예를 들면 '예의를 지켜라' '숙제를 하라' 등).
4. 아이들에게 행동을 스스로 통제하고, 가능하면 스스로 결정하도록 해준다.
5. 아이의 시간표를 관리하는 몇 가지 규칙을 가진다(취침시간, 식사시간, TV 보는 시간 등).

**무관심-무개입 모델**

1. 불편함을 회피하려는 행동 성향이 있다.
2. 아이의 요구를 끝내기 위해 요구가 있으면 무조건 즉시 들어준다.

## 3. 심리적으로 도움이 되지 못하는 존재이다.

맥코비와 마틴은 무관심-무개입 모델에 대해 다음과 같은 사항을 발견했다.

아동들이 충동적이고, 공격적이고, 독립심이 결여되거나 책임을 수행하는 능력이 약하게 되는 것과 관련지어 보면, 이 양육법은 전체적으로 긍정적인 영향보다는 부정적인 영향이 큰 것으로 나타났다. 참고 B2, Maccoby & Martin, p.45~46

무관심-무개입 모델에서의 발견은 다음과 같다. 심리적으로 도움이 되지 못하는 어머니 슬하의 아이는 두 살이 됐을 때 부모로부터 냉대 받으며 자란 다른 아이들보다 심리적 기능이 모든 측면에서 부족하다는 것이 드러났다. 네 살에서 다섯 살 반에 이르면, 부모의 무개입은 공격성과 불순종 등에 관련을 갖게 된다. 열네 살이 되면 상황은 더욱 악화된다.

그런 아이들은 충동적이고(집중력의 결여라는 관점에서 우울해하고, 돈을 저축하기보다는 빠르게 낭비하고, 분노의 폭발을 조절하지 못한다), 학교 다니는 것에 흥미를 잃고, 거리나 디스코텍 같은 데서 시간을 보낼 가능성이 많다. 여기에 더하여, 그들의 친구들은 그들의 부모로부터 호감을 사지 못한다. 그들은 어린 나이에 술을 마시고 담배를 피우며 이성교제를 하는 경향이 높다. 이런 성향은

20세가 되었을 때까지도 계속된다. 이윽고 성년이 되면 그들은 향락주의자가 되고, 좌절과 감정조절을 위한 인내심을 찾아볼 수 없으며, 장기적인 목표를 갖지 못하고, 지나치게 술을 마시며, 사법기관에 자주 체포되는 기록을 남기게 될 가능성이 크다.

또한 그들은 강한 성취동기를 가지거나 장래를 준비할 가능성이 적다. 이런 발견은 권위주의자나 권위 있는 부모, 혹은 조화로운 부모 슬하의 자녀들에게서 찾아볼 수 있다 하더라도 놀랄 일은 아니다.

그러나 권위 있는 모델로부터 권위주의자를 구분할 수 있도록 해주는 발견 사항은, 비록 무관심-무개입 모델이 더 심하긴 하지만, 엄한 아버지 모델이 철저하게 실패했음을 가리키기 때문에 엄한 아버지 모델의 지지자들은 극단적으로 혼란스러울 것이다.

이런 종류의 연구는 그 무엇도 최종적인 것은 아니다. 책임 있는 과학자라면 위에서 살펴본 그 무엇이든 절대적 진리로 증명되었다고 이야기하지는 않을 것이다. 그 모든 것은 좀 더 정교하고, 광범위하고, 확인하고, 통합되어야할 필요가 있다. 철저한 확인을 위해서 다른 연구 패러다임도 개발되어야 할 필요가 있다. 그 어떤 과학적인 연구에도 그런 태도를 갖는 것이 옳다. 그럼에도 연구결과들이 가리키는 방향은 의심의 여지가 없다. 발견된 사항들은 임의로 선택한 것이 아니라 각각의 상황에서 가장 일반적인 사항들이다. 그런 사항들은 명확한 형태를 이루고, 지금 우리가 살펴보려고 하는 다른 발견들과도 부합된다.

## 순종, 징벌 그리고 폭력

이제 아이에게 가해지는 육체적 징벌의 효과에 대해 알아보자. 이 연구결과도 엄한 아버지 모델의 지지자들에게 위안을 주지 못한다. 주요한 연구결과에서, 아이들에게 가해지는 엄한 부모의 고통스러운 신체적 처벌은 성장한 다음에 가정폭력, 공격성, 그리고 인생에서의 비행으로 이어짐을 가리킨다.

리처드 젤리스Richard Gelles의 《폭력으로 물든 가정The Violent Home》 참고 B5, 1974을 살펴보자. 뉴햄프셔 공동체에서의 인터뷰를 근거로 한 이 연구는, 그곳의 가정에서 엄청난 수준의 육체적 폭력이 행해지고 있다는 놀라운 사실을 보여준다. 젤리스는 응답자들 중에서 배우자를 향한 폭력적 행동을 저지르는 사람들은 부부 간의 폭력에 노출되어 있었으며, 어린시절에는 자주 부모의 폭력 행사의 희생자가 되었음을 보여준다. 젤리스는 '어린이들이 폭력에 노출되거나, 폭력행위의 희생자가 되게 하고, 또 폭력행동을 범하는 전후맥락을 배우게 함으로써 가정이 폭력을 위한 기본 훈련장 역할을 하고 있다'는 것을 확신하게 되었다. 가정은 여러 상황에서의 가족 구성원에 대한 폭력에 동의하는 규범과 가치 체계에 의해 아이들에게 폭력을 가르친다는 것이다. Gelles, p.58~78, 그 외 여러 곳

이런 관찰은 머레이 스트라우스Murray Straus, 리처드 젤리스, 수잔 스타인메츠Suzanne Steinmetz의 공저 《닫힌 문 뒤에서 : 미국 가정에서의 폭력Behind Closed Doors : Violence in the American Family》 B5, 1981에 의해 확인되었다. 저자는 미국 전체 가정의 절반에 달하는 가정에

서 모종의 가정폭력이 행해지고 있음을 발견했다. 그들은 육체적 처벌은 폭력으로써, 장차 배우자 간의 더 큰 폭력으로 이어진다고 주장한다. 리처드 젤리스와 머레이 스트라우스는 공저 《부부 간의 폭력Intimate Violence》[B5, 1988]에서 다음과 같이 결론지었다. '가정폭력의 원인과 결과에 관한 20년간에 걸친 연구에서, 우리 사회가 진정으로 부부 간의 폭력 예방을 원한다면 아이를 때리는 처벌에 대한 믿음을 포기해야만 된다고 확신하게 되었다(p.197).'

또 스트라우스와 젤리스, 스타인메츠는 다음과 같이 결론지었다. '10대 때 큰 징벌을 경험했던 사람들은 때리지 않는 부모 슬하에서 자란 사람들보다 아내나 남편을 구타하는 비율이 4배나 높았다(p.3).' 같은 방향을 가리키는 많은 연구들은 참고(B5)에 소개되어 있다. 이런 연구들과 근본주의 개신교에서의 육체적 징벌 사이의 관계는 필립 그리븐Philip Greven의 중요한 저서 《아이들을 소중하게Spare the Child》의 주제이다.

상기한 바와 같이, 엄한 아버지 모델 대 자애로운 부모 모델을 비교해가며 그 장단점을 철저히 파악하기 위해서는 최소한 책 한 권 전체가 필요하다. 그러나 이제까지 내가 읽어본 책들과 그런 연구를 수행하던 전문가들과의 대화에서 내가 발견할 수 있었던 바에 의하면, 패러다임이 각기 다른 연구였지만 결과는 한 방향을 가리킨다는 것을 확인할 수 있었다. 엄한 아버지 모델은 아이들에게 나쁘고, 부모의 의도와는 다른 결과를 낳게 될 경향을 보이는 것이다. 반면에 자애로운 부모 모델은 매우 좋은 효과를 보여준다.

## 육아 교본의 주류

육아에 관한 주류의 책들은 우연하게도 이 모든 연구결과를 반영한다. 그런 책들 중 상당수는 벤저민 스포크Benjamin Spock의 학설에 따른 유능한 소아과 전문의들의 저서이다. 그들은 아이들의 발달 상황을 연구하고, 최근의 발견 상황에 정통하며, 실제 아이들을 오랜 기간에 걸쳐 치료하면서 그들 나름의 연구를 수행했다. 일반서점의 육아코너를 살펴보기만 해도 방종하거나 태만히 하는 부모가 아닌, 진정한 자애로운 부모가 되는 방법에 관한 저서를 얼마든지 찾아볼 수 있다.

그 좋은 예가 이 나라에서 가장 유명하고 또 존경받는 소아과 전문의인 의학박사 배리 브라젤톤Berry Brazelton의 저서이자 베스트셀러인 《터치포인트Touchpoints》이다. 아이들의 발달기에 거의 관심을 보이지 않는 근본주의 기독교인들의 교본과는 달리, 브라젤톤 박사의 저서는 감정이입을 시행하는 자애로운 부모라면 모두가, 아이들이 각 단계를 지나며 할 수 있는 것과 어려워하는 것에 대해 가능한 한 모든 것을 알려고 노력한다는 점에 맞추어 아이들 발달의 각 단계에 지대한 관심을 기울였다. 브라젤톤은 훈계에 대한 부분에서 다음과 같이 기술했다.

각각의 발달 단계에서 공격적으로, 혹은 통제를 벗어난 것으로 보이는 다양한 행동이 나타난다. 하지만 그것은 실제로는 자연스러운 행동이다. 이 탐구기에 아이의 그런 태도에 과민반응을 보이면 그 결과는 그 행동을 강화해주는 것이 될 수도 있다. <sup>참고 B4, Brazelton, 255</sup>

브라젤톤은 훈계 부분을 다음과 같이 시작한다. '훈계는 사랑 다음으로 부모가 아이에게 주는 두 번째로 중요한 선물이다 (p.252).' 그 다음 부분은 이렇게 시작한다. '훈계는 징벌이 아니라 가르침을 의미한다.' 그리고 그는 각 발달 단계에서의 자연스러운 공격적 행동의 목록을 제공한다. 브라젤톤은 18개월에서(제임스 돕슨은 18개월을 고통스러운 징벌과 육체적 훈련이 시작되는 때라고 말했다) 30개월 사이의 아이에 관해 다음과 같은 점들을 관찰했다.

이 나이에서 화를 내거나 부정적인 행동이 나타난다. 까다롭고 자연적인 독립요구가 2~3년차에 파상적으로 밀려온다. 아이는 당신으로부터 떨어져서 스스로 결정하는 것을 배우려 한다. 분노를 피하는 것은 가능하지 않다. 그러므로 쓸데없는 노력을 하지 말라. 당신이 오래 개입할수록 아이들의 분노는 오래 지속된다. 이 때 가끔은 아이에게 위험이 없다는 점을 확인한 후에 방을 나오는 것이 현명한 태도이다. 아이가 말을 알아들을 수 있을 때가 되면, 아이가 두 살이나 세 살이 되었을 때 자기 마음대로 할 수 없을 때면 얼마나 힘들어하는지 당신이 잘 이해한다는 행동을 보여주라. 그러나 아이에게 곧 알게 되리라는 점과, 그동안에는 자제력을 잃어도 괜찮다는 것을 알게 해주라.

아이의 의지를 꺾기 위해 벨트나 회초리를 사용하는 것은 전혀 다른 이야기이다. 육체적 징벌에 대해 브라젤톤은 뭐라고 말했는가?

육체적 징벌은 매우 현실적인 불리함이 있다. 아이로 하여금 당신이 자제력을 잃고, 육체적으로 공격적인 행동을 하는 것을 보는 것이 무엇을 의미하는지를 잊지 말라.

폭력은 폭력을 낳는다는 사실과 그 이유를 설명해주는 것은 놀랄 정도로 분명한 방법이다. 브라젤톤이 훈육을 믿지 않기 때문이 아니다. 그는 많은 시간을 바쳐 아이들의 발달 시기에 맞는 훈육이 무엇인지, 그리고 육체적 징벌이 훈육이 아님을 연구했다. 아이에게서 나타나는 무의식적인 행동 중에 어떤 행동이 자연스러운 것인지, 반응하면서도 과잉반응을 보이지 않으려면 어떻게 해야 되는지, 아이에게 자신이 공격적으로 행동했다는 점을 이해시키기 위해 어떻게 말해주어야 되는지를 알고, 아이가 따를 수 있는 사랑과 단호함이 포함된 모델을 제공해주고, 아이의 조언을 구하고 또 그것을 받아들이며, 항상 큰 따뜻함과 사랑을 제공하는 것이 중요하다.

만약 긍정적인 비非징벌 훈련에 관해 브라젤톤의 저서만으로 충분하지 않다면, 그 주제에 관한 모든 요소를 다룬 제인 넬슨Jane Nelsen, 린 로트Lynn Lott, 그리고 스티븐 글렌Stephen Glenn 공저인《긍정적인 훈련, A에서 Z까지Positive Discipline A-Z》를 참고하라.참고 B4 자애로운 부모는 훈련을 무시한다는 의미가 아니다. 다만 자애로운 부모에게서는 훈련이 양육에서 나온다는 의미이다. 그러나 그러기 위해서는 많은 감정이입과 상호교류가 필요하다. 아이를 회초리나 벨트로 때리는 것은 훨씬 쉽다. 그러나 그것은 재앙을 부르는 교육방법이다.

만약 서점들이 좋은 길잡이가 되어준다면, 자애로운 양육법은 만개한 상태로 오래오래 지속될 것이다. 그것은 진보주의자들이 잔치를 벌여야할 사항이 되어주기도 한다. 곧 직관적으로 자애로운 부모 도덕과 진보주의 정치의 기반을 이해하는 부모와 아이가 많음을 의미하기 때문이다.

## 육아와 정치

자애로운 부모 육아법은 엄한 아버지 육아법보다 우월하다. 그러나 그 자체로는 진보주의 정치가 보수주의 정치보다 우월하다는 점을 보여주지는 못한다. 예를 들면, 당신은 가정생활을 위해서 자애로운 부모 모델을 선택하면서도, 정치를 위해서는 엄한 아버지 모델을 선택할 수 있다.

그렇다 해도 거기에는 한 가지 문제가 있다. 엄한 아버지 모델은 그 의도와는 달리 육아의 초기단계에서는 효과가 없다. 그것은 인간의 본성을 기반으로 했기 때문에 우월하다고 주장하기도 했지만 결국 그 주장은 그릇된 것임이 증명되었다.

엄한 아버지 모델의 정치로의 비유적 적용은, 엄한 아버지 모델은 육아에 효과적이라는 가설을 근거로, 특히 인간의 본성을 고려하면 효과적이라는 가설을 근거로 적용된다. 그러나 엄한 아버지 모델은 육아의 경우에 있어서도 인간의 본성에 관해 틀렸으므로, 정치의 경우에 있어서도 인간의 본성에 관한 가설이 옳을 것이라고 생각해야 될 이유는 되지 못한다. 진실로 엄한 아버지의 인간 본성에 대한 시각은 육아에서 실패한 것과 같이 정치에서도 형편없이 실패하리라고 생각하게 만드는 이유가 된다.

그것을 우리는 다음 장에서 보게 될 것이다.

# 인간의 정신
### The Human Mind

엄한 아버지 도덕은 아이를 키우는 일과 동떨어져 있을 뿐만 아니라 그보다 더욱 심각한 문제를 안고 있다. 그것은 인간 정신의 현실과도 동떨어져 있는 것이다.

그 이유를 살펴보기 위해서, 먼저 엄한 아버지 도덕에 의해 작성된 열 가지 심오하고 필수적인 가설을 살펴보고, 그 후에 그런 가설이 유지될 수 있으려면 인간의 정신이 어떠해야 되는지를 살펴보기로 하자. 여기에 그들이 설정한 가설을 소개한다.

모든 문화권과 인간 발달의 모든 단계에서 옳고 그름을 구체적으로 정한, 일반적이고 절대적이고 엄밀한 일련의 규칙이 있다.

만약 이것이 사실이 아니라면 엄밀한 도덕적 경계는 존재할 수 없고, 우리 모두가 따라야 할 하나뿐인 곧고 좁은 길도 없을 것이며, 절대적인 도덕적 기준도 없을 것이다. 이것이 보수주의자들이 그들의 주장을 부정하고, 다른 규칙과 기준을 가진 다른 문화를 유지하는 다문화주의를 용납하지 못하는 이유이다. 보수주의자들이 절대적인 규칙과 기준을 부정하는 것은, 도덕적 규칙과 기준이라는 것이 아예 없는 것이라고 결정해버린다. 그들이 보는 유일한 가능성은 도덕적 절대주의 아니면 혼란이다. 우리는 이어지는 부분에서 그런 이분법은 옳지 않다는 것을 보게 될 것이다.

그런 각각의 규칙은 고정되어 있고, 모호한 데라곤 없이 명확하며, 변치 않고 바로 해석할 수 있는 의미를 가지고 있다.

만약 상당한 가변성을 가진 규칙이라면 도덕적 경계와 기준은 엄밀한 것이 아니고, '같은' 규칙이 합법적으로 각기 다른 사람들에게 각기 다른 의미를 가질 수 있다. 만약 사람들이 '그' 규칙을 같은 방식으로 이해하지 않는다면 '그' 규칙이라는 것은 존재하지도 않고 그저 각기 다른 이해가 존재할 뿐이다. 만약 그 규칙이 바로 해석되지 않는다면, 도덕적 기준으로 간주되는 것은 해석의 대상이 된다. 그리고 그것은 절대적일 수 없다는 의미이다.

각각의 도덕적 기준은 글자 그대로여야 한다.
그러므로 오직 글자 그대로의 개념에 따라 이용되어야 한다.

만약 도덕적 규칙이 비유적이라면, 그것은 직접 해석되지는 않는다. 그것을 따르는 방법을 알기 위해서는 누군가 비유적 해석을 공급해주어야 된다. 그러나 각기 다른 비유적 해석이 가능하므로 그 규칙은 고정된 것도 아니고, 절대적인 것도 아니다.

각각의 사람은 도덕적 규칙의 고정되고 명확하고 흔들리지 않는 의미에 접근해왔다.

만약 어떤 사람이 어떤 규칙이 무엇을 의미하는지 정확하게 이해할 수 없다면, 불순종에 대한 징벌도 그 사람을 그 규칙에 따르도록 할 수는 없다.

각각의 규칙은 일반적이다. 그것은 각각의 규칙을 구체적인 사람이나 행동에만 적용하려는 것이 아니라, 사람들과 행동의 전체 범주에 적용하려는 것이다.

규칙은 만약 그것이 구체적인 개별적 사람이나 행동에 관한 것이라면, 일반적 도덕기준을 정의할 수 없다. 그것은 특정 범주의 사람들과 특정한 범주의 행동에 관계된 것이라야 한다.

각각의 규칙에서 언급된 카테고리는 항상, 그리고 모든 문화권에서 같은 고정된 정의와 정확한 경계를 가져야한다.

카테고리 범주의 정의가 절대적으로 고정된 것이 아니라면, 규칙의 의미는 사람과 시간과 문화에 따라 변화될 수 있다. 그렇다면 그것은 절대적인 것이 아니다. 카테고리의 경계가 정확하지 않다면 그 도덕적 기준은 명확하지 않을 것이며, 사람들은 옳고 그른 것을 정확히 알 수 없을 것이다.

이것은 매우 중요한 문제이다. 도덕적 절대론은 개념적 절대론을 요구한다. 만약 의미의 가변성이 개념 속에 본래부터 내재한다면, 그런 개념을 사용한 규칙은 의미의 동일한 가변성의 조건이 된다. 그리고 만약 그런 일이 일어나면, 절대적이고 일반적인 도덕적 규칙이라는 아이디어는 불가능한 것이 되고 만다.

모든 사람은 어떤 규칙을 따를지, 혹은 따르지 않을지를 자유의지로 결정하기 위해 그 규칙을 이해할 수 있어야 한다.

만약 당신이 그 일이 무엇인지 모르는 일이라면, 그 일을 할 것인지 말 것인지를 자유롭게 선택할 수 없다.

법률을 집행해야 할 책임이 있는 합법적인 권위자로부터 그 규정을 준수해야만 할 의무가 있는 사람들에게까지 이런 규칙 등은 완벽하게 전달될 수 있어야 한다. 그리고 전달된 바와 이해되는 바 사이에는 어떤 다양함도 존재해서는 안 된다.

만약 누군가가 당신이 명령하며 의도했던 의미에 대해 당신과는 다른 생각을 가졌다면, 그 사람은 당신의 명령에 따를 수 없다.

사람들은 보상을 받고 징벌을 피하기 위해 하고 싶지 않은 일을 한다. 이것이 인간의 본성이고, 그것이 '합리적' 존재가 되는 의미의 한 부분이다.

규칙에 따르거나, 따르지 않는 것에 대해 보상하거나 벌을 준다는 아이디어는 그것이 진실이냐 아니냐 하는 점에 따라 달라진다. 만약 그것이 진실이 아니라면 규칙을 깨뜨린 것에 대해 사람을 징벌하고, 그것을 따른 것에 대해 보상해주는 것은 아무런 효과도 없을 것이다. 그런 효과가 없다면 권위는 깨져버린다.

그러나 이것이 진실이 되기 위해서 사람들은 무엇이 보상을 구성하는지, 그리고 무엇이 징벌을 구성하는지 정확히 이해할 수 있어야 한다. 보상과 징벌에 관련하여 의미가 변화하는 일은 절대 있어서는 안 된다.

여기에서 우리는 다시 의미의 불변성으로 돌아간다. 징벌의 의미, 그 자체가 명확하지 않다면 벌을 부과하는 것은 전혀 합리적이지 않다. 만약 징벌에 담긴 아이디어가 본질적으로 변화할 수 있다면, 당신이 벌이라고 생각하는 것이 다른 사람에게는 중립적인 것으로, 혹은 보상으로까지 이해될 수 있다. 브레어 토끼와 찔레 숲을 잊지 말라.*

아래에 말하는 것들은 엄한 아버지 도덕이 존속하기 위해서는 인간들이 기능을 발휘하지 않으면 안되는 과정에서 요구되는 최소한의 조건이다. 만약 이런 조건이 모두 충족되지 못한다면 그 도덕 시스템에는 모순이 생기게 된다. 예를 들면, 사람들이 일반적으로 보상과 징벌에 의해 움직이는 것이 아니라고 가정해보라. 그렇다면 징벌의 위협은 억지력이 되지 못하고, 보상 또한 인센티브가 되지도 못한다. 보상과 징벌 없이 사람의 행동을 이끈다면 엄한 아버지 도덕은 움직일 수도 없다.

간단히 말해서 엄한 아버지 도덕은 한 형태의 행동주의와 함께 완벽하고 엄밀하고 충실한 의사소통을 요구한다. 그러므로 엄한 아버지 도덕은 인간의 정신과 인간의 행동이 충족시켜야 하는 네 가지 조건을 요구한다.

1. **절대적 범주화** : 모든 것은 한 범주 안에 포함되거나 포함되지 않는다.
2. **문자주의** : 모든 도덕적 규칙은 글자 그대로여야 한다.
3. **완벽한 의사소통** : 듣는 사람은 말하는 사람이 전달하고자 하는 것과 정확하게 같은 의미를 받아들여야 한다.
4. **민중 행동주의** : 인간의 본성에 따라 사람들은 자연스럽고 효과적으로 보상을 받고, 징벌을 피하기 위해 행동한다.

---

◆ Remember Brer Rabbit and the briar patch, 미국 남부지방의 전통민화에 나오는 장면. 여우에게 잡혀서 생명의 위기를 느낀 토끼가 '어떤 방법으로든 나를 죽여서 구워먹어도 좋지만, 제발 저 찔레밭 속으로 던지지만 말아 달라'고 열심히 빈다. 그 말을 들은 여우는 토끼를 찔레밭으로 던지는 것이 토끼에게는 최고의 벌이라고 착각하여 결국 그 속으로 토끼를 던져버린다. 그런데 나중에 알고 보니, 찔레밭은 토끼의 고향이었다. 이 얘기는 여우에게 잡혀 위험에 빠진 토끼가 꾀를 내어 여우를 속이고 무사히 자기 생명을 구했다는 이야기다.

인지과학은 이 모든 것이 그릇된 것임을 보여주었다. 인간의 정신은 그런 식으로 작용하지 않는다. 그리고 이 원칙들은 아주 조금씩만 틀린 것도 아닌, 모두가 엄청나게 잘못되었다. 그러나 왜 그것들이 잘못됐느냐를 알아보기 전에, 그것들이 잘못됐다는 것이 왜 중요한가를 아는 것이 더 중요하다.

## 범주화

범주로부터 시작하기로 하자. 첫째, 범주는 불명확한 것일 수 있으며, 그것의 경계 또한 모호할 수 있다. 가령, 부유한 사람은 어떤 사람들인가? 명확하게 사례를 들 수 있는 경우도 있지만, 그러나 부유한 사람과 부유하지 않은 사람을 구분하는 명확한 절대적인 수입의 선은 없다. 등급으로 나눌 수 있을까? 하지만 여기에도 명확한 경계는 없다. 물론 인위적으로 그것을 설정할 수는 있어도, 다른 사람은 또 다른 방식으로 설정할 수도 있기 때문이다.

'부유한 사람은 가난한 사람을 도와야 한다'와 같은 도덕적 규칙을 생각해보자. A라는 사람이 B라는 사람을 돕지 않았다 해도, 그 규칙을 위반했는지의 여부는 항상 명확한 것이 아니다. '부유함'과 '가난함' 같은 모호한 카테고리는 도덕 규칙에 주기적으로 나타난다. 사람은 항상 부유함과 가난함을 구분하는 선을 그을 수 있다. 이 밑으로는 가난하고, 이 선 위로는 부자라는 식으로 우리는 선을 이렇게 저렇게 그을 수는 있다. 그러나 선을 긋는 것은 해석과 신중함의 문제인데, 이런 태도를 엄밀하고 절대적인 도덕은 받아들일 수 없는 것이다.

둘째, 범주는 이 책의 초반의 '어머니' 경우에서 본 바와 같이 방사형일 수 있다. 당신이 여러 종류의 많은 어머니를 가졌다고 가정해보자. 유전적 어머니(당신을 형성한 난자를 제공한 어머니), 생모(당신을 낳아준 어머니), 당신이 태어날 때 당신의 아버지의 아내였던 어머니, 당신을 길러준 어머니, 그리고 당신의 아버지의 둘째 부인도 당신의 계모이다.

과연 당신이 '그대의 어머니를 존중하라!'는 계명을 따르고 있는지 어떻게 확신할 수 있겠는가? 어느 어머니를? 그들 모두를? 어떤 사람은 난자 기증자인 어머니를 한 번이라도 만나본 적이 없을 수도 있지 않은가.

물론 어머니의 의미는 계명의 시대 이후로 변화되었다. 이는 매우 중요한 점이다. 이런 식으로 의미는 지속적으로 변화하고 있다. 대부분의 카테고리는 방사형이다. 만약 변화를 겪고 있는 개념이 도덕적 규칙의 일부라면, 그 규칙은 명백하지도 않고 분명하지도 않다. 그러나 해석을 위한 여러 가지 가능성은 항상 존재한다. 그리고 그것은 규칙을 엄밀하지도 않고 분명하지도 않게 만든다. 게다가 규칙이 한 길만이 아니라 여러 가지 가능성 있는 길을 정의한다는 점을 의미한다.

셋째, 원형효과prototype effect가 있다. 당신은 평소에 운동선수에 대해 멍청하다는 고정관념을 가지고 있는 사람으로, 명문대학교의 입학 사정査定 책임자라고 가정해보자. 모든 고정관념이 본질적으로 그릇된 것과 같이, 물론 이러한 편견 또한 그릇된 고정관념이다. 그런 고정관념이 당신으로 하여금 그런 멍청이들을 대학에 입학시켜서는 안 된다는 도덕적 의무감을 느끼게 해준다고 가정해보자. 동창생들의 압력으로 당신이 그 운동선수의 입학을 허용했다고 가정해보자. 당신은 스스로 부과한 도덕적 의무를 위반한 것일까?

문제는 이것이다. 규칙은 범주를(여기에서는 멍청한 사람들) 포함한다. 사람들은 일반적으로 그들 나름대로 수천 가지의 고정관념을 가진다. 사람들이 고정관념에 비추어 생각하는 것은 전적으로 자연스럽다(비록 좋지는 않을지라도). 다른 사람은 다른 고정관념을 가졌기 때문에, 그들은 한 범주를 다르게 이해하고 다르게 결론짓는다. 이것은 사람들이 그 범주를 포함하는 도덕적 규칙을 다르게 이해한다는 의미이다. 간단히 말해서, 사람들이 실제로 범주에 관해서는 고정관념에 근거하여 생각한다는 사실은, 규칙의 의미는 사람이나 경우에 따라 변화하지 않아야 한다는 조건을 위반하는 것이다. 정신은 그런 식으로 작용하지 않는다.

부언하면, 고정관념기반 추론stereotype-based reasoning은 훨씬 더 널리 퍼진 '원형기반 추론prototype-based reasoning'이라는 현상의 한 가지일 뿐이다. 우리는 이 책에서 원형기반 추론의 다른 예를 보았다. 추론의 한 가지 형태는 보수주의자, 혹은 진보주의자를 생각할 때 보수주의와 진보주의의 이상적인 모델의 견지에서 생각하는 것과 같이 이상적인 경우의 견지에서 추론하는 것이다. 논리적 사고의 다른 타입은 악마의, 혹은 반이상反理想의 견지에서 생각하는 것이다. 우리는 이 책 전체를 통해 악마기반 추론demon-based reasoning의 사례를 충분히 보아왔다. 다른 사례는 범주 전체를 대표하여 가장 잘 알려진 사례를 이용하는 '두드러지는 모범'이라고 일컫는 추론이다. 이것은 정치적 도덕적 담론을 통하여 보편적으로 나타난다.

모호한 범주, 방사형 범주, 원형, 틀(고정관념), 그리고 다른 원형기반 추론은 모두가 의미의 가변성을 일러주고 있는데, 이러한 방사형 추론은 상당부분 범주들이 시간의 흐름과 함께 변화하기 때문에 나타나는 것이다. 그리고 그것이 시간을 넘어 확장되는 것은 가끔 방사형 범주 구조 내에서 보존된다.

## 형태 정하기

'제3의 틀 잡기' 가능성은 일상적 변화의 형태에 의미를 제공한다. 내 동료인 찰스 필모어Charles Fillmore가 제공한 사례를 살펴보자.[참고 A3] 당신의 친구 중에 돈 쓰는 것을 좋아하지 않는 해리라는 친구가 있다고 가정해보자. 당신은 그 친구를 두 가지 다른 방식으로 개념화하고 설명할 수 있다. 당신은 "그 사람은 검소해"라고, 혹은 "그 사람은 구두쇠야"라고 이야기할 수 있다. 두 문장 모두 그가 돈을 많이 쓰지 않는다는 것을 의미한다. 그러나 첫 번째 형태 정하기(검소하다)는 재원의 보존이라는 논점에 비추어 결정된다. 반면에 두 번째 형태 정하기(구두쇠)는 관대함이라는 논점에 비추어 결정된다.

다음과 같은 주문呪文을 생각해보라. 즉 '가능한 한 돈을 적게 사용하라.' 이것은 하원에 보낼 균형예산 수정안에 첨부된 주문이다. 이 주문을 해석하는 데는 세 가지 방식이 있다. '검소해라' '인색해라', 혹은 그 두 가지를 모두 포함한다. 진보주의자들은 정부가 검소하되 인색해서는 안 된다고 주장한다. 보수주의자들은 엄한 아버지 도덕에 근거하여 정부의 기금을 삭감하는 것은 사람들을 자제와 자립으로 이끌기 때문에 그것은 사람들을 위해 오히려 좋은 것이라며, 정부의 검소함은 절대로 인색함이 될 수 없다고 주장한다.

매우 현실적인 그런 주문의 요점은 형태 정하기에 따라 두 가지로 해석될 수 있다. 더욱이 우리가 이 책 전체를 통해 보았듯이 형태의 의미는 세계관에 따라 달라진다. 그러나 엄한 아버지 도덕은 형태 정하기와 세계관의 다름이 존재하지도 않고, 존재할 수도 없는 인간 정신에 대한 시각을 요구한다. 도덕적 규칙은, 도덕적 규칙이 되기 위해서는 모든 사람에게 같은 방식으로 이해되어야 한다. 각기 다른 세계관과 각기 다른 형태 정하기의 방식은 그것이 그릇된 것임을 보여준다. 그런 형태 정하기의 차이와 세계관의 차이인 인간 정신은 실제로 존재하며, 그것도 여기저기에 미미하게 존재하는 것이 아니라 현실적으로 매우 당당하게 존재하고 있다. '아기를 살해하지 말라!'라는 금지령은 경구피임약 복용에 적용될 수도 있고, 그렇지 않을 수도 있다. 그것은 '세포 무리'를 아기로 규정하고, 피임약 복용을 '살인행위'로 형태를 정할 것인가에 따라 달라진다.

형태 정하기와 세계관의 차이, 그리고 범주의 항목(모호함, 방사형 구조, 원형)에 따라 달라지는 의미의 가변성은 자연스럽고 일상적인 인간의 추론에 거대한 의미의 가변성을 야기시켜, 엄한 아버지 모델과 합치되는 데 필요로 하는 조건은 충족되지 않는다.


## 보상과 징벌

이런 가변성은 보상과 징벌을 이해하는 데에서도 나타난다. 당신이 보상 혹은 징벌을 구체화할 때마다 당신은 같은 종류의 의미의 가변성을 사용한다. 이것은 보상과 징벌은 그 자체 의미 내에서 달라짐을 의미한다. '브레어 토끼' 도덕을 잊지 말라. 토끼가 찔레 숲에 던져졌을 때 그것은 다른 사람들에게는 징벌을 의미하겠지만 그에게는 보상이 된다.

대니얼 카너먼Daniel Kahneman, 에이모스 트베르스키Amos Tversky, 그리고 몇몇 공동연구원들은 20년간에 걸친 대규모 연구를 통하여,참고 A5 사람들이 민중행동론에 의하여 그들의 최선의 관심사는 무엇일지를 객관적으로 특징짓는, 즉 무엇이 처벌이고 보상인지를 생각하는 행동이론에 따라 움직이지 않는다는 점을 상세히 설명했다. 그들의 실험은 사례별로, 사람들은 자신에게 상당히 큰 의미를 가질 때도 그런 식으로 판단하지 않는다는 점을 보여주었다. 가끔 실패의 원천은 합리적인 형태의—사람들과 사건의 범주를 이해하는 데 영향을 끼치는, 그리고 단순한 가능성에 대한 판단에까지 영향을 미치는—원형에 근거한 판단, 선택할 수 있는 형태 정하기, 세계관의 차이와 관련되는 합리성에 따른 보상과 징벌을 결정하기 위해 다른 형태의 논리를 이용하기 때문이다.

명확하고 흔들림 없는 보상과 징벌을 최대화하는 데 있어서, 사람들은 항상 혹은 근본적으로 합리적인 생각을 못하고 있는 게 사실이다. 그 사실은 엄한 아버지 도덕의 기반이 되어주는 보상과 징벌로서의 도덕의 원칙을 갉아먹는다. 만약 징벌이 항상 징벌로 이해되지 않는다면, 혹은 징벌이 일반적으로 사람들의 행동을 위한 기반이 되지 않는다면 엄한 아버지 패러다임 전체가 침식된다. 권위에 대한 정확한 순종을 위해 징벌을 사용하고, 그리하여 절제와 자립을 세우려하는 일은 애당초 작동하지 않는다. 그리고 우리가 마지막 장에서 본 바와 같이, 그것은 아이를 양육하는 경우에서도 작동하지 않는다.

## 비유적 사고

우리는 이 책을 통해 사람들은 매우 많은 일들을 비유를 이용하여 개념화하는 것을 보았고, 도덕성 그 자체도 그 중의 하나이다. 개념적 비유가 큰 규모로 존재하는 것과, 도덕적 사유에서 이 비유가 지대한 역할을 하는 것은 사실이다. 범죄에 대한 처벌은 공정해야 된다는 도덕적 원칙을 예로 살펴보자. 이것은 도덕 회계 비유를 사용하도록 하며, 전 세계적으로 각기 다른 회계체계를 요구한다. 미국에서는 징벌로서 얼마나 큰 벌금이나 얼마나 오랜 기간 교도소에서의 구금생활이 적절한지를 묻는다. '안녕으로서의 부'의 비유는 도덕장부를 결산할 수 있어야 한다는 견지에서, 일종의 해로움(안녕에 대한 공격), 다른 것으로 균형을 맞추는 결산을 가능하게 해주는 보편적인 척도를 가지도록 만든다.

도덕 회계 비유는 만약 우리가 그것을 가지고 기능을 발휘하려 한다면 항상 그 이상의 해석을 요구한다. 그리고 가능한 해석이 여러 가지 존재한다는 사실은, 형벌은 공정해야만 된다는 도덕적 명령 한 가지 방식만을 따를 수 없다는 점을 의미한다. 이것은 가능한 해석을 여럿 가지기도 한다. 그런 도덕적 명령에 대한 해석의 다양성은, 도덕 규칙은 절대적이고, 일반적이고, 항상 그리고 어떤 상황에서도 진실이고, 명확하고, 흔들림 없는 의미를 가져야 한다고 주장하는 엄한 아버지 도덕의 필요를 거부한다는 의미이다. 개념적 비유의 존재만 해도, 절대적 도덕 기준의 가능성을 위반한다는 이유로 엄한 아버지 도덕의 실행을 불가능하게 만든다.


## 불완전한 의사소통

완벽한 의사소통을 논하기 위해서는 그것이 단순히 작동하지 않는다는 점을 명백히 알아야 한다. 진보주의자들과 보수주의자들 사이의 완벽한 의사소통 실패가 그 점을 명확히 보여준다. 완벽한 의사소통의 실패는 인지과학과 언어학에서 너무도 두드러지게 나타났으며, 베스트셀러가 되었던 데보라 타넨Deborah Tannen의

자기개발서 《당신은 전혀 이해하지 못하는군요You just don't under-stand》의 주제가 되기도 했다. 나의 옛 제자이며 현재는 조지타운 대학의 저명한 교수로 재직하고 있는 데보라 타넨은 사람이라는 담론의 본질과 그 어려움을 연구하는 분야의 수많은 학자들 중 한 사람이다.<sup>참고 A4</sup>

이 학문에서의 기본적인 결과들 중 한 가지는, 사람들이 간접 스피치의 각기 다른 원칙을 가진다는 것이다. 더 많은 것을 의미하면서도 도중에 말을 멈추거나 말을 적게 하여 듣는 사람들이 스스로 결론을 내리도록 해주는 그런 사람들도 있다. 반면에 핵심이 되는 부분을 절대로 놓치는 법이 없고 과장되게 말하며, 갑자기 결론을 짓고, 멈추는 법도 없이 지나치게 말을 많이 하는 사람들도 있다. 사람들은 예의바른 대화에 대해서도 제각각 다른 생각을 가지고 있다. 어떤 사람들에게 예의바름은 간접적인 태도를 의미한다. 예를 들면, 직접 요청하는 것보다 질문을 하는 것이다. 어떤 사람들에게는 예의바름이 직접적임을 의미한다. 자신이 의미하는 바를 가감 없이 정확하게 이야기하는 것이다. 그리고 일단 상세한 사항에 들어가게 되면 대화전술에서의 차이는 그보다 훨씬 더 복잡해진다. 여기에 형태 정하기, 세계관의 차이, 비유, 방사형 카테고리, 애매한 범주, 그리고 원형(근거 추론) 등의 의미를 더하면, 당신은 의사소통이 왜 완벽할 수 없는지를 이해하게 될 것이다.

그러므로 우리는 인간의 정신이 어떠해야 된다는 엄한 아버지의 요구가, 그 무엇도 실제 담론에서 인간 정신의 기능에 실질적으로 충족되는 것이 없음을 보게 된다. 엄한 아버지 도덕은 실제 정신과는 아무런 관련도 없다. 도덕적 절대성은 진실이 아니다. 개념적 절대성이 진실이 아니기 때문이다. 그리고 순종을 강조하는 도덕적 훈련은 불가능하다. 사람은 단순히 보상과 징벌에 의해 움직이는 기계가 아니기 때문이다.

## 상대주의

도덕의 절대주의 실패는 완전한 도덕적 상대주의를 의미하는가? 전혀 그렇지 않다. 개념적 절대주의의 실패가 전체 개념적 상대주의를 의미하지 않는 것과 마찬가지이다. 도덕성의 비유연구에서 우리가 본 바와 같이, 이런 비유들은 독단적인 것도 임의적인 것도 아니다. 도덕은 기본적으로 무엇인가에 의해 강하게 굳어져서 인간의 안녕을 촉진한다. 건강, 힘, 부 등 안녕의 기본형태는 도덕을 위한 비유의 가능성을 강요한다. 엄한 아버지와 자애로운 부모 모두를 포함하는 기본적인 육아의 경험까지도 도덕 시스템의 전체 형태에서 한정된 해석의 범위를 제공하는 것 같아 보인다.

정신의 구체화에 관한 인지과학의 연구는 엄청나게 많은 변화의 가능성에도 불구하고, 그 변화는 무제한적이거나 임의적인 것이 아님을 보여준다. 그것들은 우리의 생물학적 측면과 물질적 사회적 세계에서의 기능의 경험 측면에 의해 강요된다. 개념의 변형과 변화가 전체상대주의total relativism로 이어지지 않는 이유에 대한 심도 있는 논의도 참고해볼 만하다. <sup>참고 A2, Lakoff, 1987. 그리고 이 책의 18장</sup>


## 자애로운 육아와 자애로운 사회

마침내 우리는 한 가지 질문을 더 살펴보게 되었다. 개념의 다양성, 불완전한 의사소통, 그리고 민중행동주의의 존재가 자애로운 부모 도덕에 같은 문제로 이어지지 않는 이유는 무엇인가? 그 이유를 살펴보기 위해서, 잠시 아이 양육으로 돌아가기로 하자.

자애로운 부모 모델에서는 지속적인 대화, 상호교류, 그리고 토의가 매우 중요하다. 배리 브라젤톤이 《터치포인트》에서 되풀이해가며 관찰한 것처럼, 아이에게 당신은 왜 이렇게 하고 있는지를 이야기해주고, 아이의 의견을 묻고, 아이의 느낌을 묻고, 아이의 감정을 존중해주며, 아이의 제안을 받아들이는 한편으로, 아이가 더 좋은 제안을 하기 전까지는 당신이 해야 될 필요가 있다고 생각하는 바를 유지해야 한다. 이 과정은 지속적인 의사소통과 의미의 협상을 요구한다. 의미는 달라지고, 의사소통은 불완전할 것임을 가정하고서 말이다. 만약 당신이 의사소통을 계속하고, 의사소통의 실패를 주목하고, 쌍방에게 존중과 호의를 돌리고 의사소통을 계속하면, 당신은 의사소통의 차이와 의미의 다양성이 그렇게 많이 나타나지 않거나, 혹은 그리 큰 문제가 되지 않는 시점에 도달하게 될 것이다. 이 의사소통이 지속되도록 해주는 것은 안정된 애착, 애정과 애정 어린 행동, 상호존중, 감정이입, 헌신, 명확한 기대감, 그리고 신뢰이다. 이것은 육아에만 영향을 미치는 것이 아니라 일반적인 인간의 상호교류에도 적용될 수 있다. 이것이 의미 변화와 불완전한 의사소통을 극복해주는 것이다.

엄한 아버지 모델의 엄한 규칙을 대신해주는 것은 명확한 기대감과 감정이입이다. 보상과 징벌을 대신해주는 것은 상호 의존과 의사소통, 그리고 함께 살고 있는 사람과의 애정 어린 연결이 유지되기를 진심으로 바라는 것이다.

## 어려움을 직시하라

그렇지만 당신이 속한 공동체의 어떤 사람이 당신을 지배하기를 원하거나, 당신 혹은 다른 누군가와의 애정 어린 연결을 느낄 수 없다면 어떤 일이 일어나는가? 지금까지의 유일한 대답은 자애로운 공동체를 세우기 위해 당신이 할 수 있는 일을 다하고, 오랜 시간에 걸쳐 다른 사람에게로 그것을 확장하는 것이다. 그것은 어려운 일인데다 오랜 시간과 큰 헌신, 그리고 많은 의사소통을 요구한다. 그러나 일반적인 자애로운 모델은 따르기 어렵고, 오랜 시간을 필요로 하며, 큰 헌신과 많은 의사소통을 필요로 한다. 육아와 마찬가지로 이 또한 다른 쉬운 방법은 없다. 그러나 엄한 아버지 모델은 절대로 대안적 방법이 되지 못한다.

여기에서도 자애로운 가정생활을 창조하는 것과 같이 쉽고 빠르게 자애로운 사회를 창조하기를 기대하는 것은 터무니없는 태도이다. 인내심을 가지고 좌절에 맞설 준비를 해야만 한다. 그리고 행복과 자기양육으로서의 도덕을 항상 염두에 두어야 한다.

좌절이 닥쳤을 때엔 기본적으로 행복하게 되는 방법을 찾아야 하고 당신 자신을 보살펴야 한다. 만약 그렇지 못하다면 당신은 덜 자애롭게 된다.

여성은 역사적으로 자애로움이 인생을 살아가는 방법이라는 것을 깨닫고 있다. 많은 남성들은 그들의 어머니, 그리고 자애로운 아버지를 통해 그것을 본능적으로 배웠다. 그러나 현대는 어렵기만 하다. 상당부분 권위주의자나 태만한 부모에 의해 양육된 사람들로 이루어져 있는 미국은 자애로운 사회를 창조하는 도전을 감행해야 한다. 미국은 두 도덕 세계 사이에 놓여있지만, 선택해야 될 사회는 단 하나뿐이다.

# 23

# 기본적 인간성

## Basic Humanity

  개념적 비유는 도덕적 이해와 도덕적 논리의 중심이다. 유대 기독교의 도덕은 도덕적 부채를 갚을 수 있고, 도덕 장부를 결산하며, 도덕적 부채를 청산하고, 그리하여 천국이라는 보상을 얻는다는 아이디어를 허용해준 기반이 되는 '안녕으로서의 부' 비유를 요구한다.

  올바름으로서의 도덕과 힘으로서의 악에 대한 이해 없이는 도덕적 실패를 타락으로, 도덕의 유지를 악에 맞서는 것으로, 도덕적 힘을 쌓는 것은 절제와 극기를 요구한다고 개념화할 수 없다. 도덕을 건강으로, 비도덕을 질병으로 이해하지 않고서는, 비도덕이 전염병을 퍼뜨릴 가능성이 있으므로 비도덕적인 사람과의 접촉을 회피해야 되고 혹은 그런 사람들을 쓸어내야 된다고 개념화할 수 없다. 만약 우리가 도덕을 완전함으로 개념화하지 않는다면 도덕적 가치의 붕괴에 관해, 우리의 도덕적 천이 찢어지는 것에 대해 전통적 도덕의 붕괴에 대해 설명할 수 없을 것이다.

이 책 전체를 통해 살펴본 바와 같이, 우리의 도덕적 이해, 도덕적 생각, 그리고 도덕적 언어의 엄청난 분량은 그런 비유를 통하여 나타난다. 그런데 그런 비유들은 어디서부터 오는가? 3장에서 살펴본 바와 같이 그에 대한 매우 간단하고 직선적인 답이 있다. 도덕에 관한 비유는 경험적 안녕에 대한 이해로부터 온다. 가난함보다는 부유함이, 병을 앓는 것보다는 건강함이, 약함보다는 강함이, 타락보다는 온전함이, 보살핌을 받지 못함보다는 받는 편이 우리에게 더 좋은 상태이다. 안녕의 상태는 건강·부·힘·온전함·자애로움 등을 포함하고 있다.

우리가 도덕성에 관한 비유들을 가지고 있는 이유는 도덕 이론이 경험적 안녕과 인간의 번성에 기반을 두는 문화를―우리의 문화만이 아니라 전 세계 다른 문화에서도―가지기 때문이다. 모든 비유적 생각을 밀어놓는다면, 도덕적인 것은 다른 사람의 경험적 안녕을 촉진하는 것이다. 그러므로 도덕은 다른 사람의 건강·부·힘·온전함·양육 등과 상호관련을 가진다. 그리고 도덕과 도덕을 위한 비유를 세워준 경험적 안녕의 여러 측면 사이의 상호교류는 바로 그것이다. 도덕을 위한 비유는 비非비유적인 경험적 도덕성에, 힘·건강·온전함을 촉진하는 도덕과의 상호관련에, 약함·부패·전염병을 촉진하는 비도덕성과의 상호관련 위에 기초를 둔다.

흔히 '도덕 회계', '도덕성은 힘이다', '도덕성은 완전함이다'와 같은 비유를 사용하기 때문에 우리의 추상적인 도덕체계는 기본적으로 비유적일 수밖에 없다. 이 책에서 설명된 대부분의 비유적 논리는 추론 형태와 그런 비유를 통한 언어를 이용한 것이다. 경험적인 도덕은 모두 이런 비유에 근거한 것이기 때문에, 그것은 도덕적 이해와 도덕적 추론을 위한 기반이기도 하다. 모든 추상적이고 비유적으로 개념화된 도덕의 기반은 그러므로 경험적 도덕이다. 즉 도움이고, 해를 끼치지 않음이며, 진솔한 직접 경험이다. 그런 건강·부·힘 등의 기본적인 경험적 형태의 안녕 없이는 비유적 도덕체계는 시작될 수도 없었다.

경험적 도덕이 모든 추상적 비유적 도덕 개념의 기반이기 때문에 우리는 매우 흥미로운 질문을 던질 수 있다. 어떤 비유적 도덕 시스템과 그 기반 사이에 갈등이 있었던 적이 있는가? 혹은, 임의의 비유적 도덕 시스템과 그 기반 사이는 항상 조화를 이루는가? 이 질문은 한 가지 이유에서 매우 중요하다. 우리는 가끔 추상적이고 비유적인 도덕 시스템이 어쩐지 전체적인 도덕과 더 이상 접촉하지 않고 있음을 느낀다. 경험적 도덕과 인간의 번영 여부와 인간의 건강·힘·부·양육, 그리고 온전함은 그 기반과의 개별적 접촉이 끊겼음을 느낄 수 있는 것이다.

나는 이 의미에 대해서, 그리고 언제 그런 일이 일어났는지에 대해서 조직적으로 말할 수 있을 것이라고 믿는다. 우리가 이 책에서 비교했던 두 도덕 시스템을 살펴보기로 하자.

자애로운 부모 도덕은 그 안에 경험적 도덕과의 접촉을 잃는 것을 허용치 않는 뭔가를 포함하고 있다. 그 뭔가는 자애로운 부모 도덕 시스템 전체에서 가장 기본적인 비유인 감정이입의 우선권이다. 도덕적 자애로움 그 자체도 도덕적 감정이입을 전제로 한다. 자애로운 시스템에서 감정이입보다 높은 우선권을 가지는 유일한 부분은 보호이다. 당신은 당신의 자녀를 죽이거나 해를 끼치려는 누군가와는 감정이입을 할 수 없지만, 그렇지 않은 경우는 감정이입이 가장 높은 우선권을 가진다.

먼저 다른 사람에게 순수한 감정을 투입하는 사람은 그 사람과 충만한 감정이입을 하고, 그 사람의 입장을 충분히 이해하기 때문에 그 사람이 질병·약함·곤궁·비참함·방황 등의 해로움을 겪는 것을 원치 않는다. 자애로운 부모 도덕은 이런 식으로 개별적 인간의 번영에 관한 문제와 계속해서 접촉을 유지하고, 추상적이고 비유적인 모든 도덕과 접촉할 수 있도록 해주는 것이다. 보호에 주어진 가장 높은 우선권까지도 당신이 헌신적으로 양육해주는 사람의 안녕과의 접촉을 유지해준다.

엄한 아버지 도덕은 이 점에서 다르다. 그것의 가치 시스템에서는 감정이입이 아니라 도덕적 힘이 높은 우선권을 가진다. 그 바로 위에는 도덕적 권위, 도덕적 질서, 그리고 보복(징벌)이 위치한다. 엄한 아버지 도덕에서 감정이입과 양육은 낮은 우선권을 가진다. 물론 그것이 완전히 사라지는 것은 아니지만 도덕적 권위, 도덕적 힘, 그리고 보복에게 윗자리를 양보해야 된다. 이것은 일자리를 찾으려는 훈련이 안 된 복지수혜자, 기술 훈련 없이 직업을 구하려는 사람, 섹스를 자제하는 훈련이 덜된 미혼모 등과 같이 도덕적으로 약한 사람들과 충분히 감정이입을 하지 않음을 의미한다. 이것은 도덕적 권위를 위반하고, 법을 위반한 사람과는 충분한 감정이입을 하지 않음을 의미한다. 간단히 말해서, 범죄자와는 감정이입을 하지 않고, 또한 그것은 도덕 질서에서 낮은 위치를 차지하는 존재들, 곧 멸종되어 가는 종, 우림지대, 다른 나라의 가난한 유색인종 등과는 충분한 감정이입을 하지 않음을 의미한다.

그 시스템에서 최고의 비유는 도덕적 힘, 도덕적 권위 그리고 도덕 질서이기 때문에 이 비유는 인간의 경험에서 가장 기본적인 바탕이 되는 인간의 번영과는 직접 접촉하지 않는다. 엄한 아버지 도덕에서 도덕적으로 약한 것(자제와 자립의 결여)과, 혹은 도덕적 권위를 무너뜨리는 것이 가난, 질병, 육체적 약함, 혹은 보살핌을 받지 못함보다 더 중요한 문제이다. 그러므로 엄한 아버지 도덕 시스템은 경험적 도덕, 즉 가난, 질병, 육체적 약함, 그리고 보살핌의 결여보다도 도덕적 힘, 도덕적 권위 같은 비유적 도덕 형태에 높은 우선권을 준다. 이것이 엄격한 아버지 모델 비유의 도덕체계가 비비유적이고, 문자 그대로 모든 비유적 도덕체계의 직접 경험된 기반과의 접촉이 끊어지게 된 까닭을 말해준다. 여기가 바로 이 비유적 도덕체계가 보편적 인간성과의 접촉을 잃게 되는 곳이다.

추상적이고 비유적인 도덕 시스템이 그 어떤 시스템의 기초적인 기반과 접촉을 잃게 될 때, 그것은 가장 기본적인 것 즉 도덕이 관계된 모든 것과의 접촉을 잃게 된다. 전체적으로 엄한 아버지 도덕은 접촉을 잃고 있다. 양육의 현실과도 접촉을 잃었고, 인간 정신의 본질과의 접촉도 잃고 있다. 보편적인 인간성과는 물론 그 어떤 도덕체계에서도 가장 기본적인 것들과 접촉을 잃고 있다는 점이다.

엄한 아버지 도덕은 아이들에게만이 아니라, 사회를 위해서도 건강하지 못하다. 그것은 '선과 악', '우리와 그들'이라는 이분법을 설정하고 '그들'에게 공격적인 징벌을 주는 행동을 강요한다. 사회를 보상과 징벌을 받을 그룹으로 나누고, 그들에게 벌을 주기 위한 근거는 필시 주관적이고, 궁극적으로는 지지할 수 없는 근거이다(이전 장에서 본 그대로이다). 그리하여 엄한 아버지 도덕은 배척하고 탓하는 문화를 일으킨다. 그것은 최악의 인간적 본능에 호소하고, 사람을 전형으로 이끌며 악마화하고, 다른 사람들을 – 오직 다른 사람들이라는 이유로 – 벌한다.

타인이기 때문에 타인을 비난하고 처벌하는 것은 최악의 경우에는 끔찍한 두려움으로 이끈다. 그것은 유태인 대학살, 보스니아, 르완다, 소말리아, 그리고 다른 여러 나라에서의 끔찍한 비극으로 이어졌고, 미국에서 그것은 KKK로 이어졌다. 많은 사람들이 군사적 움직임을 두려워하는 것도 그런 이유에서이다. 그러나 살인은 없다 할지라도 남을 비난하는 문화는 그 안에 여전히 살고 있는데 이는 전혀 유쾌하거나 생산적인 것이 아니다. 그런 문화는 조화로운 사회와 사회적 진보를 이루지 못한다.

지금까지는 자애로운 부모 도덕이 협동을 격려하고, 인센티브와 훈련을 제공할 수 있으며, 많은 시민이 함께 협동하여 생산적으로 일하는 환경을 제공할 수 있는 훨씬 더 좋은 선택으로 보인다.

# 대중담론의 문제점

대중적인 정치담론은 현재로서는 너무도 빈약하여, 우리가 여기에서 논의한 대부분을 수용할 수 없다. 그것은 적절한 도덕적 어휘도 전혀 갖지 못했고, 우리의 도덕적 개념체계를 적절히 분석하지도 못한다. 또한 가정과 도덕과 정치가 서로 어떻게 연결되어 있는지를 논리적으로 논의할 방법도 없고, 보수주의자와 진보주의자가 현재와 같은 각각의 주장을 가지게 된 점에 대한 이해도 제공하지 못한다.

그러나 대중담론의 문제점은 그보다 더 심각하다. 이 책의 중심적 논제들을 다시 한 번 정리해보고 이것이 옳다고 가정해보자.

- 정치적 정책들은 가정을 기반으로 한 도덕으로부터 나왔다.
- 가정기반 도덕은 대부분 무의식적 개념 비유로 구성되었다.

- 정치적 입장을 이해하기 위해서는 그것이 어떻게 가정기반 도덕에 부합하는지에 대한 이해를 요구한다.

보수주의자와 진보주의자의 정치적 입장을 사례별로 비교하는 것은 불가능하다. 대신에 한 가지 사안에 대한 정치적 입장을 이해하는 것은 가정기반 도덕이라는 무의식적인 기반에 부합할 것을 요구한다. 입장을 비교하는 것은 불가능하다. 그것은 반대되는 도덕 시스템을 전제로 하기 때문이다.

어떤 도덕적 배경 내에서 정치적 입장을 표현하는 데는 중립적 개념도 없으며, 중립적 언어도 없다. 보수주의자는 그들 당파의 도덕적·정치적 개념과, 도덕적·정치적 언어를 발전시켰다. 진보주의자는 그러지 못했다. 균형 잡힌 담론을 위해 할 수 있는 최선의 일은 언어분석용 언어meta-language를, 다시 말해 개념에 관한 언어와 도덕과 정치에 사용되는 언어를 발전시키는 것이다. 이러한 논제는 언론의 뉴스 보도와 정치적 토론과 모순된다. 전통적인 진보주의자의 정치적 담론에 관한 가설과도 모순된다. 이것에 관한 이유는 많이 있다.

첫째, 뉴스 보도는 개념들이 글자 그대로 뜻을 가지며, 초당파적이라고 가정한다. 그러나 개념과 그것을 표현하는 언어는 전형적으로, 특히 도덕과 정치 영역에서는 당파적이다. 뉴스 보도의 '언제, 어디서, 누가, 무엇을, 어떻게, 왜'의 원칙은 진보주의자들과 보수주의자들의 정치적 입장의 배후에 놓여 있는 비유적 개념 구조의 복잡한 당파적 차이를 포착하지 못한다.

둘째, 언어의 사용은 중립적이고, 단어는 글자 그대로의 생각을 표현하는 임의적인 부호일 뿐이라고 가정한다. 그러나 도덕과 정치에서 그것이 진실인 경우는 매우 드물다. 언어는 개념체계에 관련된다. 도덕적 혹은 정치적 개념체계의 언어 사용은 그 개념체계의 사용과 강화를 위해서이다.

셋째, 뉴스 보도는 논쟁 지향적이다. 마치 정치적 논쟁은 그것이 속해있는 도덕적 기반으로부터 분리될 수 있다는 듯한 태도이다. 그러나 정치적 논쟁을 그 도덕적 기반으로부터 분리시키는 것은 혹시 가능하다 할지라도 매우 드문 일이다.

넷째, 전통적인 토론의 개념 자체가 이 책의 논제와는 거리가 멀다. 토론은 그 본질에 의해 글자 그대로의 뜻과 논쟁 지향적인 것을 결합시킨다. 토론은 격리된 하나의 사안이라는 견지에서 정의되는데(낙태, 균형예산 수정안과 같이), 그 사안에 대해 글자 그대로의 개념, 글자 그대로의 언어를, 그리고 추론의 중립형태를 이용하여 충분하고 적절하게 논의될 수 있다고 가정한다. 그 모든 것은 진실이 아니다. 또한 토론이라는 용어는 공통분모를 가지고 있고, 토론자들은 개념적으로 같은 세계에 속한 사람들이라고 가정한다. 보수주의와 진보주의 정치와 관련하여, 이것 역시 틀린 얘기다.

다섯째, 언어는 중립적인 것이라 가정하기에, 한 얘기를 중립적인 용어로 보도하는 것이 항상 가능하다고 가정한다. 하지만 그것은 진실이 아니다. 보수주의 언어와 개념체계 내에서 어떤 기사를 보도하는 것은 그것을 강화하는 것이고, 그리하여 보수주의 세계관을 지지하는 것이다. 진보주의자들이 그들의 도덕 정치에 적절한 언어를 가지는 곳에서도 마찬가지이다. 어떤 기사를 보도하기 위한 담론의 형태와 언어의 선택은 편견으로 이어진다. 상당한 대가를 치르면서 중립을 지킬 수 있다 할지라도 그것이 항상 가능한 것은 아니다. 모든 전국적 뉴스가 두 가지 반대되는 도덕적 세계관으로부터 보도된다고 생각해보라. 한 공간에 실린 주요기사에 관한 두 개의 이 칼럼이 각기 '보수주의 세계관으로부터' 혹은 '진보주의 세계관으로부터'라는 제목으로 보도되었다고 가정해보라. 독자들은 계몽될 수도 있다. 그러나 쉽게 혼란스러워지는 것도 마찬가지일 것이다. 보수주의자들은 그들의 세계관으로부터 다른 유효하고 이치에 맞는 도덕적 세계관이 없기 때문에 비난의 소리를 높일 것이다.

여섯째, 언어는 중립적인 것으로 가정되기 때문에, 단순한 언어의 사용은 토론자에게 불리함을 안겨줄 수는 없다는 것이 당연한 것으로 받아들여진다. 이것도 잘못된 얘기이다. 보수주의자들은 그들의 도덕 정치에서의 정교한 언어를 가꾸어 왔고, 반면에 진보주의자들은 그렇지 않았기 때문에 진보주의자들은 그 어떤 대중 담론에서도 불리한 위치에 놓인다. 그리고 진보주의자들은 그들의 도덕 정치를 반영하는 적절한 언어를 찾아내기 전까지는 불리한 위치를 벗어나지 못할 것이다.

일곱째, 뉴스 미디어는 모든 시청자, 청취자, 독자가 같은 개념 체계를 공유한다고 가정한다. 그러나 그것은 잘못된 판단이다. 가장 '객관적'이라는 보도까지도, 일반적으로 어떤 특정한 세계관을 가지고 보도되는 것이다. 이와 같은 세계관은 특별히 의식하지 못하지만 기자에게는 당연한 것으로 받아들여지는 것이다.

여덟째, 미국에서의 정치적 담론의 본질은 도덕과 정치의 상관관계를 논의하는 데 있어 아주 어려움을 안긴다. 교회와 국가의 분리는 교회를 도덕 안내자로서의 기관으로 남겨두게 했다. 모든 정치적 토론은 논쟁 지향적이고, 도덕적으로는 중립이라고 가정되었다. 일단 논쟁 지향적 토론에 도덕을 끌어들이면 합법적 도덕성의 전반적인 문제가 전면에 부각된다. 우익 교회의 지지를 받는 보수주의자들은 교회와 국가의 분리를 유지하면서 어떻게 도덕을 얘기하느냐는 혼란스러운 문제를 제기한다. 도덕은 교회에만 남겨두기에는 너무도 중요하다. 진보주의와 보수주의자의 정치적 입장의 배경이 되는 두 도덕체계 간의 차이를 보여주는 적절한 언어를 사용하여 도덕성에 관한 대중담론을 만들어 내야 한다.

아홉째, 진보주의에게는 담론을 불리한 것으로 간주하는 시각이 있다. 진보주의는 중립적 개념의 자료를 이용한 토론의 전통, 곧 문자 그대로의 이성적이고, 논쟁지향적 담론이라고 가정되는 계몽적 전통으로부터 나왔다. 대부분의 진보주의자들은 가정하기를, 비유는 단어와 수사법의 문제일 뿐이거나 문제의 본질을 흐려놓을 뿐이고, 혹은 그 비유들은 오웰식 스타일의 표현일 뿐이라고 한다. 만약 진보주의자들이 보수주의자들과 맞서기 위해 적절한 도덕적 담론을 일구어내려 한다면, 그들은 모든 생각은 글자 그대로여야 하며 각각의 논쟁에 대한 직설적이고 합리적이고 문자 그대로의 의미를 가진 토론이 언제나 가능하다고 보는, 그들의 시각을 극복해야만 한다. 그런 생각은 그릇된 것이다—경험적으로 그릇되었다—. 그리고 진보주의자들이 그런 아이디어에 집착한다면 그들이 보수주의자들의 담론에 대한 강한 도덕적 대응이 되어줄 담론을 세울 희망은 사라진다.

간단히 말해서, 현재 존재하는 대중담론은 이 책에서 살펴본 여러 가지 발견에 대한 논의와는 거리가 멀다. 비유의 분석과 양자택일적 개념체계라는 아이디어는 그 자체가 대중담론을 구성하는 부분이 아니다. 대부분의 사람들은 자기들이 개념체계란 것을 가지고 있다는 것을 알지도 못할 뿐더러, 그 개념체계가 어떻게 구성되어 있는지도 깨닫지 못하고 있다. 이것은 이 책에서 논한 보수주의와 진보주의의 특징들이 공개적인 토론에 붙여질 수 없다는 것을 의미하는 것이 아니다. 그렇게 할 수 있고, 또 그렇게 해야만 한다. 특별한 노력이 요구되는 것은 그 논의의 배경이 되는 무의식적인 개념의 틀에 관한 논의이다.

후기

# 이제 무엇부터 해야하는가

## 빌 클린턴 탄핵

이 책을 쓰기 전까지 혼란스럽기만 했던 사항들이 이제는 이해가 된다. 클린턴 탄핵에 관한 몇 가지 질문으로부터 시작하기로 하자.

- 보수주의자들이 모니카 르윈스키 사건을 탄핵의 근거로 본 이유는 무엇일까? 그것은 국가적인 문제가 아니라 사적인 문제일 뿐이지 않을까?
- 그들 주장의 근거는 무엇인가? 그들이 아이들에게 인격과 옳고 그름을 가르친다는 이야기를 계속하는 이유는 무엇인가?

보수주의자들의 시각에서, 대통령이 모니카 르윈스키와 가진 정사는 탄핵을 시도하기 위한 완벽한 이론적 근거가 되어주었다.

그것은 엄한 아버지 도덕과 가정의 충실함에 대한 모독이었고, 권력의 남용이었고, 신뢰에 대한 배신이었고, 자신의 딸과 같은 나이의 젊은 여성과의 부정행위였고, 게다가 그는 그 사건을 은폐하려는 시도까지 했다. 그런 문제가 반역과 부패와 같은 탄핵 사유가 될 수 있었을까? 가정으로서의 국가 비유가 그것을 강요했다. 그 비유가 가정 문제를 국가 문제로 비화시켰던 것이다.

의회지도자들이 그런 태도를 취한 이유는 무엇인가? 그들이 왜 그런 주장을 하고, 그런 이야기를 하며, 그런 태도를 취했을까? 모두가 도덕적 권위처럼 보이기 위해 말하고 애쓰던 엄한 아버지들—당신은 그보다 더한 엄한 아버지들을 쉽게 볼 수 없을 것이다.

보수주의자들의 연설을 살펴보자. 공화당 소속으로 위스콘신 주 출신의 하원의원인 제임스 센센브레너James Sensenbrenner가 하원 법사위에서 했던 연설이 그 좋은 예이다.

의장님, 많은 미국인들은 대통령의 행동에 대해 혐오감을 느끼고 있습니다. 제가 받은 질문들 중에 가장 난감한 질문은, 어린 자녀들에게 대통령의 행동을 어떻게 설명해야 될지 모르겠다는 부모들의 질문이었습니다.

모든 부모는 자녀들에게 옳고 그름의 차이를 가르치고, 그들이 실수를 저질렀을 때는 책임을 지고, 그들의 행동에 대한 결과를 감수할 것을 가르치려고 노력합니다.

클린턴 대통령의 행동은 그 한걸음 한걸음 모두가 그런 가치에 대한 모순입니다. 그러나 부정사례를 남겼다는 점이 탄핵의 근거가 아니고, 법치의 기반을 갉아먹기 때문입니다. 사적인 직권남용 행위에 대한 정의를 처리하려는 사법부의 기능을 좌절시킨 것은, 공정하게 정의를 실현하려는 우리 국가 3권의 한 부분에 대한 공개적인 공격입니다.

여기에서 법사위원회 이전에, 센센브레너와 전 공화당 하원의원 엘리자베스 홀츠먼Elizabeth Holtzman 사이의 대담으로 이어가보자.

　**홀츠먼** : 센센브레너 씨, 저는 당신의 질문에 질문으로 답하는 것이 싫습니다. 국회의 인가를 받지 않고서 다른 나라에 대한 폭격과 개인적인 잘못된 성행위를 판단하는 데는 큰 차이가 있다고 생각하지 않습니까?

　**센센브레너** : 거기에는 아무런 차이도 없다고 생각합니다. 위증과 위증죄에 관한 규약은 위증의 수준을 다양하게 분류하지 않기 때문입니다. 당신이 위증을 했다면 그 결과에 대한 책임을 감수해야 합니다. 그리고 아이들에게 항상 진실을 말해야 하는 것이 부모들이 해야 될 일들 중의 하나라고 가르치도록 노력해야 된다고 생각합니다.

하원 법사위에서는 대통령의 범죄가 반역과 부패에 대한 징벌인 탄핵에 해당되는지를 판단하기 위한 청문회가 열렸다. 이 위원회에 소속된 공화당 하원의원들이 자녀교육에 관한 이야기를 하는 것은 무슨 이유에서일까? 센센브레너가 탄핵에 대한 '가장 난감한 질문'은 아이 양육에 관한 질문이었다고 말한 이유는 무엇일까? 그가 '모든 부모는 항상 진실을 말하도록 가르치고, 아이들에게 옳고 그름의 차이를 가르치며, 그들이 실수를 저질렀을 때는 책임을 지고 그들의 행동에 대한 결과를 감수하도록 가르치려 노력합니다'라고 말한 이유는 무엇일까?

그가 숨겨진 잘못된 성행위를 '국회의 동의를 받지 않고 다른 국가에 대한 폭격'과 같은 국제적 수준의 범죄행위와 동일시한 이유는 무엇일까? 그가 '위증을 했다면, 그에 대한 결과를 감수해야만 된다'고 말한 이유는 무엇일까? 전국의 TV와 라디오 시청자가 탄핵청문회에서 그런 의견이 삽입되는데도 눈 하나 깜빡하지 않은 이유는 무엇일까?

이 책에 비추어보면, 그 대답은 명확하다. 센센브레너는 가정으로서의 국가 비유를 당연한 것으로 받아들인 것이다. 그는 보수주의자들의 세계관의 특징인 엄한 아버지 가정 모델을 펼쳐놓은 것이다. 보수주의자들은 대중이 탄핵청문회를 그들의 가정 기반 도덕적 관점에서 바라보게 하려고 노력했다. 여기서 한 가지 비유가 설정되었다. 하원의원들은 엄격한 아버지들이며, 곧 도덕 당국이다. 그들은 절대적인 옳고 그름을 가정하고, 잘못된 일이 행해졌을 때 이를 판단하는 도덕기관인 것이다. 거짓말은 잘못된 것이다. 만약 당신의 아이가 잘못을 저질렀다면 그 아이는 벌을 받아야 한다. 벌이 없다면 사람들은 옳은 일을 하지 않을 것이고, 그렇게 된다면 우리 사회의 도덕적 기반이 붕괴될 것이기 때문이다. 징벌은 '법치'의 기반이다. 그것이 없다면 법도 존재할 수 없

다. 그러므로 '당신은 그 결과를 감수해야만 한다.'

비유에서, 대통령은 행실이 나쁜 아이이다. 그는 성적충동을 자제해야 될 의무가 있었지만 그렇게 하지 않았다. 성적충동을 자제하는 것은 엄한 아버지 가정생활의 기본적 기반이다. 대통령은 자제력의 결여를 보여주었으므로 도덕적으로 약한 사람이다. '도덕적 힘'의 비유를 경유하고 나면 그는 비도덕적인 사람이 되어 있다. 잘못을 저질렀으므로 그는 벌을 받아야만 한다. 그리고 만약 하원이 도덕적 권위를 유지하려 한다면 벌을 주장해야만 한다. 도덕 회계는 정의가 실현되기 위해서라면 벌을 요구하기 때문이다. 엄한 아버지 도덕에서 아이와 성인 모두가 도덕적으로 올바른 일을 하는 것은 벌에 대한 두려움 때문이다. 벌이 없다면 사회를 지배하는 도덕 시스템 전체가 붕괴될 것이다. 이것이 보수주의자들이 이 경우에 적용한 틀이다. 보수파 하원의원들은 '법치', '옳고 그름', '결과 감수', '정의의 실현' 등 끊임없이 지당한 말씀들을 사용했다. 그런 언어는 개념의 틀을 불러일으키려는 의도이다.

클린턴 대통령의 전술은 그 틀을 변화시키려는 것이었다. 그는 용서를 구했고, 그런 태도는 자애로운 부모 도덕 시스템의 이해를 샀다. 그는 그것을 그 자신과 아내, 그리고 딸 사이의 가정 문제로 틀을 정했다. 간단히 말해서, 그는 자애로운 부모 도덕의 틀을 불러일으켰던 것이다.

특히 흥미로웠던 점은 60퍼센트 이상의 국민이 클린턴을 지지했다는 점이다. 탄핵을 선호했던 것은 핵심 보수주의자들뿐이었

다. 나는 이것이 부동층 유권자들이 — 자애로운 부모 모델, 혹은
엄한 아버지 모델에 접근했던 사람들 중 대략 20퍼센트에 달하는
사람들이 — 이 상황을 판단하기 위해 자애로운 모델을 선택했음
을 의미한다고 받아들인다. 부시의 선거운동본부에서는 이 점을
간과하지 않았고, 부시를 '인정 많은 보수주의자'로 보이게 만들
었다(이 전략은 상당한 성공을 거두었다). 그러나 부시는 진보주의
가치는 전혀 가지고 있지 않은, 이념적으로는 보수주의의 본류에
속하는 인물이었다.


## 2000년 선거

### 중도파The Middle

유권자의 40퍼센트(±2퍼센트)가량은 엄격한 보수주의 정치 지지
자이고, 40퍼센트(±2퍼센트)가량은 자애로운 진보주의 정치의 변
함없는 지지자들이다. 정교한 중도파의 비율은 비교적 적어서 대
략 20퍼센트(어떤 평가에서는 30퍼센트까지 높이 계산하기는 한다)
정도이다. 이 그룹은 최소한 중요한 두 그룹의 시민으로 구성된
다고 말할 수 있다.

* 이중 개념 소지자들 : 두 모델을 자유롭게 선택하는 사람들. 각
  자의 인생에서 그리고 정치적 논점의 틀을 정할 때 각기 다
  른 모델을 이용할 수 있다. 예를 들면, 많은 블루칼라 노동자

들은 가정에서는 엄한 아버지지만, 국내 정치에서는 자애로운 부모에 우선권을 준다. 많은 경영인들은 사업 수행 과정에서는 엄한 아버지지만, 가정과 정치에서는 자애로운 부모들이다.

- **실용주의자들** : 실용적 보수주의자들과 실용적 진보주의자들. 이념적으로는 진보와 보수 각자의 모델에 집착한다. 반면에 실용적 진보주의자와 실용적 보수주의자는 실용적 목적을 위해서는 기꺼이 타협한다.

이런 복잡함에 더하여, 진보주의와 보수주의 모델에는 그 각각의 다른 측면을 강조하는 다른 해석이 존재한다. 각기 다른 종류의 진보주의와 보수주의는 각기 다른 우선권을 가진다. 예를 들면, 재정적 · 사회적 보수주의자들은 인생의 각기 다른 측면에 다른 우선권을 둔다. 그럼에도 이 모든 복잡함과 다양함에도 불구하고, 두 가지 기본적인 인지모델이 미국의 정치적 인생을 지배한다. 그 각각은 비교적 간단하고, 그 자체 용어 내에서 일치하는 거대한 범위의 정치적 사회적 논점을 제공한다. 그 각각은 사회적 인생의 중심 조직 제도인 가정으로부터 일어난다.

이른바 '성별에 따른 차이'는 실제로는 자애로움의 차이이다. 전반적으로 백인 남성은 엄한 아버지를 지향하는 경향이 있으며, 반면에 여성은 전반적으로 자애로운 도덕을 지향하는 경향이 있다. 문화적 차이도 있다. 어떤 주의 문화는 엄한 아버지가 압도적이기도 하다(특히 남부와 중서부 지역의 여러 주가 그러하다). 그러나 다른 주에서는 자애로운 부모 도덕을 지향하는 경향도 보인다.

'중도파'라는 개념에서 가장 중요한 점은, 중립이란 절대로 존재하지 않는다는 것이다. 실제로 '중도'라는 용어 자체가 오해이다. 그것은 좌익과 우익을 가르는 선이 있고, 진보주의자도 보수주의자도 아닌 중간에 속하는 사람들이 있음을 암시한다. 그러나 그것도 잘못된 가정이다.

첫째, 중립적 중도파라는 아이디어는 실용주의자들을 고려하지 못했다. 예를 들면, 세금감면을 재정적 무책임으로 간주하거나, 미사일 방어망이 소기의 목적을 달성하지 못할 것이라고 보는 보수주의자들이 있다. 예전의 복지시스템이 효과적이지 못했던 부분이 있었음을 인식하거나, 혹은 공립학교 시스템에는 심각한 문제가 있음을 깨닫지만, 교육전표를 해결책으로 보지 않는 실용적인 진보주의자들도 있다. 이런 사람들은 순수한 보수주의자 혹은 진보주의자에 비추어보면, 이념적으로는 보수주의자도 진보주의자도 아니다. 그들은 그들의 관점에서 이념이 실용성을 압도하는 것을 용납하지 않는다(물론 순수주의자들의 관점에서 그들은 단순히 실용적 사고방식이 도덕적 원칙을 압도하도록 허용해주는 것일 뿐이다).

둘째, 여러 종류의 이중 개념을 가진 사람들을 고려해보자. 그들은 인생의 한 영역, 즉 재정정책이나 외교정책 같은 부분에서는 엄한 아버지 도덕을 적용하지만, 대부분의 가정 문제에서는 자애로운 부모 도덕을 적용한다. 혹은 인종, 성별, 성적인 경향 등 인생의 특정한 한 부분을 중시하는 사람들도 있다. 그들은 그런 부분에서는 자애로운 부모지만, 다른 부분에서는 엄한 아버지일 수도 있으며, 그 반대인 경우도 있다. 다시 말하지만, 그런 사람들은 이념적으로 중립이 아니라, 오히려 그들의 신념에 더욱 열광할 수도 있다.

셋째, 엄격한 측면과 관대한 측면 모두를 가지는 정책도 있고, 순수한 이념으로 무장된 사람들은 자신이 동의하는 부분에, 혹은 반대하는 부분에 초점을 맞출 수 있다. 그리고 임의의 정책에 대해 중립이라는 입장을 벗어나 그들의 마음을 결정할 가능성도 있다.

넷째, 한 사람에 의해 한 가지 방식 이상으로 개념화할 수 있는 정책도 있다. 예를 들면, 교육은 비유적으로 볼 때 사업으로 간주될 수도 있고, 또는 보살핌(양육) 문제로 간주될 수도 있다. 임의의 교육정책이 기본적으로 아이를 위한 감정이입의 문제로 간주될 수도 있고, 학교 시스템의 한 부분으로서 재정적인 책임으로 간주될 수도 있다. 재정 영역에서는 엄하고, 아이들 문제에서는 자애로운 이중개념 소지자는 이런 정책을 그들의 어느 한 관점에서 볼 수 있고, 선택도 그들의 이중의식에 따라 달라질 수 있다.

그런 복잡한 카테고리에 속하는 사람들을 '온건파'라고 간주하지 않는 것이 중요하다. '온건파'라는 용어는 한 이념의 배후가 되는 충만한 힘이 결여되어 있고, 지나치게 고집스러운 태도를 내키지 않아 한다는 것을 의미한다. 위에서 소개한 네 가지 경우 그 어느 것도 온건파에 속하지 않는다. 온건파는 정치적 인생의 많은 부분에서 미덕으로 간주되는 것으로 보이지만, 실제 그런 경우는 매우 드물다.

어쨌든 일부 진정한 온건파는 존재한다. 어떤 논쟁의 양쪽 측면 모두를 볼 수 있고, 큰 분란을 회피하는 데 중점을 두는(가끔은 그들이 실용적이기 때문이다) 사람들이다. 그럼에도 불구하고, 나는 순수한 진보주의자도 아니고 보수주의자도 아닌 복잡한 20퍼센트에 속하는 사람들을 가리키는 '중심center', '중도middle', '온건moderate'이라는 용어를, '다면적multi-dimensional'이라는 용어로 대치하는 것이 더욱 현실적이라고 생각한다. 많은 대중담론은 이 다면적인 20퍼센트에 속하는 사람들을 겨냥하고 있다. 틀의 결정에 가장 큰 영향을 받는 사람들이 그들이기 때문에, 그것은 매우 신중하게 결정되어야 한다.

## 2000년 선거

고어는 엄청난 정치적 유리함을 안고, 부시는 엄청난 재정적 유리함을 안은 채 선거전에 뛰어들었다. 부시의 전술은 엄한 아버지 도덕 문화를 가진 주州들을 획득하고 유지한 반면에, 자애로운 부모 도덕을 가진 주는 주로 무시해버리곤 했다. 그의 도전은 선거에서 승리하기 위해 나머지 주의 부동표를 충분히 흡수하는 것이었다.

• 부시의 보수주의 기지基地 유지정책
1. 적절한 주에서는 그들과 같은 주장을 가진 사람임을 확인시켜주기 위해 엄한 아버지 도덕을 지지하는 몸짓, 목소리, 그리고 용어를 사용한다.

2. 주요 보수주의 주장 : 세금감면, 교육기준과 교육전표, 미국의 이익과 주권의 유지에 기반을 둔 외교정책, 그리고 범죄에 대해 강력한 징벌로 맞설 것 등을 내세우고 있다.

3. 딕 체니 선택 : 러닝메이트로서 신뢰할 수 있는 보수주의자이다.

* 부시는 '인정 많은 보수주의자' 테마를 이용해 여성과 부동층의 표를 잡으려 했다. 그는 '어떤 아이도 뒤떨어지게 해서는 안 된다' 등과 같은 자애로운 부모의 용어를 흡수했다. 그리고 주기적으로 여러 인종의 아이들이 뒤섞인 학생 무리와 사진촬영을 했다. 그는 외교 정책을 '겸손'이라고 표현했으며, '정직한 백악관으로 돌아가자'라는 도덕적인 어조를 선택했다.

부시와 체니의 이력을 잘 아는 사람들은 그들이 엄한 보수주의자임을, 진정한 보수주의 신도임을 알고 있었다. 그러나 많은 사람들은 자애로운 겉모양에 현혹되었다. 당시의 선거에서는 고어가 패배했으며, 그는 패배를 자초하기 위한 모든 노력을 기울였다.

* 부시가 그의 극단적인 보수주의 기지를 지키는 동안, 고어는 민주당원의 대다수 진보주의자들을 포섭하기 위한 조치를 취하지 않았다. 녹색당이 랄프 네이더Ralph Nader를 후보로 내세워 그들의 근간을 침식하는 것을 방치했던 것이다.

- 고어는 큰 인기를 얻고 있던 클린턴과 밀착하는 대신에 오히려 거리를 두었다. 뿐만 아니라 매우 중요한 주에서 클린턴이 그를 위한 유세활동을 펼치는 것조차 허용치 않았다.
- 클린턴이 대중에게 감정이입을 투사한 곳에서 고어는 목석처럼 굳어 있었다. 그리고 소원하고도 독선적인 모습을 보였다. 언론에서는 끊임없이 비판했지만, 고어는 자신의 제스처 시스템을 변화시키기 위한 조치를 취하지 않았다.
- 클린턴과 부시가 공히 정치의 상징적 차원을 이해한 반면에, 고어는 거의 전체적으로 그것을 놓치고 그날그날 전달할 정책 처방에만 의존했다.
- 부시는 '인정 많은 보수주의자' 주제와 다른 여러 슬로건을 이용하여 여성과 다른 중립적 부동층의 환심을 사기 위해 노력한 반면에, 고어는 '자애'라는 표를 무시하고 대신에 '당신을 위해 싸우겠습니다'라며 선거운동을 벌였다. 그것은 재앙을 부르는 선택이었다. 그것은 자애로운 주제를 무시했을 뿐만 아니라, '싸움'이라는 단어는 그 주제와 모순된다. 그것은 대통령이 되는 것만으로는 부족하다는 점을, 계속 투쟁할 것임을 암시하는 '대통령은 강력하다'라는 아이디어와 반대된다. 고어는 스스로를 투사 이미지로 부각시키려고 노력했지만, 결과는 그 반대로 그에게 '약하다'는 이미지만을 안겨주었을 뿐이다.
- 더욱이 고어는 부시가 어떤 전술을 사용하는지 이해하지 못했다. 인정 많은 이슈에 대해 부시를 충분히 공략하는 데 실

패했고, 자신이 진정으로 인정을 중시하는 후보라는 점을 부각시키는 데도 실패했다. 부시가 도덕적 논쟁으로 선거운동을 벌이는 곳에서 고어는 그러지 않았고, 그리하여 도덕적 고지를 상실했다. 그것은 그에게 명확한 도덕적 입장이 결여된 채 승리에만 집착하는, 정직하지 못하고 책략을 부리는 정치인이라는 부담을 안겨주었다.

- 고어는 텔레비전 토론의 본질을 오해했다. 그는 정치적 점수를 따는 것이 그를 우월한 토론자로 보이도록 해주어 토론에서 승리할 수 있다고 가정했다. 부시는 틀 짜기 이슈를 자신에게 유리하게 이끌고감으로써 승리했고, 반면에 고어는 어떤 이슈의 틀을 재구성하는 방법을 몰랐다. 대신에 고어는 사실, 숫자, 그리고 정책으로 반응했지만, 부시는 그 자신의 숫자, 사실, 그리고 정책으로 반격함으로써 고어를 당황케 했다. 물론 대중은 그 차이를 분간할 수 없었다. 통계와 수학의 모든 숫자는 불명확한 수학이 되고 만 것이다.

- 고어는 부시가 내건 감세정책이 미국의 최상위 1퍼센트 부자들에게 그 대부분의 혜택이 돌아가게 되는 것이라고 비판했다. 모든 중산층과 하층의 유권자들은, 1) 자기들의 이익을 좇아 투표하고, 2) 부자들이 더 부유해지는 것을 싫어할 것이라고 생각했다. 그러나 그것은, 1) 중산층과 하층의 보수주의자들은 엄한 아버지 도덕에 따라, 부유한 사람들은 그렇게 될 만한 자격이 있는 사람들이고, 그들은 그들이 번 것을 지키는 것이 당연하며, 세금감면은 도덕적일 것이라고 믿는다는 점을

몰랐다. 그들은 자기이익에 투표하지 않고 도덕성에 투표한다. <sup>참조 10장 p.189~192 b</sup> 매우 많은 하층과 중산층 사람들은 부유한 사람들을 존경하고 본받기를 원하며, 높은 수준(25퍼센트 이상)에 달하는 사람들이 실제로 자신이 최상위 1퍼센트에 속한다고 믿거나, 곧 그렇게 될 것이라고 믿는다는 점을 간과한 실수였다. 최상위 1퍼센트라는 지적은 언제나 표적이 없는 이야기다. 단지 이념적으로 진보주의자인 경우에나 의미가 있는 이야기다. 그러나 고어는 이미 그들의 표를 확보한 상황이었던 것이다. 전체적으로 고어의 그런 전술은 실패했다.

간단히 말해서, 고어의 패배가 명확한 것이 될 수밖에 없었던 데에는 중요한 인지요소가 있다. 고어와 그 참모들은 이 책에서 설명하는 내용, 즉 정치의 인지적-상징적 차원을 알지 못한 반면, 부시와 그의 선거 참모들은 이해하고 있었던 것이다.

**플로리다 투표 계산**

많은 사람들은 단어를 '단순한 단어'로, 그러니까 객관적인 실체에 붙여진 라벨로 생각한다. 그러나 인지언어학자들은 좀 더 잘 안다. 우리가 언어를 이용하는 방식은 무엇에 관한 우리의 생각이 어떤지를 반영하고, 또 다른 사람들에게 세상을 바라보는 방식을 알려준다. 언어와 관련된 문제들과 아이디어(가끔 비유적 아이디어)는 언어 문제에 의해 표현된다. 선거와 관련된 개념화와 대화의 다섯 가지 방식의 예를 들어보자.

## 1. 경마

이것은 미디어에서 선거를 지칭해 사용하는 가장 보편적인 비유 중의 하나이다. 이 비유는 경마에 관한 특정한 추리를 선거로 끌어들인다. 그러므로 우리는 다음과 같은 점을 예상한다.

1) 모두가 한 장소에서 출발하여 같은 코스를 달린다.

2) 규칙이 있고, 사람들은 그것에 순종할 것이다.

3) 가장 빠른 말이 승리하듯이 좀 더 유능한 후보자가 선거에서 승리한다.

4) 경주가 공정하게 진행되는 것을 보장하기 위해, 그리고 백중伯仲의 경주일 경우 우승마를 판정하기 위한 중립적 심판이 있다.

5) 항상 우승마가 있고, 우승마는 결승선을 가장 빠르게 돌파한 말이다.

6) 승리한다면 어떻게, 그리고 얼마나 큰 차이로 이겼는지는 문제되지 않는다.

7) 경마에도 에티켓이 있다. 패자는 패배를 겸허히 받아들이고, 중립적인 심판에게 이의를 제기하지 않는다. 만약 그렇지 않는다면 그는 '불평하는 패자'이다.

## 2. 축구 경기

1) 경기는 거칠다. 그렇게 예정되어 있다. 선수는 다친다. 승리하기 위해서는 강함이 요구된다. 당신은 승리하기 위해

서 능력껏 거칠게 플레이를 한다. 어느 정도의 반칙은 예
상된다.

2) 경기를 지휘하는 쿼터백이 있다. 다른 선수들은 그가 지시
하는 대로 움직여야 한다. 그렇지 않으면 그 선수는 경기
에서 쫓겨나거나 팀에서 추방당한다.

3) 정해진 시간과 함께 경기는 끝난다. 경기가 끝날 때 앞서
있는 팀이 승리한다.

4) 앞서 있는 팀이 펼치는 경기의 끝을 향한 지연 전술은, 즉
다른 팀이 점수를 얻지 못하도록 가능한 최대한도로 시간
을 소비해버리는 전술은 유서 깊은 존중받는 전술이다.

5) 다시 말하지만, 공정한 경기를 보장하고 백중의 경기에서
승자를 판단하기 위한 중립적 심판이 있다.

6) 다시 말하지만, 승리한다면 어떻게, 그리고 얼마나 큰 차이
로 이겼는지는 문제되지 않는다.

7) 다시 말하지만, 패자는 패배를 겸허히 받아들이고 불평하
는 패자가 되지 않는 에티켓이 요구된다.


## 3. 전쟁

1) 생존을 위한, 그리고 지배자를 결정하기 위한 전투이다.

2) 양 진영 모두 상대방의 피를 원한다.

3) 고성능 무기를 가지고 최선의 전술을 펼치며, 유리한 지형
을 차지한 측이 승리할 것이다. 이때 뛰어난 능력을 가진
측이 꼭 승리하는 것은 아니다.

4) 중요한 의미를 가지는 윤리도 생존이 위태로운 상황에서는 합리적으로 간과된다.

5) 다시 말하지만, 승리한다면 어떻게, 그리고 얼마나 큰 차이로 이겼는지는 문제되지 않는다.

4. '국민의 뜻'을 민주적으로 수립하기 위한 합법적 과정

1) 최대한의 유권자의 투표 참여는 '국민의 뜻'을 확립하는 데 필수적이다. 유권자 등록, 혹은 실제 투표를 방해하는 것은 그 무엇이든지 선거의 합법성을 훼손한 것이므로 불법으로 간주되어야 하고, 이의가 제기되어야 한다.

2) '유권자의 의도'는 '국민의 뜻'을 확립하는 데 가장 중요하다. 선거의 결과에 영향을 미치는 방식으로 그 무엇이든지 유권자의 의도가 적용되는 것을 방해했다면, 그 선거는 비합법적이 되고 선거무효소송을 제기하게 된다.

3) 모든 투표는 계산되어야 한다.

4) 투표 계산은 공평무사해야만 한다.

5) 법적 절차가 진행 중이라면 선거는 끝난 것이 아니다.

6) 선거가 국민의 뜻을 확립하지 못했거나 그럴 수 없다면 새로운 선거가 실시되어야 한다.

5. 정치적인 과정은 거친 경쟁세계의 또 다른 측면일 뿐

1) 모든 사람은 자연적으로 자신의 이익을 추구한다.

2) 개개인은 자신의 길을 결정할 책임이 있다.

3) 선거 규칙처럼 충분히 훈련되거나 힘이 있는 사람들이 경
   쟁에서 이기고 다스려야 한다.

선거에 대한 이런 식의 개념화는 2000년에 있었던 선거인 플로
리다 주 개표에 모두 적용되었다. 미디어는 항상 그렇듯이 경마
비유를 이용했다. 실제 그 비유에는 두 가지 해석이 있다. 전체
경마 비유에서 경마는 후보자들이 뛰기 시작한 때부터 실제 선거
까지 적용된다. 그리고 누가 앞섰는지는 투표에 의해 결정된다.
경마 비유의 득표수 계산에서는, 경마는 결과가 나타나기 시작했
을 때부터 시작된다. 그리고 누가 앞섰는지는 출구여론조사부터
시작해서 투표일 밤의 개표에 의해 결정된다(재검표는 아직 이루어
지기 전이다). 투표일 밤의 너무 근접한 경주는, 공정한 심판이 결
승선 통과시의 사진을 자세히 살펴본 뒤 승자를 결정하는 것과
같은, 마치 사진 판정과도 같은 것이다.

선거에 관한 경마 비유에서, 미디어는 부시에게 중요한 유리함
을 안겨주었다. 그것은 비유적 원리에 근거한 선거의 이해를 강
요했다. 항상 승자가 존재하며, 경마에서의 승자는 '말들이 결승
선을 통과할 때' 가장 앞선 후보자가 승리자이다(비유1, v라인 위).
더욱이 부분적인 재검표가 행해질 때마다 경마 비유의 득표수 계
산 해석이 이용된다. 각각의 재검표는 아무리 작은 부분일지라도
다른 경마이다. 부시 진영에서는 이 비유적 추리를 끊임없이 되
풀이해가며 사용했다. 부시는 '선거일 밤' 승리했고, '모든 재검
표에서 승리했다.'

법적 진행이 계속되고 있기에 선거는 끝난 것이 아니며, 법적 절차가 완료될 때까지 누구도 승리한 것이 아니라며 고어 진영에서 저항했을 때, 미국인들은 전국적인 '비유 전쟁'으로 들어섰다. 보수주의자들은 경마 비유에 집착하며, 저항하는 고어를 '불평하는 패자'로 몰아세웠다.

흥미롭게도 선거 비유의 선택은 각 진영의 열성당원의 관심에만 부합하는 것이 아니라, 진보주의자들과 보수주의자들의 도덕적 세계관에도 부합된다. 엄한 아버지 도덕에서 경쟁은 필요악이 아니라 긍정적인 선善이다. 그것은 도덕이 존재하기 위한 절대적 필수이다.

경쟁이 없다면 훈련할 필요가 없어지고, 훈련이 없다면 사람들은 도덕법을 따르지 않을 것이다. 이런 이유로 경마, 축구, 전쟁, 거친 세상, 정책의 비유 1, 2, 3, 5는 모두 보수주의 비유이다. 그러므로 보수진영의 개표와 합법적 판정에 대한 지연전술은 보수주의자들에게 합법적이라고 간주되었다. 경기에서 앞섰을 때 펼치는 일종의 지연 작전(축구 비유)이었다.

진보주의자들은 자애로운 부모 도덕에 따라 당연히 4번 비유 — 민주적으로 국민의 뜻을 결정하기 위한 법적 과정을 선택했다. 이것은 공정성에 관한 자애로움의 개념과 정치적 목소리를 부정하는 모든 사람들과의 감정이입에서 연유하는 것이다. 진보적인 플로리다 주 대법원이 재검표의 근거로 '유권자 의도'를 이용한 것은 우연한 일이 아니다.

전쟁 비유도 양 진영의 직업 정치인들에 공히 사용된다는 점도

언급해야만 한다. 민주당에도 공화당에도 각각 '전쟁 상황실'이
있다.

 5번 비유는—거친 세상 비유는—선거에서 특히 중요한 역할을
수행한다. 웨스트팜 비치의 훼손된 투표용지에 관한 혼란에 대
해, 보수주의자들의 반응은 총투표수를 알 수 없다면 투표용지는
계산되어서는 안 된다는 것이었다. 펀치 카드에 대한 그들의 반
응은, 만약 당신이 투표지에 깨끗하게 구멍을 뚫을 수 없다면 당
신의 투표는 유효표로 계산되어서는 안 된다는 것이었다. 달리
말하면, 만약 당신이 기표를 위한 충분한 훈련을 하지 못했다면
그것은 참으로 애석한 일이다. 하지만 당신은 그에 따른 결과를
받아들여야 한다. 산드라 데이 오코너Sandra Day O'Connor 판사까지
도 사석에서, 그리고 재판 이전의 토론에서도 그런 비평을 한 것
으로 보도되었다. 그녀는 이렇게 촌평했다. '유권자들은 지시받
은 대로 따르는 것이 기준이 아니겠습니까?' 너무도 당연한 이야
기라는 뜻이다. 투표소에서 추방되었거나 투표소가 폐쇄되었다
는 잘못된 이야기를 들었던 수천 명에 달하는 흑인들은 많은 보
수주의자들에 의해 투표를 할 만큼 충분한 훈련을 갖추지 못한
사람들로 간주되었다.

 5번 비유는 캐서린 해리스와 다른 보수주의자 선거관리 위원들
이 공개적으로 부시에게 유리하도록 그들의 권력을 이용할 때, 보
수주의 측의 도덕적 우월성을 느끼는 것에 대한 근거가 되어주었
다. 공화당은 주지사와 국무장관에게 영향력을 행사했기 때문에
그들은 선거관리에 관련된 일상적인 법적 메커니즘을 통제했다.

그들이 통제한 것은 법이었기 때문에, 부시 진영에서는 그들이 '법의 지배'를 지지했다고 이야기할 수 있다. 법은 옳고 그른 것을 결정하기에, 그리고 '법의 지배'는 도덕적 권위의 특징이기에 이는 엄한 아버지 도덕에서 매우 중요한 의미를 가진다.

마침내 부시가 대통령이 될 수 있도록 5대4로 보수주의의 승리를 결정해준 주 최고법원의 판결은 비유 5의 한 사례였다. 진보주의자들의 비유(비유4)는 그 안에서 이상화된 법적 절차에 좌우된다. 그러나 현실적으로 지역법은 노골적인 권력을 이용해 정치적으로 임명된 판사들에 의해 결정된다. 보수주의 판사들은 부시가 앞서 있는 상태에서 개표를 중단하도록 그들의 권력을 행사한 것에 대해 양심의 가책을 느끼지 않는다. 개표는 마감시한까지 완료될 수 없었기 때문에 독단적인 판결의 대상이었고, 그것은 부시를 대통령으로 선출하는 것과 같은 의미였다. 그들의 판결은 엄한 아버지 도덕 시스템에 직접 근거를 둔다.

플로리다가 투표용지 판독작업을 위해 정한 '투표자의 의사' 원칙은 '동등한 적용을 보장하는 명확한 기준이 결여되어 있기 때문에(미연방헌법 수정조항 제14조)' 법의 평등한 보호구절에 위배되므로 위헌이다. 최고재판소는 또 '이같이 되풀이되는 상황을 바탕으로 투표자의 의사를 정하기 위한 일정한 규칙을 만드는 일은 실행 가능하며, 또 우리 결론으로는 필수적'이라고 판결했다.

'기준'과 '규칙'은 엄한 아버지 도덕의 핵심이다. 즉 규칙은 옳고 그름을 구별하고, 기준은 충분한 훈련이 되어있는 것이 무엇인지를 정의한다.

판결을 독단적으로 결정한 것은, 그것이 선례로 남겨지지 않도록 명시적으로 결정되었다는 점과 오직 이 경우에만 적용하도록 한 것에서 지적되었다. 법원은 이 판결을 이 경우만으로 한정해야 했다. 그리고 그런 제한이 없다면, 국가 전체에서의 일상적인 수많은 판결을 혼란에 빠트릴 수 있다. 그 이유는 태만으로부터 인종차별 행위에 이르기까지 수많은 경우의 '의도'를 '동등한 규칙' 없이 결정해야만 된다는 것이다. '의도'는 일상적으로 전국의 법원에서 동등한 규칙 없이 결정되는 '기준'이다. 실제로 플로리다 선거 시스템은 여러 종류의 투표기계를 허용하기 때문에 '동등한 규칙'을 가지지 못했다. 투표자의 의도를 더욱 정확하게 판단하기 위한 투표기계는 동등한 규칙을 근거로 선택된 것이 아니라, 특정한 카운티의 재정 상태에 따라 선택되었다(재정 상태가 좋은 카운티는 시각 스캐너라고 알려진 투표기를 선택할 수 있었다). 규칙이란 전형적으로 일반적인 것임과 같이, 만약 그들의 규칙도 일반적인 것이었다면 그것은 플로리다 선거에도 적용되어 고어를 대통령으로 당선시켜주었을 것이다.

보수주의 최고법원 판사들은 비유 5, 즉 '거친 세상' 비유에 근거하여 행동했다. 그들은 권력을 가졌고, 그 권력을 이용했다. 임의에 따라 개표중단을 명령했고, 그들 자신의 대통령을 당선시켰다. 그 점에 대해 그들은 양심의 가책을 느낄까? 그들은 무엇인가 비도덕적인 일을 저질렀다고 느낄까? 절대로 그렇지 않다!

첫째, 그들이 행한 일은 합법적이다. 진실로 그들은 '합법적'인 것이 무엇인지를 결정할 수 있는 권력을 가졌다. 그 다음, 엄한 아버지 도덕 시스템은 엄한 아버지 도덕 그 자체를 가장 고결한 도덕적 행동으로 장려한다. 엄한 아버지 도덕으로부터 나온 비유 5는 고어가 승리하기에 충분한 표가 나오기 전에 개표중단을 명령하도록 그들의 권력을 사용하는 것을 허용해주었다. 그리고 그들은 미디어의 주요 선거 비유인 경마 비유를 따랐다. 그 비유에 따라 투표일 밤에 부시가 앞선 상황에서 경마가 끝났기 때문에, 미디어의 어떠한 비평도 무시할 수 있도록 해주었다.

진보주의자들은 다섯 명의 보수적 재판관에 의한 판결이 국가의 권리에 대한 전문적 견해와 모순된다고 공격했다. 만약 정의가 일관된 것이라면, 법원은 각 주의 권리를 부르짖고, 플로리다주 최고법원의 사법권을 지지해야 된다는 것이었다. 이것은 보수주의자들로 하여금 그들의 신념과는 상충됨에도 불구하고, 주 권리수행과 연방정부의 개입을 초래케 하는 진보주의자들의 공통된 실수이다. 이것이 실수인 이유는 도덕 정치의 간단한 문제였다. 보수주의자들에게 가장 중요한 문제는 엄한 아버지 도덕이었고, 그 도덕은 항상 가장 중요한 첫 번째 문제였다. 특정한 정치적 논점은 그 도덕적 틀 안에서 이해되고, 그 도덕적 틀에 비해 상대적인 것으로 정의된다.

보수주의자들은 큰 정부에 반대하지 않고, 주의 권리를 절대적인 것으로 받아들이는 것을 선호한다. 그러나 그들의 도덕 시스템에는 상대적일 뿐이다. 보수주의자들의 관점에서 그것은 전혀 모순되지 않는다. 보수주의자들은 그들의 도덕 시스템에 부합되기만 한다면, 큰 정부가 연방정부의 권력을 사용하는 것에 대해 반대하지 않는다. 그리고 이 경우에서 실제로 그렇게 했다.

만약 고어가 이겼다면, 가까스로 얻은 그 승리는 비유 4에 의해 고어를 배후에서 든든하게 지지해준 사람들의 뜻을 얻지 못했음을 의미할 것이다. 좋은 진보주의자로서, 그는 보수주의자들과의 모종의 타협을 추구했을 것이다. 그리고 많은 진보주의자들은 가까스로 승리한 부시가 많은 사람들의 지지를 받지는 못했으므로 진보주의자들과의 타협을 추구해야만 된다고 생각했다. 그러나 그들은 진정한 양당제휴 정신의 결여에 놀라워해야 했다. 솔직히 그런 태도는 오히려 당연한 것이었다. 보수주의자로서 그의 선거 비유는 그런 것을 전혀 요구하지 않는다. 부시의 비유에 따르면, 어떻게 승리했는지, 혹은 얼마나 큰 차로 승리했는지는 전혀 문제가 되지 않는다. 그는 엄한 아버지 도덕을 살펴본 사람이라면 당연한 것으로 예상할 수 있듯이 대단히 중요한 통치를 위임받은 것처럼 철저한 보수주의 의제를 제창했다.

## 부시 행정부 초기의 몇 개월

엄한 아버지 도덕은 부시 행정부의 행동을 완전한 것으로 묘사했다. 부시 팀의 선거는 비록 가까스로 승리했다 할지라도, 또 어떻게 승리하였건 양당제휴 정신으로서가 아니라 통치권 위임자

로 승리했다는 점으로 이해될 수 있다. 더욱이 도덕적 보수주의
자들로서 진정한 범 당파성은 그들의 도덕적 입장과의 타협을
의미했다.

최소한 최초 몇 개월 동안의 부시 행정부에 대한 이해를 위해
중요한 점은, 그들의 주요 행동은 임의적으로 선택된 것이 아니라
는 점이다. 그것들은 수천 가지의 구체적인 사안에 영향을 미치
는 일반적이고 보다 상위명령에 위치한 정책들이었다. 보수주의
자들의 전술은 하나뿐인 보다 상위질서에서의 승리가 수천 가지
의 특별한 경우에서의 승리를 제공한다는 것이었다. 그 한 가지
예가 사법부의 인사임명에 관한 통제일 것이다. 만약 당신이 보
수주의자 판사를 임명한다면, 그들은 수천 건의 경우에서 보수주
의적 방향으로 결정할 것이다. 그러므로 부시의 행정명령이 미국
변호사협회에 의해 심사되는 것으로 끝난다는 의미는, 진보주의
자들이 이념적으로 편향된 보수주의 판사의 임명을 중단시키기
위한 유용한 정보가 적어질 뿐 아니라, 정당화하기도 어려워진다
는 것이다.

존 애쉬크로프트John Ashcroft를 법무장관에, 그리고 테드 올슨Ted
Olson을 법무차관으로 임명한 부시의 조치는 더 많은 보수주의 판
사가 제정될 것임을 의미한다. 상원의원의 개인적인 거부권 숫자
에 부과되는 제한은 실제로 상원 법사위에서 일어날 것이고, 그것
은 법원이 보수주의 방향으로 이동할 것임을 의미한다.

1조 3,000억 달러에 달하는 세금 감면은 엄한 아버지 도덕을 지
지하기 위한 또 다른 고차원적 명령전략이다. 만약 그 세금 감면

이 몇 년 동안 지속되면, 엄한 아버지 도덕에서 비도덕인(10장 참조) 사회복지 프로그램을 위한 가용 재원은 얼마 남지 않게 될 것이다. 사회복지 프로그램을 하나하나 지워버리려고 노력하는 대신에, 세금 감면은 많은 프로그램을 한꺼번에 제거해버리는 것이다. 이것은 엄한 아버지 도덕에 따라 댄 퀘일이 '최선의 사람들'이라고 지칭한 사람들, 곧 자제와 훈련을 수행하여 경쟁에서 이겼고 자기이익을 추구했으며, 드디어 자립한 부유층의 사람들에게는 보상이 되기도 하는 것이다. 그것은 여러 가지 항목으로 분리된 조그만 세금 감면이 아니라 단 한 번의 전면적인 보상이다. 그러므로 그 세금 감면은 보수주의자들의 도덕 시스템 관점에서는 두 배로 도덕적인 것이다.

## 에너지와 환경

부시의 에너지 계획은 그런 고차원 명령 전략의 또 다른 부분이다. 그 전략은 에너지를 경제의 핵심으로, 그리고 환경파괴는 그 과정으로 틀을 짜는 전략이다. 부시 행정부 출범 초기의 몇 개월 동안에 그 전략이 수행된 바를 소개한다.

- 환경과 밀접한 관계를 가지는 기관에 친 비즈니스, 친 에너지 개발 성향을 가진 사람을 앉힌다. 예를 들면, 내무장관에는 게일 코턴이 임명되었고, 환경보호국 국장에는 크리스티 휘트먼이 임명되었다.
- 보존과(예를 들어 석유 의존도를 상당히 감소시킬 연료) 환경에

친화적인 에너지 자원을(바이오매스 에너지(물과 동물의 배설물에서 발생하는 메탄 수소로 만든 합성연료-옮긴이), 풍력, 태양력 등) 위해 연구 개발 기금을 삭감하도록 한다.

- 에너지 수급의 국가적 위기를 선언하고, 그것을 국가안보 문제로 선포한다. 그 '위기'에 대처할 계획을 수립한다.
- '위기'로 틀을 정하기 때문에 환경보호주의자들은 문제로 규정된다. 그들의 규정은 공급 개발에 방해가 된다.
- 그들의 임무는 적절한 에너지 가격을 보장하는 것임에도 불구하고, 임명직 연방에너지 규제위원회FERC, Federal Energy Regulatory Commission 위원으로 전반적인 전력 가격 인상을 거부할 수 있는 인물들을 임명한다.

부시 행정부는 캘리포니아 에너지 회사들의 시장 조작 능력을 유리한 점으로 받아들여, 캘리포니아에서 전력 사용이 최고에 달하는 것은 매우 드문데도 에너지 공급 위기를 선포했다. 그러나 2001년 3월 11일자 〈샌프란시스코 크로니클〉지에 실렸던 크리스티안 베델센Christian Berthelsen과 스콧 위노커Scott Winokur의 기사에 따르면, '전기사용의 급증은 사실이라기보다는 소설이다.' 에너지 회사들이 가격을 끌어올리기 위해 공급을 중단했을 뿐이다.

진보주의자들의 주장처럼, 부시와 체니는 그들의 친구와 정치적 지지자들이 돈을 벌도록 해주기 위해 그런 조치를 취한 것일까? 그런 의혹을 사기에 충분한 한 가지 사례가 있다. 하지만 그보다 훨씬 많은 사례도 있다.

## 보수주의적 생활방식

보수주의적 도덕성의 관점에서 보면 자연은 인간에게 이용당하기 위해 존재한다.[12장 참조] 환경규제 조항은 개인 재산의 이익과 그 사용을 방해한다. 곧 훈련된 능력을 갖추고, 시장에서 도덕적 자기이익을 추구하고, 성공할 능력을 가진 사람들인 '최선의 사람들'에게 돌아가는 보상을 방해하는 것이다. 에너지 위기라는 틀은 환경보호주의자들을 문제아로 만들고, 길을 막아선 불한당으로 몰아세운다. 이 틀이 일반적으로 받아들여질 수 있으려면, 환경보호주의는 한 번에 한 가지 논점 식이 아니라 전체적으로 파멸당할 수 있는 것이다.

부시와 체니가 공공정책으로 보존(환경, 에너지, 자원 등)에 반대하는 태도를 취했을 때 진보주의자들은 빈정거렸다. '뭐라고? 보존을 하지 않는 보수주의자들이라고?' 그러나 엄한 아버지 도덕의 관점에서 보존을 바라보라. 보존은 '최선의 사람들'을 위한 보상을 제공하지 않는다. 그것은 훈련되고 근면한 사람들에게 주어지는 인센티브가 아니다. 그런 인센티브는 수익이고, 소비재인 것이다. 환경보호주의(자연을 최고의 선천적 가치를 가진 것으로 봄)와 자연 보존은 이 엄한 아버지 도덕에 정면으로 반대하고 나서는 가치이다. 체니는 보존을 '개인적 미덕'으로 돌리고, 보존을 금욕주의로, 그리고 환경보호주의자들을 미국인들이 노력해서 획득한 소비재를 강탈하는 수도자들로 치부한다.

부시와 체니는 에너지를 엄한 아버지 가치에 따라 조직된 소비자 사회의 심장과 같은 존재로 틀을 짰다. 1,300개의 발전소를 새로 건설한다는 그들의 제안은─향후 20년간 일주일에 한 곳씩 세우는 계획이다─그런 가치를 미국인들 인생의 중심에 심어주려는 제안이다.

부시는 백악관에서의 최초 몇 개월 동안 연방정부를 비즈니스의 필요에 봉사하는 것으로 보았다. 여기에서 '비즈니스'는 사업을 위해 일하는 사람들을 의미하지 않는다. 그들은 단지 오직 '인간 자원'일 뿐이다. 여기에서의 비즈니스가 의미하는 것은 기업소유주, 투자자, 그리고 기업의 경영자들로서, 훈련된 전문성을 갖추고, 경쟁적인 시장에서 자신들의 이익을 추구하는 성공한 사람들, 달리 말하면 '최선의 사람들'인 것이다. 이것은 '큰 정부'가 엄한 아버지 도덕에 공헌하는 한 그것에 반대하지 않겠다는 부시의 시인이다. 에너지 정책에서 부시는 기업체에 혜택을 주기 위해 연방에너지규제위원회, 에너지 개발국, 내무부, 환경보호관리국 등의 정부기구를 확실히 이용했다. 그가 큰 정부를 이용하고 있음에도 불구하고, 그의 '큰 정부'를 비난하는 보수주의자는 없었다. 그는 보수주의의 도덕적 목표를 위하여 그리고 국가에 보수주의 생활방식을 부과하기 위하여 큰 정부를 이용했다.

이 높은 수준의 관점에서 바라보면, 부시 행정부 초기의 많은 구체적인 조치는 몇 가지로 분류된다.

• 식용수의 비소砒素 : 부시는 식용수의 비소 문제에 대한 클린턴의 엄밀한 통제 조치 명령을 취소하는 조치를 취했다. 비소의 높은 함유량은 암과 백혈병을 유발시키고, 특히 어린이

에게 위험하다. 비소는 광산업의 부산물이기도 한데, 그들은 작업 중에 생산되는 비소를 걸러내지 않아도 됨으로써 많은 경비를 절감할 수 있게 되었다.

- 행정부는 광업주들의 폐기물 처리 이행을 보장하기 위한 채권예치제도를 철폐했다. 이 조치로 인해 그들이 폐기물 처리를 하지 않아 환경이 오염될 가능성은 높아졌지만, 그들은 상당한 경비를 절감할 수 있게 되었다.

- 클린턴은 삼림지대의 상당부분에 도로건설을 금지하는 조치를 취했다. 도로는 야생 생태계를 교란시킬 수 있을 뿐만 아니라, 삼림 황폐화를 가속시킬 개발을 위한 접근을 용이하게 해준다. 부시는 가능한 많은 곳에서 클린턴의 조치를 뒤집으려 했다. 석유채굴과 광산 활동을 위해 그 지역을 이용할 수 있도록 해주기 위해서이다.

- 부시는 미국에 남아있는 최고<sub>最古</sub>의 원시 자연지대인 알래스카 국립야생동물 보호구역에서 석유탐사 활동을 허용하려고 한다. 환경보호주의자들은 시추를 허용하게 되면 보호구역을 파괴하게 된다고 주장한다. 알래스카의 북극과 비교해보면 보호구역에는 석유도 그리 많지 않다고 한다. 그러나 야생동물 보호구역은 상징적 논쟁사안이 되었다. 만약 보수주의자들이 그곳에서 시추활동을 펼칠 수 있다면 그들은 어느 곳에서든지 시추활동을 펼칠 수 있기 때문이다.

- 보수주의자들이 지배하는 하원은 기업들에게 너무 많은 비용을 부담시킨다는 이유로 작업장의 안전을 위해 정해둔 기존

의 인간공학 기준법을 폐기시키고 부시는 그것에 서명했다.

• 부시의 에너지 계획은 원자력과 석탄을 둘 다 에너지 자원으로 지지한다. 석탄 공해는 엄청난 양의 이산화탄소와 다른 여러 공해물질을 배출한다. 그중에는 수은도 포함되며, 수은은 많은 생선에 축적되어 생선은 위험한 발암물질이 되고 만다. 핵발전소는 핵폐기물을 배출하게 되며, 그것은 1만 년 이상 지구상에 가장 해로운 물질로 남게 된다. 아직까지 핵폐기물을 안전하게 보관할 수 있는 장소는 발견되지 않았다. 핵폐기물 저장소로 제안된 유카 산은 지하 수맥 위에 존재하는 지진 위험지대로, 수백 마일에 달하는 지하 수맥에 오랜 기간에 걸친 오염 가능성이 있다. 게다가 핵에너지는 어마어마한 연방보조금을 요구한다. 그러나 석탄과 핵에너지 모두 사기업 수익의 통로를 제공해주는데, 특히 모험적인 비즈니스맨을 위한 보상이 되고 있다.

이 모든 사례에서, 부시 행정부는 일관되게 엄한 아버지 도덕에 중심을 둔 보수적인 생활방식을 장려하는 정책을 펼쳤다.

## 외교 정책

클린턴의 외교정책에는 두 가지 기둥이 있었다.

1. 경제적 세계화와 상호 의존인데, 여기에는 다음과 같은 이론이 있다.

1) 경제적으로 상호 의존하는 나라는 상대국과 전쟁으로 나아가지 않는다.
2) 민주국가는 전쟁으로 나아가지 않는다.
3) 자유무역을 하는 자유시장과 함께하는 나라는 민주화될 가능성이 높고, 결국에는 민주화된다.

이런 아이디어는 부분적으로는 예전의, 혹은 현재의 적대국(예를 들어, 러시아, 중국, 북한)과의 갈등 관계를, 그들을 교역 관계로 끌어들이거나 교역 의존도를 높여 해소시키기 위한 것이다. 더욱이 미국은 부유하고 많은 경제적 기술을 보유하고 있으므로 그것은 국제 교역에서 큰 유리함이다. 간단히 말해서, 경제적으로 잘해나가는 동안에는 세계평화와 번영을 촉진시킬 수 있다.

2. (제한적인 종류의) 국제 도덕 기준. 국제 관계가 매끄러울 때는 일정한 도덕 기준이 신봉되기 때문이다. 그러므로 그런 도덕 기준의 유지는 세계 시스템의 매끄러운 기능 발휘에 매우 중요하다. 그런 도덕 기준에 대한 위배에 관용을 베풀어서는 안 된다. 그런 위반에는 대량학살 인종청소, 국민을 상대로 한 국가 테러, 정치적 전술로서의 기아 등이 포함된다. 클린턴은 그런 상황에 대처하는 데 - 예를 들면, 보스니아, 코소보, 아이티 사태 - 민주정부의 설립을 돕는 방법으로 군사적 수단을 채택했다.

엄한 아버지 도덕에 기초한 보수주의자들의 외교정책에 대한 접근법은 매우 달랐고, 우리는 그것을 부시 행정부에서 보고 있다. 도덕적 자기이익으로부터 국제분쟁 때 미국의 자국이익 정책이 뒤따랐다. 도덕질서로부터 우리는 미국이 도덕적으로 우월하며, 그로 인해 더 큰 권위를 가질 자격이 있다는 아이디어를 얻게 된다. 미국은 그 어떤 주권도 포기해서는 안 된다는 아이디어가 그 뒤를 따른다. 그리고 엄한 아버지 도덕에서 이익을 추구하는 중심역할 때문에, 공산주의 체제를 유지하고 있는 정부는(예를 들면, 중국과 북한) 기본적으로 비도덕적인 적대국으로 간주되어야 한다. 마지막으로 미국으로부터 다른 나라로 보수적 생활방식을 전파한다는 아이디어가 존재한다.

부시 행정부에서 초기 몇 개월 동안에 펼친 다음의 여러 조치는 그런 외교정책의 사례이다.

- 부시 행정부의 최초의 조치들 중 하나는 연방정부의 기금 지원을 받는 해외 병원의 산아 제한 정보의 금지가 포함된다. 여기에서 우리는 보수주의 생활방식의 해외 전파를 보게 된다. 이것은 낙태에 관한 정보를 제한하는 효과를 가지지만, 여성으로 하여금 그들의 인생 관리를 어렵게 하는 측면도 부여한다.
- 부시 행정부는 중국과 북한을 가능한 파트너가 아니라 적성국가로 규정함으로써 공산주의 국가와의 적대관계를 부활시켰다. 북한의 경우 그 결과는, 첫째, 북한으로 하여금 미사일

을 포기하도록 하는 조약이 체결되지 않을 것이다. 둘째, 남북한 간의 화해가 이루어질 가능성이 낮아질 것이다. 대만에 대한 군사지원의 강화는 미국의 중국에 대한 적대적 조치이다. 실제로 부시 행정부 내에서는 중국의 경우 이익추구(무역확대)가 반공정책을 압도해야 되느냐 하는 문제를 놓고 의견 차이가 있다. 둘 다 보수주의적 가치인데, 중국의 사례에서 그 둘이 갈등을 일으킨 것이다.

• 미사일을 보유한 국가를 적국으로 만듦으로써, 부시-체니 행정부는 이제 미사일방어시스템을 구축하게 되었다. 그것은 첫째, 새로운 군비경쟁을 불러일으킬 것이고, 둘째, 실제 위협은 미사일이 아니라 테러일 것이며, 셋째, '효과가 없을 것이다'라는 반대 주장들은 소 귀에 경 읽기였다.

• 새로운 미사일 방어망을 구축하기 위해 미국은 탄도탄 요격 미사일(ABM) 조약을 탈퇴해야만 했다.

• 행정부의 국내 에너지 계획을 위해서는 석탄산업이 공해산업이 아니라고 선포하지 않으면 안 되었다. 그것은 미국을 교토협정으로부터 탈퇴하게 했다. 그러나 부시 행정부는 자국의 이익을 근거로 그 협정을 받아들이게 되면 미국 경제가 큰 타격을 입는다는 이유로 애초부터 그 협정에 반대했다. 그러나 다른 연구 보고서에 따르면, 그로 인한 경제적 타격은 그리 크지 않을 것이라고 한다.

• 다른 나라에 미국의 보수적 생활방식을 전파하는 일로, 행정부는 멕시코와 캐나다에서 미국에 전력을 공급해줄 발전소

를 세우는 계획을 협상했다. 발전소는 해당국가에서 공해를 배출할 것이다. 그러나 발전소는 미국의 투자로 건설되며, 그 수익은 미국의 에너지 회사로 흘러들어가게 될 것이다.

부시 행정부의 최초 몇 개월 동안, 민주당은 보수주의의 엄청난 공세에 불가항력이었다. 민주당원들은 대중들에게 부시 행정부의 의도를 알리는 어리석은 짓을 저질렀으며, 더욱 멍청하게도 그들 자신의 통합적이고 높은 수준으로 사려깊이 잘 짜인 프로그램 앞자리에 부시 행정부의 정책을 내놓았다. 더욱이 민주당의 지도자들은 보수주의 의제 가운데서 도덕 정치의 역할에 대한 이해가 전혀 없다는 것을 보여준 것이다. 버몬트 주 출신 상원의원 제임스 제포드James Jeffords가 민주당 대열로 옮겨온 것은 상원에서의 힘의 균형을 이동시켰다. 이것만이 보수주의 공화당의 행보를 조금이나마 늦출 수 있었던 것이다.

## 진보를 위한 도전

### 싱크 탱크 갭The Think Tank Gap

부시 행정부는 인생의 모든 측면에서 보수주의 가치의 장려를 위한 정교하고 높은 수준의 계획을 가진, 잘 조직된 권력으로 나타났다. 그것은 우연이 아니었다. 보수진영의 싱크 탱크는 몇 년 전부터 연방정부의 완벽한 인수와 이에 상응하는 문화적 변혁을 세부적으로 계획해왔다. 그 싱크 탱크와 관련되어 있는 보수주의 지식인들은 그들의 임무를 매우 효과적으로 수행했다. 그들은 드러내놓고 못할 경우라면 암묵적으로 보수주의 세계관 내에서 가정, 도덕, 종교, 그리고 정치 사이의 관계를 연구하여 밝혀냈다. 그들은 여러 논점이 서로 어떻게 관계되는지를, 그리고 높은 수준에서 각 논점의 틀 결정이 그들의 정치적 효율성을 어떻게 크게 증진시킬 수 있는지를 연구했다.

지난 30년에 걸쳐 보수진영은 그들의 싱크 탱크에 소속된 사람들을 지원하기 위해 엄청난 돈을—1990년대만 해도 10억 달러 이상의 돈을 사용했다. 보수주의의 지식인 지도자들은 정부와 재계, 종교계, 보수주의 운동가, 그리고 미디어계의 지도자들인 이들 정책 입안자들과 연결되었다. 보수주의 지식인들의 전문성 발전을 위한 기금은 탄탄했고, 그들의 연구 활동은 충분한 재정적 지원을 받았으며, 광범위한 네트워크◆를 통해 미디어에 광범위하게 공급되었다.

보수주의 싱크 탱크에 대한 자금 지원 방식 덕분에—주로 장기간에 걸친 자금 지원을 보장하는 일반 포괄적 보조금을 통하여—보수주의 지식인들은 장기적으로 모든 사안들의 전체적인 다양

---

◆ 보수주의 지식인들의 연구활동에 대한 충분한 재정적 지원과 보급에 대한 정보는 아래의 문헌을 참조할 것
Covington, S. 1998. Moving public policy agenda: The strategic philanthropy of conservative foundation. Report from the National Committee for Responsive Philanthropy.
Paget, K. 1998. Lessons of right-wing philanthropy. In *The American Prospect* 9 : 89–95
People for the American Way. 1996. *Buying a movement Right-wing foundation and American politics*. Available at http:// www.pfaw.org/issues/right/rw/reprwfound.html.
Stefancic, J., and R. Delgado. 1996. *No mercy: How conservative think tanks and foundations changed America's social agenda*. Philadelphia : Temple University Press.

한 내용을 커버하는 고도의 전략을 연구할 수 있었다.

진보진영의 싱크 탱크는 보수주의에 비해 4분의 1 정도의 지원을 받았을 뿐이며, 그들의 조직 역시 자기 파괴적인 방식이었다. 그들에게는 세 가지 타입이 있었다. 지원, 정책, 그리고 상대편 활동 모니터링이 그것이다. 지원과 정책 조직은 일반적으로 사안별로 연구했고, 장기적인 높은 수준의 연구는 드물었다. 그것은 부분적으로는 사안별로 지향하는 태도, 그리고 매주마다 보수주의의 습격에 대처하느라 여유가 없었기 때문이었고, 또 부분적으로는 지속적으로 기금을 찾아야만 했기 때문이었다.

진보주의 재단의 기금 우선권과 다른 기부자들 역시 자멸적이었다. 그들은 프로그램 지향 경향이었으며(사안별로), 그리고 추가 지원의 보장이 없어 비교적 단기간에 걸친 활동이었다. 더욱이 그들은 전문성 개발, 혹은 하부 연구에는 기금을 지원하지 않는 경향이 있었는데, 간단히 말해서 보수주의의 성공과 맞서기 위해 그들이 해야만 하는 일들과는 반대되는 행동만 했던 것이다.

만약 이것이 이론적 사안이었다면, 문제와 그것의 끔찍한 결과를 지적하는 것만으로도 진보 성향의 재단들과 기부자들을 확보하여 그들의 사업을 수행하는 방식을 변화시키는 데 충분했을 것이다. 그러나 그것은 이론적 사안이 아니라 도덕 정치의 문제였다. 문제의 뿌리는 깊고, 전혀 명확하지 않다. 그것은 자애로운 부모 도덕 그 자체에 들어있다. 진보적 도덕체계 그 자체는 자신의 성공의 가능성과는 반대로 작용하고 있는 것이다.

그 이유는 두 도덕 시스템의 높은 우선권에 관해 살펴본 9장에서 찾아볼 수 있다.

- 엄한 아버지 도덕은 1) 일반적으로 엄격한 아버지 도덕을 장려하고, 2) 자기훈련과 개인의 책임, 그리고 자립정신을 장려한다.
- 자애로운 부모 도덕이 최고의 우선권을 두는 항목은 1) 감정이입 행동과 공정함을 장려하고, 2) 스스로 도울 수 없는 사람들을 돕는 것이다.

보수주의의 최고 도덕적 우선권은 도덕 시스템 그 자체를 장려하는 것이기 때문에, 보수주의자들은 아이디어와 기간시설, 그리고 전문성 개발을 지지하는 것이 자연스럽다고 판단한다. 그것의 다른 최고 우선권은 자제력과 개인적 책임, 그리고 자립을 장려하는 것이기 때문에, 보수주의자들이 미국 기업과 경쟁력, 그리고 자유시장 시스템 등을 지지하는 것은 당연하다고 본다.

진보주의의 가장 높은 도덕적 우선권은 감정이입 행동과 공정함의 촉진이기 때문에 진보주의자들이 짓밟히고 억압받는 사람들을 지지하고 지원하는 것은 당연하다. 그것의 다른 도덕적 우선권은 스스로를 도울 수 없는 사람들을 돕는 것이기 때문에, 진보진영의 기부자들이 그들의 기부금을 필요로 하는 사람들에게 가능한 한 가까이, 하부 구조나 전문성 개발이 아니라, 특히 지식인들에게가 아니라, 풀뿌리에게로 가까이 가기를 원하는 것은 당연하다. 그 결과 보수진영의 기부자들은 보수주의를 장려했지만,

진보진영의 기부자들은 진보주의를 장려하지 못한 것으로 나타났다.

보수주의 싱크 탱크는 많은 돈을 받았지만, 그들의 돈은 결코 제일 부유한 재단에서 나온 것이 아니었다. 진보주의자들 중에도 보수주의자들과 비길 만한 많은 돈을 가진 사람들이 상당히 많다. 그러나 부유한 진보주의자들은 그들의 돈이 사회기간시설, 전문성 개발, 혹은 지식인들을 위해 사용되지 않고, 가능한 한 직접 억눌리고 짓밟힌 사람들에게로 가는 것을 원한다. 진보주의 도덕 외부의 눈에 이것은 비합리적이고 자멸적으로 보인다. 그러나 그 도덕 시스템 내부에서 그것은 자연스럽게 보인다.

### 진보주의자들이 해야 할 일들

흑인의 자존심도 있고, 동성애자들의 자존심도 있다. 그러나 진보주의의 자존심은 없다. 하지만 이제는 진보주의자들이 자존심을 가져야만 될 때이다.

진보주의는 도덕 시스템을 가졌다. 그것은 이 책에서 명확하게 설명했는데, 특정한 규칙에 달라붙어 조직된 것이 아니라 고결한 원칙을 중심으로 구성되어 있다. 즉 해를 끼치지 말고 도와주라! 자기 자신과 다른 사람들을 위해, 개인의 책임을 가지고 감정이입을 중심으로 하는 보살핌의 윤리이다. 그것은 모든 구체적인 프로그램들과 사안들의 도덕적 기초이다. 진보주의자들이 부시 행정부의 모든 조치에 실질적인 혐오감을 느낀 것은 그런 이유에서이다. 진보주의자들은 도덕적 분노를 느낀다. 그러나 그들은 도덕성이라는 아이디어로부터 소심하게 멀리 떨어져 있기 때문에 그것을 표현하지 못한다.

보수주의자들은 도덕이라는 용어를 그들을 위한 것으로 취하고, 진보주의자들이 그것을 간직하지 못하도록 한다. 이제 돌려받아야 할 때이다. '도덕성'은 매우 강력한 아이디어이다. 우리의 위대한 지도자들은 도덕적 지도자들이었다. 해방 · 자유 · 통합 · 법의 지배 · 미국적 생활방식이라는 멋진 단어들과 표현은 보수주의를 암시하는 것으로 나타난다. 지금 현재는 보수주의가 그 단어들을 소유하고 있지만, 이제 돌려받아야 할 때가 되었다. 자애로운 도덕 안에서 그것들에게 적절한 의미를 주어야 될 때이다.

진보주의자들은 어리석게도 보수주의와의 근원적인 논쟁에 끼어들지 못하고 있다. 예를 들면 '큰 정부', '정부예산' 등에 반대하는 보수주의자들의 주장에 대항하는 데 빠져 있다. 그런 것들은 진정으로 중요한 논점들이 아니다. 단지 보수주의 렌즈를 통해서 볼 때만 그렇다. 이미 살펴본 바와 같이, 보수주의자들은 그들이 도덕적 대의로 인식하는 것에는 너무 행복한 나머지 큰 정부와 큰 정부예산을 사용할 수가 없다. 이러한 용어들은 마치 그 용어들이 자유롭게 떠돌아다니고 있는 것처럼 문자 그대로 받아들여서는 안 된다. 그 대신 그 용어들은 보수주의자들에 의해 엄격한 아버지 세계관과 관련되는 것으로 정의된다.

이것은 인지언어학으로부터 몇 가지 배워야 할 교훈이다.

• 단어는 개념의 틀에 관계하여 정의된다. 단어는 틀을 불러낸

다. 만약 당신이 올바른 틀을 불러내기를 원한다면, 당신은 올바른 단어를 필요로 하게 된다.

- 상대방의 언어를 사용하는 것은 그 상대의 논점의 틀을 받아들이는 것이다.
- 보다 높은 수준의 도덕적 틀은 특정한 논점에 대한 틀의 영역을 제한한다.
- 어떤 틀을 부정하는 것은 그 틀을 받아들이는 것이다. 예를 들면 '코끼리를 생각하지 말라!'는 지시는 '너는 코끼리를 생각해야 된다'라고 이야기하는 것과 같다.
- 반박은 틀을 다시 짜는 것이 아니다. 당신이 성공적으로 반박하기 전에 당신 자신의 틀을 제시해야만 한다.
- 사실 그 자체가 당신을 자유롭게 해주지는 못한다. 어떤 사실이 당신이 전달하고자 하는 의미를 가질 수 있기 전에, 각 사실의 틀을 적절히 정해야만 한다.

이것은 전략적 틀 분석의 몇 가지 원칙이다. 보수주의 싱크 탱크에 유리함을 안겨주었기 때문에 진보주의는 가능한 한 틀 정하기의 − 틀을 다시 정하기의 − 기술을 익혀야만 한다.

여기에 대중담론의 틀을 다시 정하는 데 필요한 예를 소개한다.

### 틀 다시 정함, 첫 번째 • 이중 경제

우리 경제에 지독한 손상을 입히는 끈덕진 신화가 있다. 즉, 미국 경제 내에서는 좀 더 좋은 교육, 좀 더 많은 일자리, 좀 더 많은 기회를 가지고, 사람들이 열심히 일하고, 저축하고, 투자하고, 스스로 헤쳐 나가려고 노력한다면, 원칙적으로 빈곤은 제거될 수 있다는 신화이다. 그것은 완전히 그릇된 것이다. 우리 경제는 현재의 구조에 의하면 대대적인 가난을 요구하고 있는 것이나 다름없다.

현재의 미국 경제에서 어떤 직업은, 가령 집안 청소, 아이 돌보기, 패스트푸드 준비, 채소 수확, 식당 웨이터, 중노동, 접시닦이, 세차, 정원 가꾸기, 식품점 종업원 등은 낮은 임금을 요구한다. 우리 국민 4분의 3이 생활수준을 유지하기 위해서는 우리 노동력의 4분의 1은 낮은 임금을 감수해야만 한다. 두 소득원이 있는 가정도 가능하다. 왜냐하면 이 사람들은 중상위층이나 상류층의 생활을 떠받쳐 주는 패스트푸드 식품점, 레스토랑, 호텔 근무, 그리고 다른 여러 가지 따분하고, 안전하지 못하고, 육체적으로 힘든 일을 수행하면서 가정과 아이들을 보살펴야 하기 때문이다.

그런 일에 고용되어 있는 모든 사람들이 교육을 받고, 검소하게 생활하고, 저축하고, 투자하면 빈곤을 벗어난다는 것과, 스스로 곤경을 헤치고 자력으로 일어날 수 있다는 것은, 즉 안전한 동네에서 좋은 집에 살며, 좋은 음식을 먹고, 건강을 관리하며, 자녀에게 적절한 교육을 받도록 해주며 살 수 있다는 것은 신화일 뿐이다. 현재의 모든 저임금 근로자들이 고임금 근로자가 된다 할지라도 나라는 저임금 근로자, 아이 돌보는 사람, 집 청소부, 패스트푸드 식품점 종업원, 채소 수확 인부, 잔디 깎는 사람, 레스토랑의 웨이터, 세차장 일꾼 등 국민의 4분의 1에 속하는 사람들을 계속해서 필요로 할 것이다. 이 경제는 그들의 경제에의 공헌을 반영하지 못하는, 힘들게 일하는 사람들에게 절대적으로 의존하고 있다.

간단히 말해서, 우리 경제의 바닥 1층은 위층 틀을 받들고 있으며, 그들은 그러기 위해서 힘들게 일해야만 된다. 그러나 우리 경제의 구조는 우리 경제 전체에 대한 그들의 공헌에 합당한 보수를 허용하지 않는다.

자유시장 경제는 각각의 노동을 소모품으로, 즉 사람들이 그 가치에 따라 팔 수 있어야 하는 소모품으로 간주한다. 그러나 우리 경제에서는 대부분의 경우, 개인 고용주는 저임금 근로자들에게 그들의 전체 경제에 대한 공헌을 반영하는 급료를 지불할 여유를 가질 수 없다.

중요한 점으로, 저임금 근로자들은 상위 계층의 생활방식과 수입을 가능하게 해주기 때문에 전체적으로 우리 경제를 위해 일하는 것이다. 잘 운영되는 시장에서라면, 사람들은 그들의 노동 가치에 합당한 임금을 받을 수 있어야 한다. 그러나 우리는 잘 운영되는 시장을 가지지 못했다. 필요한 것은 시장을 바로잡는 것이다. 경제 전체로서 근간이 되어주는 노동을 제공하면서도, 적절한 임금을 받을 수 없는 사람들에게 보상해줄 수 있어야 된다. 그 메커니즘은 간단하다. 부정적인 소득세 곧 소득세 공제액을 크게 확대하는 것이다.

저임금 근로자들은 중류층과 상류층의 생활방식을 가능하도록 해주기 위해 그들은 최소한 어떤 대우를 받을 자격이 있는가? 적절한 건강관리, 적절한 영양 섭취, 적절한 주택, 그리고 교육에의 완전한 접근이다. 전체 경제는 그럴 여유를 가질 수 있을까? 나는 그 질문에는 회의적이다. 그럼에도 그 질문은 비록 적절하지는 않을지라도 제기되어야 한다. 우리에게는 경제 전반에 각자의 일이 공헌하는 데에 따라, 합당한 보수를 받는 공정하고 잘 운영되는 경제인, 도덕적 경제의 여유가 있을까? 우리는 최소한 '도덕적 최소'라도, 저임금 근로자들에게 최저임금이라도 제공할 수 있을까? 그보다 적은 것은 비도덕이다. 그리고 능력이 있는데도 최저임금보다 적게 지불하는 시장은 잘 운영되는 시장이 아니다. 이것은 우리가 논의할 필요가 있는 국가적 의제이다. 시장은 자연의 힘이 아님을 명확히 해야 되는 논의이다. 그것은 그저 발생되는 것도 아니고, 완벽하게 자유로운 것도 아니다. 그것은 건설되고 운영된다. 그리고 우리가 제기해야만 하는 질문은 그것이 어떻게 운영되어야 하느냐는 것이다.

**틀 다시 정함, 두 번째 • 에너지 환경과 진정한 미국인들의 생활방식**

부시 행정부는 초기 몇 개월간 환경보호주의를 에너지 위기 문제로 틀을 정했다. 그 틀은 뒤집혀야 될 필요가 있다. 에너지는 생태 문제이다. 바이오매스, 풍력, 태양력, 그리고 조류 등 청정에너지 자원은 널리 펼쳐져 있고, 적절한 기술과 함께 이미 이용되고 있거나 개발을 기다리고 있다. 에너지는 생태 시스템의 한 부분이다. 에너지는 분리된 개별사안이 아니다. 그것은 건강 사안이기도 하다. 우리가 호흡하는 공기, 우리가 마시는 물, 그리고 먹는 음식의 청정도, 이 모두가 건강 사안이다. 공기에서 물에서 어떤 냄새가 나는지는, 우리 인생에서의 자연과 아름다움의 역할과 같이 인생의 질 문제이다. 우리가 에너지를 어떻게 얻는지, 그리고 우리의 정부와 기업이 지구의 오염을 최소화시키며 에너지를 사용하도록 어떻게 규제하는지 하는 도덕성의 문제이다. 우리는 지구를 보살펴야 할 책임을 지고 있다. 그것은 만약 당신이 종교를 가졌다면 종교적인 질문이고, 그렇지 않다면 윤리적인 질문이다. 에너지는 과학적인 사안이기도 하다. 에너지와 그것의 자원을 연구하는 생태과학의 논점이기도 하다. 생태과학자들은 에너지에 관한 질문에 우리의 과학적 지식으로 어떻게 대답할 수 있는지 잘 알고 있다. 그리고 마지막으로, 그것은 물론 경제적 논점이기도 하다. 그러나 경제는 건강, 삶의 질, 도덕, 그리고 과학에 영향을 끼치는 문제이기도 하다. 이와 같이 에너지는 생태학자들이 전문으로 하는 형태의 사고체계에서만 의미를 가지게 된다.

진정한 미국인의 생활방식은 돈을 벌고 소비하는 것에만 국한되지 않는다. 그것은 심오한 도덕적 생활방식이다. '행복의 추구'는 부분적으로는 기능을 잘 발휘하는 경제와 관련되지만, 건강과 일상생활의 심미적 측면, 그리고 자연과의 본능적인 연결과 관련되는 '삶의 질' 추구이다. 가장 깊은 의미에서 에너지는 '삶의 방법' 문제이다. 그것을 그렇게 가꾸어 가는 것은 진보주의자들에게 달린 문제이다.

진보주의자들이 그들의 모든 정치적, 사회적, 사람들의 상호 간 그리고 나아가 종교적 가치의 원천인 그들의 도덕체계를 자세히 살펴볼 때라야, 당대의 사안들의 틀을 짜는 적절한 방법이 분명히 드러날 것이다.

## 어린이 양육

21장에서 살펴본 바와 같이, 보수주의자들은 엄한 아버지 가정이 그들의 정치와 그들의 전반적인 신념체계의 중심이 됨을 잘 이해하고 있다. 그 결과 그들은 매년 2억 달러 이상의 돈을 아동 양육 프로그램에 ─가정에서의 엄한 아버지 모델을 장려하는 프로그램에 직접 사용하고 있다. 그들은 잔가지를 꺾어주면 나무가 잘 자란다는 점을 잘 알고 있다. 반면에, 진보주의자들은 아이들이 어떻게 키워지는지에 대해서는 실질적으로 전혀 시선을 기울이지 않는다. 그들은 진보적인 생각의 중심인 자애로운 부모 가정 모델에 대해서도 시간과 노력을 할애하지 않는다. 그런 사안은 진보주의자들의 레이더 스크린에 나타나지도 않는다.

그 사안은 진보주의자들이 논의해야만 하는 많은 측면을 가지고 있다.

- 엄한 아버지가 개별적으로 어린아이를 양육하는 결과는 21장에서 살펴본 바와 같이 흔히 재앙이 된다. 보수주의자들이 자유롭게 아이들 양육에 관한 충고를 그들 부모에게 해주는 주도권을 잡도록 허용하는 것은 국가적 재앙이다. 그리고 진보주의자들로서는 그런 상황을 방지하지 못한 것에 대해 부끄러워해야 한다. 제임스 돕슨 한 사람만 해도, 1,600곳 이상의 라디오 전파를 탄다는 사실을 잊지 말라. 전국적인 아버

지 되기 프로그램은(〈약속을 지키는 사람〉과 같은) 기본적으로 엄한 아버지의 복귀를 장려한다.

• 엄한 아버지 양육을 받으며 자란 아이가 많아질수록 우리는 장래에 더 많은 보수주의자를 가지게 된다. 윌리엄 베네트가 보수주의 도덕에 기초하여 아이들의 도덕 이야기를 쓴 이유가 바로 그것이다. 만약 진보주의자들이 어린 미국인들이 진보주의 가치를 가지고 성장해주기를 원한다면, 그들이 가장 먼저 해야 할 일은 자애로운 부모 도덕을 장려하는 것이다.

• 배우자 학대, 아동학대에 주로 책임이 있는 사람은 엄한 아버지(혹은 그 가치를 가진 엄한 어머니)이다. 그들의 학대를 감소시키는 가장 효과적이고 장기적인 방법은 엄한 아버지 수를 감소시키는 것이다. 그것은 자애로운 부모를 장려하는 것을 의미한다.

• 지금 당장 결정해야 될 것은 조기교육센타를 위한 도덕 교육의 내용과 기준이다. 자애로운 부모 양육법과 그 가치를 의제에 명확하게 포함시켜야 된다. 보수주의자들은 실제로는 그렇지 않은데도 그들의 가치를 일반적인 미국의 가치로 자유롭게 내놓는 지배권을 쥐고 있다.

불행하게도 대부분의 진보주의자들은 아이 양육에 관해서는 이야기하는 것을 원하지 않는다. 진보주의자들의 주요한 다섯 그룹을 살펴보면 그 이유를 알 수 있다.

1. **사회-경제적 진보주의자** : 사회 정치적으로 중요한 문제는 인종,

성별, 민족, 그리고 성의 선호를 포함하는 경제와 계층의 문제이다.

2. **정치적 진보주의자의 정체성** : 가장 중요한 것은 압박받는 사람들의 슬픔을 시정해주는 것이다.

3. **녹색당** : 언급해야 될 중심 사안은 생태계와 토착민들의 권리이다.

4. **시민의 자유를 위한 진보주의자** : 각 개인의 권리와 시민의 자유가 가장 중요하다.

5. **반권위주의 진보주의자** : 권위주의자들의 실행과 조직에 맞서— 즉 국가와 대기업의 압박하는 측면과— 싸우는 것이 가장 중요하다.

각각의 주요한 그룹은 실질적인 사안에 초점을 맞춘다. 그러나 그 모든 사안들 중에서도 가장 중요한 사안인 아동 양육 사안은 건드리지 않는다. 자애로운 부모 양육은 사회 경제적인 의문도, 정치적 정체성 문제도, 생태학적 문제도, 시민의 자유문제도, 권위주의자들의 정치적 제도의 문제도 아니다. 아이 양육 문제는 그들의 레이더 스크린에 떠오르지도 않는다. 기본적으로 아이와 가정 사안을 중시하는 진보주의자들이 있기는 하다. 하지만 그것은 어린이 보육, 어린이 건강, 어머니를 위한 태아의 보살핌, 어린이 기아, 교육, 소수민족 어린이, 아동학대 등에 관한 문제들이다. 이런 실질적인 사안들은 각각의 주요한 그룹의 관심을 반영한다. 그러나 내가 알고 있는 바로는 그 어느 그룹도 자애로운 부모 양육법의 장려 그 자체에는 관심이 없다.

이 모든 형태의 진보주의 정책은 진보주의 가치의 이런저런 측면에 지대한 관심을 둔다. 각각의 개별적인 그룹은 그들 자신의 개별적인 사안에 초점을 맞춘다. 그리고 그 결과는 진보주의 정책의 분열이다. 보수주의자들은 상당한 수준까지 그들의 중심 가치에 대한 질문에서 하나가 된다. 진보주의자들도 보수주의자들의 맹목적 믿음에 대항하여 자신들의 가치를 지키려 한다면 연합해야만 한다. 진보주의자들을 하나로 모으는 사안은, 모든 사안들의 가장 중심이 되는 사안인 아이들을 책임감 있고 감정이입을 하는 성인으로 키우는 것이 되어야만 한다고 생각한다.

## 감사의 말

먼저 나는 지난 24년 동안 가르치는 특권을 누리게 해준 캘리포니아 대학 버클리 캠퍼스의 사랑하는 나의 제자들과 동료 교수들에게 감사를 드린다. 우리의 특별한 학부와 헌신적이면서도 현명하고, 온화하면서도 지속적으로 질문을 퍼부은 학생들은 나에게 그 무엇과도 비교할 수 없는 육성과 지적 자극을 제공해주었다. 그 점에 대해 나는 심심한 사의를 표하는 바이다.

특히 노아 바움, 다이애나 바움린드, 로버트 벨라, 조 캠포스, 데이비드 콜리어, 조 그래디, 조슈아 거트월, J. B 로위, 파멜라 모건, 폴 머슨, 스리니 나라야난, 앨런 슈왈츠, 로리 스토커, 이브 스위처, 사라 타웁, 엘리어트 튜리엘, 낸시 어번, 그리고 라이오넬 위에게 감사함을 전한다. 이들 중에 파멜라 모건은 나에게 소중한 서지학적 도움을 제공해주기도 했다.

마크 존슨의 '도덕적 상상력'은 도덕 시스템에 관한 생각을 시작하도록 영감을 주었다. 또한 마크는 이 책을 쓰는 동안 나에게 많은 조언을 해주었다. 나는 마크보다 더 창조적이고 좋은 친구를 지금껏 만난 적이 없다.

사랑하는 나의 아들 앤드류 레이커프는 아들로서의 도리 그 이상의 노력을 기울여 이 책의 원고를 읽어주었다. 이 책은 그의 날카로운 비판과 도전, 뛰어난 유머, 좋은 충고, 그리고 창조적 제안이 있었기에 더욱 좋은 책이 될 수 있었다.

미셸 에마나시앙, 졸탄 쾨벡세스, 짐 맥콜리, 마크 터너, 그리고 스티븐 윈터는 중요한 비평을 해주고, 언제나처럼 나에게 여러 가지 자료를 제공해주었다. 안토니오 다마지오와 한나 다마지오 부부에게도 감사드린다.

친구이자 동료인 폴 데인과 데이비드 터기를 알게 된 것은 나에게 커다란 행운이었다. 정치적으로 나의 의견에 동의하지 않으면서도, 자신들의 통찰력과 지혜를 제공해주었기 때문이다. 그들은 이 책의 상당부분에 대해 나의 의견에 동의하지 않을 것이다. 하지만 그들이 인내심을 발휘하여 친절히 논의해준 덕분에 이 책은 좋은 저서가 될 수 있었다.

시카고대학 출판부의 언어 편집인 죠프 허크는 원고의 개선을 위해 매우 중요한 조언을 해주었다. 뛰어난 판단력을 가진 우수한 편집인이며, 상대의 말을 잘 들어주고, 훌륭한 언어학자로서의 정신을 두루 갖춘 그에게 진심으로 감사를 표한다. 또한 익명을 요구한 시카고대학 출판부의 몇몇 평자는 개정판을 내는 데 귀중한 조언을 해주었다.

이 저서를 준비하는 동안 나는 파리의 호트 에튀드 사회과학대학과, 뉴멕시코대학의 1995년 여름 언어학연구소를 찾아가 가르칠 수 있는 특권을 누렸다. 파리 사회과학대학의 피에르 엔크레베와 미셸

드포르네, 그리고 그곳 학생들이 방문기간 동안 장시간에 걸친 논의에 참여해준 것에 대해, 그리고 큰 자극이 되는 제안을 해준 피에르 보르디유에게 감사함을 표한다. 언어학연구소의 소장 존 바이비는 나에게 그곳에서 가르칠 수 있는 특권을 주었고, 셔먼 윌콕스는 1995년 국제 인지언어학학회의 총회에 이 원고를 제출할 수 있도록 해주었다. 그리고 소중한 제안을 해준 UNM의 폴라 브래맨트에게도 감사함을 전한다. 아울러 1994년부터 1995년에 걸쳐 연구비를 제공해준 캘리포니아대학에 깊은 감사를 표한다. 버클리의 케이프 패니와 오체임도 많은 도움을 주었다. 나의 아내 캐슬린 프럼킨은 이 책을 준비하는 동안 내내 그 어느 누구보다도 많은 도움을 주었다.

이 책은 몇 년 전, 이제는 고인이 된 내 친구 폴 바움과 우리 집 정원에서 나눈 대화로부터 시작되었다. 나는 폴에게 진보주의자 대 보수주의자의 정치적 태도를 확연히 드러내어 보여줄 질문을 생각할 수 있느냐고 물었다. 나의 질문에 그가 이렇게 되물었다. "만약 밤중에 당신의 아이가 운다면, 당신은 그 아기를 안아줄 겁니까?" 그의 질문에 대한 해답을 찾기 위한 나의 노력이 이 책으로 엮어진 것이다.

## 옮긴이의 글

이 책은 미국 캘리포니아대학 버클리 캠퍼스의 저명한 인지認知언
어학자이자 인지과학자인 조지 레이코프의 역저 《Moral Politics》를
완역한 것이다.

**보수와 진보의 기원을 읽다**

내가 이 책을 맨 처음 접하게 된 것은 1997년 워싱턴 D.C. 인근의
페어팩스 카운티의 한 서점에서였다. 당시 서울의 일간 신문사에 재
직 중이던 나는 미국 유수의 일간신문인 〈워싱턴 타임즈〉지로 발령
을 받고, 그 예비교육으로 미국신문협회가 주최하는 워크숍에 참석하
기 위해 준비하고 있었다.

지금도 마찬가지지만 당시 미국의 모든 언론매체들은 매일같이 공
화당과 민주당의 정책대결이나 논쟁을 대대적으로 보도하고 있었는
데, 나에게는 쉽사리 이해되지 않는 내용들이 너무 많았다. 예컨대 사

회복지 프로그램에 관한 정책이나 조세정책, 사형제도, 소수민족 차별금지조치, 이민정책, 임신중절권, 환경 규제와 개발, 총기 규제, 교육정책, 외교정책 등에 관해서 공화당과 민주당이 국민들을 상대로 사사건건 자기네 당 정책이 옳다는 것을 주장할 때, 사안별로 그렇겠거니 하고 생각을 하다가도 '왜 이들의 정견이 이렇게도 다른가?' 하는 의문을 품지 않을 수 없었다.

그 해답을 찾아 여러 가지 노력을 기울이고 있던 바로 그때에 발견한 것이 바로 이 책이었다. "Moral Politics"라는 원서의 제목도 눈에 띄었지만 '보수주의자들은 알고 있는데, 진보주의자들은 모르는 것들'이라고 붙은 영문판 원서의 부제가 더욱 관심을 끌었다. 결과적으로 이 책은 나에게 보수와 진보의 양대 정당이 주도하고 있는 미국 정치를 정확하게 이해할 수 있는 지침서가 되어주었을 뿐만 아니라, 한국이나 일본, 영국과 프랑스 또는 그 이외 나라에서 언제나 정치노선을 놓고 각축하는 정당정치의 현실을 이해하는 데 아주 좋은 안내서가 되었다.

이 책에서 다루고 있는 주제와 내용은 특정의 한 시대를 잠깐 비추고 지나가는 시사평론적인 글이 아니다. 그보다는 보수와 진보, 양 진영 간에 벌어지고 있는 사회·정치적 논쟁점과 모든 '정치'가 '도덕정치'일 수밖에 없는 그 근저의 논리체계를 일반 사람들까지 알기 쉽도록 일목요연하게 정리한 이론서라 할 수 있다. 그렇기에 이 책은 이 분야에서 교과서적 권위를 인정받는 명저로 평가받고 있다.

실제로 미국의 경우, 1981년부터 레이건에서 조지 H. 부시로 이어지는 공화당 보수정권이 12년 동안 집권한 후 1993년에 민주당의 클린턴 진보정권이 들어섰다. 하지만 클린턴 집권 초기인 1994년 11월에 치러진 미 중간선거에서 강경보수파의 기수 뉴트 깅그리치의 공화당이 압승을 거두면서 클린턴 재임 8년 동안 의회는 사사건건 그의 발목을 잡았다.

그 후 2000년 대선에서 조지 W. 부시와 엘 고어가 치열한 접전을 벌인 끝에 마침내 연방대법원 판결로 대통령이 결정되는 일련의 사태를 거치는 동안 미국 국민들 사이에서 보수·진보 분열현상은 첨예화되어갔다. 그리고 2004년 조지 W. 부시의 재집권과 이라크, 아프가니스탄 전쟁, 2008년 오바마 민주당 정부가 집권하기까지, 보수와 진보가 숨가쁘게 대결했던 지난 15년 동안 각종 선거 때마다 정치권 바깥에서 언론에 가장 주목받은 인물과 이론서가 바로 이 책과 저자인 조지 레이코프 박사였다.

그러기에 저자는 2001년 6월에 쓴 제2판 머리말 모두에서 "이 책은 처음 출판된 1996년보다 오히려 지금 우리가 직면하고 있는 여러 가지 문제에 더욱 관련이 깊은 것으로 보인다"고 했던 것이다. 시간이 흐를수록 그만큼 관심이 더 커가는 저서란 뜻이다.

### 보수는 엄부嚴父, 진보는 자모慈母

보수든 진보든 '가정의 가치'를 기본으로 한 철학이 국가 통치의 철학으로 확대되어 적용되고 있다는 것이 이 책의 핵심설명이다. '이상적 가정생활'과 결부된 자녀교육의 도덕적 원칙이 보수와 진보의 근원적 분기점이 된다는 것이다. 즉, 보수주의는 '엄격한 아버지 도덕'

에, 진보주의는 '자애로운 부모 도덕'에 그 정치철학의 근본을 두고 있다는 탁견은 우리에게 시사해주는 바가 대단히 크고 또 유익하다. 그러므로 정치는 근원적으로 국민을 상대로 하여 정부와 정당이 행하는 도덕적 담론이요, 세계관을 기초로 하여 국민을 설득하는 도덕·가치관 교육의 현장이 된다고 저자는 설파한다.

이것은 엄부자모嚴父慈母와 가화만사성家和萬事成이라는 전통적 개념에 친숙한 우리 한국인들에게는 쉽게 와 닿는 내용이기도 하다. 가정에 엄부자모가 중심을 잡고 있으면 자식들이 바로 서고, 가사가 원활하게 돌아간다는 이치가 바로 나라의 정치 요체라는 뜻이 아닌가. 실로 탁견이다. 여당이든 야당이든 국민에게 한쪽은 엄부, 또 다른 한쪽은 자모 역할을 제대로 하면서 국가를 경영해야 한다는 말이다. 이혼하기로 작정한 부부처럼 국민을 볼모로 하여 매일같이 정쟁만 일삼는 정당들은 이제 그 업을 끝내야 한다. 이런 점에서 정치인들에게 요구되는 도덕적 품성은 그 어느 계층보다 높을 수밖에 없다. 그들은 국민을 자녀로 하여 가정을 올바르게 경영해 나가는 참된 부모의 위상에 서 있기 때문이다.

새천년을 맞이하는 과정에서 한국 사회는 김대중-노무현 정부 10년간(1998~2007)의 진보정권이 끝나고 보수정권인 이명박 정부가 들어서게 되었다. 그 과정에서 이 책의 중심 주제인 '보수'와 '진보'에 관한 정치담론들이 한국사회를 뜨겁게 달구었다. 진보정권 10년 만에 보수정권이 집권한 지 3년차가 되는 동안, 과거 어느 시대보다 보수진영과 진보진영 간의 갈등과 논쟁과 경쟁이 치열하게 전개된 것이다. 기득권층과 재계를 대변하고 '비즈니스 프렌들리business friendly'

를 앞세우며 출범했던 정부여당은 지방선거를 거치면서 '친서민정책'으로 돌아서서 '워킹 클래스 프렌들리working class friendly'를 외치기 시작했다. 그러자 보수진영 내부에서는 좌파식 '포퓰리즘'을 경계하는 목소리가 터져 나오고 있다. 어쨌거나 이런 현상들은 한국판 보수주의와 진보주의의 논전이 식지 않고 한층 더 가열되고 있음을 보여주는 매우 가까운 예들이다. 한국에서 보수와 진보의 첨예한 대결이 지금보다 더 뜨거웠던 적은 없었고, 앞으로도 더욱 그럴 것이다.

### 통합과 상생의 정치지평을 위해

정치적 우익은 보수진영에, 좌익은 진보진영에 자리매김하여 끊임없이 상호갈등과 대결을 빚어내는 양상은 미국이나 한국이나 기타 여러 나라에서도 공통된 현상이다. 그러나 21세기에 진입한 세계의 현실은 더 이상 보수·우익 대 진보·좌익의 구도만으로는 문제가 해결되지 않는다는 것을 서서히 깨닫기 시작하고 있다. 미국 보수주의 공화당 조지 W. 부시의 '인정 있는 보수주의 The Compassionate Conservatism'와 영국 진보주의 노동당 토니 블레어의 '제3의 길' 등은 집권을 위한 선거 전략이었었다 할지라도, 지금 미국내에서 벌어지고 있는 보수적 유권자들의 정치개혁운동인 티파티 무브먼트Tea Party Movement가 기존의 보수·진보 세력권에 큰 영향을 끼치고 있다. 이와 같은 현실은 이제 전통적인 보수·우익 대 진보·좌익 구도가 유권자들의 정치적 욕구를 충족시키기에 한계가 있음을 드러내는 것으로서, 이를 통해 새로운 정치적 지향을 엿볼 수 있다.

한국에서는 최근 이명박 보수정권이 친서민정책을 집권 후반기의 기치로 내세운 것도 이런 정치의 세계화global politics라는 추이와 무관하지 않을 것이다. 그러나 "민중을 거스르면 민중의 손에 망하고, 민중을 따르면 민중과 함께 망한다"는 플루타르크의 경고대로 포퓰리즘에 관한 보수와 진보의 절제된 균형감각이야말로 현대 정당정치의 필수요소가 되고 있음을 잊지 말아야 할 것이다. 정치적 선진화란 공정성과 도덕성이 창의성·경쟁 등의 가치와 배치되지 않고 조화롭게 어우러지게 하는 역동적인 기풍을 각계에 정착하도록 하는 데 있다. 이와 같은 문제도 함께 생각해보면서 독자들이 이 책을 읽어보기를 기대해본다.

한국의 경우 보수·우익 대 진보·좌익 논쟁은 위에 말한 포퓰리즘 이외에 분단 상황에서 대북정책이 친북·포용입장이냐 반북·흡수입장이냐에 따라 갈라지는 특수성도 있다. 양 진영은 서로를 급진·좌경이니 보수·반동이니 하고 비난하고 있는 자리에서 우리의 정치적 담론은 정지해 있는 것이다. 한국 정치의 업그레이드를 위해서 우리는 각 정당의 도덕관과 세계관을 물어야 하고, 정당은 국민에게 자신들의 도덕관과 세계관을 제시하고 정책을 세워야한다. 이제 우리나라에서도 보수와 진보의 이상변종에 불과한 '종북적從北的 진보'나 '탐욕적貪慾的 보수'에는 종지부를 찍게 하고 진정한 보수와 진보가 통합과 상생으로 나아가는 새로운 정치지평을 열어야 할 것이다. 다시 말해서 철학도 세계관도 없이 수단과 방법을 가리지 않고 권력창출만을 위해 설치는 정당이나 정치인은 이제 용도 폐기해야 한다는 말이다. 이런 면에서도 우리는 이 책에서 많은 시사점을 찾을 수 있다고 확신한다.

무엇보다도 이 책의 내용이 일이관지一以貫之 하는 명쾌한 논리로 보수와 진보의 근원을 밝혀주면서 논쟁의 핵심들을 분명하게 짚어주는 것이 독자들에게는 큰 즐거움이 될 것이다. 저자인 조지 레이코프 교수가 인지과학자요 언어학자로서 미국의 현대정치를 세계관에 결부시켜 보수진영과 진보진영의 차별성을 일관된 논리로 해명해 나갈 때, 현대 미국의 양당구조와 정치사조 및 보수주의 정책과 진보주의 정책에 관해 명쾌하게 이해할 수 있게 될 것이고, 나아가 지금 세계 각국이 다함께 안고 있는 보수와 진보의 정치적 갈등과 관련된 다양한 논쟁들에 대해 보다 정확한 인식을 얻게 될 것이다.

　이 책을 번역하여 우리 한국 독자들에게 선보이게 된 지금의 심정은 뿌듯함과 기대가 교차한다. 독자들이 이 책을 읽어나가면서 내가 그랬던 것처럼 '아하, 그게 이런 거구나!' 하고 이제까지 모르던 것을 알게 되는 기쁨을 만끽할 수 있기를 기대한다. 독자들에게 이 책의 이해를 돕기 위해 역자로서 한 가지 설명을 드리자면, 이 책 서론에서 몇 가지 용어설명을 하는 부분이 나오는데 조금 딱딱한 느낌이 들겠지만 그 다음으로 넘어갈수록 흥미진진해지는 명쾌한 논리가 이어진다는 것을 알아 주었으면 좋겠다.

　끝으로 이 책을 출판하는 데 여러 가지 배려를 아끼지 않은 김영사의 박은주 사장님과 편집자 여러분에게 특별히 감사를 드린다.

2010년 10월
손대오

# 참고

주제별 참고문헌 리스트입니다. 여기에는 본문에서 인용된 문헌, 설명 그리고 보충이 포함되어 있습니다. 이것은 독자들에게 이 학문에의 입문을 도우려는 것이지, 철저한 연구를 바라는 의도는 아닙니다.

본문에서의 '참고'는 이 리스트의 구조에서 숫자와 문자를 가리킵니다. 카테고리가 먼저 나타나고 개별 리스트는 그 다음에 나타납니다.

## Organization

**A. Cognitive Science and Cognitive Linguistics**

1. Metaphor Theory
2. Categorization
3. Framing
4. Discourse and Pragmatics
5. Decision Theory: The Heuristics and Biases Approach
6. Cognitive Science and Moral Theory

**B. Child Development and Childrearing**

1. Attachment Research
2. Socialization Research
3. Fundamentalist Christian Childrearing Manuals
4. Mainstream Childrearing Manuals
5. Childrearing and Violence
6. Critiques of Fundamentalist Childrearing
7. Background: Childrearing and National Character

## C. Politics

1. Convervative Political Writings
2. Neoconservatism
3. Modern Theoretical Liberalism
4. Communitarian Critiques
5. Modern Theoretical Libertarianism

## D. Public Administration

1. Bureaucratic Reform
2. Stars Wars Policy

## E. Miscellaneous

## A. Cognitive Science and Cognitive Linguistics

바움가트너 · 파이르와 솔소-마사로의 저서들은 인지과학자들이 제기하는 질문의 영역에 대해 무언가를 느끼게 해준다. 에델만의 저서는 자기 자신의 업적을 조망해줄 뿐만 아니라 인지언어학이 신경과학의 연구와도 어떻게 맞물려 있는가를 잘 설명해주고 있다.

Baumgartner, P., and S. Payr. 1995. *Speaking minds: Interviews with twenty eminent cognitive scientists.* Princeton: Princeton University Press.

Edelman, G. M. 1992. *Bright air, brilliant fire: On the matter of the mind.* New York: Basic Books.

Solso, R. L., and D. W. Massaro. 1995. *The science of the mind: 2001 and beyond.* New York: Oxford University press.

## A1. Metaphor Theory

이 분야에서 가장 널리 알려진 소개서는 레이코프와 존슨의 저서다. 레이코프의 1993년 저작이 이 분야에서 가장 최근의 총괄적인 연구다. 연구지 〈Metaphor and Symbolic Activity〉는 주로 비유에 관한 경험 심리학적 연구에 집중한다. 기브스의 1994년 저작은 이 분야 연구의 뛰어난 개요다. 존슨의 1981년 저술은 비유에 관한 연구가 그때까지 어떻게 진행되어 왔는가를 총괄한 것이다.

Gentner, D., and D. R. Gentner. 1982. Flowing waters or teeming crowds: Mental models of electricity. In *Mental models*, edited by D. Gentner and A. L. Stevens. Hillsdale, N.J.: Erlbaum.

Gibbs, R. 1994. *The poetics of mind: Figurative thought, language, and understanding.* Cambridge: Cambridge University Press.

Johnson, M. 1987. *The body in the mind: The bodily basis of meaning, imagination, and reason.* Chicago: University of Chicago Press.

Johnson, M., ed. 1981. *Philosophical perspectives on metaphor.* Minneapolis: University of Minnesota Press.

Klingebiel, C. 1990. The bottom line in moral accounting. Manuscript, University of California, Berkeley.

Lakoff, G. 1993. The contemporary theory of metaphor. In *Metaphor and thought*, 2d ed., edited by A. Ortony, 202-51. Cambridge: Cambridge University Press.

Lakoff, G., and M. Johnson. 1980. *Metaphors we live by.* Chicago: University of Chicago Press.

Lakoff, G., and M. Turner. 1989. *More than cool reason: A field guide to poetic metaphor.* Chicago: University of Chicago Press.

Reddy, M. 1979. The conduit metaphor. In *Metaphor and thought*, edited by A. Ortony, 284-324. Cambridge: Cambridge University Press.

Sweetser, E. (In preparation). Our Father, our king: What makes a good metaphor for God.

Sweetser, E. 1990. *From etymology to pragmatics: Metaphorical and cultural aspects of semantic structure*. Cambridge: Cambridge University Press.

Taub, S. 1990. Moral accounting. Manuscript, University of California, Berkeley.

Turner, M. 1991. *Reading minds: the study of English in the age of cognitive science*. Princeton: Princeton University Press.

Winter, S. 1989. Transcendental nonsense, metaphoric reasoning and the cognitive stakes for law. *University of Pennsylvania Low Review* 137, 1105-1237.

## A2. *Categorization*

레이코프의 1987년 저술은 1980년대 중반까지의 카테고리 연구의 총괄서다. 로쉬의 연구논문들은 원형이론에 관한 고전이다.

Barsalou, L. W. 1983. Ad-hoc categories. *Memory and Cognition* 11:211-27

Barsalou, L. W. 1984. Determination of graded structures in categories. Psychology Department, Emory University, Atlanta.

Brugman, C. 1988. *Story of "over."* New York; Garland.

Kay, P. 1983. Linguistic competence and folk theories of language: Two English hedges. In *Proceedings of the Ninth Annual Meeting of the Berkeley Linguistics Society*, 128-37. Berkeley: Berkeley Linguistics Society.

Kay, p., and C. McDaniel. 1978. The linguistic significance of the Meanings of basic color terms. *Language* 54:610-46.

Lakoff, G. 1972. Hedges: A study in meaning criteria and the logic of fuzzy concepts. In *Papers from the Eighth Regional Meeting, Chicago Linguistic Society*, 183-228. Chicago: Chicago Linguistic Society. Reprinted in *Journal of Philosophical Logic* 2 (1973):458-508.

Lakoff, G. 1987. *Women, fire, and dangerous things: What categories reveal about the mind*. Chicago: University of Chicago Press.

McNeill. D., and P. Freiberger. 1993. *Fuzzy logic*. New York: Simon and Schuster.

Rosch, E. (E. Heider). 1973. Natural categories. *Cognitive Psychology* 4:328-50.

Rosch, E. 1975a. Cognitive reference points. *Cognitive Psychology* 7:532-47.

Rosch, E. 1975b. Cognitive represntations of semantic categories. *Journal of Experimental Psychology: General* 104:192-233.

Rosch, E. 1977. Human categorization. In *Studies in cross-cultural psychology*, edited by N. Warren. London: Academic Press.

Rosch, E. 1978. Principles of categorization. In *Cognition and categorization*, edited by E. Rosch and B. B. Lloyd, 27-48. Hillsdale, N. J.: Erlbaum.

Rosch, E. 1981. Prototype classification and logical classification: The two systems. In *New trends in cognitive represntation: Challenges to Piaget's theory*, edited by E. Scholnick, 73-86. Hillsdale, N. J.: Erlbaum.

Rosch, E., and B. B. Lloyd. 1978. *Cognition and categorization*. Hillsdale, N. J.: Erlbaum.

Schwartz, A. 1992. Contested concepts in cognitive social science. Honors thesis, University of California, Berkeley.

Smith, E. E., and D. L. Medin. 1981. *Categories and concepts*. Cambridge: Harvard University Press.

Taylor, J. 1989. *Linguistic categorization: Prototypes in linguistic theory*. Oxford: Clarendon Press.

Wittgenstein, L. 1953. *Philosophical investigations*. New York: Macmillan.

Zadeh, L. 1965. Fuzzy sets. *Information and Control* 8:338-53.

## A3. Framing

필모어는 경험언어학 연구의 주요 자료이다. 섕크와 아벨슨은 주요 인공지능 연구를 시작했다. 홀란드와 퀸은 인류학에 전문 기술을 도입했다.

Fillmore, C. 1975. An alternative to checklist theories of meaning. In *Proceedings of the First Annual Meeting of the Berkeley Linguistics Society*, 123-31. Berkeley: Berkeley Linguistics Society.

Fillmore, C. 1976. Topics in lexical semantics. In *Current issues in linguistic theory*, edited by P. Cole, 76-138. Bloomington: Indiana University Press.

Fillmore, C. 1978. The organization of semantic information in the lexicon. In *Papers from the Parasession on the Lexicon*, 1-11. Chicago: Chicago Linguistic Society.

Fillmore, C. 1982a. Towards a descriptive framework for spatial deixis. In *Speech, place, and action*, edited by R. J. Jarvella and W. Klein, 31-59. London: Wiley.

Fillmore, C. 1982b. Frame semantics. In *Linguistics in the morning calm*, edited by the Linguistics Society of Korea, 111-38. Seoul: Hanshin.

Fillmore, C. 1985. Frames and the semantics of understanding. *Quaderni di Semantica* 6:222-53.

Holland, D. C., and N. Quinn, eds. 1987. *Cultural models in language and thought*. Cambridge: Cambridge University press.

Schank, R. C., and R. P. Abelson. 1977. *Scripts, Plans, Goals, and Understanding*. Hillsdale, N. J.: Erlbaum.

## A4. Discourse and Pragmatics

그린과 레빈슨은 뛰어난 어용론語用論 개론 교과서를 썼다. 쉬프린과 브라운-율의 저서는 담론문학의 탁월한 방법을 제시한다.

Brown, G., and G. Yule. 1983. *Discourse analysis*. Cambridge:

Cambridge University Press.

Brown, P., and S. C. Levinson. 1987. *Politeness: Some universals in language usage*. Cambridge: Cambridge University Press.

Goffman, E. 1981. *Forms of talk*. Oxford: Basil Blackwell.

Gordon, D., and G. Lakoff. 1975. Conversational postulates. In *Syntax and semantics 3: Speech acts*, edited by P. Cole and J. L. Morgan, 83-106. New York: Academic Press.

Green, G. 1989. *Pragmatics and natural language understanding*. Hillsdale, N. J.: Erlbaum.

Grice, P. 1989. *Studies in the way of words*. Cambridge: Harvard University Press.

Gumperz, J. J. 1982a. *Discourse strategies*. Cambridge: Cambridge University Press.

Gumperz, J. J. 1982b. *Language and social identity*. Cambridge: Cambridge University Press.

Hall, E. T. 1976/1981. *Beyond culture*. New York: Anchor/Doubleday.

Keenan, E. O. 1976. The university of conversational implicature. *Language in Society* 5:67-80.

Lakoff, R. 1973. The logic of politeness; or, minding your P's and Q's. In *Papers from the Ninth Regional Meeting of the Chicago Linguistic Society*, 292-305. Chicago: Chicago Linguistic Society.

Levinson, S. C. 1983. *Pragmatics*. Cambridge: Cambridge University Press.

Saville-Troike, M. 1989. *The ethnography of communication: An introducion*. 2d ed. Oxford: Basil Blackwell.

Schiffrin, D. 1994. *Approaches to discourse analysis*. Oxford: Basil Blackwell.

Scollon, R., and S. W. Scollon. 1995. *Intercultural communication: A discourse approach*. Oxford: Basil Blackwell.

Subbs, M. 1983. *Discourse analysis: The sociolinguistic analysis of natural language*. Chicago: University of Chicago Press.

Tannen, D. 1986. *That's not what I meant!: How conversational style makes or breaks your relations with others*. New York: Morrow.

Tannen, D. 1991. *You just don't understand: Women and men in conversation*. New York: Ballantine.

Tannen, D., ed. 1993. *Framing in discourse*. New York: Oxford University Press.

van Dijk, T. 1985. *Handbook of discourse analysis*. New York and London: Academic Press.

Weiser, A. 1974. Deliberate ambiguity. In *Papers from the Tenth Regional Meeting of the Chicago Linguistic Society*, 723-31. Chicago: Chicago Linguistic Society.

Weiser, A. 1975. How not to answer a question: Purposive devices in conversational strategy. In *Papers from the Eleventh Regional Meeting of the Chicago Linguistic Society*, 649-60. Chicago: Chicago Linguistic Society.

## A5. *Decision Theory : The Heuristics and Biases Approach*

이 논문들은 거대한 문헌들 중에서 본보기가 되는 것들이다. 이 논문들은 프레이밍 효과를 잘 드러내기 때문에 채택된 것들이다.

Kahneman, D., and A. Tversky. 1983. Can irrationality be intelligently discussed? *Behavioral and Brain Sciences* 6:509-10.

Kahneman, D., and A. Tversky. 1984. Choices, values, and frames. *American Psychologist*, 39:341-50.

Tversky, A., and D. Kahneman. 1974. Judgment under uncertainty: Heuristics and biases. *Science* 185:1124-31.

Tversky, A., and D. Kahneman. 1981. The framing of decisions and the psychology of choice. *Science* 211:453-58.

Tversky, A., and D. Kahneman. 1988. Rational choice and the framing of decisions. In *Decision making: Descriptive, normative, and prescriptive interactions*, edited by D. E. Bell, H. Rarffa, and A. Tversky, 167-92. Cambridge: Cambridge University Press.

*A6. Cognitive Science and Moral Theory*
고전적인 도덕이론은 마음에 대한 경험적 연구가 도덕 이슈에 영향을 주지 않는다고 가정한다. 각각의 철학자 세 권의 책은 이런 가정에 대한 도전이다.

Churchland, P. M. 1995. *The engine of reason, the seat of the soul; A philosophical journey into the brain*. Cambridge, Mass.: MIT Press.

Flanagan, O. 1991. *Varieties of moral personality: Ethics and psychological realism*. Cambridge: Harvard University Press.

Johnson, M. 1993. *Moral immagination: Implications of cognitive science for ethics*. Chicago: University of Chicago Press.

## B. Child Development and Childrearing

*B1. Attachment Research*
. 카렌의 저작은 최고의 개괄서라고 할 만하므로 독자들도 이 책부터 읽을 것을 권유한다.

Ainsworth, M. D. S. 1967. *Infancy in Uganda: Infant care and the growth of love*. Baltimore: The Johns Hopkins University Press.

Ainsworth, M. D. S. 1969. Object relations, dependency and attachment: A theoretical view of the infant-mother relationship. *Child Development* 40:969-1025.

Ainsworth, M. D. S. 1983. A sketch of a career. In *Models of achievement: Reflections of eminent women in psychology*, edited by A. N. O'Connell and N. F. Russo, 200-219. New York: Columbia University

Press.

Ainsworth, M. D. S. 1984. Attachment. In *Personality and the behavioral disorders*, edited by N. S. Endler and J. McV. Hunt, 1:559-602. New York: Wiley.

Ainsworth, M. D. S. 1985. Attachments across the lifespan. *Bulletin of the New York Academy of Medicine* 61:792-812.

Ainsworth, M. D. S., M. D. Blehar, E. Waters, and S. Wall. 1978. *Patterns of attachment: A psychological study of the strange situation*. Hillsdale, N. J.: Erlbaum.

Belsky, J., and J. Cassidy. (In press). Attachment: Theory and evidence. In *Developmental principles and clinical issues in psychology and psychiatry*, edited by M. Rutter, D. Hay, and S. Baron-Cohen. Oxford: Basil Blackwell.

Belsky, J., and L. V. Steinberg. 1978. The effects of day care: A critical review. *Child Development* 49:929-49.

Belsky, J., L. Youngblood, and E. Pensky. 1990. Childrearing history, marital quality, and maternal affect: Intergenerational transmission in a low-risk sample. *Development and Psychopathology* 1:291-304.

Bowlby, J. 1944. Forty-four juvenile thieves: Their characters and home life. *International Journal of Psycho-Analysis* 25:19-52, 107-27. Reprinted(1946) as monograph. London: Bailiere, Tindall and Cox.

Bowlby, J. 1951. Maternal care and health care. Geneva: *World Health Organization Monograph Series* 2.

Bowlby, J. 1958. The nature of the child's tie to his mother. *International journal of Psycho-Analysis* 39:350-73.

Bowlby, J. 1967. Foreword. In M. D. S. Ainsworth, *Infancy in Uganda*. Baltimore: The Johns Hopkins University Press.

Bowlby, J. 1970. *Child care and the growth of love*. 2d ed. Harmondsworth, Middlesex: Penguin.

Bowlby, J. 1973. *Attachment and loss*. Vol. 2: *Separation*. New York:

Basic books.

Bowlby, J. 1979. *The making and breaking of affectional bonds*. New York: Routledge.

Bowlby, J. 1980. *Attachment and loss*. Vol. 3: *Loss, sadness and depression*. New York: Basic Books.

Bowlby, J. 1982. *Attachment and loss*. Vol. 1: *Attachment*. Rev. ed. New York: Basic Books.

Bowlby, J. 1988. *A secure base: Clinical applications of attschment theory*. London: Routledge.

Bowlby, J., K. Figlio, amd R. Young. 1990. An interview with John Bowlby on the origins and reception of his work. *Free Associations* 21: 36-64.

Brazelton, T. B. 1983. *Infants and mothers: Differences in development*. Rev. ed. New York: Delta.

Brazelton, T. B., B. Koslowski, and M. Main. 1974. The origins of reciprocity: The early mother-input interaction. In *The effect of the infant on its caregiver*, edited by M. Lewis and L. Rosenblum. New York: Wiley.

Goldberg, S. 1991. Recent developments in attachment theory. *Canadian Journal of Psychiatry* 36:393-400.

Karen, R. 1994. *Becoming attached: Unfolding the mystery of the infant-mother bond and its impact on later life*. New York: Warner Books.

Lieberman, A. F. 1993. *The emotional life of the toddler*. New York: The Free Press.

Main, M. 1991. Metacognitive Knowledge, metacognitive monitoring, and singular (coherent) versus multiple (incoherent) model of attachment: Findings and directions for future research. In *Attachment across the life cycle*, edited by C. M. Parkes, J. Stevenson-Hinde, and P. Marris. New York: Tavistock/Routledge.

Main, M., and D. Weston. 1981. The quality of the toddler's relationship to mother and to father as related to conflict behavior and readiness to establish new relationships. *Child Development* 52:932-40.

Main, M., and D. Weston. 1982. Avoidance of the attachment figure in infancy: Descriptions and interpretations. In *The place of attachment in human behavior*, edited by C. M. Parkes and J. Stevenson-Hinde, 31-59. New York: Basic Books.

Main, M., and E. Hesse. 1990. Parents' unresolved traumatic experiences are related to infant disorganized attachment status: Is frightened and/or frightening parental behavior the linking mechanism? In *Attachment in the preschool years*, edited by M. Greenberg, D. Cicchetti, and E. M. Cummings. Chicago: University of Chicago Press.

Main, M., N. Kaplan, and J. Cassidy. 1985. Security in infancy, childhood, and adulthood: A move to the level of representation. In *Growing points in attachment theory and research. Monographs of the Society for Research in Child Development 50* (Serial No. 209), edited by I. Bretherton and E. Waters, 66-104.

Sroufe, L. A. 1979. Socioemotional development: A developmental perspective on day care. In *Handbook of infant development*, edited by J. Osofsky. New York: Wiley.

Sroufe, L. A., and E. Waters. 1977. Attachment as an organizational construct. *Child Development* 48:1184-89.

Sroufe, L. A., B. Egeland, and T. Kreutzer. 1990. The fate of early experience following developmental change: longitudinal approaches to individual adaptation in childhood. *Child Development* 61:1363-73.

Sroufe, L. A., N. E. Fox, and V. R. pancake. 1983. Attachment and dependency in developmental perspective. *Child Development* 54:1615-27.

Sroufe, L. A., R. G. Cooper, and G. B. DeHart. 1992. *Child Development: Its nature and course*. 2d ed. New York; McGraw-Hill.

Stern, D. N. 1985. *The interpersonal world of the infant*. New York: Basic Books.

Stern, D. 1977. The first relationship. Cambridge: Harvard University Press.

## B2. *Socialization Research*

맥코비와 마틴은 비록 1983년에 그 연구가 중단되었지만 이 분야 최고의 개괄서다. 1991년에 행했던 바움린드의 연구는 그때까지의 권위주의자와 권위주의적 육아법에 관한 연구를 다루고 있다.

Apolonio, F. J. 1975. Preadolescents' self-esteem, sharing behavior, and perceptions of parental behavior. *Dissertation Abstracts* 35:3406B.

Baldwin, A. L. 1948. Socialization and the parent-child relationship. *Child Development* 19:127-136.

Baldwin, A. L. 1949. The effect of home environment on nursery school behavior. *Child Development* 20:49-62.

Baldwin, A. L., J. Kalhoun, and F. H. Breese. 1945. Patterns of parent behavior. *Psychological Monographs* 58.

Baumrind, D. 1967. Child care practices anteceding 3 patterns of preschool behavior. *Genetic Psychological Monographs* 75:43-88.

Baumrind, D. 1971. Current patterns of parental authority. *Developmental Psychology Monograph* 4.

Baumrind, D. 1972. An exploratory study of socialization effects on black children: Some black-white comparisons. *Child Development* 43:261-67.

Baumrind, D. 1977. Socialization determinants of personal agency. Paper presented at the meeting of the Society for Research in Child Development, New Orleans, March 27-30.

Baumrind, D. 1979. Sex-related socialization effects. Paper presented at the meeting of the Society for Research in Child Development, San

Francisco.

Baumrind, D. 1987. A developmental perspective on adolescent risk-taking behavior in contemporary America. In *New directions for child development: Adolescent health and social behavior*, edited by W. Damom, vol. 37:92-126. San Francisco: Jossey-Bass.

Baumrind, D. 1989. Rearing competent children. In *Child development today and tomorrow*, edited by W. Damon, 349-78. San Francisco: Jossey-Bass.

Baumrind, D. 1991. Parenting styles and adolescent development. In *The encyclopedia of adolescence*, edited by R. Lerner, A. C. Petersen, and J. Brooks-Gunn, 746-58. New York: Garland.

Baumrind, D., and A. E. Black. 1967. Socialization practices associated with dimensions of competence in preschool boys and girls. *Child Development* 38:291-327.

Becker, W. C., D. R. Peterson, Z. Luria, D. J. Shoemaker, and L. A. Hellmer. 1962. Relations of factors derived from parent-interview ratings to behavior problems of five-year-olds. *Child Development* 33:509-35.

Block, J. 1971. Lives through time. Berkeley: Bancroft Books.

Burton, R. V. 1976. Honesty and dishonesty. In *Moral development and behavior*, edited by T. Lickona. New York: Holt, Rinehart and Winston.

Comstock, M. L. 1973. Effects of perceived parental behavior on self-esteem and adjustment. *Dissertation Abstracts* 34:465B.

Coopersmith, S. 1967. *The antecedents of self-esteem*. San Francisco: W. H. Freeman.

Egeland, B., and L. A. Sroufe. 1981a. Attachment and early maltreatment. *Child Development* 52:44-52.

Egeland, B., and L. A. Sroufe. 1981b. Developmental sequelae of maltreatment in infancy. *New Directions for Child Development* 11:77-92.

Eisenberg, N., and P. H. Mussen. 1989. *The roots of Prosocial behavior in children*. Cambridge: Cambridge University Press.

Eron, L. D., L. O. Walder, and M. M. Lefkowitz. 1971. *Learning of aggression in children*. Boston: Little, Brown.

Feshbach, N. D. 1974. The relationship of child-rearing factors to children's aggression, empathy and related positive and negative social behaviors. In *Determinants and origins of aggressive behavior*, edited by J. deWitt and W. W. Hartup. The Hague: Mouton.

Gilligan, C. 1982. *In a different voice: Psychological theory and women's development*. Cambridge: Harvard University Press.

Gilligan, C. 1987. Adolescent development reconsidered. In *New directions for child development*, edited by C. E. Irwin, Jr., vol. 37:63-92. San Francisco: Jossey-Bass.

Goldstein, A. P., and G. Y. Michaels. 1985. *Empathy: Development, training, and consequences*. Hillsdale, N.J.: Erlbaum.

Gordon, D., S. Nowicki, and F. Wichern. 1981. Observed maternal and child behavior in a dependency-producing task as a function of children's locus of control orientation. *Merrill-Palmer Quarterly* 27:43-51.

Hoffman, M. L. 1960. Power assertion by the parent and its impact on the child. *Child Development* 31:129-43.

Hoffman, M. L. 1970. Moral development. In *Carmichael's manual of child psychology*, edited by P. H. Mussen, vol. 2. New York: Wiley.

Hoffman, M. L. 1975. Moral internalization, parental power, and the nature of parent-child interaction. *Developmental Psychology*. 11:228-39.

Hoffman, M. L. 1976. Empathy, role-taking, guilt and the development of altruistic motives. In *Moral development and behavior*, edited by T. Lickona. New York: Holt, Rinehart and Winston.

Hoffman, M. L. 1981. The role of the father in moral internalization. In

*The role of the father in child development*, 2d ed., edited by M. E. Lamb. New York: Wiley.

Hoffman, M. L. 1982. Affective and cognitive processes in moral internalization. In *Social cognition and social behavior: Developmental perspectives*, edited by E.T. Higgins, D. N. Ruble, and W. W. Hartup. Cambridge: Cambridge University Press.

Hoffman, M. L., and H. D. Saltzstein. 1967. Parent discipline and the child's moral development. *Journal of Personality and Social Psychology* 5:45-57.

Johannesson, I. 1974. Aggressive behavior among schoolchildren related to maternal practices in early childhood. In *Determinants and origins of aggressive behavior*, edited by J. deWitt and W. W. Hartup. The Hague: Mouton.

Lamb, M. E. 1977. Father-infant and mother-infant interaction in the first year of life. *Child Development* 48:167-81.

Lamb, M. E. 1981. Fathers and child development: An integrative overview. In *The role of the father in child development*, 2d ed., edited by M. E. Lamb. New York: Wiley.

Lefkowitz, M. M., L. D. Eron, L. O. Walder, and L. R. Huesmann. 1977. *Growing up to be violent*. New York: Pergamon.

Lewin, K., R. Lippitt, and R. White. 1939. Patterns of aggressive behavior in experimentally created social climates. *Journal of Social Psychology* 10:271-99.

Lewis, C. C. 1981. The effects of parental firm control: A reinterpretation of findings. *Psychological Bulletin* 90:547-63.

Loeb, R. C., L. Horst, and P. J. Horton. 1980. Family interaction patterns associated with self-esteem in preadolescent girls and boys. *Merrill-Palmer Quarterly* 26:203-17.

Maccoby, E. E., and J. A. Martin. 1983. Socialization in the context of the family: Parent-child interaction. In *Handbook of child Psychology*

(formerly *Carmichael's manual of child Psychology*), 4th ed., edited
by P. H. Mussen, vol. 4: *Socialization, personality, and social develop-
ment*, edited by E. M. Hetherington, 1-101 New York: Wiley.

Patterson, G. R. 1976. The aggressive child: Victim and architect of a
coercive system. In *Behavior modification and families*. Vol. 1:
*Theory and reserch*, edited by L. A. Hamerlynck, L. C. Handy, and
E. J. Mash. New York: Brunner-Mazell.

Patterson, G. R. 1979. A performance theory for coercive family interac-
tions. In *The analysis of socail interactions: Methods, issues and illustra-
tions*, edited by R. B. Cairns. Hillsdale, N. J.: Erlbaum.

Patterson, G. R. 1980. Mothers: The unacknowledged victims.
*Monograph of the Society for Reserch in Child Development* 45(5, Serial
N. 186).

Patterson, G. R. 1982. *Coercieve family process*. Eugene, Ore.: Castalia
Press.

Patterson, G. R., and J. A. Cobb. 1971. A dyadic analysis of "aggres-
sive" behavior. In *Minnesota symposium on child psychology*, vol. 5,
edited by J. P. Hill. Minneapolis: University of Minnesota Press.

Pulkkinen, L. 1982. Self-control and continuity from childhood to ado-
lescence. In *Life-span development and behavior*, edited by P. B.
Baltes and O. G. Brim, vol. 4. New York: Academic Press.

Qadri, A. J., and G. A. Kaleem. 1971. Effect of parental attitudes on
personality adjustment and self-esteem of children. *Behaviorometric*
1:19-24.

Saltzstein, H. D. 1976. Social influence and moral development: A per-
spective on the role of parents and peers. In *Moral development and
behavior*, edited by T. Lickona. New York: Holt, Rinehart and
Winston.

Sears, R. R. 1961. Relation of early socialization experiences to aggres-
sion in middle childhood. *Journal of Abnormal and Social Psychology*

63:466-92.

Yarrow, M. R., J. D. Campbell, and R. Burton. 1968. *Child rearing: An inquiry into research and methods*. San Francisco: Jossey-Bass.

Zahn-Waxler, C., E. M. Cummings, and R. Iannotti, eds. 1986. *Altruism and aggression: Bioogical and social origins*. Cambridge: Cambridge University Press.

Zahn-Waxler, C., M. Radke-Yarrow, and R. A. King. 1979. Child-rearing and children's prosocial initiations toward victims of distress. *Child Development* 50:319-30.

*B3. Fundamentalist Christian Childrearing Manuals*

1970, 1972년의 돕슨 저작은 고전적인 것이며 아마도 가장 온건한 것이다. 하일즈는 가장 극단적이다.

Christenson, L. 1970. *The Christian family*. Minneapolis: Bethany House.

Dobson, J. 197o. *Dare to discipline*. Wheaton: Living Books/Tyndale House.

Dobson, J. 1978. *The strong-willed child: Birth through adolescence*. Wheaton: Living Books/Tyndale House.

Dobson, J. 1987. *Parenting isn't for cowards*. Dallas: Word.

Dobson, J. 1992. *The new dare to discipline*. Wheaton: Tyndale House.

Dobson, J., and Bauer, G. 1990. *Children at risk*. Dallas: Word.

Fugate, J. R. 1980. *What the Bible says about... child training*. Tempe: Alpha Omega.

Hyles, J. 1972. *How to rear children*. Hammond: Hyles-Anderson.

LaHaye, B. 1977. *How to develop your child's temperament*. Eugene, Ore.: Harvest House.

LaHaye, B. 1990. *Who will save our children?* Brentwood, Tenn.; Wolgemuth and Hyatt.

Swindoll, C. 1991. *The strong family*. Portland: Multnomah.

Tomczak, L. 1982. *God, the rod, and your child's bod: The art of loving correction for Christian parents*. Old Tappan: Fleming H. Revell.

### B4. *Mainstream Childrearing Manuals*

스폭과 로덴버그는 고전을 새롭게 하였다. 브라젤톤의 저작들은 현재 대단히 인기가 있다.

Bettelheim, B. 1987. *A good enough parent: A book on child-rearing*. New York: Alfred A. Knopf.

Brazelton, T. B. 1983. *Infants and mothers*. New York: Delacorte Press/Lawrence.

Brazelton, T. B. 1984. *Neonatal behavioral assessment scale*. 2d ed. Philadelphia: Lippincott.

Brazelton, T. B. 1984. *To listen to a child*. Reading: Addison-Wesley/Lawrence.

Brazelton, T. B. 1985. *Working and caring*. Reading: Addison-Wesley/Lawrence.

Brazelton, T. B. 1989. *Toddlers and parents*. Rev. ed. New York: Delacorte Press/Lawrence.

Brazelton, T. B. 1992. *On becoming a family*. Rev. ed. New York: Delacorte Press/Lawrence.

Brazelton, T. B. 1992. *Touchpoints*. Addison-Wesley.

Brazelton, T. B., and B. G. Cramer. 1990. *The earliest relationship*. Reading: Addison-Wesley/Lawrence.

Cramer, B. G. 1992. *The importance of being baby*. Reading, MA: Addison-Wesley/Lawrence.

Dreikurs, R. 1958. *The challenge of parenthood*. Rev. ed. New York: Hawthorn Books.

Dreikurs, R. 1964. *Children: The challenge*. New York: Penguin.

Fraiberg, S. 1959. *The magic years: Understanding and handling the problems of early childhood*. New York: Charles Scribner's Sons.

Ginott, H. G. 1956. *Between parent and child*. New York: Macmillan.

Gordon, T. 1975. P. E. T.: *Parent Effectiveness Training: The tested way to raise responsible children*. New York: new American Library.

Kimball, G. 1988. *50/50 parenting: Sharing family rewards and responsibilities*. Lexington: Lexington Books.

Leach, P. 1984. *Your growing child from babyhood through adolescence*. New York: Alfred A. Knopf.

Leach, P. 1989. *Your baby and child: From birth to age five*. Rev. ed. New York: Alfred A. Knopf.

Nelsen, J. 1981. *Positive discipline*. Fair Oaks, Calif.: Sunrise Press.

Nelsen, J., L. Lott, and H. S. Glenn. 1993. *Positive discipline A-Z: 1001 solutions to everyday parenting problems*. Rockland, Calif.: Prima Publishing.

Popkin, M. 1987. *Active parenting: Teaching cooperation, courage, and responsibility*. San Francisco: Perennial Library.

Rosen, M. 1987. *Stepfathering*. New York: Ballantine Books.

Samalin, N., with M. Moraghan Jablow. 1987. *Loving your child is not enough: Positive discipline that works*. New York: Penguin Books.

Spock, B. 1988. *Dr. Spock on parenting: Sensible advice from America's most trusted child care expert*. New York: Simon and Schuster.

Spock, B., and M. B. Rothenberg. 1992. *Dr. Spock's baby and child care*. New York: Simon and Schuster.

Winnicott, D. W. 1987. *The child, the family and the outside world*. Introduction by M. H. Klaus. Reading: Addison-Wesley/Lawrence.

Winnicott, D. W. 1988. *Babies and their mothers*. Introduction by B. Spock. Reading: Addison-Wesley/Lawrence.

Winnicott, D. W. 1993. *Talking to parents*. Introduction by T. B. Brazelton. Reading: Addison-Wesley/Lawrence.

*B5. Childrearing and Violence*

그리븐의 저서는 이 연구를 개괄하게 해준다.

Altemeyer, B. 1988. *Enemies of freedom: Understanding right-wing authoritarianism*. San Francisco: Jossey-Bass.

Bandura, A. 1973. *Aggression: A social learning analysis*. Englewood Cliffs: Prentice-hall.

Bruce, D. 1979. *Violence and culture in the antebellum South*. Austin: University of Texas Press.

Dobash, R. E., and R. Dobash. 1979. *Violence against wives: A case against the partiarchy*. New York: The Free Press.

Gelles, R. J. 1987. *The violent home*. Rev. ed. Newbury Park: Sage Publications.

Gelles, R. J., and M. A. Straus. 1988. *Intimate violence*. New York: Simon and Schuster.

Gil, D. G. 1970. *Violence against children: Physical abuse in the United States*. Cambridge: Harvard University Press.

Gordon, L. 1988. *Heroes of their own lives: The politics and history of family violence - Boston 1880 - 1960*. New York: Viking.

Greven, P. 1991. *Spare the child: The religious roots of punishment and the psychological impact of physical abuse*. New York: Alfred A. Knopf.

Huesmann, L. R., L. D. Eron, M. N. Lefkowitz, and L. O. Walder. 1984. Stability of aggression over time and generations. *Developmental Psychology* 20:1120-34.

Kelman, H. C., and V. L. Hamilton. 1989. *Crimes of obedience: Toward a social psychology of authority and responsibility*. New Haven: Yale University Press.

Lefkowitz, M. M., L. D. Eron, L. O. Walder, and L. R. Huesmann. 1977. *Growing up to be violent: A longitudinal study of the development of aggression*. New York: Pergamon Press.

Pagelow, M. D., and L. W. Pagelow. 1984. *Family violence*. New York: Praeger.

Pizzey, E. 1977. *Scream quietly or the neighbors will hear*. Hillside, N.J.: Enslow.

Pizzey, E., and J. Shapiro. 1982. *Prone to violence*. Feltham, England: Hamlyn Paperbacks.

Pleck, E. 1987. *Domestic tyranny: The making of social policy against family violence from colonial times to the present*. New York: Oxford University Press.

Renvoize, J. 1978. *Web of violence: A study of family violence*. London: Routledge and Kegan Paul.

Shupe, A., W. A. Stacy, and L. R. Hazlewood. 1987. *Violent men, violent couples: The dynamics of domestic violence*. Lexington: Lexington Books.

Straus, M. A., R. J. Gelles, and S. K. Steinmetz. 1981. *Behind closed doors: Violence in the American family*. Garden City: Anchor Books.

Taves, A., ed. 1989. *Religion and domestic violence in early New England: The memoirs of Abigail Abbot Bailey*. Bloomington: Indiana University Press.

Taylor, L., and A. Maurer. 1985. *Think twice: The medical effects of corporal punishment*. Berkeley: Generation Books.

Walker, L. E. 1984. *The battered woman syndrome*. New York: Springer.

*B6. Critiques of Fundamentalist Childrearing*

바르코프스키와 엘리슨은 연구 자료의 풍부한 원천들과 함께 주류와 근본주의자들의 연구도 훌륭하게 비교해 준다.

Bartkowski, J. P., and Ellison, C. G. 1995. Divergent models of childresring in popular manuals: Conservative Protestants vs. the mainstream experts. *Sociology of Religion* 56:21-34.

Boone, K. C. 1989. *The Bible tells them so: the discourse of Protestant fundamentalism*. Albany: SUNY Press.

Ellison, C. G., and J. P. Bartkowski. 1995. Religion and legitimation of violence: The case of conservative Protestantism and corporal punishment. In *The web of violence: From interpersonal to global*, edited by L. R. Kurtz and J. Turpin. Urbana: University of Illinois Press.

Ellison, C. G., and D. E. Shertak. 1993a. Conservative Protestantism and support for corporal punishment. *American Sociological Review* 58:131-44.

Ellison, C. G., and D. E. Shertak. 1993b. Obedience and autonomy: Religion and parental values reconsidered. *Journal for the Scientific Study of Religion* 32:313-29.

Elshtain, J. B. 1990. The family in political thought: Democratic politics and the question of authority. In *Fashioning family theory*, edited by J. Sprey, 51-66. London: Sage.

Fromm, E. 1941. *Escape from freedom*. New York: Holt, Rinehart and Winston.

McNamara, P. H. 1985. Conservative Christian families and their moral world: Some reflections for sociologists. *Sociological Analysis* 46:93-99.

Nock, S. L. 1988. The family and hierarchy. *Journal of Marriage and the Family* 50:957-66.

Roof, W. C., and W. McKinney. 1987. *American mainline religion*. New Brunswick: Rutgers University Press.

Rose, S. D. 1988. *Keeping them out of the hands of Satan: Evangelical schooling in America*. New York: Routledge, Chapman, and Hall.

Wald, K. D., D. E. Owen, and S. S. Hill. 1989. Habits of the mind? The problem of authority in the New Christian Right. In *Religion and behavior in the United States*, edited by T. G. Jelen, 93-108. New York: Praeger.

Warner, R. S. 1979. Theoretical barriers to the understanding of evangelical Christianity. *Sociological Analysis* 40:1-9.

### B7. *Background : Childrearing and National Character*

육아의 결과에 관한 현재의 연구는 보다 일찍이 선행된 것들이 있는데, 곧 육아와 국민성의 관계에 대한 대단히 집중적 연구가 바로 그것이다. 가장 좋은 개론적 연구는 잉켈레스와 레빈슨이 했다. 이 운동의 역사에서 중요한 부분이 앤드류 레이코프의 마가렛 미드의 관여에 관한 연구에서 논의되고 있다.

Adorno, T. W., E. Frenkel-Brunswik, D. J. Levinson, and R. N. Sanford. 1950. *The authoriarian personality*. New York: Harper and Row.

Bateson, G., and M. Mead. 1942. *Balinese character: A photographic analysis*. New York: New York Academy of Sciences.

Benedict, R. F. 1946. *The chrysanthemum and the sword*. Boston: Houghton Mifflin.

Benedict, R. F. 1949. Child rearing in certain European cultures. *American Journal of Orthopsychiatry* 19:342-50.

Gorer, G. 1950. The concept of national character. *Science News* 18:105-23. Harmondsworth, England: Penguin Books.

Gorer, G., and J. Rickman. 1949. The *people of Great Russia*. London: Cresset Press.

Haring, D. G., ed. 1948. *Personal character and cultural milieu*. Syracuse: Syracuse University Press.

Inkeles, A., and D. J. Levinson. 1954. National character: The study of modal personality and sociocultural systems. In *Handbook of social psychology*, vol. 2: *Special fields and applications*, edited by G. Lindzey, chap. 26. Cambridge: Addison-Wesley.

Kardiner, A. 1945. The concept of basic personality structure as an operational tool in the social sciences. In *The science of man in the world crisis*, edited by R. Linton, 107-22. New York: Columbia University Press.

Lakoff, A. 1995. Margaret Mead's diagnostic photography. *Visual Anthropology Review*, Spring 1996.

Mead, M. 1951a. *Soviet attitudes toward authority*. New York: McGraw-Hill.

Mead, M. 1951b. The study of national character. In *The policy sciences*, edited by D. Lerner and H. D. Lasswell, 70-85. Stanford: Stanford University Press.

Mead, M. 1953. National character. In *Anthropology today*, edited by A. L. Kroeber, 642-67. Chicago: University of Chicago Press.

Whiting, J. W. M., and I. L. Child. 1953. *Child training and personality*. New Haven: Yale University Press.

## C. Politics

*C1. Conservative Political Writings*

롤스의 《정의의 이론》은 빈곤, 건강, 교육과 같은 사회적 이슈를 개인적인 권리로 간주하는 현대 이론 자유주의에서 가장 영향력 있는 작품이다.

Bennett, W. J. 1992. *The de-valuing of America: The fight for our culture and our children*. New York: Simon and Schuster.

Bennett, W. J. (ed. with commentary). 1993. *The book of virtues: A treasury of great moral stories*. New York: Simon and Schuster.

Gillespie, E., and B. Schellhas. 1994. *Contract with America: The bold plan by Rep. Newt Gingrich, Rep. Dick Armey and the House Republicans to change the nation*. New York: Times Books/Random

House.

Gingrich, N. 1995. *To renew America*. New York: HarperCollins.

Limbaugh, R. 1993. *See, I told you so*. New York: Simon and Schuster.

*C2. Neoconservatism*

여기 몇몇의 뛰어난 보수주의 지식인들의 글들이 나와 있다. 그들 중에는 상당히 좌향으로 옮겨간 것들도 있다.

DeMuth, C., and W. Kristol. 1995. *The neoconservative imagination: Essays in honor of Irving Kristol*. Washington, D. C.: AEI Press.

Ehrman, J. 1995. *The rise of conservatism: Intellectuals in foreign affairs, 1945-1994*. New Haven: Yale University Press.

Fukuyama, R. 1992. *The end of history and the last man*. New York: The Free Press.

Glazer, N. 1976. American values and American foreign policy. *Commentary*, July.

Kirkpatrick, J. 1988. Welfare state conservatism: Interview by Adam Meyerson. *Policy Review*, Spring.

Kristol, I. 1976. What is a "neo-conservative"? *Newsweek*, January 19, p. 17.

Kristol, I. 1983. *Reflections of a neoconservative: Looking back, looking ahead*. New York: Basic Books.

Kristol, W. 1993. A conservative looks at liberalism. *Commentary* 96(3):33-36.

Kristol, W. 1994. William Kristol looks at the future of the GOP. *Policy Review* 67:14-18.

Lipset, S. M. 1988. Neoconservatism: Myth and reality. *Society*.

Moynihan, D. P. 1993. Defining deviancy down. *American Scholar*, Winter.

Moynihan, D. P. 1993. Toward a new intolerance. *Public Interest*,

Summer.

Muravchik, J. 1991. *Exporting democracy*. Washington: American Enterprise Institute.

Podhoretz, N. 1979. *Breaking ranks*. New York: Harper and Row.

Sowell, T. 1987. *A conflict of visions: Ideological origins of political struggles*. New York: William Morrow.

Wilson, J. Q. 1980. Neoconservatism: Pro and con. *Partisan Review* 4.

Wilson, J. Q. 1993. *The moral sense*. New York: The Free Press.

### C3. Modern Theoretical Liberalism

존 롤스의 정의론은 현대 이론적 진보주의에서 가장 영향력이 크다. 그의 정의론은 빈곤, 건강, 교육과 같은 사회적 관심사들을 개인의 인권사항만큼 중요한 관심을 갖도록 만들고 있다.

Arneson, R. 1989. Introduction. A symposium on Rawls's *Theory of Justice*. Recent developments. *Ethics* 99:695-710.

Daniels, N. 1978. *Reading Rawls: Critical studies of* A Theory of Justice. Oxford: Basil Blackwell.

Harsanyi, J. 1976. *Essays on ethics, social behaviour and scientific explanation*. Dordrecht: Reidel.

Kukathas, C., and P. Pettit. 1990. *Rawls*: A Theory of Justice and *its critics*. Stanford: Stanford University Press.

Mulhall, S., and A. Swift. 1992. Liberals and communitarians. Cambridge, Mass.: Basil Blackwell.

Pogge, T. W. 1989. *Realizing Rawls*. Ithaca: Cornell University Press.

Rawls, J. 1971. *A theory of Justice*. Cambridge: Belknap Press/Harvard University Press.

Rawls, J. 1982. The basic liberties and their priority. In *The Tanner Lectures on Human Values*, edited by S. MacMurrin, 3:1-89. Cambridge: Cambridge University Press.

Rawls, J. 1993. *Political liberalism*. New York: Columbia University Press.

Raz, J. 1986. *The morality of freedom*. Oxford: Oxford University Press.

Rorty, R. 1982. *Consequences of pragmatism*: Essays: 1972-1980. Brighton: Harvester Press.

## C4. Communitarian Critiques

이론적 진보주의는 개인과 개인의 인권에 초점을 맞춘다. 공동체주의자 비판문에서는 개인을 그들의 공동체에서 분리하여, 따로 생각하는 것은 아무 의미도 없으며 책임은 권리와 함께 나란히 가지 않으면 안 된다고 주장하고 있다.

Bellah, R., et al. 1985. *Habits of the heart: individualism and commitment in American life*. Berkeley: University of California Press.

Daly, M., ed. 1994. *Communitarianism: A new public ethics*. Belmont: Wadsworth.

Etzioni, A. 1988a. *The moral dimension: Toward a new economics*. New York: The Free Press.

Etzioni, A. 1988b. *The spirit of community: Rights, responsibilites, and the communitarian agenda*. New York: Crown.

Etzioni, A., ed. 1995. *New communitarian thinking: Persons, virtues, institutions, and communities*. Charlottesville: University of Virginia Press.

Gutmann, A. 1985. Communitarian critics of liberalism. *Philosophy and Public Affairs* 14:308-22.

Kukathas, C., and P. Pettit. 1990. The communitarian critique. In *Rawls*: A Theory of Justice *and its critics*, edited by C. Kukathas and P. Pettit, 92-118. Stanford: Stanford University Press.

MacIntyre, A. 1986. *After virtue: A study in moral theory*. 2d ed. London: Duckworth.

Sandel, M. 1982. *Liberalism and limits of justice*. Cambridge: Cambridge

University Press.

Spragens, T. A., Jr. 1995. Communitarian liberalism. In *New communitarian thinking*, edited by A. Etzioni, 37-51. Charlottesville: University of Virginia Press.

Taylor, C. 1985. Atomism. In his *Philosophical Papers*, vol. 2:187-210. Cambridge: Cambridge University Press.

Walzer, M. 1981. Philosophy and democracy. *Political Theory* 9:379-99.

Walzer, M. 1983. *Spheres of justice*. Oxford: Basil Blackwell.

Wolff, R. P. 1977. *Understanding Rawls: A reconstruction and critique of A theory of justice*. Princeton: Princeton University Press.


*C5. Modern Theoretical Libertarianism*

이론적 진보주의자(자유론자)들은 개인의 권리에 대해 순수한 포커스를 맞춘다.

Nozick, R. 1974. *Anarchy, state and utopia*. New York: Basic Books.


## D. Public Administration


*D1. Bureaucratic Reform*

오스본과 개블러는 정평이 나 있으며, 클린턴 행정부가 시도하는 관료주의 개혁을 위한 청사진을 제공하고 있다. 바즐리 문서는 미네소타 주에서 관료주의 개혁의 본보기가 되고 있다.


Barzelay, M., with B. J. Armajani. 1992. *Breaking through bureaucracy: A new vision for managing in government*. Berkeley: University of California Press.

Drucker, P. 1985. *Innovation and entrepreneurship*. New York: Harper and Row.

Drucker, P. 1989. *The new realities*. New York: Harper and Row.

Kanter, R. M. 1983. *The change masters: Innovation and entrepreneur-*

*ship in the American corporation.* New York: Harper and Row.

Osborne, D., amd T. Gaebler. 1992. *Reinventing government: How the entrepreneurial spirit is transforming the public sector.* New York: Addison-Wesley.

Wilson, J. Q. 1989. *Bureaucracy: What government agencies do and why they do it.* New York: Basic Books.

*D2. Stars Wars Policy*

이것은 스타워즈가 실행가능성이 없다는 것을 증명한 권위 있는 이론이다. 그것은 근자에 일고 있는 스타워즈 프로그램의 부활에 관한 토의에서 다시 타당성을 얻고 있다.

Lakoff, S., and H. F. York. 1989. *A shield in space? Technology, politics, and the Strategic Defense Initiative: How the Reagan administration set out to make nuclear weapons "impotent and obsolete" and succumbed to the fallacy of the last move.* Berkeley: University of California Press.

**E. Miscellaneous**

Lovejoy, A. O. 1936. *The great chain of being: A study of the history of an idea.* Cambridge: Harvard University Press.

# 찾아보기